HISTORIA DE FAMILIAS CUBANAS
TOMO VIII

COLECCION CUBA Y SUS JUECES

EDICIONES UNIVERSAL, Miami, Florida, 1986

FRANCISCO XAVIER DE SANTA CRUZ Y MALLEN
Conde de San Juan de Jaruco y de Santa Cruz de Mopox
Grande de España

HISTORIA
DE
FAMILIAS CUBANAS
TOMO VIII
(escrita en presencia de documentos inéditos)

P.O. Box 450353 (Shenandoah Station)
Miami, Florida, 33245, U.S.A.

© Copyright 1986 by Conde de San Juan de Jaruco

Library of Congress Catalog Card No.: 41-2350

I.S.B.N.: 0-89729-408-4 (Volumen VIII)

I.S.B.N.: 0-89729-379-7 (Obra completa)

Depósito legal: B. 37.727 - 1986

(Los 6 primeros volúmenes fueron publicados en Cuba entre 1940-1950. El volumen 7 fue publicado por Ediciones Universal en 1985. Quedan varias colecciones completas en existencia. Los volúmenes 9 y 10 se publicarán en un futuro próximo.)

Impreso en España

Impreso en los talleres de Artes Gráficas de Editorial Vosgos.
Avda. V. Montserrat, 8. 08024 Barcelona. España.

PROLOGO

Hoy en día, en la literatura mundial, existe una verdadera fascinación por la genealogía. El escritor norteamericano de color Alex Haley escribió una novela, cuyo título «Roots», es decir, raíces, manifiesta la intención del autor de hurgar en su pasado y narrar la historia de una familia norteamericana, descendientes de un tal Kunta Kinte, esclavo traído a América desde las costas de Africa.

El gran escritor y poeta argentino Jorge Luis Borges habla a menudo de su genealogía. En una entrevista con Victoria Ocampo en la revista «Sur» nos habla de sus abuelos maternos de la siguiente forma: «Leonor Suárez Haedo era hija del coronel Isidoro Suárez, que a los veinticuatro años comandó la carga de caballería colombiana y peruana que decidió la batalla de Junín. Era primo de Rosas, pero honrosamente unitario y prefirió morir en el destierro en Montevideo. Mi abuelo Isidoro Acevedo Laprida era de San Nicolás. Solía decir: He nacido del buen lado del Arroyo del Medio.»

En el poema «España» nos dice Jorge Luis Borges:

> *España de la piedra piadosa de catedrales y santuarios,*
> *España de la hombría de bien y de la caudalosa amistad,*
> *España del inútil coraje,*
> *podemos profesar otros amores,*
> *podemos olvidarte*
> *como olvidamos nuestro propio pasado,*
> *porque inseparablemente estás en nosotros,*
> *en los íntimos hábitos de la sangre,*
> *en los Acevedo y los Suárez de mi linaje.*
> *España,*
> *madre de ríos y de espadas y de multiplicadas generaciones,*
> *incesante y fatal.*

Nosotros los cubanos tampoco podemos olvidar nuestro pasado y la formación de nuestra nacionalidad. Hemos de buscar ese pasado, no para exaltar la vanidad humana, sino para saber quiénes somos, de dónde hemos venido, y porqué somos como somos. En esa tarea de buscar nuestras raíces, hay que acudir necesariamente a las fuentes genealógicas. En primer lugar, las fuentes primarias, es decir los Archivos cubanos donde se custodian los documentos que nos interesan. También en los Archivos españoles existe gran cantidad de documentación sobre Cuba. En segundo lugar, podemos acudir a las fuentes secundarias, es decir, a los libros que han publicado genealogías de familias cubanas. Entre ellos destaca uno fundamental, libro único en la bibliografía latinoamericana. Me refiero a la «Historia de Familias Cubanas» por don Francisco Xavier de Santa Cruz y Mallén, Conde de San Juan de Jaruco, y de Santa Cruz de Mopox, Grande de España. Esta obra fue publicada en Cuba durante la época de los años cuarenta y constaba de seis tomos. El Conde de Jaruco dejó antes de morir otros cuatro volúmenes inéditos, de los cuales se ha publicado ya el volumen séptimo, por la Editorial Universal, de Juan Manuel Salvat. Es decir, que la obra del Conde de Jaruco constará de diez volúmenes, asegurándome las personas que conocen de estas materias mucho más que yo, que sobrepasa a todas las obras de su índole publicadas en el continente americano, ya que el «Nobiliario del Virreinato de la Plata», obra genealógica de Argentina, país mucho mayor que Cuba, tiene sólo ocho tomos.

Sin embargo, antes de analizar más detalladamente la obra del Conde de Jaruco, quisiera hacer un breve esbozo de las fuentes primarias de la genealogía cubana, es decir, los Archivos, ya que fue precisamente en esos Archivos donde el Conde de Jaruco realizó sus investigaciones. Comenzaré mencionando los Archivos parroquiales de Cuba, los cuales se encuentran diseminados por todo el territorio nacional. Sólo para ilustrar la antigüedad de dichos Archivos mencionaré los más antiguos de la ciudad de La Habana:

1. Santa Iglesia Catedral de La Habana.
   El Archivo parroquial comienza el 16 de julio de 1584.
2. Iglesia del Espíritu Santo.
   Los libros comienzan en 1674.
3. Iglesia del Santo Cristo del Buen Viaje.
   Los libros comienzan en 1692.
4. Iglesia del Santo Angel Custodio.
   Los libros comienzan en 1694.
5. Iglesia de Guadalupe o la Caridad.
   Los libros comienzan en 1739.
6. Iglesia de Jesús, María y José.
   Los libros comienzan en 1773.
7. Iglesia de Jesús del Monte.
   Los libros comienzan en 1689.
8. Iglesia de los Quemados de Marianao.
   Los libros comienzan en 1734.
9. Iglesia El Salvador del Mundo del Cerro.
   Los libros comienzan en 1817.
10. Iglesia de Nuestra Señora del Pilar.
    Los libros comienzan en 1817.
11. Iglesia del Calvario.
    Los libros comienzan en 1735.
12. Iglesia parroquial de Guanabacoa.
    Los libros comienzan en 1607.

Además de los Archivos parroquiales, existen en Cuba valiosos fondos de carácter genealógico en el Archivo del Arzobispo de La Habana, el Archivo de la Universidad de La Habana, y el Archivo de Protocolos que se conserva dentro del Archivo Nacional de Cuba. Sin embargo, debido a la dificultad que existe en consultar directamente los fondos cubanos, el genealogista debe recurrir a las fuentes secundarias, es decir, a los libros que se han escrito sobre genealogía. La obra del Conde de Jaruco es el libro básico de la genealogía cubana, pues en sus páginas vemos desfilar los grandes personajes de nuestra historia, y el desarrollo de la sociedad cubana a partir del siglo XVI. A través de la «Historia de Familias Cubanas» del Conde de San Juan de Jaruco, se puede analizar los enlaces entre las familias que ocuparon una posición prominente en diversas épocas de la historia de Cuba. Así por ejemplo, las familias cubanas del siglo XVI como los Recio, Sotolongo, Velázquez de Cuéllar, Calvo de la Puerta, Pedroso, Cárdenas, y Zayas-Bazán, emparentaron con otras familias llegadas en el siglo XVII, como son los Santa Cruz, Armenteros, Peñalver, Chacón, Arango, y Núñez del Castillo. Estos a su vez, emparentaron con otras familias llegadas en el siglo XVIII, tales como Herrera, Montalvo, O'Farrill, y O'Reilly.

La Editorial Universal se complace en presentar a todos los investigadores, y al público en general, el tomo octavo de la «Historia de Familias Cubanas» por el Conde de Jaruco. Este proyecto se ha podido lograr gracias a los grandes esfuerzos de don Pedro de Santa Cruz y Goicoechea, ya fallecido, y don Joaquín de Santa Cruz y Goicoechea, actual Conde de San Juan de Jaruco, y de Santa Cruz de Mopox, Grande de España. El tomo octavo reviste una especial importancia por la gran cantidad de personajes notables en la vida política, intelectual, y artística de Cuba, cuyas genealogías encontramos en sus páginas. Así por ejemplo, encontramos las siguientes personalidades:

1. Alonso Alvarez de la Campa y Gamba.
   Fue uno de los estudiantes de Medicina fusilados por las autoridades españolas de Cuba el 27 de noviembre de 1871.
2. José Agripino Barnet y Vinageras.
   Secretario de Estado y Presidente de la República de Cuba.
3. Lidia Cabrera y Bilbao-Marcaida.
   Escritora especializada en asuntos afro-cubanos. Autora de muchas obras tales como «El Monte», «Yemayá y Ochún», «La Sociedad Secreta Abakuá» y «Cuentos Negros de Cuba».
4. Pedro Figueredo y Cisneros, conocido como «Perucho».
   Hacendado, abogado y revolucionario cubano. Autor del Himno Nacional.
5. Calixto García Iñíguez.
   Mayor General del Ejército Libertador de Cuba.
6. Tomás Gener y Buigas.
   Abogado y Representante de Cuba ante las Cortes Españolas.
7. Pedro Celestino González-Llorente y Ponce de León.
   Alcalde de La Habana y Presidente de la Convención Constituyente de 1901.
8. Pedro José Guiteras y Font.
   Escritor e historiador. Autor de una «Historia General de la isla de Cuba».
9. Antonio Guiteras Holmes.
   Farmacéutico y Secretario de Gobernación de la República de Cuba en 1933. Murió asesinado en el año 1935.

10. Angel Laborde y Perera.
Fue uno de los estudiantes de Medicina fusilados por las autoridades españolas de Cuba, el 27 de noviembre de 1871.
11. Federico Laredo y Bru.
Secretario de Gobernación, Ministro de Justicia y Presidente de la República de Cuba.
12. Manuel Ruiz y Rodríguez-Bichot.
Ilustre prelado cubano y Arzobispo de La Habana.
13. José Antonio Saco y López.
Famoso escritor e intelectual cubano, considerado como uno de los forjadores de nuestra nacionalidad. Autor de la obra «Historia de la esclavitud» y de numerosos artículos contra la anexión de Cuba a los Estados Unidos.
14. Carlos Trelles y Govín.
Bibliotecario de la Cámara de Representantes de la República de Cuba, y uno de los más grandes bibliógrafos cubanos. Autor de las obras «Bibliografía cubana de los siglos XVII y XVIII» y «Bibliografía cubana del siglo XIX».
15. Cirilo Villaverde y de la Paz.
Escritor y periodista cubano, considerado como el iniciador de la novela cubana con su obra «Cecilia Valdés». Autor de otros libros costumbristas como «El Penitente» y «Excursión a Vueltabajo».
16. Juan Clemente Zenea y Fornaris.
Uno de los más importantes poetas cubanos, autor de «Cantos de la tarde» y «Fidelia». Fue fusilado por sus ideas separatistas en 1871.

Hoy en día, cuando se ve peligrar la familia como institución, por los motivos que todos conocemos, tal vez sería de gran provecho que los cubanos estudiásemos la obra del Conde de Jaruco, para descubrir en sus páginas el encanto y la magia de otras épocas, en las cuales las relaciones humanas eran más cálidas, y el amor de padre a hijos nos transmitía la cultura del Occidente europeo, especialmente de España, esa a la cual Jorge Luis Borges ha llamado madre de ríos, y de espadas, y de multiplicadas generaciones, incesante y fatal.

RVDO. JUAN LUIS SÁNCHEZ

ABEILLÉ

Procedente de la ciudad de Burdeos, en la Gironda, pasó esta familia a Las Palmas de Gran Canaria, y luego en la primera mitad del siglo XIX a La Habana.

Louis Abeillé, y su mujer Jeanne Massia de Daste, tuvieron por hijo a:

Joseph Abeillé, natural de Burdeos, cuya defunción se encuentra en Las Palmas de Gran Canaria, parroquia de San Francisco de Triana a 18 de octubre de 1845. Fue oficial de la Marina Mercante francesa. Casó dos veces; la primera con Jeanne Suzanne Bocey, cuya defunción está en Las Palmas de Gran Canaria, parroquia de San Agustín, a 7 de septiembre de 1827, y la segunda en dicha parroquia el 27 de diciembre de 1835 con doña María de los Dolores Aríñez y Ortega, bautizada en Las Palmas de Gran Canaria, parroquia de San Agustín, el primero de noviembre de 1813, falleció en La Habana a 18 de mayo de 1902, hija de don Pedro Tomás de Aríñez y Miranda de Bethencourt, natural de Guía, escribano de Su Majestad y Relator de la Real Audiencia de Las Palmas, y de doña María del Pino Ortega y Ojeda, natural de la villa de Telde, en la Gran Canaria. Con su primera mujer tuvo por hijos: a Euphosine, a Olimpe; a Annaise; a Elise; a Eudoxie, y a Joseph Edouard Abeillé y Bocey.

Joseph Abeillé, y su segunda mujer doña María de los Dolores Aríñez y Ortega, tuvieron por hijos: a Lucía, y a José Marcial Abeillé y Aríñez. Los cuales:

1. — Doña Lucía Abeillé y Aríñez, bautizada en Las Palmas de Gran Canaria, parroquia de San Agustín, el 13 de diciembre de 1836, tiene su defunción en la Catedral de Matanzas a 9 de agosto de 1895. Casó en La Habana, parroquia del Cerro, el 29 de octubre de 1859, con don Juan Bautista Nieto y Múgica, natural de La Habana, Coronel de Infantería, Jefe del Batallón de España número 5, Fiscal de Causas de la plaza de Cuba, Cruz Blanca del Mérito de primera clase, Cruz Especial del Mérito Militar y Caballero de la Orden de Isabel la Católica, hijo de don Tomás Nieto y López, natural de Pamplona, Teniente de Infantería de las Compañías Ligeras de Mérito de La Habana, Instructor de las Milicias Realistas de Regla, Cruz de Borgoña y la de Distinción del VI Ejército, y de doña María Manuela Múgica y Ballesteros, natural de Celaya, Guanajuato, en Nueva España.

2. — Don José Marcial Abeillé y Aríñez, nacido en Las Palmas de Gran Canaria el 17 de marzo de 1840, falleció en La Habana el 2 de junio de 1916. Casó en esta ciudad, parroquia del Espíritu Santo, el primero de diciembre de 1864, con doña Margarita Santurio y Toledo, hija de don

José Evaristo Santurio, y de doña María de Belén Toledo y del Monte. Tuvieron por hijos: a María de Regla; a María de Belén; a María de los Dolores; a María Teresa; a María de las Mercedes; a José Tomás; a Francisco, y a José Manuel Abeillé y Santurio. De los cuales:

1. — Doña María Teresa Abeillé y Santurio, bautizada en La Habana, parroquia del Espíritu Santo, el 30 de noviembre de 1867, casó en la parroquia de la Villa de Guanabacoa en 1894, con don Antonio Fernández de Castro y Patronne, natural de La Habana, Arquitecto, Catedrático de la Universidad de La Habana, hijo del Licenciado Pedro Fernández de Castro y Pichardo, natural de la isla de Santo Domingo, Abogado. Censor Político y Literario de la isla de Cuba, y de doña María de la Concepción Patronne y Contreras.

2. — Licenciado Francisco Abeillé y Santurio, bautizado en La Habana, parroquia del Espíritu Santo el 28 de octubre de 1874, falleció en esta ciudad el 8 de abril de 1938. Fue Abogado. Casó con doña María Anaya, y tuvieron por hija: a Esther Abeillé y Anaya.

3. — Don José Manuel Abeillé y Santurio, bautizado en La Habana, parroquia del Espíritu Santo en 1879, falleció en esta ciudad el 3 de noviembre de 1942. Casó con doña María de los Dolores Fernández y Domínguez, hija de don José Mateo Fernández y Fernández, y de doña María de Loreto Domínguez y Aríñez. Tuvieron por hijo: a

Don José Manuel Abeillé y Fernández, que fue bautizado en La Habana, parroquia de Monserrate, el 19 de mayo de 1919.

AGUIRRE

A fines del siglo XVIII, procedente de San Sebastián, en Guipúzcoa, se estableció esta familia en La Habana.

Don Francisco Aguirre y su mujer doña Rafaela Alana, tuvieron por hijo a:

Don Gregorio Aguirre y Alana, natural de San Sebastián, que pasó a la isla de Cuba, y casó con doña María del Rosario Alentado y Rodríguez, bautizada en la parroquia habanera del Calvario el 21 de octubre de 1778, hija del Capitán Juan Francisco y de Inés de los Dolores. Tuvieron por hijo al:

Licenciado José María Aguirre y Alentado, bautizado en la parroquia de Santa María del Rosario el 28 de agosto de 1809, fue Abogado, Fiscal de los Reales Juzgados de Artillería e Ingeniería de la plaza de La Habana. Su defunción se encuentra en esta ciudad, parroquia del Santo Cristo, a 17 de enero de 1852, donde casó el año 1842, con doña María

Luisa Fernández-Trevejo y Reyes-Gavilán, hija de don Luis Fernández de Trevejo y Rives, Capitán del Regimiento de La Habana, y de doña María Josefa Beatriz Reyes-Gavilán y González. Tuvieron por hijos a: Mercedes, Luisa, María Dolores, y José María Aguirre y Fernández-Trevejo. Los cuales:

1. — Doña Mercedes Aguirre y Fernández-Trevejo casó con don Ricardo Alentado.

2. — Doña Luisa Aguirre y Fernández-Trevejo, casó con don Ignacio Hidalgo, natural de la villa de Bayamo.

3. — Doña María Dolores Aguirre y Fernández-Trevejo, bautizada en La Habana, parroquia del Santo Cristo, el 28 de octubre de 1849, casó con don Antonio Serpa y Melgares.

4. — Licenciado José María Aguirre y Fernández-Trevejo, bautizado en La Habana, parroquia del Santo Cristo, el 21 de julio de 1852, fue Abogado, y Magistrado de la Audiencia de esta ciudad. Casó dos veces en La Habana: la primera, en la parroquia del Santo Cristo, el 23 de diciembre de 1876, con doña Rafaela del Monte y del Monte, hija de don Manuel del Monte y de las Cuevas, y de doña Matilde del Monte y Rocío. Casó por segunda vez, en la Catedral de La Habana, el 9 de abril de 1887, con doña Julia Du Bouchet y de la Vallina, hija del Licenciado Máximo Du Bouchet y Mendive, Abogado, y de doña María de las Mercedes de la Vallina y Adán.

Don José María Aguirre y Fernández-Trevejo y su primera mujer doña Rafaela del Monte y del Monte, tuvieron por hijas a: Hortensia, Emelina y Graciela Aguirre y del Monte. Las cuales:

A. — Doña Hortensia Aguirre y del Monte casó con don Máximo Du Bouchet y de la Vallina, hijo del Licenciado Máximo Du Bouchet y Mendive, Abogado, y de doña María de las Mercedes de la Vallina y Adán.

B. — Doña Emelina Aguirre y del Monte casó con Federico Mejer y Díaz-Albertini, hijo de don Federico Mejer y Faures, y de doña Virginia Díaz-Albertini y Rodríguez.

C. — Doña Graciela Aguirre y del Monte, casó con don Teodoro Garbade, natural de Alemania.

Don José María Aguirre y Fernández-Trevejo y su segunda mujer Julia Du Bouchet y de la Vallina, tuvieron por hijas a: Julia María y Josefa Aguirre y Du Bouchet. Las cuales:

A. — Doña Julia María Aguirre y Du Bouchet casó con don Francisco de la Cuadra.

B. — Doña Josefa Aguirre y Du Bouchet, casó con don Ricardo Díaz-Albertini y Cárdenas, hijo del Doctor Jorge Díaz-Albertini y Martínez, Médico, y de doña Hortensia de Cárdenas y de la Luz.

Procedente de la ciudad de Orán, en el norte de África, se estableció esta familia en La Habana, a finales del siglo XVIII.

El Sargento Mayor José de Aguirre casó con doña Paula Albertín y tuvieron por hijo a: Ramón Luis de Aguirre y Albertín, natural de la ciudad de Orán, Teniente de Fragata de la Real Armada, el cual casó en La Habana, parroquia del Espíritu Santo, el 23 de febrero de 1778, con doña Norberta Garibaldo y de la Parra, bautizada en el Espíritu Santo, el 16 de junio de 1754, e hija de don Manuel Carlos Garibaldo, natural del Puerto de Santa María, Contador de Navío de la Real Armada, y de doña Antonia de la Parra, natural de La Habana. Tuvieron por hijos a: Antonio y Ramón María de Aguirre y Garibaldo. Los cuales:

1. — Licenciado Antonio de Aguirre y Garibaldo, bautizado en el Espíritu Santo el 21 de diciembre de 1778, fue Bachiller en Artes de la Universidad de La Habana. Casó en la parroquia del Espíritu Santo, el 15 de marzo de 1800, con doña Isabel Rafaela Ramírez y Sánchez, natural de Bayamo, hija del Capitán Tomás Silvestre Ramírez de Aguilar y de doña Ana Antonia Sánchez.

2. — Ramón María de Aguirre y Garibaldo casó en el Espíritu Santo, el 6 de diciembre de 1801, con doña María del Carmen Hornillos y Velasco, hija de Francisco de Paula y de María del Transito. Tuvieron por hijos a: Rafael, Lino, María de Jesús y José Ramón de Aguirre y Hornillos. Los cuales:

1. — Licenciado Rafael Aguirre y Hornillos fue Bachiller en Dererecho Civil.

2. — Licenciado Lino Aguirre y Hornillos fue bautizado en La Habana, parroquia del Santo Cristo del Buen Viaje, el 4 de octubre de 1820.

3. — María de Jesús Aguirre y Hornillos, casó con Lcdo. Felipe Poey y Aloy, Abogado, Decano de la Facultad de Filosofía, Catedrático de Zoología y Anatomía, hijo de don Juan Andrés Poey y Lacasse, natural de Oleron, Francia, y de María del Rosario Aloy y Rivera.

4. — José Ramón Aguirre y Hornillos fue bautizado en el Espíritu Santo el 18 de febrero de 1804, y casó en la iglesia de Guadalupe en 1840, con doña Francisca Valdés y Español, bautizada en la iglesia de Guadalupe el 24 de febrero de 1820, e hija de José Antonio Valdés y María Concepción Español. Tuvieron por hijos a: José María, Carlos y José Ramón de Aguirre y Valdés. Los cuales:

1. — José María Aguirre y Valdés casó con doña María de los Ángeles Porto y Poli, hija de Enrique Porto y Sarazate, y de doña Dolores Poli y Aguiar. Tuvieron por hijo a: José María Aguirre y Porto, nacido en La Habana el 27 de junio de 1890.

2. — Carlos de Aguirre y Valdés fue bautizado en Artemisa, provincia de Pinar del Río, el 8 de diciembre de 1848.

3. — Licenciado José Ramón de Aguirre y Valdés, bautizado en la parroquia de Guadalupe, el 20 de marzo de 1841, fue Médico. Casó en La Habana, parroquia de Guadalupe, en 1865, con doña Isabel Leandra Santiuste y Delgado, bautizada en la parroquia de Guadalupe el 17 de marzo de 1838, hija de Servando Santiuste y Santiuste, natural de Santander, y de Mariana Delgada y Díaz. Tuvieron por hijos a: Sara, América y Carlos Aguirre y Santiuste. Los cuales:

1. — América Aguirre y Santiuste casó con don Domingo Govantes y Govantes, hijo de don Miguel Govantes y Gómez, y de María Mercedes Govantes y Fontcuberta.

2. — Carlos Aguirre y Santiuste fue Coronel del Ejército Libertador de Cuba y Jefe de la Policía de La Habana. Casó con doña Fredesvinda Sánchez y Ramírez, hija de Federico Sánchez Pereira y Sánchez Pereira, natural de Puerto Príncipe, y de doña María Luisa Ramírez y Rodríguez, natural de Cárdenas. Fueron padres del:

Doctor Carlos Aguirre y Sánchez, Abogado, fallecido en la ciudad de Bayona, Francia.

ALMIRANTE

Procedente de la ciudad de Santiago de León de Caracas, en Cumaná, se estableció esta familia en La Habana a fines del siglo XVII.

Don Claudio de Almirante y su mujer doña María de Amacio, tuvieron por hijo a:

Don Pedro de Almirante y Amacio, natural de la ciudad de Santiago de León de Caracas, casó en la Catedral de La Habana el 17 de mayo de 1690, con doña Sebastiana Hurtado de Salgado y de la Rocha, natural de esta ciudad, hija de don Sebastián Salgado, natural de Guimaraes, en Portugal, y de doña Ana de la Rocha Saravia Ramallo, natural de La Habana. Tuvieron por hijos a: Ana Melchora, María de la Encarnación, Cristóbal Francisco, y Juan Cayetano Almirante y Salgado. Los cuales:

1. — Doña Ana Melchora de Almirante y Salgado, fue bautizada en la Catedral de La Habana el 8 de febrero de 1698.

2. — Doña María de la Encarnación Almirante y Salgado, conocida por María de la Encarnación Chávez, testó el 28 de enero de 1772 ante Baltasar Lindo, y su defunción se encuentra en La Habana, parroquia del Santo Ángel, a 19 de octubre de 1777. Casó en la Catedral de esta ciudad el 6 de mayo de 1726, con don Bernardino José González de Funes y Lindoso, natural de La Habana, hijo de don Juan González de Funes y González, natural de Tenerife, y de doña Sebastiana Lindoso y Ortiz-Collazos, natural de La Habana.

3. — Don Cristóbal Francisco de Almirante y Salgado, bautizado en la Catedral de La Habana el 2 de diciembre de 1699, casó en esta ciudad, parroquia del Santo Cristo, el 2 de septiembre de 1728, con doña María Cruz de la Rosa y Guzmán, hija de Eugenio y de Ángela.

4. — Don Juan Cayetano de Almirante y Salgado, fue bautizado en la Catedral de La Habana el 22 de agosto de 1695, donde se encuentra su defunción a 7 de octubre de 1742. Casó en esta ciudad, parroquia del Santo Ángel, el 19 de diciembre de 1712, con doña María de la Concepción Blanco y Vargas Muñoz, natural de La Habana, cuya defunción se encuentra en la Catedral de esta ciudad a 14 de diciembre de 1762, hija de don Antonio José Blanco, natural de San Nicolás de Bari, en Calabria, Reino de Nápoles, y de doña Águeda de Vargas y Muñoz, natural de La Habana. Tuvieron por hijos a: Isabel Rosa, Josefa, Manuela Josefa, Rosalía, María Luisa, Matías Francisco, Felipe, y José Antonio Almirante y Blanco. De los cuales:

A. — Doña Josefa Almirante y Blanco, fue bautizada en la Catedral de La Habana el 11 de septiembre de 1722. Su defunción se encuentra en esta ciudad, parroquia del Santo Ángel a 15 de noviembre de 1778.

B. — Doña Isabel Rosa Almirante y Blanco, bautizada en la Catedral de La Habana el 16 de septiembre de 1719, casó en La Habana, parroquia del Espíritu Santo, el 2 de mayo de 1749, con don Pedro Rozié y Faure, natural de la ciudad de Cádiz, hijo de Pedro y de Catalina.

C. — Doña Rosalía Almirante y Blanco, bautizada en la Catedral de La Habana el 10 de junio de 1721, tiene su defunción en esta ciudad, parroquia del Santo Cristo, a 28 de abril de 1783. Casó en la Catedral de La Habana el 2 de noviembre de 1739, con don Juan Bautista Encinoso de Abreu y Rodríguez del Castillo, natural de la Orotava, hijo de Antonio y de Juana.

D. — Doña María Luisa Almirante y Blanco, fue bautizada en la Catedral de La Habana el 5 de septiembre de 1726. Hizo información de limpieza de sangre en esta ciudad el 21 de noviembre de 1763, ante Francisco Xavier Rodríguez, que consta al expediente de estudios número 365 de la Universidad de La Habana. Casó dos veces en esta ciudad, parroquia del Espíritu Santo; la primera el 1 de enero de 1745, con don Felipe Serrano y Blanco, natural de la villa de Córdoba, en el Obispado de la Puebla de los Ángeles, hijo de Dionisio y de Nicolasa. Casó por segunda vez el 29 de mayo de 1756, con don Juan Ruiz y Arroyo, natural de la ciudad de Motilla, en Córdoba, hijo de Juan y de Francisca.

Don Felipe Serrano y Blanco y su mujer María Luisa Almirante y Blanco, tuvieron por hijos a: Josefa Mónica, y Manuel José Serrano y Almirante. Los cuales:

a. — Josefa Mónica Serrano y Almirante fue bautizada en La Habana, parroquia del Espíritu Santo, el 9 de mayo de 1752.

b. — Licenciado Manuel Serrano y Almirante, bautizado en La Habana, parroquia del Espíritu Santo, el 3 de septiembre de 1750, fue Abogado y Asesor General de la Intendencia de las provincias de la Luisiana y Florida Occidental, y alcalde ordinario por Su Majestad de la ciudad de New Orleans. Casó en La Habana, parroquia del Espíritu Santo, el 1 de junio de 1786, con doña María del Carmen de los Reyes-Gavilán y Vargas-Machuca, hija de don José de los Reyes-Gavilán y Sánchez, y de doña Antonia Josefa de Vargas-Machuca y Arriaga. Tuvieron por hijos a: Francisco de Paula y José Francisco Serrano y Reyes-Gavilán. Los cuales:

i. — Licenciado Francisco de Paula Serrano y Reyes-Gavilán, bautizado en la Catedral de New Orleans el 9 de abril de 1796, fue médico, escritor y periodista, miembro de la Sociedad Económica de Amigos del País de la Habana.

ii. — José Francisco Serrano y Reyes-Gavilán, natural de New Orleans, casó en la Catedral de La Habana el 8 de junio de 1819, con doña María Josefa Encinoso de Abreu y Reyes-Gavilán, hija del Licenciado Francisco Encinoso de Abreu y Almirante, Abogado, auditor de la provincia de la Florida y Síndico Procurador General de La Habana en 1821, y de doña María de la Luz Reyes-Gavilán y Vargas-Machuca.

E. — Don Matías Francisco Almirante y Blanco, tiene su defunción en La Habana, parroquia del Santo Ángel, a 6 de agosto de 1717.

F. — Doña Manuela Josefa Almirante y Blanco, fue bautizada en la Catedral de La Habana el 23 de junio de 1724.

G. — Don Felipe Almirante y Blanco, fue bautizado en la Catedral de La Habana el 18 de septiembre de 1735.

H. — Don Juan Antonio Almirante y Blanco, bautizado en la Catedral de La Habana el 16 de julio de 1713, fue Teniente de Caballería de esta plaza. Casó dos veces en esta ciudad: la primera en la referida Catedral el 1 de febrero de 1734, con doña Ana María Fernández del Campo y Sotolongo, natural de La Habana, cuya defunción se encuentra en esta ciudad, parroquia de Guadalupe a 25 de marzo de 1759, hija de don José Giordano Fernández del Campo y Algeciras, y de doña Antonia Sotolongo y Ávila-Mendoza. Casó por segunda vez en la parroquia del Santo Cristo, el 9 de septiembre de 1760, con doña María de los Santos Pérez y García-Pretelín, hija de don Esteban Pérez y Beltrán, y de doña Ana García-Pretelín y Velasco.

Don Juan Antonio Almirante y Blanco y su primera mujer María Fernández del Campo y Sotolongo, tuvieron por hijos a: Bárbara, Mariana, Manuela Josefa, María de la Concepción, María del Rosario, María Rosa, Fermín y José María Almirante y Fernández del Campo. Los cuales:

1. — Doña Bárbara Almirante y Fernández del Campo, fue bautizada en la parroquia de Guadalupe el 14 de octubre de 1751 y casó en La Ha-

bana, parroquia del Santo Cristo, el 3 de febrero de 1780 con don Ramón Bretos y Marsal, natural del lugar de Tavares, Huesca, hijo de Domingo y de Gertrudis.

2. — Doña Mariana Almirante y Fernández del Campo, tiene su defunción en La Habana, parroquia de Guadalupe, a 1 de enero de 1761.

3. — Doña María del Rosario Almirante y Fernández del Campo bautizada en la Catedral de La Habana el 11 de mayo de 1735, falleció párvula.

4. — Doña Manuela Josefa Almirante y Fernández del Campo, casó en La Habana, parroquia del Espíritu Santo, el 29 de mayo de 1756, con don Francisco García y Blanco, natural de Sevilla, hijo de Francisco y de María.

5. — Doña María de la Concepción Almirante y Fernández del Campo, fue bautizada en La Habana, parroquia de Guadalupe el 1 de marzo de 1754.

6. — Doña María del Rosario Almirante y Fernández del Campo, nombrada igual que una hermana suya fallecida párvula, fue bautizada en la Catedral de La Habana el 30 de mayo de 1740. Casó en La Habana, parroquia de Guadalupe el 24 de junio de 1756, con don Juan José de Villanueva y Maya, natural de la ciudad de Sangüesa, en Navarra, hijo de Agustín y de Felipa.

Don Juan José Villanueva y Maya y su mujer María del Rosario Almirante y Fernández del Campo tuvieron por hijos a: Isabel, Ignacio y José Villanueva y Almirante. Los cuales:

i. — Doña Isabel de Villanueva y Almirante, casó en La Habana, parroquia de Jesús María, el 25 de febrero de 1792, con don Miguel Fernández de Velasco y Moya, natural de Matanzas, hijo de don Rafael Fernández de Velasco y Pérez-Tinoco, y de doña Rafaela Josefa de Moya.

ii. — Don Ignacio de Villanueva y Almirante, casó en La Habana, parroquia del Espíritu Santo, el 11 de noviembre de 1782, con doña Estefanía González y Alzola, hija de Tomás y Juana Bautista.

iii. — Don José de Villanueva y Almirante, Portaguión de los Escuadrones de Dragones de la plaza de La Habana, casó en esta ciudad, parroquia del Espíritu Santo, el 16 de mayo de 1800, con doña María de Jesús García-Menocal y Zenea, hija de don José Anastasio García-Menocal y Maroto, y de doña Juana de Dios Zenea y Ruiz-Tagle.

7. — Doña María Rosa Almirante y Fernández del Campo, fue bautizada en la Catedral de La Habana el 31 de mayo de 1746. Casó dos veces: la primera, en esta ciudad, parroquia del Espíritu Santo, el 2 de junio de 1776, con don Manuel de los Ríos y Díaz de Bustamante, natural del lugar de Escalada, Santander, hijo de Domingo y de Clara. Casó por

segunda vez en la parroquia de San Matías de Río Blanco del Norte, el 29 de junio de 1782, con don Tomás Francisco Hernández y Mantilla, natural de Güines, hijo de Tomás y de Juana.

Don Manuel de los Ríos y Díaz de Bustamante, y su mujer doña María Rosa Almirante y Fernández del Campo, tuvieron por hijo a:

Don Manuel de los Ríos Bustamante y Almirante, que casó en la parroquia de Jibacoa el 29 de abril de 1795, con doña María Josefa Negrín y Rodríguez, natural de Guanabacoa, hija de Baltasar y María de Regla.

8. — Don Fermín Almirante y Fernández del Campo, casó en La Habana, parroquia del Santo Ángel, el 27 de diciembre de 1772, con doña María de los Dolores Roxas y Velis, hija de Andrés y de Francisca. Tuvieron por hijo a: José María Almirante y Roxas, natural de La Habana.

José Almirante y Roxas, natural de La Habana, casó en la Catedral de La Habana, el 4 de agosto de 1813, con doña Luciana Sánchez y Alfonso, natural de La Habana, hija de Ramón y María Dolores. Tuvieron por hija a:

Doña Rosa Almirante y Sánchez que casó en La Habana, iglesia del Santo Cristo con don Ignacio Martínez y Caro, natural de La Habana, Oficial Cuarto de Administración de Rentas Reales de Santiago de Cuba, hijo de Isidro y Josefa Benita.

9. — Don José María Almirante y Fernández del Campo, bautizado en la Catedral de La Habana el 12 de enero de 1744, casó en esta ciudad, parroquia del Santo Ángel, el 5 de diciembre de 1777, con doña María Nicolasa Ángel y de la Torre, hija de Francisco y de Juana. Tuvieron por hijas a: María de los Dolores, María de Regla y María de Monserrate Almirante y Ángel. Las cuales:

A. — Doña María de los Dolores Almirante y Ángel testó el 9 de junio de 1811 ante Juan de Dios Ayala y su defunción se encuentra en La Habana, parroquia del Santo Ángel, con fecha 21 de junio de 1811. Casó con Don Antonio del Rey Bravo.

B. — Doña María de Monserrate Almirante y Ángel casó en La Habana, parroquia del Santo Ángel, el 1 de octubre de 1808, con don Félix José González de Osorio y Pérez, natural de esta ciudad, hijo de Francisco y de Bernarda.

C. — Doña María de Regla Almirante y Ángel, casó en La Habana, parroquia del Santo Ángel, el 9 de septiembre de 1801, con don Eulogio Narbona y Álvarez de Lorenzana, natural de la villa de Estepa, en Andalucía, hijo de Fernando y de Dominga.

Don Juan Antonio Almirante y Blanco y su segunda mujer doña María de los Santos Pérez y García-Pretelín, tuvieron por hijos a: Juan de

Nepomuceno, José, Tomás Antonio, y Rafael Almirante y Pérez. Los cuales:

1. — Don Juan de Nepomuceno Almirante y Pérez, fue bautizado en La Habana, parroquia del Santo Cristo, el 7 de junio de 1767.

2. — Don José Almirante y Pérez, tiene su defunción en la parroquia del Espíritu Santo a 21 de febrero de 1852. Casó en La Habana, en la parroquia del Santo Ángel, el 8 de abril de 1800, con doña María Gertrudis O'Kelly y Gómez, hija de Francisco y de María Isabel.

3. — Licenciado Tomás Antonio Almirante y Pérez, bautizado en La Habana, parroquia del Santo Cristo, el 18 de marzo de 1764, hizo información de limpieza de sangre el 11 de marzo de 1782 ante Tomás Mateo Cervantes, Síndico Procurador General, documento que consta en la Universidad de La Habana, en el expediente de estudios número 363. Casó en esta ciudad, parroquia del Santo Cristo, el 23 de abril de 1792, con doña Manuela Márquez del Castillo y Zamora, hija del Teniente Antonio y de María Gertrudis. Tuvieron por hijas a: María Encarnación, María Gertrudis y Mariana Almirante y Márquez. Las cuales:

A. — Doña María Encarnación Almirante y Márquez testó el 30 de julio de 1851 ante Rufino Pacheco, escribanía de Felipe Fornaris, y su defunción se encuentra en el Espíritu Santo a 31 de julio de 1851. Casó con Don Gabriel Álvarez.

B. — Doña María Gertrudis Almirante y Márquez, fue bautizada en el Santo Cristo, en La Habana, el 17 de febrero de 1799.

C. — Doña Mariana Almirante y Márquez, fue bautizada en el Santo Cristo, en La Habana, el 12 de febrero de 1799.

4. — Don Rafael Almirante y Pérez, Oficial Primero de Tesorería en la Administración General de Rentas de Mar, casó con doña María Teresa de Hita-Salazar y Cordero, hija de don Félix de Hita-Salazar y Rodríguez de Lara, y de doña Nicolasa Cordero y Solana, naturales de San Agustín de la Florida. Tuvieron por hijos a: María de las Mercedes, Elena, Juan y Francisco Almirante e Hita-Salazar. Los cuales:

A. — Doña María de las Mercedes Almirante e Hita-Salazar fue bautizada en la Catedral de La Habana el 26 de febrero de 1807.

B. — Doña Elena Almirante e Hita-Salazar fue bautizada en la Catedral de La Habana el 5 de septiembre de 1809.

C. — Don Juan Almirante e Hita-Salazar, tiene su defunción en La Habana el 5 de septiembre de 1809.

C. — Don Juan Almirante e Hita-Salazar, tiene su defunción en La Habana, parroquia del Santo Ángel, con fecha 5 de junio de 1793.

D. — Don Francisco José Almirante e Hita-Salazar, que fue bautizado en la Catedral de La Habana el 8 de abril de 1797. Casó en esta ciudad, parroquia de Jesús María, en 1814, con doña Antonia María Pren e Hita-Salazar, natural de La Habana, hija de don José Pren y Montero, natural de esta ciudad, y de doña María de los Dolores de Hita-Salazar y Cordero, natural de San Agustín de la Florida.

ÁLVAREZ

A principios del siglo XVII aparece radicada esta familia en el concejo de Burón, Oviedo, de donde pasaron a fines del mismo siglo al Reino de Galicia. Se establecieron en La Habana a principios del siglo XIX.

Frey Lope de Coiñas fue padre de: Fernando, Francisco, Lope y Marcos Álvarez y Coiñas de las Riberas. De los cuales:

Marcos Álvarez y Coiñas de las Riberas, vecino del concejo de Burón, donde fue reconocido como hijodalgo en el padrón del año 1631, ganó ejecutoria de nobleza en la Real Chancillería de Valladolid el 28 de noviembre de 1594. Casó con doña Juliana Dominga Fernández y tuvieron por hijos a: Juan y Pedro Álvarez Coiñas de las Riberas y Fernández. De los cuales:

Don Pedro Álvarez Coiñas de las Riberas y Fernández casó con doña Luisa Álvarez de Cancio, y tuvieron por hijo a:

Don Miguel Álvarez Coiñas de las Riveras y Álvarez de Cancio, natural del concejo de Burón, hizo información de nobleza en la villa de Burón en el año 1712, ganando ejecutoria de nobleza en la Real Chancillería de Valladolid el 11 de julio de 1714, ordenándose al Señor Regidor y Justicia de La Coruña que le empadronase como hijodalgo. Casó en La Coruña, en la parroquia de Santiago, el 1 de octubre de 1693, con doña María Sánchez de Taybo y Ulloa, hija de don Gonzalo Sánchez de Taybo y Ulloa, y de doña Catalina Gómez de Pazos. Tuvieron por hijos a: Gabriel, Nicolás, e Ignacio Álvarez Coiñas de las Riberas y Sánchez de Taybo. Los cuales:

1. — Don Gabriel Álvarez Coiñas de las Riberas y Sánchez de Taybo, fue bautizado en La Coruña, Iglesia Colegiata de Santa María del Campo, el 22 de agosto de 1697. Hizo información de nobleza en La Coruña, la cual fue proveída por el Señor Alcalde Mayor el 6 de junio de 1729, ante el escribano Antonio Rodríguez de Soto.

2. — Don Nicolás Álvarez Coiñas de las Riberas y Sánchez de Taybo, natural de La Coruña, ingresó en la Real Compañía de Guardias Marinas en el año 1718, llegando a tener el grado de Teniente de Navío de la Real Armada. Casó con doña María Peroso, natural de Cartagena de Indias. Tuvieron por hija a: Antonia Álvarez Peroso.

3. — Don Ignacio Álvarez Coiñas de las Riberas y Sánchez de Taybo, Bautizado en La Coruña, parroquia de San Jorge, el 28 de junio de 1694, fue Guarda-Almacén de la plaza de Vigo, librándosele en Madrid mandamiento de amparo de hijodalgo. Hizo información de nobleza en su nombre y en el de sus hijos en la villa de Vigo en el año 1756. Casó dos veces: la primera con doña Francisca Ávila; y la segunda casó en Vigo, en la parroquia de Nuestra Señora Santa María, el 23 de enero de 1740 con doña Josefa Ximénez de Mendoza, hija de don Juan Manuel de los Reyes Ximénez, y de doña María Jacinta del Valle Mendoza.

Don Ignacio Álvarez Coiñas de las Riberas y Sánchez de Taybo, y su segunda mujer doña Josefa Ximénez de Mendoza, tuvieron por hijos a: Ignacia, Raimundo, Antonio y Lucas Álvarez y Ximénez de Mendoza. De los cuales:

1. — Don Antonio Álvarez y Ximénez de Mendoza, fue bautizado en Vigo, Iglesia Colegiata de Santa María, el 9 de mayo de 1743.

2. — Don Lucas Álvarez y Ximénez de Mendoza, bautizado en Vigo, Iglesia Colegiata de Santa María, el 5 de febrero de 1748, fue Coronel de Infantería de los Reales Ejércitos. El 19 de agosto de 1765 presentó en el Ayuntamiento de Vigo varios documentos justificativos de su nobleza. Casó en La Habana, parroquia del Espíritu Santo, el 12 de marzo de 1801, con doña Isabel María Cascales y Busquet, hija de don Juan Francisco Cascales y Sánchez, y de doña Isabel Busquet y Comas. Tuvieron por hijo a:

Don Lucas Álvarez y Cascales, fue Capitán de Rurales y Ayudante Mayor del VII Escuadrón Rural de Fernando VII. Falleció en Batabanó, provincia de La Habana, el 4 de mayo de 1854. Casó tres veces: la primera, en La Habana, parroquia de Guadalupe el 26 de julio de 1822, con doña Juana de Acosta y Barea, hija de Ambrosio y María del Carmen; la segunda, casó con doña Felicia Guillén y Matz, natural de Cartagena de Indias, hija de don Pablo Guillén y Martínez, Teniente de Navío de la Real Armada, Ayudante de Matrículas en Batabanó, y de doña María del Carmen Matz y Maderna; la tercera vez casó con María de la Cruz Torres y Campos, hija de Manuel y de Felicia.

Don Lucas Álvarez y Cascales, y su tercera mujer doña María de la Cruz Torres y Campos, tuvieron por hijos a: Teresa, Isabel y Manuel Álvarez y Torres.

Don Lucas Álvarez Cascales, y su segunda mujer Felicia Guillén y Matz, tuvieron por hijos a: María del Carmen, María de la Trinidad, Felicia, Ignacio, y Lucas Álvarez y Guillén. De los cuales:

Don Lucas Álvarez y Guillén, bautizado en la parroquia de la villa de Batabanó el 11 de marzo de 1832 casó en La Habana, parroquia del Espíritu Santo, el 17 de marzo de 1858, con doña Águeda de la Encarnación Cerice y Lima, natural de Matanzas, hija de don Francisco Cerice y Xénes, y de doña Gertrudis de Lima y Domínguez, perteneciente esta última a la casa de los Marqueses de Santa Olalla. Tuvieron por hijos a: Felicia, Luis, Francisco, Eduardo, Ignacio, Juan y Lucas Álvarez Cerice. De los cuales:

1. — Doña Felicia Álvarez y Cerice, natural del Roque, en la provincia de Matanzas, casó dos veces: la primera, con don Tomás Cardona y Aguilera; y la segunda en La Habana, parroquia de Jesús del Monte, el 2 de agosto de 1911, con don Manuel Antonio Sobrino y Calzadilla, natural de Nueva Paz, hijo de don Manuel Benito Sobrino y Vicente, y de doña María Inés Calzadilla y Perdomo.

2. — Don Francisco Álvarez y Cerice casó con doña Irene María Benítez, y tuvieron por hija a: Irene María Álvarez y Benítez.

3. — Don Eduardo Álvarez y Cerice casó con doña María Iznaga y García, hija de don José María de Iznaga y del Valle, y de doña Petronila García y Echemendia.

Tuvieron por hijas a: Esperenza y Consuelo Álvarez e Iznaga. De las cuales:

Doña Consuelo Álvarez Iznaga, casó con el Doctor José María Arango y Arango, abogado, hijo de don Domingo Arango y Herrera, II Marqués de la Gratitud, Caballero de la Orden de Carlos III, y de doña Rita Arango y Mantilla.

4. — Don Ignacio Álvarez y Cerice casó con doña Perla Mena y Rodríguez, y tuvieron por hijos a: María de la Caridad, Ignacio y Manuel Álvarez Mena.

5. — Don Juan Álvarez y Cerice casó con doña Herminia Tabío y de la Lanza, y tuvieron por hijos a: Carlos Manuel y Juan Álvarez y Tabío. De los cuales:

A. — Don Carlos Manuel Álvarez y Tabío casó con doña Carmen García.

B. — Doctor Juan Álvarez y Tabío casó con doña Magdalena Aballí y Mendoza.

6. — Doctor don Lucas Álvarez y Cerice fue Médico y Director del Hospital de Mazorra. Casó con doña Narcisa Tabío y de la Lanza, y tuvieron por hijos a: Marta, Lucrecia, María, Fernando, Lucas, Juan Pablo, y Luis Álvarez y Tabío. De los cuales:

A. — Doña Marta Álvarez y Tabío casó con don Porfirio Franca y Echarte, hijo de don Porfirio Franca y Álvarez de la Campa, y de doña María Josefa Echarte y Martos.

B. — Doña Lucrecia Álvarez y Tabío casó con el Doctor Ortelio Foyo y Caravia, Abogado, hijo del Doctor Ortelio Foyo, Secretario de Agricultura de la República de Cuba, y de doña Esperanza Caravia.

C. — Doña María Álvarez y Tabío casó con don José Antonio Mestre y Fernández Criado.

D. — Doctor Fernando Álvarez y Tabío casó con doña Rita Longa y Aróstegui, hija de don Ernesto Longa y Aguirre, y de doña María del Carmen Aróstegui y González de Mendoza.

E. — Doctor Lucas Álvarez y Tabío, casó con doña María Teresa Aballí y Mendoza, y tuvieron por hijos a: María Teresa, Margarita, y Lucas Álvarez y Aballí.

F. — Don Juan Pablo Álvarez y Tabío es Ingeniero Civil y Arquitecto. Casó con doña Margarita Vivanco y Sánchez, hija de don Antonio Vivanco y Hernández, Coronel del Ejército Libertador de Cuba, y de doña Carmen Sánchez. Tuvieron por hija a: Margarita Álvarez y Vivanco.

G. — Doctor Luis Álvarez y Tabío es Médico. Casó con doña Josefa Fernández Ainé, y tuvieron por hijos a: Luis y Alfredo Álvarez y Fernández Ainé.

ÁLVAREZ DE LA CAMPA

En la primera mitad del siglo XIX, procedente de la parroquia de San Martín de Laspra, en el concejo de Castrillón, partido judicial de Avilés, Principado de Asturias, se estableció esta familia en La Habana.

Don Juan Álvarez de la Campa casó con doña María Galán y tuvieron por hijo a:

Don José Álvarez de la Campa y Galán, vecino del lugar de Raíces, en la parroquia de San Martín de Laspra, que casó con doña Manuela Galán y de la Campa, hija de Francisco y de Josefa. Tuvieron por hijos a: Bernardo, José Antonio, Manuel, Juan y Alonso Álvarez de la Campa y Galán. De los cuales:

1. — Don José Álvarez de la Campa y Galán, natural de San Martín de Laspra, pasó a La Habana.

2. — Don Antonio Álvarez de la Campa y Galán, conocido por el «Tocho», fue natural de San Martín de Laspra. Pasó a La Habana y fue Jefe de las Milicias de esta plaza.

3. — Don Manuel Álvarez de la Campa y Galán, natural de la villa de Avilés, casó en La Habana, parroquia de Guadalupe, el 30 de enero de 1837, con doña Josefa Ibarrabal y Gamba, natural de la villa de Santoña, en Santander, hija de Agustín y de Teresa.

4. — Don Juan Álvarez de la Campa y Galán, natural de San Martín de Laspra, casó en La Habana, parroquia de Monserrate, el 9 de junio de 1847, con doña Josefa Cecilia Arumy y Alegre, hija de Esteban y de Bernardina. Tuvieron por hijos a: Agustina, Cecilia, Amelia, Manuela, Amado, Fernando, Miguel, Esteban y Juan Álvarez de la Campa y Arumy.

5. — Don Alonso Álvarez de la Campa y Galán, bautizado en la parroquia de San Martín de Laspra, el 20 de mayo de 1815, se le despachó pasaporte para La Habana el 23 de octubre de 1829, donde casó, en la parroquia de Monserrate, el 9 de junio de 1854, con doña Juana Cecilia Gamba y Galarraga, hija de don Tomás Gamba y de las Casas, y de doña María Galarraga y del Castillo. Tuvieron por hijos a: Alonso, María Catalina, Cecilia y Tomasa Álvarez de la Campa y Gamba. De los cuales:

1. — Don Alonso Álvarez de la Campa y Gamba, nacido el 24 de junio de 1855, fue uno de los estudiantes de Medicina fusilados en La Habana el 27 de noviembre de 1871.

2. — Doña Cecilia Álvarez de la Campa y Gamba, casó con el Doctor Miguel Franca y Mazorra, Médico, hijo de don Miguel Franca y Calvo, y de doña María Ramona Mazorra y Cayro.

3. — Doña Tomasa Álvarez de la Campa y Gamba, casó con don Francisco Gamba y Tapia, natural de Santander, hijo de don Manuel Gamba y Cacho, y de doña Julieta de Tapia y Ortiz.

ANAYA

A principios del siglo XVIII, procedente de la ciudad de Santiago de Galicia, se estableció esta familia en Santiago de Cuba.

Don Francisco Blanco y su mujer doña Lucía Anaya, tuvieron por hijo al

Alférez Francisco Blanco de Anaya, natural de la ciudad de Santiago de Galicia, que casó en la Catedral de Santiago de Cuba el 4 de septiembre de 1712, con doña Manuela Izquierdo y Vázquez Valdés de Coronado, hija del Alférez Juan Izquierdo y Cisneros, y de doña María Vázquez Valdés de Coronado y Duque de Estrada. Tuvieron por hijos a: María Teresa, y a Juan Antonio Blanco de Anaya e Izquierdo. Los cuales:

1. — Doña María Teresa Blanco de Anaya e Izquierdo, tiene su defunción en la Catedral de Santiago de Cuba a 8 de marzo de 1766, donde casó el 27 de mayo de 1735, con don Juan Saco y Quiroga, natural de Monforte de Lemos, hijo de don Juan Saco y Quiroga, y de doña Bernarda Pérez.

2. — Don Juan Antonio Blanco de Anaya e Izquierdo, tiene su defunción en la Catedral de Santiago de Cuba a 28 de julio de 1757. Casó con doña María Betancourt y Angulo, hija de don Matías Betancourt y Cisneros, Regidor Fiel Ejecutor del Ayuntamiento de dicha ciudad, y de doña Luisa Rosa Angulo y Arias. Tuvieron por hijos: a Luisa; a Teresa; a Ana María; a Jacinto, y a Gabriel Blanco de Anaya y Betancourt. Los cuales:

1. — Doña Luisa Blanco de Anaya y Betancourt, casó con el Doctor Rafael González, que tiene su defunción en la Catedral de Santiago de Cuba, a 13 de abril de 1772.

2. — Doña Teresa Blanco de Anaya y Betancourt, casó en la Catedral de Santiago de Cuba el 3 de octubre de 1764, con don Manuel Palacios-Saldurtún y Mustelier, hijo de don Pedro José Facundo Palacios-Saldurtún y Ramos, Síndico, Alcalde de la Santa Hermandad, y de doña Ángela Josefa Mustelier y Angulo.

3. — Doña Ana María Blanco de Anaya y Betancourt, casó en la Catedral de Santiago de Cuba el 13 de diciembre de 1772, con don Fernando Solórzano y Díaz, natural de la villa de Aries, en el Obispado de Santander, hijo de Pedro y de Antonia.

4. — Don Jacinto Blanco de Anaya y Betancourt, casó en la Catedral de Santiago de Cuba el 12 de agosto de 1773, con doña Isabel Montes y Morales, hija del Capitán Mateo Montes y Pérez, Ayudante Mayor de la plaza, y de doña Juana Morales y Santa Cruz-Pacheco. Tuvieron por hijos: a Juana Manuela; a Mateo, y a Antonio María Anaya y Montes. Los cuales:

A. — Doña Juana Manuela Anaya y Montes, casó en la Catedral de Santiago de Cuba el 5 de septiembre de 1809, con don José Manuel Boudet y de las Cuevas, hijo de Pedro Jacinto y de Luisa María.

B. — Don Mateo Anaya y Montes, casó en la Catedral de Santiago de Cuba el 25 de febrero de 1822, con doña María del Carmen Sánchez-Griñán y Mozo de la Torre, hija de don José María Sánchez-Griñán y de doña María Manuela Mozo de la Torre. Tuvieron por hijo a:

Don Antonio María Anaya y Sánchez-Griñán, que casó en la Catedral de Santiago de Cuba el primero de mayo de 1852, con doña Mariana Rodríguez y Boudet, hija de don Juan de Mata Rodríguez y Mustelier, y de doña Juana Susana Boudet y Mustelier.

C. — Don Antonio María Anaya y Montes, casó en la Catedral de Santiago de Cuba el 23 de agosto de 1798, con doña Filomena Hernández y Mustelier, hija de don Diego Hernández y de las Cuevas, y de doña María Josefa Mustelier y Velasco. Tuvieron por hijos a: Isabel; a Higinia; a Josefa, y a Jacinto Anaya y Hernández. Los cuales:

A. — Doña Isabel Anaya y Hernández, casó en la Catedral de Santiago de Cuba el 13 de agosto de 1823, con don Juan Álvarez-Lebrún y Eligio de la Puente, Capitán de Cazadores del Regimiento Fijo de dicha ciudad, hijo de don Manuel Álvarez-Lebrún, Teniente de Fragata de la Real Armada y más tarde Teniente Coronel de Caballería de la plaza de La Habana, y de doña Juana Eligio de la Puente y Sánchez de Casahonda.

B. — Doña Higinia Anaya y Hernández, casó en la Catedral de Santiago de Cuba el 20 de agosto de 1825, con don Juan José de Mena y Garibaldo, hijo de don Manuel José de Mena, Tesorero de Ejército, Ministro Oficial Real, Inspector general de la plaza de La Habana, y de doña Isabel Ignacia Garibaldo.

C. — Doña María Josefa Anaya y Hernández, casó en la Catedral de Santiago de Cuba el primero de mayo de 1852, con don Manuel París e Higuero, natural de Coro, hijo de Bernardo y de Juana.

D. — Don Jacinto Anaya y Hernández, casó en la Catedral de Santiago de Cuba el 29 de mayo de 1833, con doña María Dolores González Carvajal y Ferrer, hija de don Rafael González-Carvajal y Echavarría, y de doña María del Rosario Ferrer y Polanco.

5. — Don Gabriel Blanco de Anaya y Betancourt, casó en la Catedral de Santiago de Cuba el 31 de diciembre de 1769, con doña Úrsula Portuondo y Morales, hija de don Juan Miguel Portuondo y Torres-Paneque, Escribano Público y de la Real Hacienda, y de doña Francisca de Paula Morales y Santa Cruz-Pacheco. Tuvieron por hijos: a María Josefa; a María Caridad, y a Juan Antonio Anaya y Portuondo. Los cuales:

1. — Doña María Josefa Anaya y Portuondo, casó en la Catedral de Santiago de Cuba el primero de abril de 1793, con don José Felipe Cisneros y Betancourt, Capitán de Milicias, hijo de don José Joaquín Cisneros y Fuentes, Teniente Coronel de Milicias, y de doña Luisa Manuela Betancourt y Morales.

2. — Doña María Caridad Anaya y Portuondo, casó en la Catedral de Santiago de Cuba el 30 de abril de 1806, con don Diego Repilado y Ramos, hijo de don José Repilado, Capitán de Infantería del segundo Batallón del Regimiento de la plaza de La Habana, Teniente Gobernador de Baracoa, natural de La Habana, y de doña Rosa Ramos.

3. — Don Juan Antonio Anaya y Portuondo, casó en la Catedral de Santiago de Cuba el 27 de abril de 1797, con doña Rosa Caballero y Hechavarría, hija de don Francisco Antonio Caballero y López de Herrera, y de doña Isabel Hechavarría y González-Regüeiferos.

Tuvieron por hijos: a Gabriel, y a Manuel Anaya y Caballero. Los cuales:

1. — Don Gabriel Anaya y Caballero, casó en la Catedral de Santiago de Cuba el 23 de noviembre de 1829, con doña Juana María de Moya y Castellanos, hija de José Nicolás y de María Trinidad.

2. — Don Manuel Anaya y Caballero, casó en la Catedral de Santiago de Cuba el 29 de agosto de 1826, con doña María Caridad del Carmen Hierrezuelo y Cisneros, hija de don Nicolás Hierrezuelo y Moncada, y de doña Ana María Manuela Cisneros y Fuentes. Tuvieron por hijos: a Isabel Antonia; a Ana María, y a Juan Antonio Anaya y Hierrezuelo. Los cuales:

1. — Doña Isabel Antonia Anaya y Hierrezuelo, casó en la Catedral de Santiago de Cuba el 27 de diciembre de 1850, con don Francisco Antonio Anaya y Martí, hijo del Subteniente José Felipe y de Manuela. Tuvieron por hijas: a Isabel, y a Manuela Anaya y Anaya. Las cuales:

A. — Doña Isabel Anaya y Anaya, casó en la Catedral de Santiago de Cuba el 17 de septiembre de 1878, con don Eladio Arapilla y Monreal, hijo de Eusebio y de Isabel.

B. — Doña Manuel Anaya y Anaya, casó en la Catedral de Santiago de Cuba el 4 de febrero de 1883, con don Juan Ortega y Navarro, natural de Marbella, Milán, hijo de Sebastián y de Isabel.

2. — Doña Ana María Anaya y Hierrezuelo, casó en la Catedral de Santiago de Cuba el 11 de octubre de 1851, con don Juan Bautista Portuondo y Portuondo, hijo de don Juan Bautista Portuondo y Polanco, y de doña Dolores Portuondo y Carrión.

3. — Don Juan Antonio Anaya y Hierrezuelo, casó en la Catedral de Santiago de Cuba el 23 de noviembre de 1866, con doña Rosalía Muñoz y Rubalcava, hija de Rafael, natural de Granada, y de Asunción.

También aparecen:

Don Ignacio de Anaya que casó con doña Bárbara Ventura Moncada y Castañeda, que tiene su defunción en la Catedral de Santiago de Cuba a 31 de julio de 1771, hija de Miguel y de Ángela. Tuvieron por hijos: a Ángela; a Ramón, y a Miguel de Anaya y Moncada. De los cuales:

1. — Doña Ángela Anaya y Moncada, falleció niña, y su defunción se encuentra en la Catedral de Santiago de Cuba a 18 de agosto de 1755.

2. — Don Miguel Anaya y Moncada, fue Presbítero.

Don Jesús María de Anaya y su mujer doña María Genoveva Charpartier Destournelles, tuvieron por hijo: a

Don Vicente Anaya y Charpartier, que casó en la Catedral de Santiago de Cuba el 15 de agosto de 1830, con doña María Guadalupe Moya y Castellanos, hija de José Nicolás y de María Trinidad. Tuvieron por hijo: a

Don José Nicolás Anaya y Moya, que casó en la Catedral de Santiago de Cuba el 5 de abril de 1856, con doña Antonia Portuondo y Montes, hija de don José María Portuondo y Carrión, y de doña Antonia Montes y Portuondo.

ANDRADE

En la primera mitad del siglo XVIII, procedente de Galicia, se estableció esta familia en La Habana.

Don Domingo Fernández de Andrade, y su mujer doña Gregoria Fernández de Andrade, tuvieron por hijo: a

Don Juan Fernández de Andrade, que fue bautizado en Vigo, Galicia, en la Iglesia Colegial de Santa María, feligresía de Santa María de los Ángeles, el 20 de julio de 1678, donde casó, el 25 de diciembre de 1699, con doña Mariana Correa y Dacal, hija de Sebastián y de María. Tuvieron por hijo: a

Don Juan Luis de Andrade y Correa, que fue bautizado en Vigo, Iglesia Colegial de Santa María, el 18 de septiembre de 1700. Casó en la Catedral de La Habana el 14 de diciembre de 1729, con doña Isidora María Caballero y Arteaga, hija de don José Santa María Caballero y Chávez,[1] y de doña Victoria Arteaga y Esquivel. Tuvieron por hijos: a

Don José Andrade y Caballero, bautizado en la Catedral de La Habana el 5 de septiembre de 1731, que obtuvo certificación de armas e hidalguía el 14 de junio de 1790, expedida por don Juan Félix de Rújula, cronista y rey de Armas de Su Majestad.

---

1. Don Roque Santa María Caballero, nacido en Villalba de Alcor el año 1635, casó con doña Isidora de Chávez Pataque, natural de Brenes, hija de don Alonso Fernández Pataque, y de doña Ana Chávez. Tuvieron por hijo: a

Don José Santa María Caballero y Chávez, que fue bautizado en Sevilla, parroquia de San Juan de la Palma, el 27 de diciembre de 1668. Casó en La Habana, parroquia del Espíritu Santo, el 24 de octubre de 1718, con doña Victoria de Arteaga y Esquivel, hija de Antonio y de Damiana. Tuvieron por hija: a

Doña Isidora Caballero y Arteaga, que fue bautizada en la Catedral de La Habana el 2 de febrero de 1715. Casó dos veces en la referida Catedral: la primera, el 14 de diciembre de 1729, con el mencionado don Juan Luis Andrade y Correa; y la segunda, el 15 de abril de 1747, con don José Félix Presenti y García de Laredo, natural de Cádiz, Capitán de Fragata de la Real Armada y Capitán del Puerto de La Habana, hijo de don Juan Presenti y López de Toñarejos, primer Marqués de Monte-Corto, Regidor de Preeminencia y Juez Veedor del Real Contrabando de Cádiz, Gentilhombre de Cámara de Su Majestad, y de doña Manuela Gregoria García de Laredo y Colarte.

ARIAS

A fines del siglo XVII aparece ya radicada esta familia en la villa de San Salvador del Bayamo, en la isla de Cuba.

Don Pedro Arias de Baños, casó con doña María Arias, natural de Toledo, y tuvieron por hijo a:

Don García de Arias, que fue Regidor. Casó con doña Paula Lorenzana, y tuvieron por hijo a:

Don García de Arias y Lorenzana, que casó con doña Constancia Ventancua, tuvieron por hijo a:

Don García de Arias y Ventancua, que casó con doña Antonia Remón y Castro, y tuvieron por hijo a:

Don Gaspar de Arias y Remón, que casó con doña María Piña, y tuvieron por hijo a:

Don Juan de Arias y Piña, que fue Tesorero de la Santa Cruzada y Alcalde ordinario de la villa de Bayamo. Casó con doña Mariana Sánchez de Matos, y tuvieron por hija a:

Doña Bárbara Arias y Sánchez de Matos, que casó con don José Antonio Ramírez de Arellano y Tejera, síndico Procurador general y Alcalde ordinario de la villa de Bayamo, hijo de don Matías Ramírez de Arellano y Téllez, y de doña Elena Tejera.

ARMERO

Procedente del Obispado de Calahorra se estableció esta familia en La Habana durante la primera mitad del siglo XIX.

Don Martín de Armero y Sáenz, natural de Bobadilla de Río Tovía, Obispado de Calahorra, obtuvo ejecutoria de hidalguía de la Real Chancillería de Granada en 1783. Casó con doña Agustina de Almazán, natural de Estepa, y fueron padres de: Antonio de Armero y Almazán.

Antonio de Armero y Almazán casó con doña María de los Dolores Fernández de Peñaranda y Sevilla, natural de la villa de Fuentes, en Andalucía, hija de Francisco Fernández de Peñaranda, Torres, Adalid y Mantilla, natural de la villa de Fuentes, Oficial de la Real Armada, y de doña María Micaela Sevilla, natural de Cádiz. Tuvieron por hijos a Francisco y Antonio Armero y Fernández de Peñaranda. Los cuales:

1. — Don Francisco Armero y Fernández de Peñaranda, fue Teniente General de la Real Armada y Comandante General del Apostadero de La Habana. Había nacido en la villa de Fuentes en 1803 e ingresó en la Real Armada en 1820. Su expediente quedó reseñado al tomo IV de la obra «Real Compañía de Guardias Marinas y Colegio Naval» por Dalmiro de la Válgoma, con el número 3073.

2. — Don Antonio Armero y Fernández de Peñaranda, bautizado en la parroquia de Santa María la Blanca, en la villa de Fuentes, el 23 de marzo de 1805. Fue Ministro Honorario del Supremo Tribunal de Guerra y Marina, y también Auditor del Ejército de la Capitanía General de Cuba. Casó en La Habana, parroquia de Monserrate, en el año 1845, con María Teresa Francisca Calixta Peñalver y de Cárdenas, Cárdenas y del Manzano, nacida el 14 de octubre de 1817 y bautizada en la Catedral de La Habana el 28 de octubre de 1817. Fueron padres de:

María de los Dolores Armero y Peñalver, natural de La Habana, la cual casó con don Agustín Girón, Ezpeleta y Arias de Saavedra, natural de Madrid, VIII Vizconde de las Torres de Luzón, IV Duque de Ahumada, III Marqués de Ahumada, VII Marqués de las Amarillas, Capitán de Infantería Retirado, Consejero de Estado, Teniente de Alcalde de Madrid, Diputado a Cortes por Villena, Senador por derecho propio, Maestrante de Ronda, Gentilhombre de Cámara con ejercicio, Gran Cruz de la Orden de Carlos II y Gran Cruz de la Orden del Cristo de Portugal.

AVALOS

A principios del siglo XVIII procedente de la isla de Tenerife, se estableció esta familia en Matanzas.

El Sargento Juan de Avalos, natural de Tenerife, fue Alcalde Ordinario de Matanzas en el año 1722. Casó con doña Isabel Francisca Díaz Bruma, natural de dicha isla de Tenerife. Tuvieron por hijos a: María Juana, Manuela María Gertrudis, Ana, Josefa, Ana Margarita, Juan, Antonio, Francisco y Andrés Avalos y Díaz. De los cuales:

1. — María Juana Avalos y Díaz casó en la Catedral de Matanzas el 27 de octubre de 1740 con don Diego de Fuentes y Hernández-Barroso, hijo de don José de Fuentes, Regidor Perpetuo del Ayuntamiento, Alcalde Ordinario, y de doña Catalina Hernández-Barroso y Morales.

2. — Manuela Avalos y Díaz, fue bautizada en la Catedral de Matanzas el 6 de enero de 1701, donde casó el 29 de enero de 1720, con don

Francisco Benítez de Lugo, natural de Tenerife, Síndico Procurador General, Regidor del Ayuntamiento y Alcalde Ordinario de Matanzas, hijo de don Juan Benítez de Lugo y de doña Isabel Luis.

3. — María Gertrudis Avalos y Díaz, fue bautizada en la Catedral de Matanzas el 18 de septiembre de 1708, donde casó dos veces: la primera, el 28 de febrero de 1724, con don Tomás Rangel de Chávez y Ávila, Regidor Perpetuo y Alcalde Ordinario, hijo del Teniente Juan Francisco Rangel de Chávez, natural de la ciudad de Llerena, Badajoz, Extremadura, y de doña Teodora de Ávila y Mexías, natural de Canarias; y la segunda casó el 5 de octubre de 1748, con don Domingo Faustino González y Fernández de Agorta, natural del puerto de Campeche, hijo de Domingo Francisco y de Juliana.

4. — Ana Avalos y Díaz, bautizada el 21 de junio de 1707, casó en la Catedral de Matanzas el 23 de diciembre de 1734, con don Juan Manuel Barroso y López de Medrano, natural de La Habana, Alcalde Mayor Provincial de Matanzas, hijo de don Manuel Barroso y Martín, natural de La Laguna, en Tenerife, primer Alcalde Mayor Provincial de la Santa Hermandad que tuvo Matanzas y de doña Jerónima López de Medrano y Gómez de los Reyes, natural de San Agustín de La Florida.

5. — Josefa Avalos y Díaz, bautizada el 7 de diciembre de 1707, casó en la Catedral de Matanzas el 10 de enero de 1728, con don Francisco Gómez.

6. — Antonio Avalos y Díaz, bautizado el 5 de abril de 1713, fue Alcalde Ordinario de Matanzas los años 1758 y 1759. Casó en la Catedral de dicha ciudad con doña María González y Gómez, hija de Eugenio y de Nicolasa.

7. — Francisco Avalos y Díaz, bautizado el 31 de diciembre de 1708, fue Síndico Procurador General del Ayuntamiento de Matanzas, en cuya Catedral casó el 12 de febrero de 1720 con doña Gertrudis López de Cuéllar. Tuvieron por hijo a:

Don Nicolás Avalos y López de Cuéllar, que casó en la Catedral de Matanzas el 17 de febrero de 1744 con doña Leonor Pedroso e Ibarra, hija de Pedro y de Leonor. Tuvieron por hija a:

Ana Josefa Avalos y Pedroso, que casó en la Catedral de Matanzas el 25 de octubre de 1762, con don Antonio Pineda y Gordejuela, hijo de Blas y de Gregoria.

8. — Andrés Avalos y Díaz, bautizado el 23 de noviembre de 1704, fue Síndico Procurador General del Ayuntamiento en 1736, y Alcalde Ordinario de Matanzas los años 1737, 1738, 1739 y 1757. Casó dos veces: la primera, en la Catedral de dicha ciudad el 24 de febrero de 1727 con doña Juana Fuentes, la cual tiene su defunción en la Catedral de Matanzas con fecha 25 de agosto de 1727; y la segunda, casó en La Habana, parroquia del Espíritu Santo, el 11 de enero de 1734, con doña Cata-

lina Gutiérrez-Tinoco y Burgos, hija de Melchor y de María Josefa. Con su segunda mujer tuvo por hijos a: Antonia, Nicolás y Francisco Avalos y Gutiérrez-Tinoco. Los cuales:

1. — Antonia Avalos y Gutiérrez-Tinoco, casó en la Catedral de Matanzas el 10 de junio de 1758, con don Rosendo Roque de Escobar y Guerrero, natural de Guanabacoa, hijo de don Antonio Roque de Escobar y Sardiña, y de doña María Guerrero y Rodríguez de Cárdenas.

2. — Nicolás Avalos y Gutiérrez-Tinoco, casó en la Catedral de Matanzas el 19 de marzo de 1758, con doña Antonia Roque de Escobar y Hernández-Madruga, hija de don Pedro Roque de Escobar y Sardiña, Alcalde Ordinario de Matanzas, y de doña Catalina Hernández-Madruga, tuvieron por hijo a:

Don Pedro Antonio Avalos y Roque de Escobar, que casó en la Catedral de Matanzas el 9 de mayo de 1779, con doña Josefa Rodríguez-Morejón y Montero, natural de Guamutas, hija de don Felipe Rodrígue-Morejón y Cepero, y de doña María Montero y Rivero.

BALAGUER

Desciende esta familia del Caballero Pedro Balaguer, que acompañó al Rey Don Jayme a la conquista de la ciudad de Orihuela, por lo que obtuvo, en unión de Romeo y Ricart Balaguer, reparto de tierras en Callosa, Almodóvar y otras partes, especialmente, Cientahullas, en el partido de Alforja, en la huerta de la ciudad de Orihuela.

Francisco y Juan Balaguer, varios Jaymes, y otro Juan Balaguer fueron Consejeros, Jurados y Justicia de la ciudad de Orihuela; y otros miembros de esta familia fueron Señores de los castillos de Castelnou y Folgosa, y lugar de Figueras. Justificaron sus enlaces y entronques con los Marqueses del Bosque, Peñacerrada, Mirasol y Algorfa, y con los Condes de Almodóvar, y de Torrellano.

Son sus armas: Tres balas o líos de ropa alusivas a los tres viajes que hizo a Mallorca don Pedro Balaguer acompañando al referido Rey Don Jayme.

Don Nicolás Balaguer, descendiente del Conquistador don Pedro, anteriormente mencionado (por poseer las tierras que a éste le concedieron), fue Consejero de la ciudad de Orihuela en 1451. Casó con doña Luisa Almodóvar, y tuvieron por hijo: a

Don Jayme Ponce Balaguer, que fue Jurado en 1468 y convocado a las Cortes de los Reinos de Aragón, Valencia y Cataluña, en 1510 como Caballero Doncel. En su testamento otorgado en 1514, declara poseer tierras de la conquista de la ciudad de Orihuela, y pretenciones sobre los castillos de Castelnou y de Folgosa, y lugar de Figueras, que fueron de sus padres. Casó con doña Luisa Loases, y tuvieron por hijo: a

Don Ramón Balaguer, que fue Consejero de la ciudad de Orihuela los años 1544 y 50, y puesto en el padrón de Caballeros. En su testamento también declara tener tierras de la conquista. Casó con doña Luisa Cabrero, sobrina carnal del Obispo Jayme Cabrero. Tuvieron por hijo: a

Don Juan Francisco Balaguer y Cabrero, que fue admitido en 1526 en las Cortes de Monzón, en el testamento Militar de Nobles como Barón y Señor de Figueras. Hizo testamento para pasar a Barcelona, y en cual trata también de los castillos mencionados anteriormente. Casó con doña Juana Arqués López de Ayala, y tuvieron por hijo: a

Don Ginés Balaguer, empadronado como hidalgo en el Ayuntamiento de Orihuela, que fue Consejero los años 1542 y 64. Casó con doña Juana Navarro, y tuvieron por hijo: a

Don Ginés Balaguer y Navarro, nacido en 1576, que fue Jurado de Orihuela en 1599. Casó con doña Isabel Colona, y tuvieron por hijo: a

Don Juan Balaguer y Colona, que fue varios años Jurado de Orihuela. Casó con doña Isabel Escudor y Abad, y tuvieron por hijo: a

Don José Balaguer, que fue Jurado de Orihuela en 1703. Casó con doña Anastasia Pérez Asensio y Pascual, y tuvieron por hijo: a

Don José Juan Balaguer y Pérez, bautizado en la Catedral de Orihuela y empadronado como hijo-dalgo que fue Regidor perpetuo del Ayuntamiento de dicha ciudad, y Mayordomo del Sacramento en las Juntas que se celebraban los días 26 de diciembre de cada año, y que era uno de los actos más distintivos de la nobleza en aquella época. Fue insaculado por Su Majestad por haberlo estado sus ascendientes. Casó con doña Antonia Guerra y Tarancón, Requena y Aledo, hija del Capitán Diego y de Ana María. Tuvieron por hijos: a

Tadeo, y a José Manuel Balaguer y Guerra. Los cuales:

1.— Don Tadeo Balaguer y Guerra, fue Capitán de Caballería del Regimiento de Montesa, habiéndose encontrado en las campañas de Portugal, Gibraltar y otras.

2.— Don José Manuel Balaguer y Guerra, empadronado como hijodalgo en el Ayuntamiento de Orihuela, fue Regidor perpetuo y Alcalde de la Santa Hermandad por el Estado Noble de dicha ciudad. También fue Mayordomo del Sacramento en las Juntas de Orihuela y obtuvo certificación de nobleza de la Real Audiencia. Casó con doña Manuela

Ferrer Lapuente Sánchez de Belmont, Portillo y Pérez de Meca, hija de don José Ferrer, Regidor perpetuo por Juro de Heredad a José Antonio, y a Antonio María Balaguer y Ferrer. De los cuales:

1. — Don José Antonio Balaguer y Ferrer, fue Presbítero, Doctor en Teología y en Sagrados Cánones, Abogado de los Reales Consejos, Canónigo de la Santa Iglesia Catedral de la ciudad de Orihuela y Examinador Sinodal de su Obispado, Predicador de Su Majestad.[1]

2. — Don Antonio María Balaguer y Ferrer, natural de Orihuela fue Capitán del Real Cuerpo de Artillería, Regidor perpetuo del Ayuntamiento de dicha ciudad, en el Banco de Nobles, y Veedor de las Reales Fábricas de Salita y Pólvora de Murcia, Caballero de la orden de Santiago. Casó con doña Narcisa Martínez de Irujo y Tacón, natural de Cartagena, hija de don Manuel Martínez de Irujo, Contador de Ejército y Reinos de Valencia y Murcia, Caballero pensionado de la orden de Carlos III, y de doña Narcisa Tacón y Gamir. Tuvieron por hijo: a

Don José Manuel Balaguer y Martínez de Irujo, bautizado en la ciudad de Murcia, en la parroquia Castrense, el 24 de junio de 1792, que fue Teniente Coronel de Ejército. Casó con doña María Salavadora Ajo e Iturbe, natural de Valladolid, hija de don Luis de Ajo y González de Villegas, Regidor perpetuo de Valladolid, Escribano de Cámara de la Sala de los Hijos-dalgo de su Real Cancillería, y de doña María Josefa Iturbe y González Mercadillo. Tuvieron por hijo: a

Don Antonio Balaguer y Ajo, natural de la ciudad de Valencia, que fue Oficial Primero de la Comisaría de Obras de Fortificaciones de la plaza de La Habana. Casó en esta ciudad, en la parroquia del Santo Ángel, el 29 de junio de 1855, con doña Adelaida Morales y Barrutia, natural de Madrid, hija del Capitán Gerónimo y de Micaela. Tuvieron por hijos: a Adela, a Amalia, a Antonio, a José Miguel, y a Andrés Balaguer y Morales. Los cuales:

1. — Doña Adela Balaguer y Morales, bautizada en la parroquia de Sagua la Grande el 28 de septiembre de 1860, tiene su defunción en la Catedral de La Habana a 20 de septiembre de 1890.

2. — Doña Amalia Balaguer y Morales, bautizada en La Habana, parroquia del Espíritu Santo, el 5 de septiembre de 1857.

---

1. La historia de esta familia consta en una certificación otorgada el primero de octubre de 1795 a favor del Doctor José Antonio Balaguer y Ferrer, expedida por don Isasi Sánchez de Vigo, Escribano Público de la ciudad de Orihuela, de la ejecutoria e instrumentos contenidos en ella, compulsados de orden de la Real Audiencia con actuación del Fiscal e intervención de un Diputado suyo, y del Síndico Procurador general, de las referidas informaciones judiciales autorizadas por la Justicia, con las citaciones y emplazamientos correspondientes, y demás papeles auténticos, y fe-faciente, que exhibió el referido Canónigo, don José Antonio Balaguer y Ferrer.

3. — Don Antonio Balaguer y Morales, fue bautizado en La Habana, parroquia de La Salud, el 26 de mayo de 1856.

4. — Don José Miguel Balaguer y Morales, fue bautizado en la parroquia de la villa de Guanabacoa el 9 de enero de 1868.

5. — Don Andrés Balaguer y Morales, bautizado en la parroquia de San Juan de los Remedios el 24 de marzo de 1859, fue Ingeniero. Falleció en esta ciudad el 8 de septiembre de 1943, donde casó el 16 de julio de 1890, con doña Inés Goyri y de la Hoz, hija de don Francisco Goyri y Adot, y de doña Magdalena de la Hoz y Elzuardi. Tuvieron por hijas: a Ofelia, y a Graciela Balaguer y Goyri. Las cuales:

I. — Doña Ofelia Balaguer y Goyri, casó el 3 de noviembre de 1920, con don Juan B. Surís y Álvarez.

II. — Graciela Balaguer y Goyri casó el 22 de junio de 1916 con don José Blanco y Ortiz, hijo de don José Blanco y Herrera y de doña X. Ortiz.

BARNET

A principios del siglo XIX, dos hermanos de este apellido, procedentes de Barcelona en Cataluña, se establecieron en la isla de Cuba. Entre sus miembros se encuentra un Presidente de la República de Cuba.

Don Jaime Barnet, casó con doña María Teresa Roca y tuvieron por hijos: a José, y a Pelegrín Barnet y Roca. Los cuales:

1. — Don José Barnet y Roca, natural de Barcelona, tiene su defunción en La Habana, parroquia del Espíritu Santo, a 20 de febrero de 1860. Casó en esta ciudad, parroquia del Santo Ángel, el 20 de noviembre de 1826, con doña Josefa Vinageras y Morales, hija de don Juan Pablo Vinageras y Díaz Llanos, natural de Matanzas, y de doña María de la Luz Morales y Ponce de León. Tuvieron por hijos: a Teresa, y a José Pablo Barnet y Vinageras. Los cuales:

A. — Doña Teresa Barnet y Vinageras, natural de La Habana, casó en esta ciudad parroquia del Espíritu Santo, el 9 de agosto de 1851, con don Pedro Pujolá y Fagés, natural de Barcelona, Primer Ayudante del Cuerpo de Sanidad Militar de Artillería de La Habana, hijo de Magín y de Paula.

B. — Don José Pablo Barnet y Vinageras, bautizado en La Habana, parroquia del Santo Ángel, el 19 de octubre de 1830, casó en esta ciudad parroquia de Monserrate, el 3 de enero de 1857, con doña Teresa Vinageras y Ponce de León, natural del Aguacate, hija de don Francisco Vinageras y Morales, y de doña Teresa Ponce de León y Heredero. Tuvieron por hijos a María Josefa, y a José Agripino Barnet y Vinageras. De los cuales:

Don José Agripino Barnet y Vinageras, nacido el 23 de junio de 1864, fue Presidente de la República de Cuba, Secretario de Estado y Ministro Plenipotenciario, condecorado con las Grandes cruces de las órdenes Carlos Manuel de Céspedes, de Honor y Mérito de Cuba, la de Isabel la Católica de España y la de la Espiga de Oro de China, y con el grado de Comendador de la Legión de Honor de Francia. Casó con Louis Marcelle Cleard, y tuvieron por hija: a

Doña Georgina Barnet y Cleard, que casó en París con Henri van de Griendt, natural de Holanda.

2. — Don Pelegrín Barnet y Roca, nacido en la parroquia de Santa María del Mar, en Barcelona, el 30 de abril de 1800, tiene su defunción en la parroquia de la villa de Guanabacoa, provincia de La Habana, a 10 de enero de 1886. Casó con doña Francisca Ruiz y González, natural de Matanzas, hija de Antonio y de María Regla, y tuvieron por hijos: a Francisca; a Manuela; a Gabino; a José María; a Miguel; a Jaime; a Joaquín, y a Pablo Barnet y Ruiz. De los cuales:

1. — Doña Manuela Barnet y Ruiz, casó con don Luciano Mesa y Armas.

2. — Doctor Gabino Barnet y Ruiz, bautizado en la parroquia de Guamacaro en la provincia de Matanzas, el 25 de febrero de 1828 fue Médico graduado de la Universidad de Pennsylvania, profesor del colegio «El Salvador», Director del Asilo de Aldecoa y del Dispensario Antituberculoso de La Habana. Su defunción se encuentra en la parroquia de la villa de Guanabacoa, en el mes de diciembre de 1910. Casó con doña Adelaida Touceda y Cantos, y tuvieron por hijos: a María de las Mercedes; a Hortensia; a Piedad, y a Enrique Barnet y Touceda. Los cuales:

A. — Doña María de las Mercedes Barnet y Touceda, casó con don Andrés Quintero y Estévez, hijo de Bonifacio Quintero Alfonso y Dominga Estévez Alfonso.

B. — Doña Hortensia Barnet y Touceda, casó con don Francisco Azpeitia.

C. — Doña Piedad Barnet y Touceda, casó con don José Gabriel Gumá y González, hijo de don Gregorio Gumá y Pujol, y de doña María del Pilar González y Ruiz.

D. — Don Enrique Barnet y Touceda, murió en la Guerra de la Independencia de Cuba.

3. — Don José María Barnet y Ruiz, casó con doña Ricarda de la Peña, y tuvieron por hijos: a Francisca; a Abigail, y a Pelegrín Barnet y de la Peña. Los cuales:

A. — Doña Francisca Barnet y de la Peña, casó con don Gabriel González y Herrada.

B. — Doña Abigail Barnet y de la Peña, casó con don Antonio Manso y López.

C. — Don Pelegrín Barnet y de la Peña, casó con doña Teresa Gómez, y tuvieron por hijos: a Ricarda, y a José María Barnet y Gómez.

4. — Don Miguel Barnet y Ruiz, Coronel del Ejército de la República de Cuba en armas, durante la Guerra de los Diez Años, falleció en la República Dominicana. Casó con doña María de la Concepción Hernández y Sandrino, y tuvieron por hijos: a María de la Concepción; a Joaquín, y a Carlos Barnet y Hernández. De los cuales:

Don Carlos Barnet y Hernández, casó con doña Sofía de Armas y Martín, y tuvieron por hijos: a María; a Sofía; a Margarita, y a Miguel Barnet y Armas.

5. — Don Jaime Barnet y Ruiz, del que se tratará en la «línea primera».

6. — Don Joaquín Barnet y Ruiz, del que se tratará en la «línea segunda».

7. — Don Pablo Barnet y Ruiz del que se tratará en la «línea tercera».

«LÍNEA PRIMERA»

Don Jaime Barnet y Ruiz (anteriormente mencionado como hijo de don Pelegrín Barnet y Roca, y de doña Francisca Ruiz y González), casó con doña Nestora Roque de Escobar y Soriano, y tuvieron por hijos: a María; a María de los Dolores; a Antonio; a Enrique, y a Gonzalo Barnet y Roque de Escobar. De los cuales:

1. — Doña María de los Dolores Barnet y Roque de Escobar, casó con don Valentín Blanco y Coll, natural de Bejucal, hijo de Narciso y de Dolores.

2. — Don Antonio Barnet y Roque de Escobar, casó con doña Ana Verrier y Goband.

3. — Doctor Enrique Barnet y Roque de Escobar, nacido en Matanzas en el año 1855, fue Médico y propulsor de la Sanidad en Cuba, Enviado Especial de la Junta Revolucionaria cubana de New York en Venezuela y Colombia, Cirujano del ejército de Norteamérica, Secretario de la Junta Nacional de Sanidad de La Habana, Delegado de Cuba a varios Congresos de Sanidad, Demografía e Higiene, Miembro de número de la Sociedad Económica de Amigos del País, de la Academia de Ciencias de La Habana y Correspondientes de la Historia de Venezuela. Una calle de La Habana, lleva el nombre de este ilustre Médico. Casó con doña María de Belén de Quesada y Guy.

4. — Don Gonzalo Barnet y Roque de Escobar, natural de Matanzas, casó con doña Cecilia Herrera y Olazábal, y tuvieron por hijos: a Rosa María; a María de la Soledad; a Cecilia; a Angélica; a Antonio; a Joaquín; a Enrique; a José, y Gonzalo Barnet y Herrera. De los cuales:

1. — Doña Rosa María Barnet y Herrera, casó con don Miguel Cepero.

2. — Doña María de la Soledad Barnet y Herrera, casó con don Antonio Cepero y Verrier.

3. — Don Joaquín Barnet y Herrera, casó con doña Antonia Verrier y Martínez, y tuvieron por hijos: a Joaquín Barnet y Verrier.

4. — Don José Barnet y Herrera, casó con doña María Fuentes y Beato.

5. — Don Gonzalo Barnet y Herrero, casó con doña Catalina Gil y Tudurí, y tuvieron por hijos: a Angélica; a Enrique; a Julio, y a Gonzalo Barnet y Gil.

«LINEA SEGUNDA»

Doctor Joaquín Barnet y Ruiz (anteriormente mencionado como hijo de don Pelegrín Barnet y Roca, y de doña Francisca Ruiz y González) bautizado en la Catedral de Matanzas el 10 de octubre de 1842, fue notable Químico y célebre matemático, Catedrático de la Universidad de La Habana profesor del colegio «El Salvador», Miembro de la Academia de Ciencias de La Habana y Socio de Mérito del Liceo de Matanzas, Caballero de la orden de Carlos III por Real Decreto de 23 de enero de 1883. Su defunción se encuentra en La Habana, parroquia del Cerro, a 28 de marzo de 1886, falleciendo de resultas de las quemaduras que recibió al explotar en su laboratorio un aparato destilador de éter. Casó en la catedral de Matanzas en el año 1866, con doña Amalia Ruiz y Armas, hija de don José Ruiz y González, y de doña María Felicia de Armas y González. Tuvieron por hijos, a Amalia; a Ida; a Noemi; a Sara; a Celia; a Abel; y a Carlos Barnet y Ruiz. De los cuales:

1. — Doña Ida Barnet y Ruiz, casó con don Arturo Mirey.

2. — Doña Sara Barnet y Ruiz, casó con don Domingo Lence.

3. — Doña Celia Barnet y Ruiz, bautizada en la Catedral de Matanzas el 25 de noviembre de 1868, casó con don Julián Menéndez.

4. — Licenciado Carlos Barnet y Ruiz, nacido en la ciudad de Baltimore, Maryland, en Norteamérica, el 21 de diciembre de 1869, sirvió en la Cruz Roja norteamericana durante la guerra hispano-americana.

falleciendo en La Habana el 4 de julio de 1908. Casó con doña María de las Mercedes Sánchez Toledo y Hernández, natural de La Habana, hija de don Juan Sánchez y Toledo, y de doña Tomasa Hernández y Barrios. Tuvieron por hijos a Marí Tomasa; a Mercedes; a Carlos, y a Joaquín Barnet y Sánchez. De los cuales:

1. — Doña Mercedes Barnet y Sánchez, casó con don Carlos Alberto Verdura y Battle.

2. — Don Carlos Barnet y Sánchez, casó con doña Catalina Bango y Mayor, y tuvieron por hija: a Mercedes del Carmen Barnet y Bango.

3. — Don Joaquín Barnet y Sánchez, nacido en La Habana el 31 de diciembre de 1899, es Ingeniero Civil y Arquitecto. Casó con doña Clotilde Calvo y Viera, y tuvieron por hijo: a Joaquín Barnet y Calvo.

«LINEA TERCERA»

Doctor Pablo Barnet y Ruiz (anteriormente mencionado como hijo de don Pelegrín Barnet y Roca, y de doña Francisca Ruiz y González) nacido en Matanzas el 10 de marzo de 1848, fue Médico. Falleció en La Habana el 10 de febrero de 1910. Casó dos veces: la primera, con doña Luisa de Aguilar, natural de Barcelona; y la segunda, con doña Carmen Sánchez Toledo y Hernández, hija de don Juan Sánchez y Toledo, y de doña Tomasa Hernández y Barrios.

Don Pablo Barnet y Ruiz, y su primera mujer doña Luisa de Aguilar, tuvieron por hijo: a

Don Octavio Barnet y Aguilar, que casó con doña Angélica González, natural de San Cristóbal, en la provincia de Pinar del Río. Tuvieron por hijos: a Carmen; a Esperanza; a Miguel Ángel; a Javier; a Rafael; a Raúl; a Sergio; a Guillermo, y a Ricardo Barnet y González. De los cuales:

1. — Doña Carmen Barnet y González, bautizada en la parroquia de Alquízar, el 22 de febrero de 1898, casó en La Habana, parroquia del Cerro, en el año 1918, con don Sergio Barnet y Sánchez, hijo del Doctor Pablo Barnet y Ruiz y de doña Carmen Sánchez y Hernández.

2. — Don Javier Barnet y González casó con doña María Rosquete.

3. — Doña Esperanza Barnet y González, casó dos veces: la primera casó con don Ignacio Pineda y Margaret. La segunda con don Silvio Vidal.

4. — Don Miguel Ángel Barnet y González, casó con doña Alicia Lanza y de la Guardia y tuvieron por hijo: a Miguel Ángel Barnet y Lanza.

Don Pablo Barnet y Ruiz, y su segunda mujer doña Carmen Sánchez y Hernández, tuvieron por hijos: a Berta; a Silvio; a Pablo; a Georgia; a Mario; a Raúl; a Rafael, y a Sergio Barnet y Sánchez. De los cuales:

1. — Doña Georgia Barnet y Sánchez, casó con don Manuel de Armas y Martín, hijo de don Manuel de Armas y del Río, y de doña Rosa Martín y Poey.

2. — Don Rafael Barnet y Sánchez, casó en la parroquia del Vedado el 30 de julio de 1910, con doña Alicia Mejer y Martínez, hija de Guillermo y de Emilia. Tuvieron por hijos: a María Teresa; a Ricardo, y a Silvio Barnet y Mejer.

1. — Ricardo Barnet y Mejer, casó con doña Rosa de Freixas.

2. — Silvio Barnet y Mejer, casó con doña Paula Ávila.

3. — Don Sergio Barnet y Sánchez, bautizado en la parroquia de Alquízar el 30 de agosto de 1893, casó en La Habana, parroquia del Cerro, en 1918, con doña Carmen Barnet y González, hija de don Octavio Barnet y Aguilar, y de doña Angélica González. Tuvieron por hija: a Marta Barnet y Barnet.

BASARRATE

Nobles vizcaínos originarios con casa solar en la anteiglesia de Begoña, en el lugar de su apellido, que en vascuence denota «puerto pedregoso del bosque». Algunos de sus individuos se avecindaron en Erandio de donde pasaron a Abando. De Abando procedió el que se estableció en La Habana el año 1847.

Sin señalar el linaje al cual corresponden, de los distintos así apellidado en Begoña y en Oquendo, los señores García Carraffa nos dicen que los Basarrate de dichos dos lugares traen por armas, escudo cuartelado: primero y cuarto de plata con un árbol de sinople terrasado de lo mismo y acostado de dos flores de lis de azur una a cada lado, al pie del tronco un lobo andante de sable lampasado de gules; segundo y tercero de gules con tres fajas de oro, brochante sobre ellas de un palo de plata cargado de tres armiños de sable. Agregan dichos tratadistas que tienen por divisa las palabras «Memoris petrossi porta», puestas en letras de azur sobre un volante de plata.

Antonio de Basarrate casó con Antonia de Begoña. Tuvieron por hijo: a

Juan de Basarrate y Begoña, natural y vecino de la anteiglesia de Erandio, Señorío de Vizcaya. Casó con Josefa de Larrabe, de su misma naturaleza y vecindad, hija de Domingo de Larrabe y de Josefa de Llona. Tuvieron por hijo: a

Domingo de Basarrate y Larrabe, bautizado en Erandio, parroquia Santa María, el 25 de febrero de 1741. Casó en la misma parroquia, el 16 de noviembre de 1761, con María Antonia de Arrigoitia, hija de Juan de Arrigoitia y de Josefa de Mugaburo (a la cual apellidan Zárraga y no Mugaburo en el acta bautismal de Juan Domingo que sigue) vecinos y naturales de Erandio. Tuvieron por hijo: a

Juan Domingo de Basarrate y Arrigoitia, bautizado en Erandio, parroquia Santa María, el 24 de agosto de 1763. Casó en la misma parroquia, el 10 de abril de 1786, con Josefa de Uribemanda, hija de Juan Domingo de Uribemanda y de Josefa de Zamarripa, naturales y vecinos de la anteiglesia de Lujua, Señorío de Vizcaya (en el acta bautismal de Francisco Ramón que sigue, aparecen la contrayente y su padre como naturales de la anteiglesia de Sondica, Señorío de Vizcaya, y su madre como natural de Lujua, pero nombrándose Manuela en vez de Josefa). Juan Domingo de Basarrate y Josefa de Uribemanda tuvieron por hijos, a Francisco Ramón y a José Ramón de Basarrate y Uribemanda. Los cuales:

1. — Francisco Ramón de Basarrate y Uribemanda fue bautizado en Erandio, parroquia Santa María, el 29 de mayo de 1801. Con licencia del Beneficiado de dicha parroquia lo bautizó Fray Francisco Antonio de Gortázar, predicador en el convento de San Mamés, bulgo Santi Mamina, el que vemos citado en otros lugares como una de las ermitas de Erandio.

2. — José Ramón de Basarrate y Uribemanda, nació en Erandio. Casó en la anteiglesia de Abando, Señorío de Vizcaya, parroquia San Vicente Mártir, el 3 de octubre de 1827, con María Martina de Mendizábal, hija de Juan Antonio de Mendizábal y de Francisca de Eizaguirre, naturales de la villa de Ormaitezgui, provincia de Guipúzcoa. Tuvieron por hijo: a

Don Juan Proto de Basarrate y Mendizábal, bautizado en Abando, parroquia San Vicente Mártir, el 13 de septiembre de 1828. Llegó a La Habana el 10 de enero de 1847 y en ella falleció el 28 de septiembre de 1886 siendo teniente de una de las compañías de su primer batallón de voluntarios de artillería, almacenista de tabaco en rama y propietario. Casó también en La Habana, parroquia del Monserrate, el 10 de septiembre de 1856, con doña Francisca Buenaventura Mazón, natural de la misma ciudad, donde falleció el 10 de diciembre de 1883, hija de don Andrés Mazón y Causó, caballero de gracia de la Orden de San Juan de Jerusalén, comerciante-banquero, contador judicial, natural de la villa de Portugalete, Señorío de Vizcaya, y de doña Mercedes Josefa Cirila Rivero y Bosque, natural de la repetida ciudad de La Habana. Tuvieron por hijos: a doña Justa Rufina, doña Isabel, doña Juana Wenceslao, don Arturo Eusebio y don Augusto Eugenio de Basarrate y Mazón que fallecieron en la infancia y al nacer, y a doña

Josefa Joaquina, don Manuel Eurelio, doña Amparo de los Desamparados, doña Mercedes de los Desamparados, don Juan Andrés, don Francisco Vicente, don Alfredo Jenaro, doña Isabel Sabina, don Adolfo Miguel y don Óscar Pelayo de Basarrate y Mazón. Los cuales:

1. — Doña Josefa Joaquina de Basarrate y Mazón, nació en la casa de vivienda la urbanizada Estancia de Mazón, fue bautizada en la parroquia de Monserrate el 20 de febrero de 1859 y falleció en la ciudad de Barcelona el 5 de febrero de 1908. Casó en la referida parroquia, el 22 de febrero de 1889, con el Doctor Antonio González y Beltrán, médico, natural de La Habana, patriota al servicio secreto de la Revolución bajo el seudónimo de Doctor Mario, miembro suplente de su Asamblea Constituyente reunida en el teatro Irijoa, electo senador en 1902 y reelecto en 1909, hijo de don Antonio Teodoro González, comerciante y hacendado, y de doña Ignacia Teresa Beltrán y Viera, naturales de la villa Santa Cruz de Tenerife, en la isla de Tenerife, una de las Canarias. Don Antonio González y Beltrán falleció en su casa del Vedado el 7 de marzo de 1943, legando la planta alta de ella con su magnífica colección de pintura al óleo, a manera de museo, a la Sociedad Económica de Amigos del País.

2. — Don Manuel Aurelio de Basarrate y Mazón, almacenista de tabaco en rama y propietario, nació en la casa de vivienda de la urbanizada Estancia de Mazón, fue bautizado en la parroquia del Monserrate el 24 de diciembre de 1861 y falleció en la ciudad de New York el 18 de mayo de 1923. Casó en el pueblo de Nueva Paz, provincia de La Habana, parroquia Nuestra Señora de la Paz, el 18 de febrero de 1894, con doña María Miró, hija de don Guillermo Miró y Gómez de la Maza y de doña Modesta Sáenz y Yáñez, naturales de La Habana. Tuvieron por hijos a: Enrique Francisco de Jesús y a René Gustavo Mario de Jesús de Basarrate y Miró. Los cuales:

A. — Don Enrique Francisco de Jesús de Basarrate y Miró, nació en La Habana, el 30 de diciembre de 1901 y a poco fue bautizado en su casa por necesidad. Falleció soltero en la misma ciudad el 8 de diciembre de 1919.

B. — Don René Gustavo Mario de Jesús de Basarrate y Miró, Teniente del cuerpo de Aviación de la Marina de Guerra cubana, nació en La Habana el 3 de abril de 1907 y bautizado en el mes de julio siguiente en su parroquia del Señor San Nicolás. Casó dos veces en dicha ciudad sin haber tenido sucesión: la primera vez en 1936, con doña Clemencia Petit y Piriz y la segunda, en 1946, con doña Noemí Trujillo y Pérez.

3. — Doña Amparo de los Desamparados de Basarrate y Mazón, nació en la casa de vivienda de la urbanizada Estancia de Mazón, fue bautizada en la parroquia del Monserrate el 24 de marzo de 1863 y falleció en esta ciudad el 15 de noviembre de 1935. Casó en la referida parroquia del Monserrate, el 11 de junio de 1889, con don Serafín Sáenz, químico, natural de dicha ciudad de La Habana, falleció en ella el 30 de abril de 1910, e hijo del Licenciado don Braulio Sáenz y Sáenz, mé-

dico, natural de la repetida ciudad, y de doña Modesta Yáñez y González, natural de una de las islas Canarias. Doña Amparo de los Desamparados y don Serafín tuvieron sucesión.

4. — Doña Mercedes de los Desamparados de Basarrate y Mazón, nació en la casa de vivienda de la urbanización Estancia de Mazón, fue bautizada en la parroquia de Guadalupe el 3 de diciembre de 1865 y falleció soltera en esta ciudad el 14 de agosto de 1941.

5. — Doctor don Juan Andrés de Basarrate y Mazón, médico, bautizado en la parroquia de Jesús, María y José el 17 de enero de 1867 y falleció en esta ciudad el 14 de septiembre de 1932. Casó en la ciudad de Santiago de Compostela, provincia de La Coruña, parroquia Santa María Salomé, el 11 de julio de 1888, con doña Emelia de la Linde, natural de la villa de Monforte de Lemos, provincia de Lugo, hija de don Manuel de la Linde y Romero, natural de la ciudad de Sevilla y de doña Carmen Fernández y Sánchez, natural de Monforte de Lemos. Tuvieron por hijos: a doña María del Carmen y doña Emelia de Basarrate y de la Linde. Las cuales:

A. — Doña María del Carmen de Basarrate y de la Linde, nació en La Habana el 6 de septiembre de 1889 y fue bautizada el mismo año en su parroquia del Monserrate. Casó en la parroquia del Vedado, el 26 de junio de 1916, con don Federico Núñez de Villavicencio, Teniente Coronel del Ejército Libertador de Cuba, Capitán fundador de la Policía de La Habana, Coronel del Ejército Nacional de la República, viudo sin sucesión de doña Pilar Alba y Gómez de la Maza, natural del pueblo de Madruga en la provincia de Matanzas, falleció en La Habana el 18 de septiembre de 1929, hijo del doctor don Emiliano Núñez de Villavicencio y Álvarez, médico, Director del Hospital Nuestra Señora de las Mercedes, y de doña Adolfina Palomino y Domínguez, naturales de esta ciudad. Doña María del Carmen y don Federico no tuvieron sucesión.

B. — Doña Emelia de Basarrate y de la Linde, nació en el pueblo de Guanajay, provincia de Pinar del Río, el año 1893, siendo bautizada en su iglesia parroquial del Señor San Hilarión. Falleció en esta ciudad el 9 de julio de 1948 y en ella casó sin sucesión, parroquia San Juan de Letrán, el 3 de septiembre de 1933, con el Iltmo señor Comendador de la Orden Militar del Santo Sepulcro de Jerusalén don Lorenzo Estévez y Penas, natural de la ciudad de La Coruña, e hijo de don Lorenzo Estévez y Gil y de doña Carmen Penas y Armadans, de su misma naturaleza.

6. — Don Francisco Vicente de Basarrate y Mazón, bautizado en la parroquia del Monserrate el 25 de abril de 1868. Falleció soltero en esta ciudad el 19 de octubre de 1885.

7. — Doctor en Farmacia y Ciencias Físicas y Químicas don Alfredo Jenaro de Basarrate y Mazón, bautizado en la parroquia del Monserrate el 13 de noviembre de 1869. Casó en el pueblo de San Fernando de Ca-

marones, provincia de Santa Clara, parroquia de Nuestra Señora de la Candelaria, el 3 de enero de 1893, con doña Rosa Lorenza de Morales, natural de dicho pueblo, fallecida en La Habana el 20 de junio de 1920 e hija de don Félix de Morales y Martínez, natural de esta ciudad, y de doña Rosa Gazdiani y Mizetti, natural de la villa de Cienfuegos. Don Alfredo Jenaro volvió a casar sin sucesión, parroquia del Vedado, el 8 de abril de 1938, con doña María Rivas y Domingo, natural de la villa de Madrid e hija de don Francisco Rivas y Valdés y de doña Dolores Domingo Fernández de Córdova. Don Alfredo Jenaro y su primera esposa doña Rosa Lorenza tuvieron por hijos a: don Alfredo Ricardo, doña Josefa María, doña Estela Balbina, don Óscar Juan, don Armando Antonio, y doña Dulce María de Basarrate y Morales. Los cuales:

A. — Don Alfredo Ricardo de Basarrate y Morales, nació en el pueblo de Cruces, provincia de Santa Clara, el 3 de abril de 1894 y fue bautizado en La Habana, parroquia del Monserrate, el 25 de julio del mismo año. Falleció soltero en esta ciudad el 19 de marzo de 1910.

B. — Doña Josefa María de Basarrate y Morales, nació en la ciudad de Cienfuegos y bautizada en su parroquia de la Purísima Concepción el 24 de julio de 1897. Es soltera.

C. — Doña Estela Balbina de Basarrate y Morales, nacida en la ciudad de Cienfuegos el 31 de marzo de 1898 y bautizada poco después en su parroquia de la Purísima Concepción el 24 de diciembre de 1900. Falleció soltera en La Habana el 25 de junio de 1932.

E. — Don Armando Antonio de Basarrate y Morales, ingeniero químico, nació en la ciudad de Cienfuegos el 17 de enero de 1902 y fue bautizado en La Habana, parroquia del Monserrate, el 19 de noviembre del mismo año. Casó en esta última ciudad, parroquia San Juan de Letrán, el 20 de abril de 1934, con doña Marion Grinda, natural de la ciudad de Brooklyn, EE. UU. de América, hija de don Luis Grinda y Guzmán, natural de la Ciudad de México, y de doña Edith Gregg y Turner, natural de la ciudad de New York, EE. UU., de América. Tuvieron por hijos a don Armando Luis y doña María Cristina de Basarrate y Grinda, nacidos en La Habana el 11 de mayo de 1938 y 31 de diciembre de 1940, respectivamente, y bautizados a poco en la Nunciatura Apostólica de esta ciudad.

F. — Doña Dulce María de Basarrate y Morales, nació en la ciudad de La Habana el 28 de noviembre de 1904 y fue bautizada poco después en su iglesia parroquial Nuestra Señora del Pilar. Es soltera.

8. — Doña Isabel Sabina de Basarrate y Mazón, bautizada en la parroquia del Monserrate el 2 de enero de 1871 y falleció soltera en esta ciudad el 23 de enero de 1948.

9. — Don Adolfo Miguel de Basarrate y Mazón, bautizado en la parroquia del Monserrate del 18 de julio de 1872 y fallecido en esta ciudad el 6 de julio de 1906. Casó en la de Cienfuegos, Santa Iglesia

Catedral, el 29 de diciembre de 1900, con doña Matilde Alberta López del Campillo, natural de Santa Isabel de las Lajas, provincia de Santa Clara, fallecida en la ciudad de Lisboa, Portugal, el 5 de mayo de 1939 e hija de don Darío López del Campillo y Llanas, hacendado, natural de la villa de Castro Urdiales en la provincia de Santander, y de doña Carlota D'Wolf y Gatke, natural de Cienfuegos. No tuvieron sucesión.

10. — Don Óscar Pelayo de Basarrate y Mazón, bautizado en la parroquia del Monserrate el 2 de agosto de 1877. Falleció soltero en esta ciudad el 29 de agosto de 1893.

BENÍTEZ

Procedente de Cádiz, en Andalucía, se estableció esta familia en La Habana a mediados del siglo XIX.

Don Antonio Benítez y Othón, natural de Cádiz, falleció en Puentes Grandes, ciudad de La Habana, en febrero de 1899 a los 82 años de edad. Fue Ingeniero Civil de la Universidad de Madrid y Arquitecto Graduado de la Real Academia de Bellas Artes de San Fernando de Madrid. Llegó a La Habana en 1855 y casó en Sevilla con doña Salud de Guzmán y Fernández de la Puente, de la casa de los Condes de Tebas y de Puerto Hermoso. Tuvieron por hijos: a Calixta, María Dolores, Salud, María de la Concepción, María Teresa, María Antonia, y a José Antonio Benítez y Guzmán. De los cuales:

1. — Doña Salud Benítez y Guzmán casó con don Miguel Palmer, Ingeniero.

2. — Doña María de la Concepción Benítez y Guzmán casó con don Eloy Bellini.

3. — Doña María Teresa Benítez y Guzmán casó con don José María Cotta, Abogado, Fiscal de la Audiencia de Sevilla.

4. — Doña María Antonia Benítez y Guzmán, casó con don Jorge Rowe.

5. — Don José Antonio Benítez y Guzmán fue Ingeniero y Arquitecto. Casó dos veces: la primera con doña Ana López del Castillo; la segunda casó con doña Ernestina del Álamo y **Gondran.**

Don José Antonio Benítez y Guzmán y su primera esposa Ana López del Castillo, tuvieron por hijo a: José Antonio Benítez y López del Castillo.

Don José Antonio Benítez y Guzmán y su segunda esposa doña Ernestina del Álamo y Gondran tuvieron por hijos a: Martín, Ernestina y Mario Benítez y Álamo. De los cuales:

Don Mario Benítez y Álamo pertenece a la Compañía de Jesús.

BERNAL

A fines del siglo XVI, procedente de la villa de Rota, en la provincia de Cádiz, se estableció esta familia en La Habana.

Don Juan Bernal casó en la villa de Rota, con doña María Rodríguez, vecinos de Sevilla y tuvieron por hijo: a

Don Francisco Hernández Bernal, que testó en La Habana el 22 de septiembre de 1595 ante Juan Bautista Guilizasti, y su defunción se encuentra en la Catedral de esta ciudad a 4 de junio de 1647, donde casó el 28 de agosto de 1595, con doña Ana García de Santa Ana, natural de Tregenal de la Sierra, en Castilla, hija de don Lorenzo Ramos, y de doña María Rodríguez. Tuvieron por hijos: a Paula, y a Inés Bernal; a Beatriz, a Juan, y a José Hernández Bernal; y a Lorenzo Ramos. De los cuales:

1. — Doña Paula Bernal, testó el 2 de julio de 1649 ante Francisco Galindo. Casó en la Catedral de La Habana el 21 de marzo de 1632, con don Francisco García Pacheco y García, natural de la villa de Torrejón de Velasco, hijo de Francisco y de María.

2. — Doña Inés Bernal, fue bautizada en la Catedral de La Habana el 5 de abril de 1599, donde tiene su defunción a 15 de marzo de 1638. Casó en la referida Catedral el 20 de diciembre de 1615, con don Domingo de Fleites, natural de la villa de Guimaraes, en el Reino de Portugal, hijo de don Jerónimo González, y de doña Beatriz de Fleites.

3. — Don Juan Hernández Bernal, fue bautizado en la Catedral de La Habana el 11 de febrero de 1597.

4. — Don José Hernández Bernal, fue bautizado en la Catedral de La Habana el 22 de febrero de 1599.

5. — Don Lorenzo Ramos, fue bautizado en la Catedral de La Habana (libro 2, folio 14). Casó el 6 de julio de 1625 con doña Beatriz de las Nieves, y tuvieron por hija: a

Doña Bernarda de las Nieves, que casó en la Catedral de La Habana el primero de mayo de 1644, con don Alonso Hernández y González, natural de la ciudad de La Laguna, en la isla de Tenerife, hijo de don Sebastián González, y de doña Ana Hernández.

BERNAL LÓPEZ DE LUSA

En la primera mitad del siglo XVII, procedente de San Lúcar de Barrameda, en Andalucía, se estableció esta familia en La Habana.

Son sus armas: en campo rojo, un hacha ardiendo.

Don Pedro Bernal de Lusa, natural de San Lúcar de Barrameda casó con doña Juana de Lusa, y tuvieron por hijo: a

Don Diego López Bernal de Rota y Lusa, natural de San Lúcar de Barrameda, que pasó a La Habana, donde testó el 24 de agosto de 1679 ante Cristóbal Valero, y su defunción se encuentra en la Catedral de esta ciudad, a 16 de septiembre de dicho año, donde casó el 5 de mayo de 1635, con doña Úrsula María Guerrero y Lorenzo, hija de don Miguel Sánchez Guerrero, y de doña Juana Lorenzo. Tuvieron por hijos: a Sabina; a Francisca; a Tomás; a Miguel; a Pedro; a Leonel, y Diego López Bernal de Lusa y Guerrero. De los cuales:

1. — Doña Sabina López Bernal de Lusa y Guerrero, casó con don Pedro Francisco de Velasco, natural de la isla de Tenerife.

2. — Doña Francisca López Bernal de Lusa y Guerrero, testó el 9 de julio de 1684 ante Cristóbal Valero, y su defunción se encuentra en la Catedral de La Habana, a primero de septiembre de dicho año. Casó con don Luis Felipe.

3. — Don Miguel López Bernal de Lusa y Guerrero, testó el 8 de abril de 1713 ante Gaspar Fuertes, y su defunción se encuentra en la Catedral de La Habana a 10 de abril de dicho año, donde casó el 9 de junio de 1681, con doña Simona Olivera y Concepción, y tuvieron por hija: a

Doña Josefa López Bernal de Lusa y Olivera, que casó en la Catedral de La Habana el 30 de enero de 1700, con don Pedro Rodríguez Morejón y de la Rosa, Capitán de Milicias de esta plaza, hijo del Alférez Juan Rodríguez Morejón y de la Torre, tesorero de la Real Hacienda, y de doña Dionisia de la Rosa Borroto y Carreño.

4. — Don Pedro López Bernal de Lusa y Guerrero, casó en La Habana parroquia del Espíritu Santo, el 28 de diciembre de 1691, con doña Josefa Síscara, hija de don Juan de Síscara, y de doña María de la Candelaria. Tuvieron por hija: a

Doña Antonia Bernal de Lusa y Síscara, que testó el 30 de agosto de 1739, otorgando dos codicilos: el primero, el 2 de septiembre y el segundo el 19 de noviembre de dicho año ante Cristóbal Leal, y su defunción se encuentra en La Habana, parroquia del Santo Cristo, a 23 de noviembre de 1739. Casó con don José Sánchez.

5. — Don Leonel López Bernal de Lusa y Guerrero, casó en la Catedral de La Habana el 21 de septiembre de 1661, con doña Leonor Ortiz y Escobedo, hija de José y de María. Tuvieron por hijo: a Felipe Santiago López de Lusa y Ortiz.

6. — Don Diego López Bernal de Lusa y Guerrero, bautizado en la Catedral de La Habana el primero de enero de 1643, testó el 26 de marzo de 1728 ante Dionisio Pancorbo, y su defunción se encuentra en la referida Catedral a 3 de febrero de 1736, donde casó el primero de enero de 1676, con doña María Hilaria Gavilán y González, hija del Alférez Nicolás Gavilán y Alpera, Cabo de Escuadra de la Real Armada, y de doña Francisca González de Cuéllar. Tuvieron por hijos: a María Josefa; a Diego; a Martín; a Juan Francisco, y a Antonio José Bernal López de Lusa y Gavilán. Los cuales:

1. — Doña María Josefa Bernal López de Lusa y Gavilán, testó el 29 de marzo de 1768, y su defunción se encuentra en La Habana, parroquia del Santo Cristo, a 5 de diciembre de 1781.

2. — Don Diego Bernal López de Lusa y Gavilán, testó el 10 de junio de 1760 ante Marcos Ramírez, y su defunción se encuentra en la Catedral de La Habana a 17 de agosto de 1766.

3. — Don Martín Bernal López de Lusa y Gavilán, fue religioso de la Orden de San Agustín.

4. — Don Juan Francisco Bernal López de Lusa y Gavilán, tiene su defunción en La Habana, parroquia del Santo Cristo, a 22 de noviembre de 1735, donde casó el 28 de julio de 1695, con doña Isabel María Noroña y Hernández, hija de Agustín y de Justa. Tuvieron por hijos: a Ángela María, y a Melchor Bernal López de Lusa y Noroña. De los cuales:

Doña Ángela María Bernal López de Lusa y Noroña, bautizada en la Catedral de La Habana, el 12 de octubre de 1702, testó el 29 de diciembre de 1749 ante Francisco García Brito, y su defunción se encuentra en la referida Catedral a 18 de enero de 1750.

5. — Teniente Antonio José Bernal López de Lusa y Gavilán, dio poder para testar el 8 de agosto de 1743 ante Francisco García Brito, y su defunción se encuentra en la Catedral de La Habana a 12 de agosto de dicho año. Casó con doña Marcela Cortés, y tuvieron por hijo: a

Don Antonio José López Gavilán y Cortés, que casó dos veces: la primera, con doña Micaela Díaz Pizarro y Borroto; y la segunda, en la parroquia de la villa de Guanabacoa, el 5 de enero de 1769, con doña

Rosa María Sardiña y Roque de Escobar, hija de don **Bernardo Francisco Sardiña y Ximénez**, Teniente de Caballería, y de doña María de la Ascensión Nicolasa Roque de Escobar.

Don Antonio José López Gavilán y Cortés, y su primera mujer doña Micaela Díaz Pizarro y Borroto, tuvieron por hijos: a José María; a Ramón; a Miguel; a Rafael; a Antonio José; y a Luis López Gavilán y Pizarro. De los cuales:

1. — Don Antonio José López Gavilán y Pizarro, fue Capitán de Infantería en la plaza de La Habana.

2. — Don Luis Gavilán y Pizarro, fue Capitán de Milicias de la plaza de La Habana, donde hizo información de nobleza, la cual consta en el Ayuntamiento de esta ciudad, en el libro 58 de Actas de Cabildo.

BERRIEL

En la primera mitad del siglo XIX, procedente de la isla de Lanzarote, una de las Canarias, se estableció esta familia en La Habana.

Son sus armas: en campo de plata, un cheurrón gules, acompañado, en jefe de dos quinquefolios de azur, y en punta de un águila también de azur.

Don Luis Berriel Betancourt y Peraza, casó con doña María Enríquez y Bermúdez, y tuvieron por hijo: a

Don Juan Berriel y Peraza, que casó con doña María Betancourt, y tuvieron por hijo: a

Don Juan Antonio Berriel y Betancourt, que casó con doña María Isabel Noria. Tuvieron por hijo: a

Don Domingo Berriel y Noria, que casó con doña María del Rosario Umpiérrez y Salazar-Carrasco, hija de don Nicolás Umpiérrez y Betancourt, y de doña Antonia Salazar-Carrasco. Tuvieron por hijos: a Vicente, y a Domingo Berriel y Umpiérrez. Los cuales:

1. — Don Vicente Berriel y Umpiérrez, pasó a La Habana.

2. — Don Domingo Berriel y Umpiérrez, bautizado en la villa de Teguise, isla de Lanzarote, parroquia Nuestra Señora de Guadalupe, el 11 de octubre de 1802, justificó su nobleza el año 1819 en la referida villa ante don Carlos Mateo Monforte, Escribano Público y de Cabildo de Teguise. Obtuvo certificación de armas e hidalguía el 29 de mayo de 1862, expedida por don Luis Vilar y Pascual, Cronista y Rey de Ar-

mas de Su Majestad, de la cual se tomó razón en el Ayuntamiento de La Habana, en el cabildo celebrado el 12 de abril de 1863. Casó en la villa de Güines, provincia de La Habana, con doña Dolores Fernández y Carballo, natural de San José de las Lajas, hija de don Francisco Esteban Fernández y Martínez y de doña María Regla Carballo y Curbelo. Tuvieron por hijos: a

Clotilde, y a Leopoldo Berriel y Fernández. Los cuales:

1. — Doña Clotilde Berriel y Fernández, fue bautizada en La Habana, parroquia Guadalupe, el 20 de junio de 1838, donde casó el 5 de mayo de 1860, con don Práxedes Alacán y Morales, natural de Cabo Rojo, isla de Puerto Rico, Licenciado en Farmacia, hijo de don Pedro Alacán y Montalvo, y de doña María del Rosario Morales y Núñez.

2. — Doctor Leopoldo Berriel y Fernández, bautizado en la parroquia de la villa de Güines, el 7 de octubre de 1843, fue abogado Catedrático y Rector de la Universidad de La Habana. Eminente jurisconsulto y publicista, fue Delegado a la Convención Constituyente al adquirir Cuba la soberanía nacional. Falleció en La Habana el 27 de julio de 1915.

BESEIRA

En la primera mitad del siglo XVIII, procedente de la ciudad de Lyon, en Francia, se estableció esta familia en La Habana. Jean François Veseira, y su mujer Carla Françoise Xaviere Rusel, tuvieron por hijo: a

Leonardo Veseira y Rusel, natural de la ciudad de Lyon, que pasó a La Habana, donde testó el 4 de octubre de 1761 ante Ignacio Rodríguez. Su defunción se encuentra en la Catedral de esta ciudad a 11 de dicho mes y año, donde casó el 4 de mayo de 1748, con Isabel Clance y Moles, natural de la ciudad de Dublín, en el reino de Irlanda, hija de Uhagon y de Marie. Tuvieron por hijos: a

María Dolores; a Petrona; a José Rafael; a Luis José, y a Nicolás Leonardo Beseira y Clance. De los cuales:

1. — Doña María Dolores Beseira y Clance, fue bautizada en la Catedral de La Habana el 22 de julio de 1752.

2. — Doña Petrona Beseira y Clance, bautizada en la Catedral de La Habana el 14 de febrero de 1749, tiene su defunción en esta ciudad, parroquia del Santo Cristo, a 15 de junio de 1783. Casó en la Catedral de La Habana el 28 de mayo de 1770, con don Vicente de Gea y Gara-

bito, natural de Barcelona, Teniente de las Campañías Ligeras de Infantería de Montaña en La Habana, hijo de don Alejandro de Gea, Visitador Real de la Renta del Tabaco en Barcelona, y de doña María Rita Garabito.

3. — Don José Rafael Beseira y Clance, fue bautizado en la Catedral de La Habana el 22 de febrero de 1756.

4. — Don Luis Beseira y Clance, fue bautizado en la Catedral de La Habana el primero de marzo de 1758.

5. — Don Nicolás Leonardo Beseira y Clance, bautizado en la Catedral de La Habana el 16 de diciembre de 1753, casó en esta ciudad, parroquia del Santo Ángel, el 10 de febrero de 1772, con doña Rosalía Caimaliños y Lagos, natural de La Habana, hija de don Jacinto Caimaliños y Salguero, natural de la villa de Redondela, Galicia, y de doña Josefa Florencia de Lagos. Tuvieron por hijas: a María Dolores; a María Magdalena; a María Josefa, y a María Clotilde de Jesús Beseira y Caimaliños. Las cuales:

1. — Doña María Dolores Beseira y Caimaliños, tiene su defunción en La Habana, parroquia del Santo Ángel, a 31 de marzo de 1833, donde casó el 28 de enero de 1811, con don José Martínez y Fernández, natural de Málaga, hijo de Juan y de María.

2. — Doña María Magdalena Beseira y Caimaliños, tiene su defunción en La Habana, parroquia de Monserrate, a 7 de abril de 1853. Casó con don Santiago Burna.

3. — Doña María Josefa Beseira y Caimaliños, fue bautizada en la Catedral de La Habana el 3 de junio de 1782.

4. — Doña María Clotilde de Jesús Beseira y Caimaliños, tiene su defunción en La Habana, parroquia del Espíritu Santo, a 10 de septiembre de 1859, y casó con don Manuel López y Armona.

BORGES

En la segunda mitad del siglo XVII, procedente de la isla de Tenerife, se estableció esta familia en la villa de Santa María de Puerto Príncipe, isla de Cuba.

Don Juan de Orsia, casó con doña Inés de Borges, descendientes de don Diego González de Borges (I), y tuvieron por hijos: a

Don Jacinto Borges de Acevedo, natural de la isla de Tenerife, que fue síndico procurador general del Ayuntamiento de Puerto Príncipe.

Casó con doña Francisca Moreno y Tamayo, hija de Francisco y de Inés. Tuvieron por hijos: a

Mauricia, a Marcela, a María, a Francisca, a Margarita, a Juan, a Mariana, a José, a Cristóbal, a Jacinto, a Pedro y a Blas Borges y Moreno. De los cuales:

1. — Doña Mauricia Borges y Moreno, testó en Puerto Príncipe el 16 de febrero de 1734.

2. — Doña Marcela Borges y Moreno, casó con don Blas Hernández Navarro, natural de San Lúcar de Barrameda, viudo de Francisca Fernández.

3. — Doña María Borges y Moreno, casó con el capitán José Molina, alcalde ordinario de Puerto Príncipe, hijo del capitán Pedro Molina, y de doña Violante Villegas Millán.

4. — Doña Francisca Borges y Moreno, testó el 19 de noviembre de 1718. Casó en la Catedral de Puerto Príncipe el 3 de febrero de 1669, con el capitán Lucas Guillén del Castillo y Mena, natural de la ciudad de La Laguna, en Tenerife, alcalde ordinario de Puerto Príncipe, hijo del capitán Lucas Guillén del Castillo y Alcubillo, y de doña María Mena.

5. — Doña Margarita Borges y Moreno, casó el 15 de julio de 1674, con don Juan de Guevara Dueñas, natural de la villa de San Salvador del Bayamo.

6. — Doña Mariana Borges y Moreno, casó en la Catedral de Puerto Príncipe el 3 de febrero de 1681, con don Juan de la Rosa Bohorques, viudo de doña de Juana de Heredia y Peláez.

(I). — En el tomo tercero de esta obra, página 94, aparece don Diego González de Borges, natural de la isla de Tenerife, que fue capitán de Caballos, procurador general del Ayuntamiento en 1624 y alcalde ordinario de La Habana en 1625, familiar del Santo Oficio de la Inquisición. Testó en esta ciudad el 12 de octubre de 1647, ante Cristóbal Núñez de Cabrera, declarando haber sido casado con doña Elvira Pedroso y Ayllón, hija de don Pablo Pedroso y García, capitán de Caballos y alcalde ordinario de La Habana, alguacil mayor del Santo oficio de la Inquisición, y de doña María de Aguilar Ayllon.

7. — Don Cristóbal Borges y Moreno, murió ahogado en el hato «San Pedro», en 1713. Casó con doña Clara Pardo de Aguilar y de la Torre, el año 1700, hija de don Cristóbal, y de doña Luisa de la Torre y de la Cova.

8. — Don Jacinto Borges y Moreno, casó con doña María Chávez, que testó en Puerto Príncipe el año 1683.

9. — Don Pedro Borges y Moreno, testó en Puerto Príncipe el 13 de diciembre de 1698. Casó en 1686, con doña Isidra Benítez, hija de don Juan Rodríguez, y de doña Isabel Figueroa. Tuvieron por hijo: a

Don Juan Miguel Borges, que casó en 1690, con doña Francisca González, natural de la ciudad de La Laguna, hija de Juan Bautista y de Beatriz González. Tuvieron por hija: a

Doña Petronila Borges, que casó con don Francisco Cardona, natural de Puebla de los Ángeles.

10. — Don Juan Borges y Moreno, casó con su sobrina doña Ana Bohorques y Borges, hija de don Juan de la Rosa Bohorques, y de doña Mariana Borges y Moreno. Tuvieron por hijos: a Bárbara, a Violante, a Mariana, a Ana, y a José Borges y Bohorques. Los cuales:

A. — Doña Bárbara Borges y Bohorques, casó con don Fernando Moreno.

B. — Doña Violante Borges y Bohorques, casó con don Juan Márquez, natural de las islas Canarias.

C. — Doña Mariana Borges y Bohorques, testó en Puerto Príncipe el 25 de julio de 1699. Casó con don Francisco de la Torre y Balboa, hijo de don Francisco de la Torre y Calona, escribano de Cabildo del Ayuntamiento de Puerto Príncipe, y de doña Catalina Balboa y de la Cova.

D. — Doña Ana Borges y Bohorques, testó en Puerto Príncipe el 30 de noviembre de 1744. Casó dos veces: la primera, con don Francisco García y Hernández, hijo de Juan y de María; y la segunda, con don Juan de Castro.

E. — Don José Borges y Bohorques, casó con doña Juliana Carvajal, y tuvieron por hijos: a Josefa, y a Hilario Borges y Carvajal. Los cuales:

A. — Doña Josefa Borges y Carvajal, casó en 1715, con don José Bayona.

B. — Don Hilario Borges y Carvajal, casó con doña Tomasa Báez Raposo y Pérez.

11. — Alférez Blas Borges y Moreno, casó en 1673, con doña Lorenza de la Rosa Bohorques y Heredia, hija de don Juan de la Rosa Bohorques, y de doña Juana de Heredia y Peláez. Tuvieron por hijos: a María, a Feliciana, a Juana, a Lorenzo, a Juan Francisco, y a Baltasar Borges de la Rosa Bohorques. De los cuales:

1. — Doña María Borges y de la Rosa Bohorques, testó en Puerto Príncipe en 1722.

2. — Doña Rosalía Borges y de la Rosa Bohorques, casó dos veces: la primera, con don Nicolás Dorado, natural de Venecia; y la segunda, con don Manuel Polanco.

3. — Doña Feliciana Borges y de la Rosa Bohorques, testó en Puerto Príncipe el 3 de diciembre de 1733, donde casó, en la Catedral, el 10 de abril de 1701, con el capitán Melchor Batista y Suero, notario público de dicha villa, hijo de don Melchor Batista, y de doña Ana Suero, naturales de las islas Canarias.

de Urra y Abellaneda, natural del Señorío de Vizcaya, y de doña Beatriz de Alarcón y Lasso de la Vega, natural de la villa de Santa María de Puerto Príncipe.

4. — Doña Juana Borges y de la Rosa Bohorques, casó dos veces: la primera, en 1695, con don Francisco de Almansa, natural de Sevilla; y la segunda, en la Catedral de Puerto Príncipe el 31 de mayo de 1699, con don Diego de Urra y Alarcón, alférez de la Real Armada de Barlovento y alguacil mayor de la Santa Cruzada, hijo del alférez Francisco de Urra y Abellaneda, natural del Señorío de Vizcaya, y de doña Beatriz de Alarcón y Lasso de la Vega, natural de la villa de Santa María de Puerto Príncipe.

5. — Don Juan Francisco Borges y de la Rosa Bohorques, fue escribano de Cabildo del Ayuntamiento de Puerto Príncipe. Casó dos veces: la primera, con doña María Josefa del Pico y Pérez, natural de Santiago de Cuba, hija del alférez Pedro y de Catalina; y la segunda, con doña Catalina Fernández de Villanueva y Veínza, viuda de don Antonio Fernández, natural de Portugal, hija de don Pedro Fernández de Villanueva, el Moro, y de doña Catalina Veínza.

6. — Don Baltasar Borges y de la Rosa Bohorques, casó dos veces: la primera, con doña Isabel de Moya y Pérez-Najarro, hija de don Juan de Dios Moya y Fernández de Villanueva, y de doña Francisca Pérez-Najarro y Rivadeneira; y la segunda, con doña Francisca Pérez de la Cova, viuda de don Cayetano Quesada. Con su pirmera mujer tuvo por hijos: a Rosalía, a Francisca, a María de Jesús, a Juan, a José, a Lorenzo, y a Francisco de Paula Borges y Moya. De los cuales:

1. — Doña Rosalía Borges y Moya, casó con don Andrés Pérez y Olivera, natural de la villa de Sancti-Spiritus.

2. — Doña Francisca Borges y Moya, casó en 1731 con don Nicolás Fernández de Lora, natural de la villa de Trinidad.

3. — Doña María de Jesús Borges y Moya, casó con don Domingo de Acosta.

4. — Don Lorenzo Borges y Moya, falleció soltero en Santo Domingo.

5. — Fray Francisco de Paula Borges y Moya, mercedario, que falleció secularizado en Santo Domingo.

Don Baltasar Borges y de la Rosa Bohorques, y su segunda mujer doña Francisca Pérez de la Cova, tuvieron por hijas: a María, y a María Caridad Borges y Pérez de la Cova. Las cuales:

1. — Doña María Borges y Pérez de la Cova, casó con don Juan Rodríguez y Rodríguez, hijo de don Salvador Rodríguez y García, y de doña Isabel Rodríguez Manopla y Báez.

2. — Doña María Caridad Borges y Pérez de la Cova, casó con don Francisco Rodríguez de Sosa, natural de la villa de San Salvador del Bayamo.

BRAVO

A principios del siglo XVIII aparece ya radicada esta familia en Santiago de Cuba.

Don Tomás Bravo, casó con doña Isidora Téllez de Fuentes, natural de Jamaica, la cual tiene su defunción en la Catedral de Santiago de Cuba a 14 de mayo de 1720. Tuvieron por hijos: a Estefanía; a Tomás y a Francisco Bravo y Téllez de Fuentes. Los cuales:

1. — Doña Estefanía Bravo y Téllez de Fuentes, tiene su defunción en la Catedral de Santiago de Cuba a 20 de octubre de 1698, donde casó el 26 de julio de 1690, con el Capitán Antonio Moreno y Morales, natural de San Remo en Italia, hijo de Sebastián y de Dominga, y viudo de Lucía Carbonete, natural de Italia.

2. — Don Tomás Bravo y Téllez de Fuentes, fue Sacristán Mayor de la Catedral de Santiago de Cuba.

3. — Don Francisco Bravo y Téllez de Fuentes, tiene su defunción en la Catedral de Santiago de Cuba a 13 de junio de 1735, donde casó el 26 de abril de 1715, con doña Isabel María de Herrera y Moya y Castro, hija de don Carlos de Herrera y Moya, y de doña Inés de Castro y Vélez. Tuvieron por hijos: a Nicolasa; a Rosa; a María Nieves; a Beatriz; a Antonio, y a Tomás Francisco Bravo y Herrera y Moya. Los cuales:

1. — Doña Nicolasa Bravo y Herrera y Moya, tiene su defunción en la Catedral de Santiago de Cuba a 6 de noviembre de 1724.

2. — Doña Rosa Bravo y Herrera y Moya, tiene su defunción en la Catedral de Santiago de Cuba a 10 de marzo de 1732.

3. — Doña María Nieves Bravo y Herrera y Moya, casó en la Catedral de Santiago de Cuba el 27 de marzo de 1742, con don Antonio Socarrás y Romero, natural de la villa de Puerto Príncipe, hijo de Juan y de Manuela.

4. — Doña Beatriz Bravo y Herrera y Moya, casó en la Catedral de Santiago de Cuba el 6 de julio de 1764, con don Andrés de Gola Argüelles y Menéndez, natural de Gijón, en Asturias, hijo de Francisco y de María.

5. — Don Antonio Bravo y Herrera y Moya, tiene su defunción en la Catedral de Santiago de Cuba a 19 de abril de 1729.

6. — Don Tomás Francisco Bravo y Herrera y Moya tiene su defunción en la Catedral de Santiago de Cuba el 30 de agosto de 1738, con doña María Caridad Angulo y Velazco, hija del Licenciado Leonardo Antonio Angulo y Arias, y de doña Feliciana Velasco y Socarrás. Tuvieron por hijos: a Tomás Teodoro, y a Francisco Antonio Bravo y Angulo. Los cuales:

1. — Don Tomás Teodoro Bravo y Angulo, casó con doña Francisca Rosa Rubio y Guerrero, hija de don Ramón Rubio y Polanco, natural de La Habana, y de doña Juana Francisca Guerrero y Hernández. Tuvieron por hija: a

Doña Isabel María Bravo y Rubio, que hizo información de legitimidad, limpieza de sangre e hidalguía. Casó con don Juan de Vega.

2. — Don Francisco Antonio Bravo y Angulo, bautizado en la Catedral de Santiago de Cuba el 13 de septiembre de 1746, fue Regidor Decano del Ayuntamiento de dicha ciudad. Casó con doña Antonia González y Hernández, hija de don Antonio González y Armas de Espinosa, Alguacil Mayor de Santa María del Rosario, y de doña Rosa Hernández y Perdomo. Tuvieron por hijos: a Francisca de Borja; a Josefa; a Isabel; a Rosa María; a Juan; a Tomás Francisco; a Nicolás; a Leonardo, y a Buenaventura Bravo y González. Los cuales:

1. — Doña Francisca de Borja Bravo y González, casó con don Rafael Carrión.

2. — Doña Josefa Bravo y González, casó en la Catedral de Santiago de Cuba el 1 de junio de 1803, con don Buenaventura Marino y Fonseca, hijo del Regidor Pedro y de Isabel.

3. — Doña Isabel Bravo y González, casó con don Francisco González.

4. — Doña Rosa María Bravo y González, casó en Santiago de Cuba, parroquia Dolores, el 9 de junio de 1809, con don Bartolomé Portuondo y Rizo, primer Marqués de las Delicias de Tempú, Regidor del Ayuntamiento condecorado con la Flor de Lis de la Vendée, de Francia, hijo de don Bernardo José Portuondo y Bravo, Regidor del referido Ayuntamiento, condecorado con la Flor de Lis de la Vendée, y de doña María Gabriela Rizo y Zebedes-Ordóñez.

5. — Don Juan Bravo y González, fue Alcalde ordinario de Santiago de Cuba. Casó en dicha ciudad, parroquia Dolores, el 2 de sep-

tiembre de 1818, con doña Rosa Villalón y Hechavarría, hija de don Manuel Villalón y Rivera, y de doña Catalina Hechavarría y Garzón. Tuvieron por hijos: a Sixta, y a Francisco Antonio Bravo y Villalón.

6. — Licenciado Tomás Francisco Bravo y González, bautizado en Santiago de Cuba, parroquia Santo Tomás, el 15 de enero de 1791, fue Abogado. Casó con doña Francisca López de Ayala, y tuvieron por hijos: a María Luisa, y a Antonio Bravo y López de Ayala. Los cuales:

A. — Doña María Luisa Bravo y López de Ayala, casó con don Joaquín Eizeguirre y Bailly.

B. — Don Antonio Bravo y López de Ayala, casó en la Catedral de Santiago de Cuba, el 22 de marzo de 1849, con doña Amalia Baralt y Celis, hija de José Simón y de Nicolasa.

7. — Don Nicolás Bravo y González, casó con doña Francisca López de Ayala, su cuñada, viuda de su hermano Tomás Francisco, anteriormente mencionado. Tuvieron por hijo: a Tomás Bravo y López de Ayala.

8. — Licenciado Leonardo Bravo y González, del que se tratará en la «Línea Primera».

9. — Don Buenaventura Bravo y González, del que se tratará en la «Línea Segunda».

«LÍNEA PRIMERA»

Licenciado Leonardo Bravo y González (mencionado anteriormente como hijo de don Francisco Antonio Bravo y Angulo, y de doña Antonia González y Hernández), bautizado en la Catedral de Santiago de Cuba el 17 de febrero de 1797, fue Abogado, Síndico Procurador general, Delegado de Bienes de Difuntos, Auditor Honorario de Marina, Teniente de Regidor y Alcalde ordinario de Santiago de Cuba, Director de la Real Sociedad Económica de Amigos del País. Hizo información de limpieza de sangre el 14 de octubre de 1840 ante José Valera, Escribano Público de dicha Provincia.[1] Casó con doña **Manuela Soria y Torres**, hija del Bachiller Francisco Soria y Quiñones, Protomédico, y de doña Mariana Torres y Medina. Tuvieron por hijos: a Rosa; a Mariana; a Antonia; a Leonardo; a Jacobo; a José María, y a Francisco de Paula Bravo y Soria. De los cuales:

1. — Doña Mariana Bravo y Soria, casó con don José González de Armas y Landrián.

2. — Doña Antonia Bravo y Soria, casó con don Manuel Hernández.

---

1. Expediente 1755, antiguo, Universidad de La Habana.

3. — Don Leonardo Bravo y Soria, fue bautizado en Santiago de Cuba, parroquia Dolores, el 7 de diciembre de 1826.

4. — Don Jacobo Bravo y Soria, casó con doña Rosa Giró, y tuvieron por hija: a Rosa Bravo y Giró, que falleció niña.

5. — Don José María Bravo y Soria, fue Subteniente de Guardia de Corps. Casó con doña Manuel Gorosábel y Portuondo, y tuvieron por hijos: a Mercedes; a María Luisa; a Juan Bautista; a Vicente; a Leonardo; a Rafael; y a José María Bravo y Gorosábel. De los cuales:

A. — Doña María Luisa Bravo y Gorosábel, casó con don Cristóbal de la Torre y Hernández.

B. — Don Rafael Bravo y Gorosábel, casó con doña Ángela Díaz, y tuvieron por hija: a María Luisa Bravo y Díaz.

C. — Don José María Bravo y Gorosábel, casó con doña Magdalena de la Pezuela y Kindelán, hija de don Joaquín de la Pezuela y Vinent, Capitán de Caballería, y de doña María Dolores Kindelán y Sánchez-Griñán. Tuvieron por hijos: a Magdalena; a Mercedes; a Dolores; a José María, y a Joaquín Bravo y de la Pezuela. Los cuales:

A. — Doña Magdalena Bravo y de la Pezuela, casó en Santiago de Cuba con don José María Sabater y Camps, hijo de don José Sabater y Carbonell y de doña Clemencia Camps, naturales de Sitges, en Barcelona, España.

B. — Doña Mercedes Bravo y de la Pezuela, casó en Santiago de Cuba con don José María de Goya y Uriarte, natural de dicha ciudad, hijo de don Francisco de Goya y Arana, y de doña Soledad de Uriarte y de Ibarzábal, naturales de Vizcaya, España.

C. — Doña Dolores Bravo y de la Pezuela, casó en Santiago de Cuba con don Felipe Valls y Suñol.

D. — Don José María Bravo y de la Pezuela, casó en Santiago de Cuba con doña Rafaela Rosell y Silveira, y tuvieron por hijos: a Ana María, y a Carlos Bravo y Rosell.

E. — Don Joaquín Bravo y de la Pezuela, casó en Santiago de Cuba con doña Mariana García y Correa, y tuvieron por hijos: a Miriam, y a José María Bravo y García.

6. — Licenciado Francisco de Paula Bravo y Soria, bautizado en Santiago de Cuba, parroquia Dolores, el 28 de julio de 1825, fue Abogado. Casó en la Catedral de dicha ciudad el 22 de abril de 1856, con doña Dolores Fernández de Castro y de la Cruz, hija de don Juan José Fernández de Castro y del Real, y de doña María del Carmen de la Cruz. Tuvieron por hijos: a Manuela; a Isabel; a Leonardo; a Jacobo, y a Francisco de Paula Bravo y Fernández de Castro. De los cuales:

1. — Doña Manuela Bravo y Fernández de Castro, casó con don Matías Díaz de Villegas.

2. — Doña Isabel Bravo y Fernández de Castro, casó con el Doctor Fernando Plazaola y Cotilla, Médico, hijo del Licenciado Fernando Plazaola y Orueta, Abogado, y de doña Mariana Cotilla y Soria.

3. — Don Jacobo Bravo y Fernández de Castro, casó con doña Ana de la Pezuela y Kindelán, hija de don Joaquín de la Pezuela y Vinent, Capitán de Caballería, y de doña María Dolores Kindelán y Sánchez-Griñán.

4. — Don Francisco de Paula Bravo y Fernández de Castro, casó con doña Carmela Otero.

«LINEA SEGUNDA»

Don Buenaventura Bravo y González (mencionado anteriormente como hijo de don Francisco Antonio Bravo y Angulo, y de doña Antonia González y Hernández) fue Regidor y Alcalde ordinario de Santiago de Cuba. Casó dos veces en la Catedral de Santiago de Cuba: la primera el 21 de enero de 1804, con doña Manuela Ferrer y Herrera y Moya, hija de don Luis Ferrer y Palacios-Saldurtún, y de doña Micaela Herrera y Moya y Orozco. Casó por segunda vez, el 31 de octubre de 1838, con doña Dolores Montes y Herrera y Moya, hija de don Juan José Montes y Morales, Capitán de Infantería, y de doña Mariana María Herrera y Moya y de las Cuevas.

Don Buenaventura Bravo y González, y su primera mujer doña Manuela Ferrer y Herrera y Moya, tuvieron por hijos: a Celia; a Juana; a Antonia María; a María Dolores; a Fabián; a Manuel María; a Eligio; a Antonio; a Luis, y a Francisco Antonio Bravo y Ferrer. De los cuales:

1. — Doña María Dolores Bravo y Ferrer, casó en Santiago de Cuba, parroquia Santo Tomás, el 14 de junio de 1829, con don Hilario Portuondo y Bravo, segundo Marqués de las Delicias de Tempú, Concejal y Teniente Alcalde de dicha ciudad, hijo de don Bartolomé Portuondo y Rizo, primer Marqués de las Delicias de Tempú, Regidor del Ayuntamiento, condecorado con la Flor de Lis la Vendée, y de doña Rosa María Bravo y González.

2. — Don Luis Bravo y Ferrer, casó en la Catedral de Santiago de Cuba el 19 de agosto de 1831, con doña María Josefa Horruitiner y Jústiz, hija de don José Horruitiner y del Castillo, y de doña Dolores Jútiz y Hechavarría. Tuvieron por hijo a:

Don Luis Felipe Bravo y Horruitiner, que fue bautizado en la Catedral de Santiago de Cuba el 25 de mayo de 1832. Casó con doña Mariana Duany y del Castillo Villamedio, y tuvieron por hijos: a Rafael, y a Luis Bravo y Duany. De los cuales:

Don Luis Bravo y Duany, casó con doña Dolores Miranda y del Castillo, hija de don Eduardo Miranda y Cotilla, y de doña Teresa del Castillo y Mustelier. Tuvieron por hijos: a Luis; a Dolores, y a María Ana Bravo y Miranda. De los cuales:

A. — Doña Dolores Bravo y Miranda, casó con don Gregorio Bernáldez y Gamonoso, natural de España.

B. — Doña María Ana Bravo y Miranda, casó con el Doctor Santiago Font y Pujals.

3. — Don Francisco Antonio Bravo y Ferrer, fue Síndico del Ayuntamiento de Santiago de Cuba. Casó dos veces: la primera, con doña Ana María Josefa Hechavarría y O'Gavan, hija del Doctor Prudencio Hechavarría y Agüero, Oydor Honorario de las Reales Audiencias de Puerto Príncipe y de Santiago de Cuba, Procurador general, Síndico, Diputado Consular, Asesor general, Fiscal de Marina y Real Hacienda, Alcalde ordinario, Auditor y Teniente Gobernador de la plaza de Santiago de Cuba, y de doña Manuela Josefa O'Gaban y Guerra. Casó por segunda vez, con doña Rafaela de Moya y Morejón, con la que tuvo: a

Doña Rafaela Bravo y Moya, que casó con don Bernardo Sánchez y Hechavarría, hijo de don Lino Urbano Sánchez y Limonta, Regidor del Ayuntamiento de Santiago de Cuba, Caballero de la Orden de Calatrava, y de doña Bárbara Hechavarría y O'Gaban.

Don Francisco Antonio Bravo y Ferrer, y su primera mujer doña Ana María Josefa Hechavarría y O'Gaban, tuvieron por hijos: a Prudencio; a Juan Bernardo, y a Buenaventura Bravo y Hechavarría. De los cuales:

1. — Don Juan B. Bravo y Hechavarría, casó en la Catedral de Santiago de Cuba el 12 de febrero de 1858, con doña Nicolasa Limonta y García Bernardo, hija de don Miguel Limonta y Rivera, natural de Caracas, y de doña María Encarnación García Bernardo y Sierra.

2. — Don Buenaventura Bravo y Hechavarría, casó con doña Dolores Correoso-Catalán y Mozo de la Torre, hija de don Francisco Manuel Correoso-Catalán y Usatorres, Sargento Mayor de Dragones de México, y de doña Francisca Antonia Mozo de la Torre y Garvey. Tuvieron por hijos: a Rafael; a Mariana; a Luis; a Francisco Antonio; a Eligio, y a Antonio Bravo y Correoso-Catalán. De los cuales:

1. — Doña Mariana Bravo y Correoso-Catalán, casó con don Emilio Ferrer y Pérez de las Cuevas.

2. — Don Francisco Antonio Bravo y Correoso-Catalán, casó con doña María Acosta, y tuvieron por hijo: a Antonio Bravo y Acosta.

3. — Don Eligio Bravo y Correoso-Catalán, casó con doña María Calzado y Planas, y tuvieron por hijos: a Agustina; a Guadalupe; a Ma-

riana; a Dolores; a Eligio, y a Francisco Antonio Bravo y Calzado. De los cuales:

A. — Doña Dolores Bravo y Calzado, casó con don José Salcedo y Mena.

B. — Doctor Eligio Bravo y Calzado, es Abogado, Catedrático y Secretario de la Escuela de Artes y Oficios de Santiago de Cuba. Casó con doña María Díaz Páez y Limonta.

C. — Don Francisco Antonio Bravo y Calzado, casó con doña Emma Rosa Planas y López, y tuvieron por hijos: a Emma Esperanza; a Francisco Antonio, y a Rolando Bravo y Planas.

4. — Licenciado Antonio Bravo y Correoso-Catalán, es Abogado y Senador de la República de Cuba. Casó con doña Dolores de Acha y Portes, y tuvieron por hijos: a Dolores; a Dulce María; a María Antonia; a Esperanza, y a Antonio Bravo y Acha. Los cuales:

1. — Doña Dolores Bravo y Acha, casó con don Miguel Masferrer y Landa.

2. — Doña Dulce María Bravo y Acha, casó con el Doctor Luis Salazar y Veranes, Médico, hijo de don Manuel Salazar y Villalón, y de doña Isabel Veranes y Viado.

3. — Doña María Antonia Bravo y Acha, casó con don Eduardo Pujol y Canal.

4. — Doña Esperanza Bravo y Acha, casó con el Doctor José Ruiz Velasco.

5. — Doctor Antonio Bravo y Acha, casó con doña Berta Pujals y Garay, hija de don Santiago Pujals y Cancino, y de doña Ángela Garay. Tuvieron por hijos: a Esperanza, y a Antonio Bravo Pujals.

Don Buenaventura Bravo y González, anteriormente mencionado, y su segunda mujer doña Dolores Montes y Moya, tuvieron por hijos: a Dolores; a Elvira; a Eligio; a Luis; a Leonardo; a Enrique, y a Nicolás Bravo y Montes. De los cuales:

1. — Doña Elvira Bravo y Montes, casó con don Federico Reiners, natural de Alemania.

2. — Don Enrique Bravo y Montes, casó con doña Concepción Fernández Quevedo, y tuvieron por hijos a: Esperanza; a Luisa; a Encarnación, a Buenaventura y a Enrique Bravo y Fernández. De los cuales:

A. — Doña Encarnación Bravo y Fernández, casó con don Emigdio Puente y Soria.

B. — Doctor Enrique Bravo y Fernández, es Abogado. Casó con doña Caridad Viña y Almazán, y tuvieron por hijos: a Graciela del Carmen; a Enrique; a Guillermo Adolfo, y a Leonardo Bravo y Viña. De los cuales:

Doña Graciela del Carmen Bravo y Viña, casó con don Daniel Bacardí y Rosell, hijo de don Facundo Bacardí y Lay, y de doña Caridad Rosell.

3. — Don Nicolás Bravo y Montes, casó con doña Manuela Puig y Villalón, y tuvieron por hijos: a Dolores; a María Luisa; a Victoria; a Leonardo, y a Nicolás Bravo y Puig. Los cuales:

1. — Doña Dolores Bravo y Puig, casó con don Justiniano García Delgado, Militar del Ejército español.

2. — Doña María Luisa Bravo y Puig, casó con don Miguel Espinosa y Hernández, periodista, Representante a la Cámara de la República de Cuba, hijo del Licenciado Miguel Espinosa y Rodríguez, Médico, y de doña María Hernández.

3. — Doña Victoria Bravo y Puig, casó con el Doctor José Ángel Quiroga.

4. — Don Leonardo Bravo y Puig, nacido en Santiago de Cuba el 30 de noviembre de 1889, es Cónsul de la República de Cuba. Casó con doña Josefa Izquierdo, y tuvieron por hijo: a

Don Eduardo Bravo e Izquierdo, que casó con doña Hilda Fernández Mira y García Huerta, hija del Doctor Francisco, Médico, y de Leticia. Tuvieron por hija: a María Cristina Bravo y Fernández-Mira.

5. — Don Nicolás Bravo y Puig, nacido el 8 de febrero de 1878, fue Cónsul de la República de Cuba. Casó con Germanie Bockmeyer, y tuvieron por hijos: a Manuela; a Dolores, y a Nicolás Bravo Bockmeyer. De los cuales:

1. — Doña Manuela Bravo y Bockmeyer, casó con el Doctor Alfredo Canal y Barrachena, Secretario de la Legación de Cuba en Bélgica, hijo de Alfredo y de Estela.

2. — Don Nicolás Bravo y Bockmayer, casó con doña Lydia Grimany.

BRAVO DE ACUÑA

A mediados del siglo XVII, procedente de Valladolid, en Castilla, se estableció esta familia en La Habana.

Don Juan Recio, casó con doña Isabel Bravo, vecinos de Madrid, y tuvieron por hija: a

Doña Isabel Bravo, natural de Valladolid, que casó con don Julián Juan Cavano, y tuvieron por hijo: a

Don José Bravo de Acuña y Cavano, natural de Valladolid, que testó en La Habana el 12 de mayo de 1672. Casó en Valladolid, parroquia de San Salvador, con doña María Luisa Coronel, natural de Babajoz, en Extremadura, hija de don Alonso Rodríguez Marchero, y de doña María Coronel. Tuvieron por hijos: a

Dorotea; a Sebastiana; a Francisco, y a Cristóbal Bravo de Acuña y Coronel. De los cuales:

1. — Doña Dorotea Bravo de Acuña y Coronel, casó dos veces: la primera, con don Diego Santiago; y la segunda, en La Habana, parroquia del Espíritu Santo, en 24 de agosto de 1699, con don Melchor de Salazar y Páez, natural de la isla de la Palma, en las Canarias, hijo del Capitán Juan de Salazar y Spino y de doña Isabel Páez.

2. — Doña Sebastiana Bravo de Acuña y Coronel, bautizada en la Catedral de La Habana el 20 de febrero de 1669, testó el 28 de enero de 1742 ante Cristóbal Vianés de Salas. Casó en esta ciudad, parroquia del Espíritu Santo, el 16 de diciembre de 1691, con don Manuel Meyreles y Barros, natural de la feligresía de San Martín de los Lagares, Concejo de Peñafiel de Sousa, en Oporto, Reino de Portugal, Capitán de Milicias de la plaza de La Habana, hijo de don Manuel Meyreles y Rodríguez, y de doña María de Barros.

3. — Don Cristóbal Bravo de Acuña y Coronel, casó con doña Rosa María Hernández, y tuvieron por hijo: a

Don Nicolás Bravo de Acuña y Hernández, clérigo de menores órdenes, que obtuvo certificación de armas el 14 de febrero de 1723, expedida por don Juan Alfonso de Guerra y Sandoval, Cronista y Rey de Armas de Su Majestad.

BUCARELLI

A mediados del siglo XVII, procedente de la villa de Escasena del Campo, en España, se estableció esta familia en La Habana.

Antonio Bucarelli casó con doña Lucía Hernández y fueron padres de:

Sebastián Bucarelli y Hernández, natural de Escasena del Campo, tiene su defunción en la Catedral de La Habana el 4 de julio de 1665.

Casó en la Catedral de La Habana el 4 de abril de 1653 con doña Feliciana de Padilla y López, natural de La Habana, hija de Pedro y de Juana de Jesús. Tuvieron por hijos a: Justa y Antonio Bucarelli y Padilla. Los cuales:

1. — Doña Justa Bucarelli y Padilla casó en la Catedral de La Habana, el 11 de enero de 1661 con el Alférez Jerónimo de Espellosa y Tamayo, natural de La Habana, hijo del Alférez Mayor Jerónimo de Espellosa y Ballasbriga, natural de Barbastro, en Aragón, y de doña Ángela María Maldonado Bohorques Tamayo, natural de Bayamo.

2. — Capitán Antonio Bucarelli y Padilla, natural de La Habana, testó el 5 de septiembre de 1732 ante Bartolomé Núñez y tiene su defunción en la Catedral de La Habana, el 11 de septiembre de 1732. Casó con doña Isabel Salgado y Ramírez. Tuvieron por hijos a: Teresa, Ana Melchora, José, y Antonio Bucarelli y Salgado. Los cuales:

A. — Doña Teresa Bucarelli y Salgado testó ante Francisco Quiñones, y tiene su defunción en La Catedral de La Habana, el 9 de marzo de 1759.

B. — Doña Ana Melchora Bucarelli y Salgado, natural de La Habana, tiene su defunción en Güines el 3 de noviembre de 1762. Casó con don Miguel de Ayala y Fernández de Velasco, natural de La Habana, hijo de don Miguel Ayala y Díaz-Mexía, y de doña María de los Ángeles Fernández de Velasco y Faxardo.

C. — José Bucarelli y Salgado fue presbítero.

D. — Fray Antonio Bucarelli y Salgado fue fraile de la Orden de San Juan de Dios.

BURÓN

A mediados del siglo XVII, procedentes de Cartagena de Indias, se estableció esta familia en La Habana.

Don Antonio Burón, casó con doña María de la Cerda, y tuvieron por hijo: al

Capitán Antonio Burón y de la Cerda, natural de Cartagena de Indias, fue Alcalde de la Santa Hermandad en 1685, y casó en la Catedral de La Habana el 10 de diciembre de 1657, con doña Antonia Francisca de la Rocha y García, hija de Melchor Francisco y de Isabel. Tuvieron por hijos: a Nicolasa y a Antonio Burón y de la Rocha. Los cuales:

1. — Doña Nicolasa Burón y de la Rocha, casó en La Habana, parroquia del Espíritu Santo, el 17 de septiembre de 1703, con don José Duarte y Osorio de Pedroso, hijo del Alférez Manuel Duarte y Acosta, Sargento Mayor de esta plaza, y de doña Inés Osorio de Pedroso y Sotolongo.

2. — Don Antonio Burón y de la Rocha fue Alcalde de la Santa Hermandad en 1735, 1736, 1744 y 1745, y bautizado en la Catedral de La Habana el 12 de septiembre de 1661, donde casó el 12 de octubre de 1687, con doña María Rodríguez-Morejón y Martínez de la Munera, hija de don Juan Rodríguez-Morejón y Ramírez, y de doña Juana María Martínez de la Munera y Vargas. Tuvieron por hijos: a Gertrudis; a Isabel; a Juana; a Josefa; a Ana; a María; y a Pedro Burón y Rodríguez-Morejón. Los cuales:

1. — Doña Gertrudis Burón y Rodríguez-Morejón, casó en La Habana, parroquia del Espíritu Santo, el 16 de julio de 1722, con don Antonio de Roxas-Sotolongo y Garaondo, hijo de don Sebastián de Roxas-Sotolongo y Roxas-Sotolongo, y de doña Juana Díaz de Garaondo y Vergara.

2. — Doña Isabel Burón y Rodríguez-Morejón casó en La Habana, parroquia del Espíritu Santo, el 13 de agosto de 1713, con don José Joaquín Noriega y Morroquín, hijo del Teniente Diego Noriega y Ramírez, y de doña Gertrudis Marroquín y Loza.

3. — Doña Juana Burón y Rodríguez Morejón, casó en La Habana, parroquia del Espíritu Santo, el 14 de julio de 1732, con don Melchor de Salazar y Alegre, hijo de Diego de Salazar y Ximénez, y de doña Lucía Alegre y García Osorio.

4. — Doña Josefa Burón y Rodríguez Morejón, casó en La Habana, parroquia del Espíritu Santo, el 7 de julio de 1716, con don Luis de Valdespino y Castellón, hijo de don Juan de Valdespino y Guilizasti, y de doña Bernarda Castellón y Lara.

5. — Doña Ana Burón y Rodríguez Morejón, bautizada en La Habana, parroquia del Espíritu Santo, el 2 de septiembre de 1710, testó el 24 de octubre de 1761 ante Manuel Ramírez, y su defunción se encuentra en la Catedral de esta ciudad a 28 de octubre de dicho año. Casó en La Habana, parroquia del Espíritu Santo, el 15 de julio de 1732, con don Santiago Antonio de Mendoza y Ramos, hijo de Diego y de María.

6. — Doña María Burón y Rodríguez Morejón, tiene su defunción en La Habana, parroquia de Guadalupe, a 12 de noviembre de 1746 donde casó el 30 de octubre de 1740, con don José Cordero y Chirinos hijo del Capitán Juan González Cordero y Esquivel, y de doña Francisca Chirinos y Calvo de la Puerta.

7. — Don Pedro Burón y Rodríguez Morejón, casó en La Habana, parroquia del Espíritu Santo, el 29 de julio de 1725, con doña Leonarda

Josefa de Roxas-Sotolongo y Díaz de Garaondo, hija de don Sebastián de Roxas-Sotolongo y Roxas-Sotolongo, y de doña Juana Díaz de Garaondo y Vergara.

A esta familia también perteneció don Manuel Burón, Comisario del Santo Oficio de la Inquisición, que testó el 6 de marzo de 1736 ante Dionisio Pancorbo, y su defunción se encuentra en la Catedral de La Habana, a 12 de marzo de dicho año.

CABRERA

En la primera mitad del siglo XVIII, procedente de la isla de Lanzarote en Canarias, se estableció en la villa de Santiago de las Vegas, en la isla de Cuba, otra familia de este apellido, a la cual perteneció:

Don Bartolomé Francisco Cabrera, que casó con doña Margarita Pérez, y tuvieron por hijo: al

Alférez Lucas Francisco Cabrera y Pérez, natural de la isla de Lanzarote, que testó ante testigos en la villa de Santiago de las Vegas el 12 de julio de 1735, y su defunción se encuentra en la parroquia de la referida villa, a 28 de julio de dicho año. Casó dos veces: la primera, con doña María Rosa de Armas; y la segunda, con doña María Cabrera y Suárez, natural del lugar del Taho, en Lanzarote, hija de don Luis Betancourt Cabrera, y de doña Ana Suárez.

Don Lucas Francisco Cabrera y Pérez, y su primera mujer doña María Rosa de Armas, tuvieron por hijas: a Josefa, y a Catalina Cabrera y Armas.

Don Lucas Francisco Cabrera y Pérez, y su segunda mujer doña María Cabrera y Suárez, tuvieron por hijos: a Luisa; a José Basilio; a Bartolomé; a Luis Cayetano, y a Manuel Patricio Cabrera y Cabrera. De los cuales:

1. — Don José Basilio Cabrera y Cabrera, natural de Santiago de Las Vegas, casó en la parroquia del Calvario el 14 de agosto de 1760, con doña Luisa Antonia Castro y Álvarez, natural del lugar de Güimar, en la isla de Tenerife.

2. — Don Bartolomé Cabrera y Cabrera, natural de Lanzarote, casó en la parroquia de la villa de Santiago de Las Vegas el 16 de junio de 1749, con doña María del Rosario Chávez y Oropesa, hija de Agustín y de Jacinta. Tuvieron por hijas: a Francisca, y a Agustina Cabrera y Chávez. Las cuales:

A. — Doña Francisca Cabrera y Chávez, fue bautizada en la parroquia de Santiago de Las Vegas el 9 de abril de 1750.

B. — Doña Agustina Cabrera y Chávez, fue bautizada en la parroquia de Santiago de Las Vegas el 2 de septiembre de 1752.

3. — Don Luis Cayetano Cabrera y Cabrera, natural de Santiago de Las Vegas, casó en la parroquia de la referida villa el 12 de agosto de 1750, con doña Rosalía Rodríguez y Betancourt, hija de Pablo y de María. Tuvieron por hija a:

Doña María Josefa Cabrera y Rodríguez, que fue bautizada en la parroquia de la villa de Santiago de Las Vegas el 24 de marzo de 1754.

4. — Don Manuel Patricio Cabrera y Cabrera, natural de la isla de Lanzarote, testó ante Mateo Leal y su defunción se encuentra en la parroquia de San Antonio de los Baños a 10 de diciembre de 1805, casó en la parroquia de la villa de Santiago de Las Vegas el 14 de febrero de 1752, con doña Francisca Rodríguez y Figueroa, natural de dicha villa, hija de don Bartolomé de los Santos Rodríguez y Ramos, y de doña Rita María Figueroa y Fleitas. Tuvieron por hijos: a Josefa; a Inés; a María Dolores; a María del Carmen; a Mercedes; a Juana María; a Manuela; a Pedro José; y a Bernardo Mariano Cabrera y Rodríguez. De los cuales:

1. — Doña María Cabrera y Rodríguez, casó con don José Ruiz.

2. — Doña Juana María Cabrera y Rodríguez, fue bautizada en la parroquia de la villa de Santiago de Las Vegas el 16 de noviembre de 1752.

3. — Doña Manuela Cabrera y Rodríguez, fue bautizada en la parroquia de la villa de Santiago de Las Vegas el 4 de enero de 1754.

4. — Don Bernardo Mariano Cabrera y Rodríguez, bautizado en la parroquia de la villa de Santiago de Las Vegas el 23 de agosto de 1755, casó dos veces: la primera, en la parroquia de la ciudad de San Felipe y Santiago de Bejucal el 4 de mayo de 1782, con doña María Josefa Pérez de Abreu y Domínguez, hija de don José Pérez Abreu y López, Alférez Mayor, Procurador general, Alcalde ordinario y de la Santa Hermandad, y de doña Eugenia Domínguez y Álvarez. Casó por segunda vez, con doña María del Rosario Álvarez.

Don Bernardo Mariano Cabrera y Rodríguez, y su segunda mujer doña María del Rosario Álvarez, tuvieron por hijos: a María Valentina; a Antonia, y a Mariano Cabrera y Álvarez.

Don Bernardo Mariano Cabrera y Rodríguez, y su primera mujer doña María Josefa Pérez Abreu y Domínguez, tuvieron por hijo: a

Don Juan Cabrera y Pérez Abreu que casó en la parroquia de Santiago de Las Vegas (libro 4, folio 42), con doña Juana Inés Fernández Trevejo y de la Torre, hija de don Miguel Fernández Trevejo y Soria, administrador de Rentas Reales de la referida villa, y de doña Manuela

Margarita de la Torre y Morejón. Tuvieron por hijos: a Juana Inés, a Luis; a Agustín; a Joaquín, y a Juan Cabrera y Fernández Trevejo. De los cuales:

1. — Don Luis Cabrera y Fernández Trevejo, casó con doña María Calonge.

2. — Don Agustín Cabrera y Fernández Trevejo, casó con doña Mercedes Domínguez y Zamora.

3. — Don Joaquín Cabrera y Fernández Trevejo, casó dos veces: la primera, en La Habana, parroquia de Guadalupe, el 6 de abril de 1836, con doña María Dolores Silva y Soto, hija de Manuel y de Ana. Casó por segunda vez, con doña Eulogia Flores, teniendo con esta última, a Ana; a Flavio, y a Felipe Santiago Cabrera y Flores. Los cuales:

A. — Doña Ana Cabrera y Flores, casó con don Joaquín Cornell.

B. — Don Flavio Cabrera y Flores, casó con doña Nieves Latiegne, y tuvieron por hijos: a Elena, y a Ángel Cabrera y Latiegne.

C. — Don Felipe Santiago Cabrera y Flores, casó con doña Josefa Becerra, y tuvieron por hijos: a Estela; a Teresa, y a Tomás Cabrera y Becerra. Los cuales:

a. — Doña Estela Cabrera y Becerra, casó con don Fructuoso Suárez.

b. — Doña Teresa Cabrera y Becerra, casó con don Pablo Rodríguez.

c. — Don Tomás Cabrera y Becerra, casó con doña Esperanza del Castillo y Marcaida, y tuvieron por hijos: a Tomás, y a René Cabrera y del Castillo.

4. — Don Juan Cabrera y Fernández Trevejo, casó con doña Francisca de Paula Bosch y Castellanos, natural de la villa de Güines, hija de Francisco de Paula y de Manuela. Tuvieron por hijos: a Blanca; a Natalia; a América; a Juan Francisco; a Adolfo, y a Raimundo Cabrera y Bosch. De los cuales:

1. — Doña Natalia Cabrera y Bosch, casó con don Manuel Fernández Mojardín y del Álamo.

2. — Doña América Cabrera y Bosch, casó con don Eusebio Marquiarán.

3. — Don Adolfo Cabrera y Bosch, casó con doña Emilia Illarramendi y Suárez, y tuvieron por hijos: a América; a Vicenta Natalia; a Vicente; a Servio Tulio, y a Adolfo Cabrera e Illarramendi. Los cuales:

A. — Doña América Cabrera e Illarramendi, casó con don José Brown.

B. — Doña Vicenta Natalia Cabrera e Illarramendi, casó con don Alfredo de Castroverde y García.

C. — Don Vicente Cabrera e Illarramendi, casó con doña Petronila Calderón y del Castillo, y tuvieron por hijos: a Nilia; a Juvenal; a Juan Francisco, y a Servio Cabrera y Calderón.

D. — Don Servio Tulio Cabrera e Illarramendi, casó con doña Rosa Noda, y tuvieron por hijos: a Ofelia; a Raquel; a Olga, a Emilio, y a Óscar Cabrera y Noda.

E. — Don Adolfo Cabrera e Illarramendi, casó con doña Gracia Wilham, y tuvieron por hijo a:

Don Leonel Cabrera y Wilham, que es el Representante en La Habana de los vapores de la Cunard White Star Limited. Casó dos veces: la primera, con Dorothea J. Buhr; y la segunda, con doña ....

4. — Doctor Raimundo Cabrera y Bosch, fue Abogado. Casó con doña Elisa Bilbao Marcaida y Casanova, natural de la villa de Güines, hija de don Manuel Bilbao Marcaida, natural de Mauri en Vizcaya, y de doña Petrona Rodríguez Casanova y Sardiña, natural de Madruga. Tuvieron por hijos: a Lydia; a Esther; a Graciella; a Emma; a Zeida; a Juvenal; a Raulín, y a Ramiro Cabrera y Marcaida. De los cuales:

1. — Doña Esther Cabrera y Marcaida, casó con el Doctor Fernando Ortiz y Fernández, Abogado.

2. — Doña Graciella Cabrera y Marcaida, casó con el Doctor Julio Ortiz Cano, Médico, Director del Hospital de Maternidad.

3. — Doña Emma Cabrera y Marcaida, casó con el Doctor Manuel Jiménez Lanier, Abogado, Secretario de Hacienda de la República de Cuba.

4. — Doña Zeida Cabrera y Marcaida, casó con don Manuel de la Torre y Sánchez, hijo de don Manuel de la Torre y O'Bourke, y de doña María Sánchez y Sarría.

5. — Doctor Raulín Cabrera y Marcaida, es abogado y Notario Público de La Habana.

6. — Doctor Ramiro Cabrera y Marcaida, es Abogado. Casó el 26 de abril de 1907, con doña Juana de Dios Du'Quesne y Montalvo, hija de don Francisco Du'Quesne y Arango, VI Marqués de Du'Quesne, Coronel de Milicias de la plaza de La Habana, Diputado a Cortes, Gentilhombre de Cámara de Su Majestad con ejercicio, Miembro de la Sociedad Económica de Amigos del País, Vicepresidente de la Junta Central y Círculo Reformista, Vocal perpetuo de la Real Casa de Beneficencia y Maternidad de La Habana, Orden hereditaria del Águila de Cincinnatti de la Independencia de Norteamérica, Gran Cruz de la

Orden de Isabel la Católica; Comendador de la de Carlos III, y de doña María Concepción Montalvo y Montalvo. Tuvieron por hijos: a Mercedes; a Juvenal, y a Ramiro Cabrera y Du'Quesne.

7. — Doña Lydia Cabrera y B. Marcaida, es escritora.

CACHURRO

Procedente de la ciudad de Palencia, en Castilla la Vieja, se estableció esta familia en La Habana a fines del siglo XVIII.

Don José Cachurro de Cea y doña Ángela González fueron los padres de:

Don Antonio Cachurro y González, natural de la ciudad de Palencia, en Castilla la Vieja, fue Oficial 1.º de Contaduría de la Real Factoría de Tabaco en la isla de Cuba. Casó en la Catedral de La Habana el 22 de agosto de 1780, con doña María de la Luz Fernández del Campo y Rodríguez del Junco, hija legítima del Escribano de Guerra don José Fernández del Campo y Solares Sotolongo, y de doña Apolonia Rodríguez del Junco y Pérez-Borroto. La defunción de don Antonio Cachurro y González, se encuentra en la Iglesia del Santo Cristo del Buen Viaje, habiendo sido sepultado en el Cementerio General de Espada el 28 de enero de 1812, después de haber otorgado testamento el 11 de abril de 1811 ante don Juan Francisco García. La defunción de doña María de la Luz Fernández del Campo y Rodríguez del Junco se encuentra en la Iglesia del Espíritu Santo, habiendo sido sepultada en el Cementerio General de Espada el 14 de noviembre de 1833, después de haber otorgado testamento ante don Pedro Vidal Rodríguez el 6 de noviembre de 1833.

Don Antonio Cachurro y González y su mujer María de la Luz Fernández del Campo y Rodríguez del Junco tuvieron por hijos a: María de los Dolores Josefa; a María de Jesús de los Dolores Arcadia; a Josefa Gabriela; a María de los Dolores Justa; a Antonio José Benigno; a María de los Dolores Arcadia; a María Gertudis Dorotea Josefa; a Antonio María Dionisio; a Leandro José Francisco; a María Luisa; a Juana María de la Concepción; a María de Belén; a Manuela; a José María, y a María de la Natividad Cachurro y Fernández del Campo. De los cuales:

1. — María de los Dolores Josefa Cachurro y Fernández del Campo fue bautizada en la Iglesia del Santo Ángel Custodio el 2 de febrero de 1782. Muerta en la infancia.

2. — María de Jesús de los Dolores Arcadia Cachurro y Fernández del Campo fue bautizada en la Iglesia del Santo Ángel Custodio el 20 de

enero de 1783. Casó en la iglesia del Santo Cristo del Buen Viaje, el 1 de abril de 1806 con don Fernando Antonio de Sierra, natural de Bosque Antiguo, Santander, hijo legítimo de don Francisco Sierra y doña Francisca Pérez.

3. — Josefa Gabriela Cachurro y Fernández del Campo fue bautizada en la Iglesia del Santo Ángel Custodio el 27 de abril de 1784 y casó en la iglesia del Santo Cristo del Buen Viaje, el 5 de julio de 1806, con don Manuel Gassié y González, natural de La Habana, hijo legítimo de don Lorenzo Gassié y de doña María Josefa González.

4. — María de los Dolores Justa Cachurro y Fernández del Campo fue bautizada en la Iglesia del Santo Ángel Custodio el 28 de junio de 1785. Muerta en la infancia.

5. — Antonio José Benigno Cachurro y Fernández del Campo fue bautizado en la iglesia del Santo Cristo del Buen Viaje el 21 de enero de 1787. Muerto en la infancia.

5. — María de los Dolores Arcadia Cachurro y Fernández del Campo fue bautizada en la iglesia del Santo Cristo del Buen Viaje, el 19 de enero de 1788, casó en la misma iglesia el 14 de febrero de 1809, con don Manuel Pastrana y García-Calzadilla, hijo legítimo de don Juan José Ramón Pastrana y de Orta, y de doña Úrsula García-Calzadilla y Herrera.

6. — María Gertrudis Dorotea Josefa Cachurro y Fernández del Campo fue bautizada en la iglesia del Santo Cristo del Buen Viaje, el 15 de febrero de 1789 y casó en la misma iglesia el 27 de junio de 1824 con don Toribio Segura y Muñoz, natural de Valencia, hijo legítimo de don Vicente Segura y de doña María Antonia Muñoz.

7. — Antonio María Dionisio Cachurro y Fernández del Campo fue bautizado en la iglesia de Nuestra Señora de Guadalupe el 20 de abril de 1791 y casó en la iglesia de Nuestra Señora de Monserrate, el día 16 de marzo de 1851 con doña Juana Bautista del Rosario de Rojas y Orta, hija legítima de don José Ramón de Rojas y de doña Juana de Orta.

8. — Leandro José Francisco Cachurro y Fernández del Campo fue bautizado en la iglesia del Santo Cristo del Buen Viaje, el 29 de marzo de 1793, el cual se ausentó a ultramar y no se tuvieron más noticias de su paradero.

9. — María Luisa Cachurro y Fernández del Campo fue bautizada en la iglesia del Santo Cristo del Buen Viaje, el 3 de septiembre de 1794, casó en la misma iglesia el 29 de mayo de 1822, con el Licenciado Matías de Meza y Fernández de Velasco, hijo legítimo de don Juan de Meza y de doña María de Regla Fernández de Velasco.

10. — Juana María de la Concepción Cachurro y Fernández del Campo fue bautizada en la iglesia del Santo Cristo del Buen Viaje el

7 de abril de 1796 y casó en la misma iglesia el 24 de febrero de 1828, con don Antonio de la Herrán y de la Torre Sierra, natural de Santander, hijo legítimo de don Francisco de la Herrán y doña Luisa de la Torre Sierra.

11. — María de Belén Cachurro y Fernández del Campo fue bautizada en la iglesia del Santo Cristo del Buen Viaje a 23 de noviembre de 1797. Muerta en la infancia.

12. — Manuela Cachurro y Fernández del Campo fue bautizada en la iglesia del Santo Cristo del Buen Viaje el 31 de diciembre de 1799. Muerta en la infancia.

13. — José María Cachurro y Fernández del Campo fue bautizado en la iglesia del Santo Cristo del Buen Viaje el 7 de diciembre de 1800, casó en la iglesia de Nuestra Señora de Monserrate el 15 de febrero de 1849 con doña Rosalía Martina Belaume y Salmonte, natural de Guanajay, hija legítima de don Domingo José Belaume y de doña María Monserrate Salmonte.

14. — María de la Natividad Cachurro y Fernández del Campo fue bautizada en la iglesia del Santo Cristo del Buen Viaje, el 18 de septiembre de 1802 y casó en la iglesia auxiliar de San Luis de Madruga el 29 de julio de 1830, con don Pedro de Rojas y Orta, natural de La Habana, hijo legítimo de don José Ramón de Rojas y de doña Juana de Orta.

CANTÓN

Procedente de Andalucía se estableció esta familia en La Habana a principios del siglo XVIII. Don Francisco Cantón, natural de Andalucía, pasó a La Habana y casó con doña María de la Vega, natural de La Habana, y tuvieron por hijos a: Esteban y Félix Cantón y de la Vega. Los cuales:

1. — Esteban Cantón y de la Vega fue bautizado en La Habana, parroquia del Espíritu Santo, el 5 de septiembre de 1739.

2. — Capitán Félix Cantón y de la Vega, tiene su defunción en Managua a 13 de agosto de 1789, donde casó el 29 de diciembre de 1761, con doña María del Carmen Salgado y Blanco, hija de Juan Salgado y Vizcaíno, y de María de la Concepción Blanco, naturales de Guanabacoa. Tuvieron por hijos a: María Josefa, María Francisca, María de Regla, Rita, Micaela, Juana, María Toribia, Ramón y Juan José Cantón y Salgado. De los cuales:

1. — María Josefa Cantón y Salgado tiene su defunción en Managua a 23 de febrero de 1816, donde casó dos veces: la primera, el 6 de di-

ciembre de 1789 con don Felipe Quiñones y Lorenzo, natural de Managua, hijo de Santiago y de Petrona. Casó por segunda vez, el 21 de octubre de 1796, con don Luis José Ibarra y Hernández, hijo de José Urbano y de Rosalía.

2. — María Francisca del Carmen Cantón y Salgado tiene su defunción en Managua a 25 de junio de 1793, donde casó el 20 de marzo de 1786, con don Esteban Ibáñez y Satre, natural de La Habana.

3. — María de Regla Cantón y Salgado fue natural de Managua. Casó en Managua el 16 de febrero de 1791 con don Agustín Ibáñez y Satre, natural de La Habana.

4. — Juana Cantón y Salgado fue natural de Managua. Casó en Managua dos veces: la primera, el 21 de febrero de 1797, con don José Mariano Salgado y Arcia, hijo de don Joaquín Salgado y Blanco, y de doña Isabel Arcia y Sierra. Casó por segunda vez el 1 de diciembre de 1801, con don Manuel González y Sánchez, hijo de Rafael y de Ana.

5. — Juan José Cantón y Salgado fue natural de Managua. Casó en Managua el 10 de octubre de 1787, con doña María Concepción Salgado y Arcia, hija de don Joaquín Salgado y Blanco, y de doña Isabel Arcia y Sierra. Tuvieron por hijos a: Juan Francisco, Melchora, María Tomasa, María Concepción y Félix Cantón y Salgado. Los cuales:

A. — Juan Francisco Cantón y Salgado, bautizado en Managua el 7 de diciembre de 1798, casó en Guara, en 1823, con doña María Manuela Oliva y Curbelo, natural de Güines, hija de Marcos Oliva y Parreño, natural de Managua y de doña Rosalía Curbelo y Rodríguez, natural de Güines.

B. — Melchora Cantón y Salgado casó en Managua el 31 de enero de 1814 con don Pedro José Ibáñez y Cantón, hijo de Esteban Ibáñez y Satre, y de María Francisca del Carmen Cantón y Salgado.

C. — María Tomasa Cantón y Salgado casó en Managua el 12 de julio de 1804, con don José Mariano Oliva y Hernández, hijo de José y de Gertrudis.

D. — María Concepción Cantón y Salgado casó en Managua el 27 de julio de 1804, con don Juan Bautista Oliva y Quiñones, hijo de Juan y de María Concepción.

E. — Félix Cantón y Salgado fue natural de Managua. Casó en la parroquia de Güines, provincia de La Habana, el 19 de agosto de 1816, con doña Josefa Sardiña y Navarro, natural de la villa de Guanabacoa, hija de Félix y de Tomasa.

Procedente de la villa de Guinicio, en Castilla la Vieja, se estableció esta familia en La Habana, a principios del siglo XIX.

Don Félix Cantón y doña Casimira Lazcano, fueron padres de:

Plácido Cantón y Lazcano, natural de Guinicio, Castilla la Vieja, el cual casó con doña Rita Vicente y Domisio, natural de Matanzas, hija de Nicolás Vicente y Vázquez, y de doña Matilde Domisio y Welch. Tuvieron por hijos a: María del Carmen, Félix, y Plácido Cantón y Vicente. Los cuales:

1. — María del Carmen Cantón y Vicente casó con Melitón de Lamar y Truc, natural de Matanzas, hijo de Pedro Pablo Lamar y Torres, y de doña Emilia Truc y Tardiff.

2. — Félix Cantón y Vicente fue bautizado en la Catedral de Matanzas el 20 de agosto de 1840, y casó en la ciudad de La Habana, parroquia del Espíritu Santo, con doña Sofía Vicente y Domisio, natural de Matanzas, hija de Nicolás Vicente y Vázquez, y de doña Matilde Domisio y Welch.

3. — Plácido Cantón y Vicente casó con doña María de los Ángeles de la Calle y Fernández. Tuvieron por hijos a: María, María Manuela, María de los Ángeles, América, Ana Celia, y Plácido Cantón y de la Calle. Los cuales:

1. — María Cantón y de la Calle casó con don Ernesto Molina.

2. — María Manuela Cantón y de la Calle casó dos veces: la primera, el 26 de noviembre de 1887, en Matanzas, con don Joaquín Rionda y Polledo, natural de Noreña, Asturias, hijo de Bernardo Rionda y Álvarez, y de Josefa Polledo y Mata. Casó por segunda vez el 31 de marzo de 1896, en Matanzas, con el Lcdo. Rafael Nieto y Abeillé, natural de La Habana, Abogado, Presidente de la Audiencia de La Habana y Magistrado, hijo de don Juan Nieto y Múgica, y de doña Lucía Abeillé y Aríñez.

3. — María de los Ángeles Cantón y de la Calle casó con don Otto Meyer y Ulmo.

4. — América Cantón y de la Calle casó con don Ángel del Cerro y García.

5. — Ana Celia Cantón y de la Calle, casó con el Lcdo. don Ramón Pagés y Solís, Abogado, Presidente de Sala en la Audiencia de La Habana.

6. — Plácido Cantón y de la Calle falleció en Marianao en 1950. Casó con doña María Luisa Galainena y Quesada, hija de don Luis Galainena y Rivero, y de doña María Luisa Quesada y Tovar.

CASCALES

En la segunda mitad del siglo XVIII, procedente de la villa de Fortuna, en Murcia, se estableció esta familia en La Habana.

Don Pedro Cascales, natural de la villa de Fortuna, fue Regidor del Ayuntamiento de dicha villa. Casó con doña Teresa Bernal, y tuvieron por hijo: a

Don Benito Cascales y Bernal, natural de Fortuna, que fue Alcalde ordinario de la referida villa. Casó con doña Feliciana Gómez y Bayona, hija de Manuel y de Mariana. Tuvieron por hijo: al

Doctor Andrés Cascales y Gómez, natural de Fortuna, que fue Médico. Casó con doña Antonia Sánchez y Yerna, natural de Horihuela, hija de José y de Rosa. Tuvieron por hijos a: Manuel, Elías, y a Juan Francisco Cascales y Sánchez. Los cuales:

1. — Don Manuel Cascales y Sánchez, natural de Fortuna, fue Alcalde ordinario de dicha villa.

2. — Licenciado Elías Cascales y Sánchez, fue natural de la villa de Fortuna.

3. — Don Juan Francisco Cascales y Sánchez, fue bautizado en la villa de Fortuna, parroquia Purísima Concepción, el 28 de enero de 1740. Su padre lo hizo sentar plaza de soldado en el Regimiento de Lombardía, para evitar que se casara con persona de condición inferior haciendo también a su nombre información de nobleza en la villa de Fortuna el 1 de junio de 1770. Testó en La Habana el 4 de mayo de 1797 ante Felipe Álvarez. Casó con doña María Isabel Busquet y Comas, hija de don Miguel Busquet y Carrera y de doña Isabel Comas y Montener. Tuvieron por hijos: a María Antonia; a Isabel María; a Andrés, y a Juan Francisco Cascales y Busquet. Los cuales:

1. — Doña María Antonia Cascales y Busquet, fue bautizada en la ciudad de Palma de Mallorca, parroquia San Nicolás, el 24 de septiembre de 1768.

2. — Doña Isabel María Cascales y Busquet, bautizada en la Catedral de La Habana el 1 de octubre de 1772, casó en esta ciudad, parroquia del Espíritu Santo, el 12 de marzo de 1801, con don Lucas Álvarez y Jiménez de Mendoza, natural de Galicia, Coronel de los Reales Ejércitos, hijo de don Ignacio Álvarez Coiñas de las Riberas y Sánchez de Taybo, Guarda-almacén de la plaza de Vigo, y de doña Josefa Jiménez de Mendoza.

3. — Don Andrés Cascales y Busquet, bautizado en La Habana, parroquia del Santo Cristo, el 8 de junio de 1777, fue Bachiller, Diácono.

4. — Juan Francisco Cascales y Busquet, bautizado en la Catedral de La Habana el 6 de febrero de 1779, fue alcalde de La Habana en 1836, Regidor en 10 de septiembre de 1830, hizo información de nobleza, la cual fue proveída el 16 de diciembre de 1800, por Sebastián Peñalver, Alcalde ordinario de La Habana, y por ante José Lorenzo Rodríguez, Escribano Público.

CORONADO

En la primera mitad del siglo XVII aparece radicada esta familia en San Juan de Puerto Rico, apareciendo poco después en las islas de Santo Domingo y de Cuba.

Don Luis de Coronado y su mujer doña Leonor Bustamante, tuvieron por hijo: a

Don Luis de Coronado y Bustamante, que fue Alcalde ordinario de San Juan de Puerto Rico en 1645. Pasó a La Habana a donde llegó el 15 de junio de 1663 para ocupar el cargo de Teniente de Gobernador en 1664. Fue sepultado en esta ciudad el 24 de noviembre de 1668. Casó con doña María de los Ríos, y tuvieron por hijos: a

Ana; a Leonor; a Jerónima; a Luis, y a Nicolás de Coronado y de los Ríos. De los cuales:

1. — Don Luis de Coronado y de los Ríos, fue Presbítero.

2. — Capitán Nicolás de Coronado y de los Ríos, falleció el 23 de enero de 1687. Casó con doña Isabel Cazo y Carrillo, y tuvieron por hijas: a Leonor, y a Jerónima de Coronado y Cazo. Las cuales:

1. — Doña Leonor de Coronado y Cazo, bautizada el 2 de octubre de 1666, casó con don Antonio Guridi, de origen vasco, Jefe de una de las Compañías de Infantería de la plaza de La Habana, establecido poco después en la isla de Santo Domingo.

2. — Doña Jerónima de Coronado y Cazo, bautizada el 25 de abril de 1665, casó el 16 de abril de 1682, con don Gonzalo de Castro Costilla y Rivera, Sargento Mayor y Regidor del Ayuntamiento de Santo Domingo, hijo de don Gaspar de Castro y Rivera-Aguilera, Regidor perpétuo del referido Ayuntamiento, y de doña Baltasara Costilla y Ledesma.

A principios del siglo XIX procedente de la ciudad de Cumaná, se estableció en la isla de Cuba otra familia Coronado a la cual perteneció:

Don Agustín Antonio García de Coronado, que casó con doña María Teresa Núñez, y tuvieron por hijo: al

Doctor Manuel García de Coronado y Núñez, natural de la ciudad de Cumaná, que fue Abogado, Auditor de Guerra del Real Cuerpo de Artillería e Ingeniero Decano de la Facultad de Cánones y Tesorero de la Universidad de La Habana. Casó en la Catedral de la villa de Puerto Príncipe el 27 de diciembre de 1817, con doña María de los Ángeles Piloña e Icaza, natural de Guatemala, hija de don Diego Francisco Piloña y Ayala, del Consejo de Su Majestad, Juez Noble de Infiesta, Fiscal de la Real Audiencia de Nicaragua, y Oidor de la de Puerto Príncipe en la isla de Cuba, y de doña María Juana de Icaza y Quirós. Tuvieron por hijo: al

Licenciado Agustín de Coronado y Piloña, que fue Abogado. Casó con doña María Josefa Álvaro y Valdés-Donoso, hija del Coronel Domingo Álvaro y Serrano, natural de Valencia, y de doña Mercedes Valdés-Donoso y Pérez. Tuvieron por hijos: a María Caridad; a Francisco de Paula; a José Agustín, y a Manuel María Coronado y Álvaro. Los cuales:

1.— Doña María Caridad Coronado y Álvaro, casó con don Genaro González, natural de Asturias.

2.— Doctor Francisco de Paula Coronado y Álvaro, es Abogado y Director de la Biblioteca Nacional de La Habana. Casó con doña María Luisa Castañer y Baró, hija de don Salvador Castañer y Salicrú, y de doña Josefa Baró y Ximénez.

3.— Doctor José Agustín Coronado y Álvaro, fue Abogado. Casó con doña María Salomé Burgos y Rodríguez Navarrete.

4.— Doctor Manuel María Coronado y Álvaro, fue Abogado, Coronel del Ejército Libertador de Cuba, Auditor del Cuartel General de Máximo Gómez, Director del diario «La Discusión», Senador y Vicepresidente del Senado de esta República.

Casó en Matanzas, juzgado del Norte (tomo 4, folio 36), con doña Amelia Castañer y Baró, hija de don Salvador Castañer y Salicrú, natural de San Pol de Mar, Cataluña, fallecido el 15 de septiembre de 1893, y de doña Josefa Baró y Ximénez, natural de Guamacaro, Cárdenas. Tuvieron por hijas: a Amelia, y a María Josefa Coronado y Castañer. Las cuales:

1.— Doña Amelia Coronado y Castañer, casó dos veces: la primera en el Obispado de La Habana el 26 de diciembre de 1907, con don Orlando Morales y Perdomo, hijo de don Pedro Morales y Santa Cruz, y de doña Gloria Perdomo y Sedano. Casó por segunda vez con Chester M. Stratton, natural de New York.

2.— María Josefa casó con el Doctor Alfonso Marín, dentista.

CORTADELLAS

A principios del siglo XVII aparece radicada esta familia en la parroquia de Santa María de las Olujas, partido judicial de Cervera en la provincia de Lérida, estableciéndose en la isla de Cuba a principios del siglo XIX.

Don Juan Cortadellas, testó el 2 de agosto de 1689, y su defunción se encuentra en la parroquia de Santa María de las Olujas, a 24 de agosto de dicho año, donde casó con doña María Cortadellas. Tuvieron por hijo: a

Don Antonio Juan Cortadellas, bautizado en la parroquia de Santa María de las Olujas, el 12 de enero de 1633, que testó el 9 de marzo de 1701. Su defunción se encuentra en la referida parroquia a 14 de marzo de dicho año, donde casó el 6 de junio de 1657, con doña Jerónima Carulla, hija de Sebastián y de Ángela. Tuvieron por hijos: a Margarita; a Pedro; a Juan, y a Miguel Cortadellas y Carulla. De los cuales:

Don Miguel Cortadellas y Carulla, bautizado en la parroquia de Santa María de las Olujas el 6 de agosto de 1658, testó el 11 de septiembre de 1726. Su defunción se encuentra en la parroquia referida a 20 de enero de 1727, donde casó el 13 de diciembre de 1699, con doña María Serafina Tacies y Torra, natural de la parroquia del Llor, en el Ayuntamiento de Torrefeta, Lérida, hija de Lorenzo y de María Elizabeth. Tuvieron por hijos: a María; a Ramón; a Lorenzo, y a Francisco Cortadellas y Tacies. De los cuales:

1. — Doña María Cortadellas y Tacies, casó con don Ramón Soler.

2. — Don Francisco Cortadellas y Tacies, bautizado en la parroquia de Santa María de las Olujas el 23 de octubre de 1703, testó en la ciudad de Cervera, el 11 de agosto de 1778 ante el Doctor José Armengol y Perelló, Notario Público. Su defunción se encuentra en la parroquia de Santa María de las Olujas a 21 de septiembre de 1781, donde casó el 13 de septiembre de 1739, con doña María Rosa Soler, hija de José y de Francisca. Tuvieron por hijos: a Lorenzo, y a José Cortadellas y Soler. De los cuales:

Don José Cortadellas y Soler, bautizado en la parroquia de Santa María de las Olujas el 18 de febrero de 1746, testó en Cervera el 25 de junio de 1798 ante Ignacio Utges, Notario de dicha ciudad. Su defunción se encuentra en Cervera, parroquia de Santa María, a 29 de junio de dicho año donde casó dos veces: la primera con doña Josefa Ignes y Morras; y la segunda, el 16 de enero de 1780, con doña Raimunda Gual y Castells, hija de don Bartolomé Gual y Lloret, y de doña María Castells y Armengol.

Don José Cortadellas y Soler, y su primera mujer, doña Josefa Ignes y Morrás, tuvieron por hija: a

Doña María Magdalena Cortadellas e Ignes, que nació en la ciudad de Cervera en 1778.

Don José Cortadellas y Soler, y su segunda mujer, doña Raimunda Gual y Castells, tuvieron por hijos: a María Ángela, y a Raimundo Cortadellas y Gual. De los cuales:

Don Raimundo Cortadellas y Gual, bautizado en Cervera, parroquia de Santa María, el primero de enero de 1781, tiene su defunción en dicha parroquia a 9 de diciembre de 1837, donde casó el 5 de mayo de 1801, con doña Magdalena Forgues y Verdier, natural de Hostalets, en Montlleó, Obispado de Vic, hija de Juan y de Victoria. Tuvieron por hijos: a Ramón, y a Antonio Cortadellas y Forgues. Los cuales:

1. — Don Ramón Cortadellas y Forgues, falleció en la ciudad de Cervera en 1872. Casó con doña María Arques.

2. — Don Antonio Cortadellas y Forgues, bautizado en Cervera, parroquia de Santa María, el primero de enero de 1814, tiene su defunción en la Catedral de Matanzas a 9 de junio de 1890, donde casó el primero de febrero de 1838, con doña María de los Dolores Moreno y Gea, natural de dicha ciudad, hija de don Francisco Moreno y Bernal, natural de Arcos de la Frontera, en Cádiz, Comisionado Real para la Instrucción y Comercio del Tabaco en La Habana, y de doña María de las Mercedes Gea y Suárez. Tuvieron por hijos: a María de los Ángeles; a Leonor; a Ramón, y a Francisco Cortadellas y Moreno. Los cuales:

1. — Doña María de los Ángeles Cortadellas y Moreno, natural de Matanzas, falleció en Madrid en el año 1922.

2. — Doña Leonor Cortadellas y Moreno, natural de Matanzas, casó en dicha ciudad ante el Capellán Castrense del Regimiento de Artillería en el año de 1863, con don Antonio de Rojas y Casanova, natural de Mérida, General de Brigada en el Real Cuerpo de Artillería, Grandes Cruces de las órdenes de San Hermenegildo y del Mérito Militar, hijo del Teniente Coronel Pedro y de María de los Dolores.

3. — Licenciado Ramón Cortadellas y Moreno, natural de Matanzas, donde falleció en el año 1909, fue Abogado. Casó con doña María de los Ángeles Hernández y González, hija de don José Hernández y de la Rosa, y de doña María del Rosario Hernández y Chirinos. Tuvieron por hija: a María Cortadellas y Hernández.

4. — Don Francisco Cortadellas y Moreno, bautizado en la Catedral de Matanzas el 3 de octubre de 1845, falleció en La Habana el 19 de diciembre de 1905, donde casó en la parroquia del Espíritu Santo, el 13 de octubre de 1867, con doña María Díaz y González, natural de

Ceiba-Mocha, provincia de Matanzas, hija de don Francisco Díaz y Pérez, Hacendado, y de doña María Antonia Francisca González Ruiz y González-Corbo. Tuvieron por hijas: a María de la Cruz; a María Francisca, y a María de los Dolores Cortadellas y Díaz. Las cuales:

1. — Doña María de la Cruz Cortadellas y Díaz, fue bautizada en Madrid, parroquia de San Ildefonso, el 24 de septiembre de 1869.

2. — Doña María Francisca Cortadellas y Díaz, casó en La Habana, parroquia del Vedado, el 7 de septiembre de 1908, con don Julio de los Reyes-Gavilán y Anillo, hijo de don Ramón de los Reyes-Gavilán y Madan, y de doña Isabel Anillo y Bassave.

3. — Doña María de los Dolores Cortadellas y Díaz, fue bautizada en la Catedral de Matanzas el 19 de julio de 1872, donde casó el 28 de diciembre de 1894, con don Amado Juan Nieto y Abeillé, natural de La Habana, hijo de don Juan Bautista Nieto y Múgica, Coronel de Infantería, Jefe del Batallón de España núm. 5, Fiscal de Causas de la plaza de Cuba, Cruz Blanca del Mérito Militar de primera clase y Especial del Mérito Militar, Caballero de la orden de Isabel la Católica, y de doña Lucía Abeillé y Aríñez.

DÍAZ DE LEÓN

A mediados del siglo XVII, procedente de la isla de Tenerife, se estableció esta familia en La Habana.

Don Gregorio Díaz, casó con doña María Pérez, naturales de la isla de Tenerife, y tuvieron por hijo: al

Capitán Pedro Díaz de León y Pérez, natural de Tenerife, que casó en la Catedral de La Habana el 25 de abril de 1646, con doña Micaela Carvajal y Herrera, hija de don Juan Pérez de Herrera, y de doña Leonor de Carvajal y Marmolejo. Tuvieron por hijos: a Luisa, y a Juan Díaz de León y Herrera. Los cuales:

1. — Doña Luisa Díaz de León y Herrera, tiene su defunción en la Catedral de La Habana a 12 de julio de 1713, donde casó el 27 de octubre de 1686, con don Juan Valero y Guzmán y González de la Torre, hijo del Alférez Matías Valero y Guzmán, y de doña María González de la Torre y Sotolongo.

2. — Licenciado Juan Díaz de León y Herrera, bautizado en la Catedral de La Habana el 10 de diciembre de 1652, fue Abogado de la Real Audiencia de Guadalajara, Catedrático de la Real Universidad de San Carlos en la ciudad de Santiago, en Guatemala. Recibió la beca del Colegio de San Ramón Nonato el 20 de diciembre de 1673, según consta al folio 23 del libro de dicho Colegio, donde se asientan las Cole-

giaturas y para la cual hizo previamente información de nobleza. Fue además Procurador General electo en el Cabildo celebrado por el Ayuntamiento de La Habana el primero de enero de 1680, y reelecto el primero de enero de 1681, y 1703, y Alcalde ordinario de esta ciudad los años 1692 y 1702. Casó en la Catedral de La Habana el 8 de julio de 1673, con doña Escolástica González y Muñiz, hija de Andrés y de Francisca. Tuvieron por hijos: a Luisa; a Pedro; a Juan, y a José Bonifacio Díaz de León y González. De los cuales:

1. — Don Pedro Díaz de León y González, fue Presbítero.

2. — Licenciado Juan Díaz de León y González, fue Regidor del Ayuntamiento de La Habana, en 1707. Casó en esta ciudad, parroquia del Santo Cristo, el 30 de mayo de 1696, con doña María Franco y Carmona, hija de Juan Francisco Franco y Pacheco, Regidor de este Ayuntamiento, y de doña Micaela Carmona de Albornoz y Rodríguez de Valdivieso. Tuvieron por hijo: a

Don Juan Díaz de León y Franco, bautizado en la Catedral de La Habana el 11 de noviembre de 1696, que fue Presbítero. Testó el 31 de octubre de 1764, ante Francisco Xavier Rodríguez, y su defunción se encuentra en la referida Catedral a 3 de abril de 1765.

3. — Don José Bonifacio Díaz de León y González, fue bautizado en la Catedral de La Habana el 23 de mayo de 1682, donde casó el primero de junio de 1705, con doña Juana Jacinta de Arancibia y Valero y Guzmán, hija del Capitán Sebastián de Arancibia Isasi y Balmaseda, Maestro de Campo, Regidor Perpetuo y Alcalde ordinario de esta ciudad, Gobernador y Capitán a Guerra de las plazas de Nicaragua y de Santiago de Cuba, y de doña Juana Jacinta Valero y Guzmán y Veloso. Tuvieron por hijos: a María Xaviera; a Nicolás, y a José Miguel Díaz de León y Arancibia. De los cuales:

1. — Doña María Xaviera Díaz de León y Arancibia, casó en la Catedral de La Habana el primero de marzo de 1724, con don Andrés de Roxas-Sotolongo y Rubio de Villarreal, hijo de don José Gabriel de Roxas-Sotolongo y Garaondo, Depositario general y Regidor de este Ayuntamiento, y de doña Isabel Rubio de Villarreal y Ximénez.

2. — Don José Miguel Díaz de León y Arancibia, bautizado en la Catedral de La Habana el 13 de octubre de 1718, casó dos veces en esta ciudad; la primera, en la Catedral el 3 de diciembre de 1738, con doña Rosa de Figueroa y de la Vega, hija del Capitán Juan Alonso Pozadas y Figueroa, y de doña María Jacinta de la Vega y Pacheco. Casó por segunda vez, el 9 de abril de 1749, en la parroquia de Guadalupe, con doña Antonia de León y Ximénez, hija de Juan y de Felipa.

Don José Miguel Díaz de León y Arancibia, y su segunda mujer doña Antonia de León y Ximénez, tuvieron por hijos: a

Don Tomás Díaz de León y León, que casó en La Habana parroquia de Guadalupe, el 3 de febrero de 1774, con doña Tomasa Cepero y Cepero, hija del Subteniente Francisco Xavier Cepero y Sotolongo, y de doña María Josefa Cepero y Sotolongo. Tuvieron por hija: a

Doña María Concepción Díaz de León y Cepero, que casó en La Habana, parroquia de Guadalupe, el 2 de junio de 1794, con don José Remírez de Estenoz y Sotolongo y de doña María Melchora de Acosta y Manresa.

Don José Miguel Díaz de León y Arancibia, y su primera mujer doña Rosa de Figueroa y de la Vega, tuvieron por hijos: a Luisa; a María Josefa, y a José Ignacio Díaz de León y Figueroa. Los cuales:

1. — Doña Luisa Díaz de León y Figueroa, testó el 24 de mayo de 1815 ante Ignacio Salinas. Casó con don Antonio Rey y Cisneros, natural de Cádiz.

2. — Doña María Josefa Díaz de León y Figueroa, fue bautizada en la Catedral de La Habana el 30 de septiembre de 1739, donde casó el 27 de diciembre de 1767, con don Pablo Rodríguez de Biedma y Martín, natural de Granada, hijo de don Pedro Rodríguez de Biedma y Rubio, y de doña Felipa Martín y Ferrer.

3. — Don José Ignacio Díaz de León y Figueroa, bautizado en La Habana, parroquia del Espíritu Santo, el 7 de agosto de 1741, fue Clérigo.

DÍAZ DE VILLEGAS

En la segunda mitad del siglo XVIII, procedente de Herrera de Ivio, en Santander, se estableció esta familia en La Habana, pasando poco tiempo después a Cienfuegos, en la isla de Cuba.

Don Francisco Díaz de Villegas, natural de Herrera de Ivio, casó con doña María Díaz de Rivero. Tuvieron por hijo a:

Don Francisco Díaz de Villegas y Díaz de Rivero, natural de Herrera de Ivio, casó con doña María Fernández Cavallero y Cavallero, hija de Juan y de María. Tuvieron por hijo a:

Don Francisco Díaz de Villegas y Fernández Cavallero, nacido en Herrera de Ivio en el mes de abril de 1751. Pasó a la isla de Cuba, donde casó el 8 de enero de 1787 con doña Ana Joaquina González de Ara y Rodríguez de Alaraz, bautizada en Trinidad el 1 de septiembre de 1770, hija de don Felipe González de Ara y Ruiz, natural de Guanabacoa, y de doña María Josefa Rodríguez de Alaraz y Pablo-Vélez.

Tuvieron por hijos a: José Gregorio, Francisco, Andrés, Juan Manuel, José Joaquín, y Pablo Díaz de Villegas y González de Ara. De los cuales:

1. — Juan Manuel Díaz de Villegas y González de Ara, bautizado en la iglesia del Santo Cristo del Buen Viaje, en La Habana, el 1 de mayo de 1802, donde casó el 11 de febrero de 1832 con doña Elena González y Valdés-Navarrete, hija del Doctor José Antonio González y Anaya, natural de Santiago de Cuba, y de doña María del Rosario Valdés-Navarrete y Gámez.

2. — Licenciado José Gregorio Díaz de Villegas y González de Ara, del cual se tratará en la «Línea Primera».

3. — Don Pablo Díaz de Villegas y González de Ara casó en Santa Clara el 23 de abril de 1842 con doña Ana Díaz de Villegas y Luján, hija de don Andrés Díaz de Villegas y González de Ara, y de doña Úrsula Luján y González. Tuvieron por hijos a: Pablo, Eduviges, Rafael, y Andrés Díaz de Villegas y Díaz de Villegas. De los cuales:

A. — Don Pablo Díaz de Villegas y Díaz de Villegas, bautizado en Santa Clara el 10 de junio de 1844, fue periodista y Teniente Coronel en la Guerra de los Diez Años. Casó con doña Josefa Ramos y Díaz de Villegas, bautizada en Santa Clara el 31 de julio de 1849, e hija del Licenciado Antonio Ramos y Laines, y de doña Amalia Díaz de Villegas y Luján.

B. — Doña Eduviges Díaz de Villegas y Díaz de Villegas fue casada.

4. — Don Francisco Díaz de Villegas y González de Ara, del que se tratará en la «Línea Segunda».

5. — Don Andrés Díaz de Villegas y González de Ara, del que se tratará en la «Línea Tercera».

«LÍNEA PRIMERA»

Licenciado José Gregorio Díaz de Villegas y González de Ara, anteriormente mencionado como hijo de don Francisco Díaz de Villegas y Fernández Cavallero, y de doña Ana Joaquina González de Ara y Rodríguez de Alaraz. Fue bautizado en La Habana, parroquia del Espíritu Santo, el 21 de marzo de 1795. Fue Asesor Titular de la Real Hacienda, Regidor Alférez Real de Cienfuegos, donde casó el 8 de julio de 1823 con doña Josefa de Santa Cruz y Guerrero, hija de don Agustín de Santa Cruz y Castilla Cabeza de Vaca, perteneciente a la casa de los Condes de San Juan de Jaruco, el cual cedió la península de la Majagua para la fundación de Fernandina de Jagua, hoy Cienfuegos, y de doña Antonia Guerrero y Hernández. Tuvieron por hijos a: José Gregorio, Francisco, Leopoldo, Antonio, Agustín, Josefa, Ignacio y Adelaida Díaz de Villegas y Santa Cruz. De los cuales:

1. — José Gregorio Díaz de Villegas y Santa Cruz fue bautizado en la iglesia de la Purísima Concepción de Cienfuegos el 29 de marzo de 1828. Casó en dicha iglesia el 1 de diciembre de 1859 con doña Micaela Suárez del Villar y Sánchez, hija del Doctor Gabriel José Suárez del Villar y Armenteros, natural de Trinidad, Hacendado, Gran Cruz de la Real Orden Americana de Isabel la Católica, Asesor de la Comandancia General del Departamento del Centro, Juez Delegado de Bienes de Difuntos, Censor Regio, Teniente de Regidor, Alcalde Mayor Provincial de la Santa Hermandad, Procurador a Cortes por Puerto Príncipe, y de doña Rita María Sánchez y Pomares. Tuvieron por hijos a: Gabriel, Micaela, José Gregorio, y Rita Díaz de Villegas y Suárez del Villar. De los cuales:

A. — Don José Gregorio Díaz de Villegas y Suárez del Villar, bautizado en Cienfuegos el 27 de noviembre de 1860, casó el 10 de octubre de 1883 con doña María Caridad Suárez del Villar y Sánchez, hija de don Manuel Suárez del Villar y Sánchez, y de doña Trinidad Sánchez y Santa Cruz. No tuvieron sucesión.

B. — Don Gabriel Díaz de Villegas y Suárez del Villar, bautizado en Cienfuegos el 27 de noviembre de 1860, casó en la parroquia de Cienfuegos el 26 de marzo de 1892 con doña Rita Suárez del Villar y Arias, hija de don Laureano Suárez del Villar y Sánchez, y de doña Dolores Arias e Irarragorri. Tuvieron por hijo a:

Don Gabriel Díaz de Villegas y Suárez del Villar, el cual casó con doña Ángela Pradera. No tuvieron sucesión.

C. — Doña Micaela Díaz de Villegas y Suárez del Villar, bautizada en Cienfuegos el 16 de marzo de 1862. Casó en la parroquia de Cienfuegos el 16 de marzo de 1881 con don Adolfo Suárez del Villar y Sánchez, hijo de don Manuel Suárez del Villar y Sánchez, y de doña Trinidad Sánchez y Santa Cruz.

D. — Doña Rita Díaz de Villegas y Suárez del Villar, bautizada en Cienfuegos el 1 de enero de 1872 y nacida en Cienfuegos el 22 de marzo de 1870, falleció en dicha ciudad el 18 de mayo de 1930. Casó en la parroquia de Cienfuegos el 22 de julio de 1893 con don Adolfo Fernández-Cavada y Suárez del Villar, natural de Cienfuegos, hijo de don Emilio Fernández de Cavada y Howard, Hacendado, Cónsul de México en Filadelfia, Estados Unidos de América, y Vicecónsul de los Estados Unidos de América en Cienfuegos, y de doña Inés Suárez del Villar y del Rey.

2. — Licenciado Francisco Díaz de Villegas y Santa Cruz, fue Abogado y su defunción se encuentra en Cienfuegos a 17 de marzo de 1870. Este señor fue bautizado en la parroquia de Cienfuegos el 6 de junio de 1838. Casó en dicha parroquia el 5 de marzo de 1868 con doña Julia Leblanc y Hernández, natural de Cienfuegos, hija de don Julio Leblanc y Boesoles, natural de Burdeos, en Francia, Regidor y Alguacil Mayor del Ayuntamiento de Cienfuegos, y de doña Andrea Hernández y Castiñeyra. Tuvieron por hijas a: María Josefa, María Julia, y Ana María Díaz de Villegas y Leblanc. De las cuales:

A. — Doña María Josefa Díaz de Villegas y Leblanc casó en Cienfuegos el 22 de noviembre de 1890 con don Joaquín Hernández y Carbó, hijo de Joaquín Hernández y Castiñeyra, y de doña Carlota Carbó y Castiñeyra.

B. — Doña María Julia Díaz de Villegas y Leblanc, casó en la parroquia de Cienfuegos en 1890 con don Benigno Barroso.

C. — Doña Ana María Díaz de Villegas y Leblanc, casó en la parroquia de Cienfuegos en 1904 con don Arturo Vilches y Valladares.

3. — Licenciado Leopoldo Díaz de Villegas y Santa Cruz, fue Médico, casó en la parroquia de Cienfuegos el 11 de marzo de 1865 con doña Jacinta Jova y González-Abreu, hija de don Juan Jova y Mattle, Coronel de Milicias, y de doña María Jacinta González-Abreu y Ximénez. Tuvieron por hijos a: Leopoldo, Mercedes, María Luisa, Antonio y Juan Díaz de Villegas y Jova. De los cuales:

A. — Don Leopoldo Díaz de Villegas y Jova, casó con doña Estela D'Estrampes y Martín Vegue, hija de José y de Adelaida. Tuvieron por hijos a: Leopoldo, René y José Luis Díaz de Villegas y D'Estrampes. De los cuales:

a. — Don Leopoldo Díaz de Villegas y D'Estrampes, casó con doña Consuelo Díaz de Villegas y Díaz de Villegas, hija de don Andrés Díaz de Villegas y Díaz de Villegas y de doña María Luisa Díaz de Villegas y Jova. Tuvieron por hijos: a Armando, y Marta Díaz de Villegas y Díaz de Villegas.

b. — Don René Díaz de Villegas y D'Estrampes, casó con doña Lydia Casas y Alonso, hija de Leopoldo y de Marcelina. Tuvieron por hijos a: René, y Lydia Díaz de Villegas y Casas.

B. — Doña Mercedes Díaz de Villegas y Jova, casó el 13 de marzo de 1885 en la parroquia de Cienfuegos con don Guillermo Leblanc y Hernández, hijo de don Julio Leblanc y Boesoles, natural de Burdeos, y de doña Andrea Hernández y Castiñeyra.

C. — Doña María Luisa Díaz de Villegas y Jova, casó con don Andrés Díaz de Villegas y Díaz de Villegas, hijo de don José María Díaz de Villegas y Rodríguez y de doña Matilde Díaz de Villegas y Luján.

D. — Don Juan Díaz de Villegas y Jova, casó con doña Margarita Díaz de Villegas y Portela, hija de don Agustín Díaz de Villegas y Álvarez y de doña Clotilde Portela y Mora. Tuvieron por hijas a: María Margarita, Hortensia, Jacinta y Esther Díaz de Villegas y Díaz de Villegas. De las cuales:

a. — Doña Jacinta Díaz de Villegas y Díaz de Villegas casó con don Adolfo González y Gómez, hijo de don Adolfo González y García y de doña Carmelina Gómez y Díaz.

b. — Doña Esther Díaz de Villegas y Díaz de Villegas casó con don Carlos Manticci y Castro, hijo de don Telesforo Manticci y Rivero, y de doña Amparo Castro y Molina.

4. — Don Antonio Díaz de Villegas y Santa Cruz, bautizado en Trinidad el 29 de septiembre de 1834, fue hacendado y juez en Cumanayagua. Casó tres veces: la primera, con doña María Cleofás Martínez y Prieto, natural de Cienfuegos, hija de Tomás y María de las Nieves. Tuvieron por hijos a: Leonor, Rosalía, Ignacio, Vitalia, Josefa, Antonia, Ana, Joaquina, Nieves, Lino y Maximiliano Díaz de Villegas y Martínez. De los cuales:

A. — Doña Leonor Díaz de Villegas y Martínez, casó con don Nicolás Díaz y Valdés, hijo de Andrés y de Inés.

B. — Doña Rosalía Díaz de Villegas y Martínez, casó con don Pedro González y González, hijo de Andrés y de Caridad.

C. — Don Ignacio Díaz de Villegas y Martínez, casó con doña Ana Tapia. Tuvieron por hijo a don Alfredo Díaz de Villegas y Tapia que falleció soltero.

D. — Doña Vitalia Díaz de Villegas y Martínez casó en Cienfuegos el 17 de agosto de 1889 con don Francisco López y González, natural de Pauzis, en Lugo, hijo de Antonio y de Josefa.

E. — Doña Dolores Díaz de Villegas y Martínez, casó con don Pedro Alcántara González y Valdés, hijo de Andrés y de Inés.

F. — Doña Josefa Díaz de Villegas y Martínez, casó en la parroquia de Cienfuegos el 6 de mayo de 1885 con don Martín Alzuri y Togt, hijo de don Francisco Alzuri, natural de Navarra y de doña Isabel Togt, natural de Alemania.

G. — Doña Antonia Díaz de Villegas y Martínez casó dos veces: la primera el 3 de agosto de 1888 con don Aurelio Cantero y Altuna, natural de Trinidad, hijo de Pedro Ramón Cantero y de doña María del Socorro Altuna y Fajardo. Casó por segunda vez con don Emilio Barreras y Muñoz, hijo de Emilio y de Rosario.

H. — Doña Ana Díaz de Villegas y Martínez casó con don Joaquín Molina.

I. — Doña María de las Nieves Díaz de Villegas y Martínez, bautizada en la iglesia de Santa Cruz de Cumanayagua, casó con don Julio Leblanc y Díaz de Villegas, hijo de don Julio Leblanc y Hernández, y de doña Rosalía Díaz de Villegas y Díaz de Villegas.

J. — Don Maximiliano Díaz de Villegas y Martínez, casó dos veces: la primera, con doña Isidora Soto. Tuvieron por hijos a: Agustín, Lino, Víctor, América, Isabel, Antonio y Dora Díaz de Villegas y Soto.

5. — Don Agustín Díaz de Villegas y Santa Cruz, natural de Trinidad, casó en la parroquia de Cienfuegos el 7 de enero de 1856 con doña Manuela Álvarez y Cabrera, natural de San Narciso de Álvarez y cuya defunción se encuentra en Cienfuegos a 25 de julio de 1886 después de testar ante José Joaquín Verdaguer. Esta señora era hija de Benigno Álvarez y de Isabel Cabrera. Tuvieron por hijos a: Federico, Francisco, María, Adelaida, Diego, Amalia, Julia, Enrique, Agustín, José, Isabel, y Teresa Díaz de Villegas y Álvarez. Los cuales:

A. — Don Federico Díaz de Villegas y Álvarez, bautizado en Cienfuegos el 22 de agosto de 1862, casó en la parroquia de Cienfuegos el 29 de abril de 1891 con doña Isabel González de Abreu y Álvarez, bautizada en la iglesia parroquial de la Santa Cruz de Madrid el 11 de diciembre de 1870, e hija de don Agustín González-Abreu y Ximénez, y de doña Isabel Álvarez y Cabrera. Tuvieron por hijo a:

Don Federico Díaz de Villegas y González-Abreu.

B. — Don Francisco Díaz de Villegas y Álvarez, casó con doña Flora Dorticós y Bouffartique, hija de don Andrés Dorticós y García, y de doña Adelaida Bouffartique y Dupalay. Tuvieron por hijos a: Amparo, Violeta, y Roberto Díaz de Villegas y Dorticós. De los cuales:

Doña Violeta Díaz de Villegas y Dorticós casó con don Julio del Castillo y Cañizares.

C. — Doña María Díaz de Villegas y Álvarez, casó en la parroquia de Cienfuegos el 8 de enero de 1890 con don Pablo Donato y Carbonell, hijo de José y de María de los Ángeles.

D. — Doña Adelaida Díaz de Villegas y Álvarez, casó dos veces: la primera, en la parroquia de Cienfuegos el 5 de noviembre de 1877 con don Ramón Granda y Quevedo Heres, natural de Oviedo, hijo de Marcelino y de Bonifacia. Casó por segunda vez en dicha parroquia el 30 de septiembre de 1886 con don Joaquín López y Ranero, natural de Orense, hijo de Juan Antonio y de Manuela.

E. — Doña Julia Díaz de Villegas y Álvarez, casó en la parroquia de Cienfuegos el 5 de octubre de 1899 con el Doctor Sotero Ortega y Bolaños, Médico, Director del Hospital Civil de Cienfuegos, Presidente del Colegio Médico, Presidente del Centro de Profesionales y del Comité de la Cruz Roja Nacional en Cienfuegos, Comendador de la Orden de la Cruz Roja Nacional, hijo de don Saturnino Ortega y Hernández, y de doña Narcisa Bolaños y Silva.

F. — Don Enrique Díaz de Villegas y Álvarez, casó con doña Josefa Junco.

G. — Doña Isabel Díaz de Villegas y Álvarez, casó con don Andrés Dorticós y Bouffartique, hijo de don Andrés Dorticós y García, y de doña Adelaida Bouffartique y Dupalay.

H. — Don Agustín Díaz de Villegas y Álvarez casó tres veces: la primera vez con doña Clotilde Portela y Mora, natural de Cienfuegos, hija de don Joaquín Portela y Ruiz, y de doña María de Jesús Mora y Cruz. Casó por segunda vez con doña Francisca Cedrón.

Don Agustín Díaz de Villegas y Álvarez y su segunda mujer doña Francisca Cedrón, tuvieron por hijos a: José Luis y Enriqueta Díaz de Villegas y Cedrón. De los cuales:

Doña Enriqueta Díaz de Villegas y Cedrón casó con don Eduardo Curbelo y Hernández, hijo de don José Curbelo y Escarza y de doña Francisca Hernández.

Don Agustín Díaz de Villegas y Álvarez y su primera mujer doña Clotilde Portela y Mora, tuvieron por hijos a: Agustín, Ricardo, Joaquín, Amelia, María, Isabel y Margarita Díaz de Villegas y Portela. De los cuales:

a. — Don Agustín Díaz de Villegas y Portela, casó con doña Isabel Leal. Tuvieron por hijos a: Antonio, Agustín, Arturo y Margarita Díaz de Villegas y Leal.

b. — Don Joaquín Díaz de Villegas y Portela casó con doña María Felicia Mestre.

c. — Doña Amelia Díaz de Villegas y Portela, casó con don Eduardo Curbelo y Hernández, hijo de don José Curbelo y Escarza, y de doña Francisca Hernández.

d. — Doña María Díaz de Villegas y Portela casó con don Alfredo Palenque.

e. — Doña Isabel Díaz de Villegas y Portela casó con don Dionisio Vizcaíno.

f. — Doña Margarita Díaz de Villegas y Portela casó con don Juan Díaz de Villegas y Jova, hija de don Leopoldo Díaz de Villegas y Santa Cruz y de doña Jacinta Jova y González-Abreu.

I. — Don José Díaz de Villegas y Álvarez, casó con doña María Martínez y Cardoso, hija de Eugenio y de Esperanza. Tuvieron por hijos a: José, Alicia, Delia, María, Eugenia, Emma y Eugenio Díaz de Villegas y Martínez. De los cuales:

a. — Doña Delia Díaz de Villegas y Martínez casó con don Horacio Meruelos.

b. — Doña Eugenia Díaz de Villegas y Martínez casó con don Gabriel Casals.

c. — Don Eugenio Díaz de Villegas y Martínez casó con doña Nuni Olascoaga.

6. — Doña Josefa Díaz de Villegas y Santa Cruz, casó en la parroquia de Cienfuegos el 21 de marzo de 1857 con don Ricardo Jova y González-Abreu, natural de Santa Clara, hijo de don Juan Jova y Battle, natural de Sitges en Cataluña y Coronel de Milicias, y de doña María Jacinta González-Abreu y Ximénez.

7. — Doña Adelaida Díaz de Villegas y Santa Cruz, casó con don Juan Díaz de Villegas y Rodríguez, natural de La Habana, distinguido General de la Guerra de los Diez Años, Jefe de la zona de Cienfuegos, hijo de don Francisco Díaz de Villegas y González de Ara, y de doña Estefanía Rodríguez y Ramírez.

«LINEA SEGUNDA»

Don Francisco Díaz de Villegas y González de Ara, anteriormente mencionado como hijo de don Francisco Díaz de Villegas y Fernández Cavallero, y de doña Ana Joaquina González de Ara y Rodríguez de Alaraz, fue natural de La Habana y casó en la iglesia del Santo Ángel el 20 de febrero de 1819 con doña Estefanía Rodríguez y Ramírez, hija de José María y de María de los Dolores. Tuvieron por hijos a José María, Juan, Esteban, y Francisco Díaz de Villegas y Rodríguez. Los cuales:

1. — Don José María Díaz de Villegas y Rodríguez, fue bautizado en la iglesia del Santo Cristo del Buen Viaje de La Habana el 1 de diciembre de 1826, y casó en la parroquia de Cienfuegos el 29 de diciembre de 1864 con doña Matilde Díaz de Villegas y Luján, hija de don Andrés Díaz de Villegas y González de Ara, y de doña Úrsula Luján y González. Tuvieron por hijos a: Evangelina, Yara, Andrés, Estela, y Juan Díaz de Villegas y Díaz de Villegas. Los cuales:

A. — Doña Evangelina Díaz de Villegas y Díaz de Villegas, fue bautizada en la iglesia de Monserrate de la ciudad de La Habana el 17 de diciembre de 1865 y casó con don Esteban Díaz de Villegas y Estévez de Casabuena, hijo de don Esteban Díaz de Villegas y Rodríguez, y de doña Matilde Estévez de Casabuena y Esquerra.

B. — Doña Yara Díaz de Villegas y Díaz de Villegas fue casada.

C. — Don Andrés Díaz de Villegas y Díaz de Villegas casó con doña María Luisa Díaz de Villegas y Jova, hija del Licenciado Leopoldo Díaz de Villegas y Santa Cruz, médico, y de doña Jacinta Jova y González-Abreu. Tuvieron por hijos a: Silvia, Consuelo, y María de los Ángeles Díaz de Villegas y Díaz de Villegas. De las cuales:

a. — Doña Silvia Díaz de Villegas y Díaz de Villegas, casó con don Carlos Flórez y Aranegui, hijo de don Manuel Flórez y Fernández, y de doña María Aranegui.

b. — Doña Consuelo Díaz de Villegas y Díaz de Villegas, casó con don Leopoldo Díaz de Villegas y D'Estrampes, hijo de don Leopoldo Díaz de Villegas y Jova, y de doña Estela D'Estrampes y Martín-Vegue.

D. — Doña Estela Díaz de Villegas y Díaz de Villegas casó con don Máximo Velasco.

E. — Don Juan Díaz de Villegas y Díaz de Villegas casó con doña Adolfina Luis.

2. — Don Juan Díaz de Villegas y Rodríguez, bautizado en la iglesia del Santo Cristo del Buen Viaje de la ciudad de La Habana el 11 de julio de 1821. Fue Mayor General y Jefe de Operaciones en las Villas durante la Guerra de los Diez Años. Casó en Cienfuegos el 15 de diciembre de 1844 con doña Adelaida Díaz de Villegas y Santa Cruz, hija del Licenciado José Gregorio Díaz de Villegas y González de Ara, natural de La Habana, Asesor Titular de la Real Hacienda, y de doña Josefa de Santa Cruz y Guerrero, perteneciente a la casa de los Condes de San Juan de Jaruco. Tuvieron por hijos a: Leopoldo, Antonia, y Rosalía Díaz de Villegas y Díaz de Villegas. Los cuales:

A. — Don Leopoldo Díaz de Villegas y Díaz de Villegas, fue bautizado en la parroquia de Cienfuegos el 23 de febrero de 1851, fue Capitán Ayudante de la División de Cienfuegos en la Guerra de los Diez Años. Fue aprehendido este joven patriota y conducido a Cienfuegos el 24 de marzo de 1871, donde ingresó en la cárcel de dicha ciudad, siendo sometido a Consejo de Guerra y condenado a muerte. El joven patriota fue fusilado el 4 de abril de 1871 en Cienfuegos. Murió soltero.

B. — Doña Antonia Díaz de Villegas y Díaz de Villegas casó en la parroquia de Cienfuegos el 5 de marzo de 1864 con don Lutgardo Vila y Planas, natural de Santa Clara, hijo de Francisco y de María.

C. — Doña Rosalía Díaz de Villegas y Díaz de Villegas, fue bautizada en la ciudad de Cienfuegos el 16 de abril de 1849 y casó en la parroquia de Cienfuegos el 6 de julio de 1866, con don Julio Leblanc y Hernández, hijo de don Julio Leblanc y Boesoles, natural de Burdeos, hacendado, Regidor y Alguacil Mayor del Ayuntamiento de Cienfuegos, y de doña Andrea Hernández y Castiñeyra.

3. — Licenciado Esteban Díaz de Villegas y Rodríguez, bautizado en la iglesia del Santo Cristo del Buen Viaje de La Habana con fecha 30 de abril de 1825, fue Abogado, casó con doña Matilde Estévez de Casabuena y Esquerra, hija de Santiago y Francisca. Tuvieron por hijos a: Elena y Esteban Díaz de Villegas y Estévez de Casabuena. De los cuales:

Don Esteban Díaz de Villegas y Estévez de Casabuena, fue bautizado en la parroquia de Guadalupe de La Habana con fecha 2 de febrero de 1865. Casó con doña Evangelina Díaz de Villegas y Díaz de

Villegas, hija de don José María Díaz de Villegas y Rodríguez, y de doña Matilde Díaz de Villegas y Luján.

4. — Don Francisco Díaz de Villegas y Rodríguez, bautizado en la iglesia del Santo Cristo del Buen Viaje de La Habana el 30 de noviembre de 1819, casó con doña Jacoba Díaz de Villegas y Luján, hija de don Andrés Díaz de Villegas y González de Ara, y de doña Úrsula Luján y González. Tuvieron por hijos a: Estefanía, Jacoba, Dolores, y Ricardo Díaz de Villegas y Díaz de Villegas. De los cuales:

Don Ricardo Díaz de Villegas y Díaz de Villegas casó con doña **Pradina** Vivanco y no tuvieron sucesión.

«LÍNEA TERCERA»

Don Andrés Díaz de Villegas y González de Ara, anteriormente mencionado como hijo de don Francisco Díaz de Villegas y Fernández Cavallero, y de doña Ana Joaquina González de Ara y Rodríguez de Alaraz, nació en La Habana en 1788. Casó con doña Úrsula Luján y González, natural de Santa Clara, hija de Rafael y Jacoba. Tuvieron por hijos a: Matilde, Jacoba, Amalia, Natalia y Úrsula Díaz de Villegas y Luján. De los cuales:

1. — Doña Matilde Díaz de Villegas y Luján, bautizada en Santa Clara el 30 de marzo de 1840, casó con don José María Díaz de Villegas y Rodríguez, hijo de don Francisco Díaz de Villegas y González de Ara, y de doña Estefanía Rodríguez y Ramírez.

2. — Doña Jacoba Díaz de Villegas y Luján, bautizada en Santa Clara el 7 de abril de 1827, casó con don Francisco Díaz de Villegas y Rodríguez, hijo de don Francisco Díaz de Villegas y González de Ara, y de doña Estefanía Rodríguez y Ramírez.

3. — Doña Amalia Díaz de Villegas y Luján casó con el Licenciado Antonio Ramos y Laines, natural de Santa Clara, hijo de José Manuel y de María de los Ángeles.

4. — Doña Natalia Díaz de Villegas y Luján, casó con don Federico Jova y González-Abreu, hijo de don Juan de Jova y Battle, Oficial de Marina, Alcalde Ordinario y Coronel de Milicias de Santa Clara, y de doña María Jacinta González de Abreu y Ximénez.

DU-BREUIL

En la primera mitad del siglo XIX, procedente de New Orleans, se estableció esta familia en La Habana.

Don Luis Du-Breuil, casó con doña Feliciana Lachaise, y tuvieron por hijo: a

Don Jacobo Du-Breuil y Lachaise, natural de New Orleans, que fue Coronel de los Reales Ejércitos y Capitán de Granaderos del tercer Batallón del Regimiento de la Loussiana. Casó con doña Inés Otero y Roso, natural de Puerto Real, en Cádiz, hija de don Bernardo Otero, Contador de Ejército y Real Hacienda de New Orleans, y de doña Antonia Roso. Tuvieron por hijos: a Rosa; a María de la Paz; a María Eloisa; a María del Carmen; a Jacobo; a Pedro; a Juan Bautista, y a Buenaventura Du-Breuil y Otero. Los cuales:

1. — Doña Rosa Du-Breuil y Otero, fue bautizada en la parroquia de San Luis, de New Orleans, el 23 de abril de 1787.

2. — Doña María de la Paz Du-Breuil y Otero, fue bautizada en la parroquia de San Miguel de Panzacola el 14 de febrero de 1790.

3. — Doña María Eloísa Du-Breuil y Otero, fue bautizada en la Catedral de New Orleans el 10 de agosto de 1798.

4. — Doña María del Carmen Du-Breuil y Otero, natural de New Orleans tiene su defunción en La Habana, parroquia de Guadalupe, a 23 de agosto de 1822.

5. — Don Jacobo Du-Breuil y Otero, fue bautizado en la parroquia de San Miguel de Panzacola el 3 de abril de 1791.

6. — Don Pedro Du-Breuil y Otero, fue bautizado en la parroquia de San Miguel de Panzacola el 21 de septiembre de 1793.

7. — Don Juan Bautista Du-Breuil y Otero, bautizado en New Orleans, parroquia San Luis, el 23 de abril de 1787, fue Coronel de Ejército. Casó con doña Ana Joaquina Darna y Vidal, natural de Santiago de las Vegas, en la provincia de La Habana. Tuvieron por hijo: a

Don Jacobo Du-Breuil y Darna, que casó dos veces: la primera, en la parroquia de la villa de Guanabacoa el 2 de marzo de 1867, con doña Eusebia Hernández y Díaz, natural de Peñalver, hija de Celestino y de Faustina. Casó por segunda vez, con doña Araceli Jackson y Bru, natural de Marianao, hija de don Fermín Jackson y Moore, y de doña Florencia Bru y Vidal.

8. — Don Buenaventura Du-Breuil y Otero, natural de Panzacola, fue Coronel de Infantería. Su defunción se encuentra en La Habana, parroquia de Monserrate, a 17 de abril de 1861. Casó con doña Elena Goumoule, y tuvieron por hijos: a

María Cristina; a Celestino; a Buenaventura Lucas; a Ramón; a Luis Ernesto y a Rafael Du-Breuil y Goumoule.

ENCINOSO DE ABREU

A principios del siglo XVIII, procedente de la villa de Orotava, en la isla de Tenerife, una de las Canarias, se estableció esta familia en La Habana.

Don Antonio Encinoso de Abreu casó con doña Juana Rodríguez del Castillo, y tuvieron por hijo a:

Don Juan Bautista Encinoso de Abreu y Rodríguez del Castillo, natural de la villa de la Orotava, casó en la Catedral de La Habana, el 2 de noviembre de 1739 con doña Rosalía Almirante y Blanco, hija de don Juan Cayetano Almirante y Salgado, y de María de la Concepción Blanco y Vargas-Muñoz, naturales de La Habana. Tuvieron por hijos a: José María y Francisco Encinoso de Abreu y Almirante. Los cuales:

1. — Licenciado José María Encinoso de Abreu y Almirante, testó el 1 de septiembre de 1815, y su defunción se encuentra en La Habana, a 5 de septiembre de dicho año. Casó en la Catedral de La Habana, el 20 de marzo de 1785, con doña Mariana Magallanes y Quesada, hija de Pedro y de Tomasa. Tuvieron por hijos a: María de las Mercedes, María de los Dolores, María Rosalía, María del Pilar, María de la Concepción, Juana, Tomasa, y José María Encinoso de Abreu y Magallanes. De los cuales:

Doña Rosalía Encinoso de Abreu y Magallanes, bautizada en la Catedral de La Habana, el 18 de noviembre de 1796, casó con don José Cándido Otero y González, natural de La Habana, hijo de don Miguel Otero y Galindo, y de doña Rosa María González y Farina.

2. — Licenciado Francisco Encinoso de Abreu y Almirante fue Abogado, Auditor de La Florida, Síndico Procurador General de La Habana. Tiene su defunción en la Catedral de La Habana a 2 de mayo de 1822. Casó en esta ciudad, parroquia del Espíritu Santo, el 9 de septiembre de 1785, con doña María de la Luz de los Reyes-Gavilán y Vargas-Machuca, hija de don Agustín de los Reyes-Gavilán y Sánchez, y de doña Antonia Josefa de Vargas-Machuca y Arriaga. Tuvieron por hijos a: María de la Concepción, María Josefa, María de la Luz, Juan, Francisco y Agustín Encinoso de Abreu y Reyes-Gavilán. Los cuales:

1. — María de la Concepción Encinoso de Abreu y Reyes-Gavilán, casó en la Catedral de La Habana, el 24 de junio de 1828, con don Juan Tomás de Sola y Fernández-Buendía, hijo de Joaquín y de María de la Encarnación.

2. — María Josefa Encinoso de Abreu y Reyes-Gavilán, casó en la Catedral de La Habana el 8 de junio de 1819, con don José Francisco

Serrano y de los Reyes-Gavilán, natural de la ciudad de New Orleans, hijo del Licenciado Manuel José Serrano y Almirante, y de doña María del Carmen Reyes-Gavilán y Vargas-Machuca.

3. — María de la Luz Encinoso de Abreu y Reyes-Gavilán, casó en la Catedral de La Habana el 16 de junio de 1817, con don Antonio Marcelino García y Montero, Oficial de la Contaduría de Tabacos de La Habana, hijo de José Ramón y de María Josefa.

4. — Juan Encinoso de Abreu y Reyes-Gavilán, bautizado en la Catedral de La Habana el 30 de enero de 1786, fue Doctor en Sagrada Teología. Hizo información de limpieza de sangre el 25 de octubre de 1806 ante Gabriel Lafuente.

5. — Licenciado Francisco Encinoso de Abreu y Reyes-Gavilán, fue Abogado y Alcalde Ordinario de Matanzas, en cuya Catedral casó el 6 de mayo de 1826, con doña Catalina Gómez y Pastrana, hija de Felipe Gómez y de Orta, Alcalde de la ciudad de Matanzas, y de doña Rosa María Pastrana y de la Cruz Guerra, naturales de La Habana. Tuvieron por hijos a: Catalina y Felipe Encinoso de Abreu y Gómez. Los cuales:

A. — Doña Catalina Encinoso de Abreu y Gómez, natural de Matanzas, casó en La Habana, parroquia del Espíritu Santo, el 26 de enero de 1853, con don Antonio Andrés Kessel y Herrera, hijo de don Carlos José Kessel y Espinosa de Contreras, III Barón de Kessel, Capitán de Dragones, y de doña María de las Mercedes Herrera y de la Barrera.

B. — Don Felipe Encinoso de Abreu y Gómez, fue bautizado en la Catedral de Matanzas el 11 de abril de 1830.

6. — Doctor Agustín Encinoso de Abreu y Reyes-Gavilán, bautizado en la parroquia de San Agustín de La Florida el 21 de marzo de 1798, fue Médico y Catedrático de la Universidad de San Jerónimo de La Habana, y Vocal de la Real Junta de Sanidad. Sucedió al Doctor Tomás Romay en el Hospital Militar. Casó en esta ciudad, parroquia del Espíritu Santo, el 10 de septiembre de 1827, con doña María Francisca Sotolongo y Aguilar, hija del Licenciado Pedro Sotolongo y Fernández de Velasco, y de doña María Rafaela Aguilar y Jústiz. Tuvieron por hijos a: María Rafaela, María de la Concepción, Juan Bautista, Francisco y Agustín Encinoso de Abreu y Sotolongo. Los cuales:

A. — María Rafaela Encinoso de Abreu y Sotolongo, fue bautizada en La Habana, parroquia del Espíritu Santo, el 23 de marzo de 1832. Casó con don Félix Martín y Orueta.

B. — María de la Concepción Encinoso de Abreu y Sotolongo, casó en la Catedral de La Habana el 12 de abril de 1856, con don Juan José Echevarría y Martínez, hijo de Servando y de Agustina.

C. — Juan Bautista Encinoso de Abreu y Sotolongo, bautizado en La Habana, parroquia del Santo Cristo, el 5 de marzo de 1838, casó en la Catedral de esta ciudad el 4 de noviembre de 1865, con doña Carlota Sotolongo y Alcántara, hija de don Pedro Sotolongo y Aguilar, y de doña Dominga Alcántara y Morillas.

D. — Francisco Encinoso de Abreu y Sotolongo, fue bautizado en La Habana, parroquia del Espíritu Santo, el 5 de abril de 1830.

E. — Agustín Encinoso de Abreu y Sotolongo, casó en la Catedral de La Habana, el 18 de marzo de 1861, con doña Filomena Romero y Cárdenas, hija de don Francisco Fernández-Romero y Núñez de Villavicencio, primer Conde de Casa Romero, Capitán de Milicias, Alcalde Ordinario en 1822, Gentilhombre de Cámara de Su Majestad, Caballero de la Orden de Alcántara, y de doña María de los Dolores de Cárdenas y de Cárdenas. Tuvieron por hijos a: María Dolores, Filomena, y Alberto Encinoso de Abreu y Romero. De los cuales:

Doña Filomena Encinoso de Abreu y Romero, casó en La Habana, parroquia de Guadalupe, el 21 de noviembre de 1891, con don Pedro Cardona y Gómez de Molina, hijo de don Federico Cardona y de la Torre, y de doña Teresa Gómez de Molina y Masson.

ENTRALGO

A principios del siglo XIX, procedente de Llanes, en Asturias, se estableció esta familia en La Habana.

Don Domingo Entralgo, casó con doña Gregoria Díez de Argüelles, y tuvieron por hijos: a

Don Manuel Antonio Entralgo y Díez de Argüelles, natural de Llanes, que tiene su defunción en la Catedral de La Habana a 12 de mayo de 1851. Casó con doña Bárbara Chenard y Galisteo, hija de don Diego Chenard y Pintado, y de doña Josefa Galisteo y Carreño. Tuvieron por hijos: a María de los Dolores; a Bárbara; a Carlota; a Serafina; a Emilia; a Juan; a Manuel; a Francisco; a Domingo; a Ricardo, y a Enrique Entralgo y Chenard. De los cuales:

1. — Doña María de los Dolores Entralgo y Chenard, casó en la Catedral de La Habana el 31 de octubre de 1830, con el Licenciado Manuel Varela de Seixas y Velasco, Abogado, hijo de don José Manuel Varela de Seixas y Sánchez, y de doña María Belén Velasco y Miranda.

2. — Doña Bárbara Entralgo y Chenard, fue bautizada en la Catedral de La Habana el 28 de noviembre de 1819, donde casó el 7 de noviembre de 1836, con don José Pablo Xiqués y Romagosa, hijo de don Lorenzo Xiqués y Godoma, y de doña Gertrudis Romagosa y Arbornes-Casanovas.

3. — Doña Carlota Entralgo y Chenard, fue bautizada en la Catedral de La Habana el 22 de septiembre de 1811, donde casó el 1 de diciembre de 1826, con don Felipe Xiqués y Romagosa, hijo de don Lorenzo Xiqués y Godoma, y de doña Gertrudis Romagosa y Arbornes-Casanovas.

ESPELLOSA

A mediados del siglo XVII, procedente del reino de Aragón, se estableció esta familia en La Habana.

Don Jerónimo de Espellosa y Ballasbriga, natural de Barbastro, en Aragón, Alférez Mayor, que testó en La Habana el 19 de octubre de 1673, otorgando codicilo el 4 de octubre de 1680 ante Cristóbal Valero, y su defunción se encuentra en la Catedral de esta ciudad, a 6 de octubre de dicho año, casó dos veces: la primera en la referida Catedral, el 15 de mayo de 1644, con doña Ángela María de Maldonado Bohorques, natural de la villa de San Salvador del Bayamo, hija de don Juan Ferral de Tamayo, y de doña Ana Bohorques Angulo Maldonado. Casó por segunda vez, con doña Francisca Aguado y Zurbano, hija de Francisco y de María de la Paz.

Don Jerónimo de Espellosa y Ballasbriga, y su segunda mujer doña Francisca Aguado Zurbano, tuvieron por hijos: a Rufina; a Tomasa; a Juana; a Lorenza, a Mariana; a Ángela; a Agustín; a José; a Ambrosio; a Bernardo, y a Diego de Espellosa y Aguado. De los cuales:

Don Diego de Espellosa y Aguado, tiene su defunción en la Catedral de La Habana a 29 de octubre de 1681.

Don Jerónimo de Espellosa y Ballasbriga, y su primera mujer doña Ángela María de Maldonado Bohorques, tuvieron por hijos: a Jerónimo, y a Francisco de Espellosa y Tamayo. Los cuales:

1. — Alférez Jerónimo de Espellosa y Tamayo, fue bautizado en la Catedral de La Habana el 6 de abril de 1645, donde casó el 11 de enero de 1661, con doña Justa Bucareli y Padilla, hija de don Sebastián Bucareli y Hernández, natural de Escasena del Campo, y de doña Feliciana Padilla y López, natural de La Habana. Tuvieron por hijas: a Feliciana, y a Micaela de Espellosa y Bucareli. Las cuales:

A. — Doña Feliciana de Espellosa y Bucareli, fue bautizada en la Catedral de La Habana el 31 de julio de 1679, donde casó el 20 de diciembre de 1698, con el Capitán Francisco Antonio Bassave y Urbieta, natural de Oyarzun, en Guipúzcoa, Alguacil Mayor del Santo Oficio de la Inquisición, Procurador General y Alcalde ordinario de La Habana, hijo de don Luis Bassave e Iñíguez, y de doña María Micaela de Urbieta y Aranguíbel.

B. — Doña Micaela de Espellosa y Bucareli, fue bautizada en la Catedral de La Habana el 4 de octubre de 1688, donde casó el 27 de mayo de 1708, con don Félix Francisco Ruiz de Espinosa y Ramírez, natural de Sevilla, Procurador General y Alcalde ordinario de La Habana, Tesorero de la Real Compañía de Tabacos de la isla de Cuba, hijo de don Juan Antonio Ruiz de Espinosa, y de doña Ángela María Ramírez.

2. — Don Francisco de Espellosa y Tamayo, bautizado en la Catedral de La Habana el 4 de noviembre de 1647, testó el 7 de agosto de 1682, ante Antonio Sánchez. Casó en la referida Catedral el 12 de enero de 1669, con doña Teresa Aguado y Zurbano, hija de Francisco y de María de la Paz. Tuvieron por hijos: a Micaela; a María, y a Francisco de Espellosa y Aguado. De los cuales:

Doña María de Espellosa y Aguado, fue bautizada en la Catedral de La Habana el 16 de octubre de 1678. Testó el 10 de marzo de 1746, ante Bartolomé Núñez, y su defunción se encuentra en la referida Catedral a 21 de octubre de 1750, donde casó el 12 de septiembre de 1700, con don Juan Bautista Manes y Marquesina, natural de la ciudad de Zephalonia, en Venecia, hijo de Nicolás y de Catalina.

ESTRADA

A principios del siglo XVII aparece ya radicada esta familia en La Habana.

El Capitán Julián de Estrada, fue Síndico Procurador General del Ayuntamiento de La Habana el primero de marzo de 1629 y Alcalde ordinario de esta ciudad en 1638. Testó el 21 de agosto de 1640, y su defunción se encuentra en la Catedral de La Habana a 10 de noviembre de 1650, donde casó el 6 de octubre de 1627, con doña Ana Recio y Sotolongo, hija de don Antón Recio y Márquez, Procurador general y Regidor del Ayuntamiento, y de doña María Sotolongo y González. Tuvieron por hijo: al

Capitán Hilario de Estrada y Recio, nacido en La Habana el 25 de febrero de 1630, que fue Procurador general en 1657 y Regidor perpetuo del Ayuntamiento el 16 de septiembre de 1661, y Alcalde ordinario de esta ciudad los años 1658 y 83. Testó el 29 de noviembre de 1694 ante Juan Uribe Ozeta, y su defunción se encuentra en la Catedral de esta ciudad a primero de marzo de 1696, donde casó el 21 de septiembre de 1653, con doña Luisa Velázquez de Cuéllar y Mexías, hija de don Luis Velázquez de Cuéllar y Costilla, Alcalde ordinario, Alguacil Mayor interino de La Habana, y de doña Teodora Mexías Manrique y Pacheco. Tuvieron por hijos: a Nicolasa, y a Josefa de Estrada y Velázquez de Cuéllar. Las cuales:

1. — Doña Nicolasa de Estrada y Velázquez de Cuéllar, casó en la Catedral de La Habana el primero de julio de 1692, con don Manuel García de Palacios y Fernández de Casasola, natural de Ávila de los Caballeros, Contador del Tribunal y Real Audiencia de Cuentas de la isla de Cuba, hijo de Alonso y de Isabel.

2. — Doña Josefa de Estrada y Velázquez de Cuéllar, nació en La Habana el 24 de diciembre de 1658, y fue bautizada en esta Catedral, donde casó el 24 de marzo de 1680, con don Pedro de Aranda Avellaneda, natural de la villa de Bornos, Cádiz, Sargento Mayor del Presidio de San Agustín de La Florida, Alcalde del castillo de San Salvador de la Punta en La Habana en 1687, y alcalde ordinario de esta ciudad en 1694, hijo de don Juan de Almario Avellaneda, y de doña María Aranda y Ponce de León.

FERNÁNDEZ DE ALARCÓN

En la primera mitad del siglo XIX, procedente de Cartagena de Levante, se estableció esta familia en La Habana.

Don Mariano Fernández de Alarcón, Capitán de Navío de la Real Armada, casó con doña María de la Encarnación Bilbao, y tuvieron por hijo: a

Don Mariano Fernández de Alarcón y Bilbao, natural de Cartagena de Levante, que ingresó en las Reales Compañías de Guardias Marinas el año 1810, llegando a obtener el grado de Contraalmirante de la Escuadra española. Casó con doña María de los Dolores García y Montero, hija de José Ramón y de Marta Josefa. Tuvieron por hijos: a Manuel, y a José Ramón Fernández de Alarcón y García. Los cuales:

1. — Don Manuel Fernández de Alarcón y García, fue Oficial del Cuerpo Administrativo de la Armada. Casó en La Habana, parroquia del Espíritu Santo, el 8 de septiembre de 1861, con doña Isabel de la Peña y Lepelley, hija de Isidoro y de Luisa. Tuvieron por hijas: a Rita María, y a Mariana Fernández de Alarcón y de la Peña. De las cuales:

Doña Rita María Fernández de Alarcón y de la Peña, casó con el Doctor Gustavo López, Médico.

2. — Don José Ramón Fernández de Alarcón y García, bautizado en La Habana, parroquia de San Isidro, el 14 de julio de 1824, fue Capitán de Infantería de Marina y Ayudante del Distrito de Nueva Filipina. Casó en La Habana, parroquia del Espíritu Santo, el 16 de mayo de 1863, con doña Carlota de la Peña y Lepelley, hija de Isidro y de Luisa. Tuvieron por hijos: a María Luisa; a Manuel, y a Isidro Fernández de Alarcón y de la Peña.

FIGUEREDO

A mediados del siglo XVII, procedente de la isla de Jamaica, se estableció esta familia en la villa de San Salvador del Bayamo, en la región oriental de la isla de Cuba.

Don Diego Figueredo, Proveedor general de la isla de Jamaica, fue padre de:

Juan Figueredo, que casó con doña Isabel de la Mota, y tuvieron por hijo: a

Don Duarte Figueredo y de la Mota, que fue Capitán de Infantería y Alcalde ordinario de la isla de Jamaica. Casó con doña Catalina Fuentes Ferreros, y tuvieron por hijo: a

Don Blas Figueredo y Fuentes, que fue Capitán de Infantería de Milicias, Sargento Mayor, Alcalde ordinario, Gobernador y Capitán General interino de la isla de Jamaica. Casó con doña Isabel de Isasi Arnaldo, hija de don Cristóbal Sánchez de Isasi, Gobernador y Capitán General de la isla de Jamaica.[1] Tuvieron por hijos: a Eduardo, y a Blas Figueredo e Isasi. Los cuales:

1. — Don Eduardo Figueredo e Isasi, fue Cura Párroco, Visitador, provisor y Vicario general.

2. — Don Blas Figueredo e Isasi, pasó a la isla de Cuba y casó con doña Ana de la Torre y de la Cova. Tuvieron por hijos: a José, y a Antonio Figueredo y de la Torre. Los cuales:

1. — Don José Figueredo y de la Torre, casó con doña Isabel Marrón, y tuvieron por hija: a

---

1. Don Diego Sánchez Espinosa, natural de España, fue Alcalde de la fortaleza de Pueblo Viejo de Santa Ana, en la isla de Jamaica. Fue su nieto:

Don Cristóbal Sánchez de Isasi, Gobernador y Capitán General de la isla de Jamaica. Fueron sus hijos: Isabel; Cristóbal; Francisco, y Blas de Isasi Arnaldo. Los cuales:

1. — Doña Isabel de Isasi Arnaldo, casó con don Blas Figueredo y Fuentes, anteriormente mencionado.

2. — Don Cristóbal de Isasi Arnaldo, fue Gobernador de la isla de Jamaica.

3. — Don Francisco de Isasi Arnaldo, fue Presbítero, Provisor y Vicario General de la isla de Jamaica, y Obispo de San Juan de Puerto Rico.

4. — Don Blas de Isasi y Arnaldo, fue Teniente Gobernador y Asesor general de la plaza de Santiago de Cuba.

Doña Ana María Figueredo y Marrón, que casó con don Manuel Tamayo y Pardo, hijo de don Manuel Tamayo y Lagos, Alcalde ordinario de Bayamo, y de doña Isabel Pardo y Guerra.

2. — Don Antonio Figueredo y de la Torre, casó con doña María Josefa de Torres Quesada y tuvieron por hijos: a Andrés; a Blas, y a Antonio Figueredo y Torres Quesada. Los cuales:

1. — Don Andrés Figueredo y Torres Quesada, casó con doña Juana de Aguilera, y tuvieron por hija:

Doña Leonor Figueredo y Aguilera, que casó con don Juan Antonio Téllez Pavón, hijo de don Juan Antonio Téllez y Céspedes, y de doña María Josefa Pavón.

2. — Don Blas Figueredo y Torres Quesada, casó con doña Águeda Ramírez de Arellano, y tuvieron por hija: a María Juana Figueredo y Ramírez de Arellano.

3. — Don Antonio Figueredo y Torres Quesada, casó con doña Beatriz de Céspedes y Aguilera, hija de don Martín de Céspedes y Zayas-Bazán, y de doña Ana Antonia de Aguilera y Duque de Estrada. Tuvieron por hijos: a Juan Salvador, y a Bernardo Figueredo y Céspedes. Los cuales:

1. — Don Juan Salvador Figueredo y Céspedes, casó con doña Clara Ramos y San Diego de Zayas, hija de don Agustín Ramos, Administrador de Rentas Reales de la villa de Bayamo, y de doña Nicolasa San Diego de Zayas. Tuvieron por hija: a

Doña Josefa Figueredo y Ramos que casó con don Pedro Felipe Cisneros y Estacio, hijo de don Andrés de Cisneros y Ramírez de Arellano, y de doña María Josefa Estacio y Brizuelas.

2. — Don Bernardo Antonio Figueredo y Céspedes, fue Depositario general, Regidor y Alcalde Mayor provincial de la villa de San Salvador del Bayamo. Casó con doña Ana María Pabón e Infante, hija de don Felipe Pabón y Fonseca, Regidor y Alcalde Mayor Provincial de dicha villa, y de doña Eugenia Infante y Estrada. Tuvieron por hijos: a Francisco; a Ángel, y a Fernando Figueredo y Pabón. Los cuales:

1. — Don Francisco Figueredo y Pabón, casó con doña Clara de Cisneros y Figueredo, hija de don Pedro Felipe de Cisneros y Estacio, y de doña Josefa Figueredo y Ramos. Tuvieron por hijo: a

Don Fernando Figueredo y Cisneros, que fue bautizado en la parroquia de la villa de San Salvador del Bayamo el 7 de marzo de 1839.

2. — Don Ángel Figueredo y Pabón, fue Regidor y Alcalde Mayor Provincial de la villa de Bayamo, en cuya parroquia casó el 22 de abril de 1817, con doña Eulalia de Cisneros y Figueredo, hija de don Pedro

Felipe de Cisneros y Estacio, y de doña Josefa Figueredo y Ramos. Tuvieron por hijos: a María de Jesús; a Miguel; a Elías; a Antonio, y a Pedro Figueredo y Cisneros. Los cuales:

A. — Doña María de Jesús Figueredo y Cisneros, natural de Bayamo, testó en La Habana el 6 de marzo de 1855, ante Vicente Rodríguez Pérez, y su defunción se encuentra en esta ciudad, parroquia de Monserrate, al 11 de marzo de dicho año.

B. — Don Miguel Figueredo y Cisneros, patriota cubano de ideas separatistas, fue fusilado en Iaquimo en 1871, durante la Guerra de los Diez Años.

C. — Licenciado Pedro Figueredo y Cisneros, bautizado en la parroquia de Bayamo el 12 de marzo de 1818, fue Abogado, hacendado y distinguido patriota cubano de ideas separatistas, autor del Himno Nacional de Cuba. Murió fusilado en Santiago de Cuba en 1870. Casó con doña María Velázquez, y tuvieron por hija a:

Doña Eulalia Figueredo y Vázquez, que casó con don Carlos Manuel de Céspedes y Céspedes, hijo del Licenciado Carlos Manuel de Céspedes y del Castillo, primer Presidente de la República de Cuba en Armas, y de doña María del Carmen de Céspedes y del Castillo.

3. — Don Fernando Figueredo y Pabón, bautizado en la parroquia de Bayamo el 18 de mayo de 1794, fue Regidor de la referida villa, en cuya parroquia casó el 2 de mayo de 1816, con doña María de la Concepción Téllez y Tamayo, hija de don Juan Antonio Téllez y Figueredo, Regidor Alférez Real, y de doña Úrsula Tamayo y Vázquez Valdés de Coronado. Tuvieron por hijos: a Carmen, y a Bernardo Figueredo y Téllez. Los cuales:

1. — Doña Carmen Figueredo y Téllez, casó con don Jorge Milanés y Céspedes, hijo de don Juan Antonio Milanés y Ramírez de Arellano, y de doña Úrsula de Céspedes y Barrero.

2. — Don Bernardo Figueredo y Téllez, bautizado en la parroquia de Bayamo el 15 de mayo de 1817, fue Regidor de dicha villa. Casó en la villa de Puerto Príncipe, parroquia de la Soledad, el primero de marzo de 1843, con doña Tomasa Socarrás y Varona, hija de don Jerónimo Socarrás y Socarrás, y de doña Josefa Bernarda Varona y Duque de Estrada. Tuvieron por hijos: a Tomasa; a María de la Luz; a Bernarda; a María de la Concepción, y a Fernando Figueredo y Socarrás. De los cuales:

1. — Doña Bernarda Figueredo y Socarrás, casó con don Enrique Pérez Tamayo.

2. — Doña María de la Concepción Figueredo y Socarrás, casó con don Rosendo de Arteaga.

3. — Don Fernando Figueredo y Socarrás, fue Secretario del Gobierno Revolucionario y miembro del Provisional después de la protesta de Baraguá el 14 de mayo de 1878. Casó con doña Juana Antúnez y Antúnez, y tuvieron por hijos: a María de la Concepción; a Tomasa; a María de la Luz; a Evangelina; a Carmen; a Leonor; a Pedro; a Fernando y a Bernardo Figueredo y Antúnez. De los cuales:

1. — Doña María de la Concepción Figueredo y Antúnez, casó con don Jorge Chaves y Milanés.

2. — Doña Tomasa Figueredo y Antúnez, casó con don Francisco Chaves y Milanés.

3. — Doña María de la Luz Figueredo y Antúnez, casó con don Salvador García.

4. — Doña Evangelina Figueredo y Antúnez, casó con don Alfonso Galán.

5. — Doña Leonor Figueredo y Antúnez, casó con el Licenciado Ángel Clarens, Abogado, Registrador de la Propiedad en La Habana.

6. — Don Pedro Figueredo y Antúnez, casó con doña María Luisa Clarens e Isern, y tuvieron por hijos: a Pedro; a Fernando; a Ángel; a Luis; a Jorge, y a Carlos Figueredo y Clarens.

7. — Don Fernando Figueredo y Antúnez, casó con doña Emelina de Miranda y Gabancho, y tuvieron por hijos: a Silvia; a Fernando; a Orlando, y a Héctor Figueredo y Miranda.

8. — Don Bernardo Figueredo y Antúnez, casó con doña Margarita Sanz y García, hija de Carlos y de Adelaida. Tuvieron por hijos: a Evangelina; a Bernardo, y a Fernando Figueredo y Sanz. De los cuales:

1. — Doña Evangelina Figueredo y Sanz, casó con el Doctor Jorge de Cubas y del Mármol, Abogado, hijo del Doctor José de Cubas y Serrate, Médico, y de doña Consuelo del Mármol.

2. — Don Fernando Figueredo y Sanz, casó con doña Rafaela Vila y Cárdenas.

A esta familia también perteneció

Don Bernardo Figueredo, que casó con doña Nicolasa de Silva, y tuvieron por hijos: a Pedro Nolasco, y a José Figueredo y Silva. Los cuales:

1. — Don Pedro Nolasco Figueredo y Silva, casó en Puerto Príncipe, parroquia de la Soledad, el 4 de noviembre de 1777 con doña María de la Caridad Guerra y Pérez, hija de Salvador y de Catalina.

2. — Don José Figueredo y Silva, casó en Puerto Príncipe, parroquia de la Soledad, el 3 de diciembre de 1779, con doña María Ramona del Rosario Guerra y Pérez, hija de Salvador y de Catalina. Tuvieron por hijo: a

Don José Manuel Figueredo y Guerra, que casó en Puerto Príncipe, en la parroquia de la Soledad, el 2 de noviembre de 1812, con doña María de los Ángeles Estrada y Díaz, hija de Antonio y de Ángela.

FONT

Procedente de Zaragoza, en el Reino de Aragón, se estableció esta familia en La Habana en la primera mitad del siglo XVIII.

Don Francisco Font y su mujer doña Magdalena Lázaro, tuvieron por hijo: a

Don Francisco Font y Lázaro, natural de la ciudad de Zaragoza, en el Reino de Aragón, que pasó a La Habana, en cuya Catedral casó el 24 de abril de 1737 con doña Ángela Lazo de la Vega y Balboa de Alarcón, nacida en la ciudad de Tenerife, Canarias en el año de 1713, hija de Juan de Dios y de Ángela. Otorgaron testamento recíproco el 30 de enero de 1787 ante Ignacio Rodríguez, falleciendo don Francisco el primero de febrero de 1787. La defunción de doña Ángela Lazo de la Vega y Balboa de Alarcón se encuentra en esta ciudad, parroquia del Espíritu Santo, a 30 de septiembre de 1796. Tuvieron entre sus hijos a: Magdalena, Francisca, María Luisa, Tomasa, Antonio, Gaspar, José María, Francisco, y Ángel Font y Lazo de la Vega. De los cuales:

1. — Doña Magdalena Font y Lazo de la Vega, bautizada en la Catedral de La Habana el 19 de marzo de 1742, falleció soltera.

2. — Doña Francisca Font y Lazo de la Vega, bautizada en la Catedral de La Habana el 10 de diciembre de 1743, falleció soltera el 3 de agosto de 1820.

3. — Doña María Luisa Font y Lazo de la Vega, bautizada en la Catedral de La Habana el 18 de octubre de 1747, testó el 13 de febrero de 1832 ante Juan de Entralgo y su defunción se encuentra en la Catedral de La Habana a 1 de febrero de 1833, donde casó el 19 de abril de 1770 con don Simón Martínez de Soto y de la Peña, natural de Regules, en el valle de Soba, Santander, hijo de Antonio y de María. Este señor testó ante Lorenzo Rodríguez y su defunción se encuentra en La Habana, parroquia del Espíritu Santo a 15 de julio de 1796.

4. — Doña Tomasa Font y Lazo de la Vega, bautizada en la Catedral de La Habana el 25 de septiembre de 1738, testó el 5 de septiem-

bre de 1796 ante Felipe Álvarez. Casó con don Juan Santos de Irabien y Zubiaga.

5. — Don Antonio Font y Lazo de la Vega, bautizado en la Catedral de La Habana el 22 de mayo de 1740, donde tiene su defunción a 24 de marzo de 1818, fue Presbítero, Colector y Vicario de la villa de Guanabacoa; Cura beneficiado por Su Majestad de la parroquia del Sagrario de la Catedral de La Habana y Cura Rector de la misma.

6. — Doctor Gaspar Font y Lazo de la Vega, bautizado en la Catedral de La Habana, fue Presbítero; Cura Coadjutor de la parroquia de la Real villa de Santiago; Cura Beneficiado por Su Majestad de las parroquias y auxiliares de la ciudad de La Habana y también Cura Beneficiado por Su Majestad de la parroquia del Sagrario de la Catedral de la ciudad de La Habana.

7. — Reverendo Padre Fray José María Font y Lazo de la Vega, bautizado en la Catedral de La Habana el 20 de octubre de 1750 perteneció al Orden Seráfico. Su defunción se encuentra en la referida Catedral a 19 de septiembre de 1822.

8. — Don Francisco Font y Lazo de la Vega fue bautizado en la Catedral de La Habana el 9 de septiembre de 1752, donde tiene su defunción a 8 de enero de 1843. Fue Presbítero; Notario Auxiliar y Notario de Cámara, así como Notario Castrense del Obispado de esta provincia. Fue Beneficiado Sacristán Mayor con cura de almas por Su Majestad. Solicitó, junto con su hermano don Antonio Font, del Cabildo habanero, acta del 9 de febrero de 1810, que se atestase de la distinguida consideración y aprecio que por notorias idoneidad y circunstancias, merecieron de los Obispos Trespalacios y Hechavarría, así como lo bueno de sus nacimientos como hijos de padres oriundos de Zaragoza e Islas Canarias, tenidos y reputados por cristianos viejos y limpios de sangre.

9. — Don Ángel Font y Lazo de la Vega, bautizado en la Catedral de La Habana el 16 de enero de 1757, fue Diputado del Real Consulado. Su defunción se encuentra en la referida Catedral a 4 de enero de 1833. Casó en la parroquia mayor de la villa de Sancti Spiritus, provincia de Santa Clara, el 8 de febrero de 1785, con doña Ana Quintero y Peralta, natural de dicha villa, hermana del Presbítero don Manuel Quintero y Peralta, hijos ambos de don Antonio Quintero y Castañeda, natural de Sancti Spiritus, Capitán reformado y Alcalde Ordinario de dicha villa, y de doña Narcisa Peralta y Rodríguez-Gallo, natural de la misma. Tuvieron por hijos a: Francisca, Ana, Rosa y Antonio Font y Quintero. De los cuales:

A. — Doña Rosa Font y Quintero, fue bautizada en la parroquia de la Real villa de Santiago, el 17 de septiembre de 1796. En 1845 vivía soltera en Santiago de Cuba.

B. — Doctor Antonio Font y Quintero, bautizado en la parroquia mayor de la villa de Sancti Spiritus, el 3 de junio de 1787, fue preso político en el Castillo del Morro de La Habana y después deportado de la isla por el Capitán General don Miguel Tacón. Casó en La Habana, parroquia del Espíritu Santo, el 30 de octubre de 1807, con doña Ramona Josefa Granados y Gómez, natural de esta ciudad, hija de Nicolás y de Isabel. Tuvieron por hija a: Doña Ana Francisca Font y Granados, que fue bautizada en La Habana, parroquia del Espíritu Santo, el 13 de marzo de 1809.

FRANCO

A principios del siglo XVII, procedente de Viana, en el Reino de Portugal, se estableció esta familia en La Habana.

Don Antonio Franco, casó con doña Constancia Rodríguez, y tuvieron por hijo: al

Alférez Antonio Franco y Rodríguez, natural de Viana, que casó en la Catedral de La Habana el 22 de mayo de 1636, con doña María Pacheco y Acosta, hija de Juan y de Isabel.[1] Tuvieron por hijos: a Isabel; a Juana, y a Juan Francisco Franco y Pacheco. Los cuales:

1. — Doña Isabel Franco y Pacheco, bautizada en la Catedral de La Habana en el año 1649, testó el 6 de mayo de 1690 ante Francisco Guerra, y su defunción se encuentra en la referida Catedral a 2 de diciembre de 1691, donde casó el 22 de abril de 1668, con don Isidoro Pita Narallo de Figueroa y Sotolongo, Alcalde ordinario y de la Santa Hermandad, hijo del Capitán Juan Pita Piñeiro de Figueroa y Rodríguez de Aguirre, Tesorero en México, y de doña Catalina Sotolongo y del Real.

2. — Doña Juana Franco y Pacheco, testó el 7 de abril de 1682 ante Francisco Guerra, y su defunción se encuentra en la Catedral de La Habana a 9 de abril de dicho año. Casó con el Teniente Luis Sánchez.

3. — Don Juan Francisco Franco y Pacheco, Regidor del Ayuntamiento de La Habana, Procurador General en 1687, y Alcalde ordinario en 1680, testó el 19 de noviembre de 1701, otorgando codicilo el 20 de diciembre de 1707 ante Juan Uribe Ozeta y su defunción se encuentra en la Catedral de esta ciudad a 23 de diciembre de dicho año, donde casó el 12 de marzo de 1670, con doña Micaela Carmona de Albornoz y Rodríguez de Valdivieso, hija de don Francisco Carmona de Albornoz y Tercero, y de doña María Rodríguez de Valdivieso y Rodríguez de

---

1. Don Juan Pacheco, natural de Ciudad Rodrigo, en Salamanca, pasó a La Habana, donde casó el año 1603, con doña Isabel Acosta. Tuvieron por hija:

A doña María Pacheco y Acosta, que fue bautizada en la Catedral de La Habana el 28 de marzo de 1608, donde casó el 22 de mayo de 1636, con el Alférez Antonio Franco y Rodríguez, anteriormente mencionado.

Acosta. Tuvieron por hijos: a Margarita; a María; a Catalina; a Eugenia; a Nicolasa; a Juan, a Pablo; a Lucas, y a José Franco y Carmona. De los cuales:

1. — Doña Margarita Franco y Carmona, casó dos veces en La Habana: la primera, en la parroquia del Santo Cristo, el 8 de enero de 1708, con don Juan de Prado-Carvajal y Calvo de la Puerta y de la Gama. Casó por segunda vez, en la parroquia del Espíritu Santo, el 5 de enero de 1719, con don Miguel de Castro-Palomino y Borroto, hijo de don Agustín de Castro-Palomino y León Farfán de los Godos, y de doña Nicolasa Borroto.

2. — Doña María Franco y Carmona, casó en La Habana, parroquia del Santo Cristo, el 30 de mayo de 1696, con el Licenciado Juan Díaz de León y González, hijo del Licenciado Juan Díaz de León y Herrera, Abogado de la Real Audiencia de Guadalajara, Catedrático de la Real Universidad de San Carlos en Santiago de Guatemala, Procurador y Alcalde ordinario de La Habana, y de doña Escolástica González y Muñoz.

3. — Doña Catalina Franco y Carmona, dio poder para testar el 20 de diciembre de 1708, ante Juan Uribe Ozeta, y su defunción se encuentra en la Catedral de La Habana a 21 de diciembre de 1708.

4. — Doña Eugenia Franco y Carmona, testó el 3 de junio de 1755 ante Antonio Ponce de León, y su defunción se encuentra en la Catedral de La Habana a 2 de septiembre de 1769. Casó dos veces en esta ciudad: la primera, en la parroquia del Espíritu Santo, el 23 de marzo de 1714, con el Capitán José de Castro-Palomino y Borroto, hijo de don Agustín de Castro-Palomino y León Farfán de los Godos, y de doña Nicolasa Borroto. Casó por segunda vez, el 13 de abril de 1729, en la Catedral, con don José Gabriel de Roxas-Sotolongo y Garaondo, Regidor y Depositario general de este Ayuntamiento, hijo de don Sebastián de Roxas-Sotolongo y Roxas-Sotolongo, y de doña Juana Díaz de Garaondo y Vergara.

5. — Doña Nicolasa Franco y Carmona, tiene su defunción en la Catedral de La Habana a 2 de diciembre de 1705. Casó en esta ciudad, parroquia del Santo Cristo, el 3 de mayo de 1697, con el Teniente Nicolás Viamonte y Navarra y Recio-Borroto, hijo de Martín Viamonte y Navarra y Tapia, Alguacil Mayor de la Santa Cruzada, y de doña Antonia Recio-Borroto y Olivares.

6. — Don Lucas Franco y Carmona, fue Presbítero. Testó el 22 de febrero de 1729 ante Bartolomé Núñez, otorgando codicilo el 7 de febrero de 1731, y su defunción se encuentra en la Catedral de La Habana a 10 de agosto de 1736.

7. — Don José Franco y Carmona, casó en La Habana, parroquia del Espíritu Santo, el 30 de enero de 1695, con doña Faustina Recio-Borroto y Olivares, hija del Licenciado Antón Recio-Borroto y de doña Faustina Olivares de las Alas Arrieta.

FUENTES

A principios del siglo XVII, aparece esta familia establecida en La Habana, pasando posteriormente a Matanzas, donde se arraigó.

Don Gonzalo Báez de Fuentes, testó ante Hernando Pérez Barreto, encontrándose su defunción en la Catedral de La Habana a 2 de septiembre de 1739. Casó con doña Catalina Pérez Cáceres, natural de esta ciudad, la que a su vez tiene su defunción en la Catedral de La Habana a 30 de noviembre de 1649 (folio 80 del libro segundo). Tuvieron por hijos: a María; a Melchora; a Juana, y a Catalina Báez de Fuentes y Pérez: a Catalina Pérez y Báez de Fuentes; y a Bartolomé; a Diego; a Francisco, y a José de Fuentes y Pérez. Los cuales:

1. — Doña María Báez de Fuentes y Pérez, fue bautizada en la Catedral de La Habana el 22 de abril de 1604, donde casó el 17 de octubre de 1635, con don Francisco de los Reyes, natural de la isla de La Palma, en Canarias.

2. — Doña Melchora Báez de Fuentes y Pérez, fue bautizada en la Catedral de La Habana el 16 de agosto de 1606.

3. — Doña Juana Báez de Fuentes y Pérez, fue bautizada en la Catedral de La Habana el 25 de septiembre de 1613.

4. — Doña Catalina Báez de Fuentes y Pérez, fue bautizada en la Catedral de La Habana el 30 de septiembre de 1618, donde se encuentra su defunción a 10 de mayo de 1638.

5. — Doña Catalina Pérez y Báez de Fuentes, fue bautizada en la Catedral de La Habana el 4 de septiembre de 1620, donde casó el 21 de octubre de 1641, con don Bartolomé Cordoví y Betancourt, natural de San Salvador del Bayamo, hijo de Bartolomé y de Juana.

6. — Don Bartolomé Báez de Fuentes y Pérez, fue bautizado en la Catedral de La Habana el 26 de noviembre de 1601.

7. — Don Diego Báez de Fuentes y Pérez, fue bautizado en la Catedral de La Habana el 11 de agosto de 1608.

8. — Don Francisco Báez de Fuentes y Pérez fue bautizado en la Catedral de La Habana el 13 de enero de 1624. Fue soldado en la Compañía de Lope de Hoces. Su defunción se encuentra en la referida Catedral a 7 de enero de 1691.

9. — Don José Báez de Fuentes y Pérez, fue bautizado en la Catedral de La Habana el 11 de abril de 1616, donde casó el 29 de septiem-

bre de 1641, con doña María Milián y Pérez, natural de Canarias, la que testó ante Antonio Fernández de Velasco, encontrándose su defunción en la parroquia de la villa de Guanabacoa a 22 de julio de 1702, hija de José Miguel y de Constanza. Tuvieron por hijos: a Florencia; a Juan, y a Francisco Báez de Fuentes y Milián. Los cuales:

1. — Doña Florencia Báez de Fuentes y Milián, bautizada en la Catedral de La Habana el 26 de diciembre de 1650, tiene su defunción en la parroquia de Guanabacoa a 30 de noviembre de 1698. Casó dos veces: la primera, en la Catedral de La Habana el primero de enero de 1669, con don Domingo Pérez, natural de Buenavista, en Tenerife, hijo de don Lucas Hernández y de doña Ana Méndez. Casó por segunda vez en la parroquia de la villa de Guanabacoa el 21 de diciembre de 1688, con don Baltasar González y Hernández, natural del Realejo de Abajo, Tenerife, hijo de Lázaro y de Beatriz.

2. — Don Juan Báez de Fuentes y Milián, del que se tratará en la «Línea Primera».

3. — Don Francisco Báez de Fuentes y Milián, del que se tratará en la «Línea Segunda».

«LÍNEA PRIMERA»

Don Juan Báez de Fuentes y Milián (anteriormente mencionado como hijo de don José Báez de Fuentes y Pérez y de doña María Milián y Pérez), fue bautizado en la Catedral de La Habana el 12 de agosto de 1648. Casó con doña Francisca Barroso y Martín, natural de La Laguna, Tenerife,[1] hija de Francisco y de María. Tuvieron por hijos: a dos Marías: a Rosa; a José; a Cayetano; y a Vicente-Ferrer de Fuentes y Barroso. Los cuales:

1. — Doña María de Fuentes y Barroso, tiene su defunción, párvula, en la parroquia de Guanabacoa, a 24 de diciembre de 1699.

2. — Doña María de Fuentes y Barroso, fue bautizada en la parroquia de Guanabacoa el 20 de septiembre de 1703.

3. — Doña Rosa de Fuentes y Barroso, natural de La Habana, tiene su defunción en la parroquia de Güines 15 de febrero de 1740. Casó con don Juan Rangel de Chávez y Ávila, hijo de Juan Francisco y de Teodora.

4. — Don José de Fuentes y Barroso, tiene su defunción en la Catedral de Matanzas a 14 de octubre de 1755.

---

1. Doña Francisca Barroso y Martín, casó por segunda vez en La Habana, parroquia del Espíritu Santo, el 19 de enero de 1722, con don Juan de Herrera y Díaz, natural de esta ciudad, hijo de Bernabé y de Andrea.

5. — Don Cayetano de Fuentes y Barroso, bautizado en la parroquia de Guanabacoa el 13 de agosto de 1713, casó con doña Manuela González, y tuvieron por hijo: a

Don Matías de Fuentes y González, que casó en la parroquia de Guamutas el 28 de julio de 1779, con doña Rosalía Collazo y Rodríguez, natural de Matanzas, hija de José y de Teresa.

6. — Don Vicente Ferrer de Fuentes y Barroso, casó en La Habana, parroquia del Espíritu Santo, el 13 de enero de 1718, con doña María Isabel Carvajal y Salinero, natural de esta ciudad, hija de Antonio y de Micaela. Tuvieron por hijos: a María Josefa; a Jerónima; a Petrona; a Manuel; a Juan Eugenio, y a José Miguel de Fuentes y Carvajal. Los cuales:

1. — Doña María Josefa de Fuentes y Carvajal, tiene su defunción en la Catedral de Matanzas a 21 de septiembre de 1732.

2. — Doña Jerónima de Fuentes y Carvajal, casó con don X. Zamora.

3. — Doña Petrona de Fuentes y Carvajal, natural de Río Nuevo, en el partido de Gonzalo, Macuriges, casó en la Catedral de Matanzas el 21 de octubre de 1743, con don Juan de la Cova y Núñez, natural de dicha ciudad, hijo del Capitán Juan y de María.

4. — Don Manuel de Fuentes y Carvajal, casó con doña Polonia Dolores Hernández, y tuvieron por hijo: a

Don José María de Fuentes y Hernández, que fue bautizado en la Catedral de Matanzas el 17 de diciembre de 1775, donde casó en el año 1803, con doña María de los Remedios Fuentes y Díaz, natural de dicha ciudad, hija del Sargento Juan Eugenio de Fuentes y Carvajal, y de doña Rita Díaz-Llanos y García de Oramas.

5. — El Sargento Juan Eugenio de Fuentes y Carvajal, natural del partido de Gonzalo, en Macuriges, casó en la Catedral de Matanzas el 5 de diciembre de 1743, con doña Rita Díaz-Llanos y García de Oramas, natural de dicha ciudad, hija de don Pablo Díaz-Llanos y Santaella, Síndico Procurador General y Alcalde ordinario, y de doña Paula García de Oramas y Llanos, naturales de Tenerife, Islas Canarias. Tuvieron por hijos: a Juana; a María Rita; a María de los Remedios, y a Manuel de Fuentes y Díaz-Llanos. Los cuales:

A. — Doña Juana de Fuentes y Díaz-Llanos, tiene su defunción en la Catedral de Matanzas a 19 de junio de 1769.

B. — Doña María Rita de Fuentes y Díaz-Llanos, tiene su defunción en la Catedral de Matanzas a primero de octubre de 1763.

C. — Doña María de los Remedios Fuentes y Díaz-Llanos, fue bautizada en la Catedral de Matanzas el 20 de septiembre de 1753, donde casó en el año 1803, con don José María de Fuentes y Hernández, natural de dicha ciudad, hija de don Manuel de Fuentes y Carvajal y de doña Polonia Dolores Hernández.

D. — Don Manuel de Fuentes y Díaz-Llanos, fue Teniente de Milicias, y su defunción se encuentra en la Catedral de Matanzas a 19 de noviembre de 1825, donde casó el 8 de abril de 1785 con doña Josefa Rodríguez de la Barrera y Angulo, nacida en dicha ciudad el 20 de noviembre de 1757, y cuya defunción se encuentra en la referida Catedral el 13 de agosto de 1832, hija de don Simón Rodríguez de la Barrera, natural de La Habana, y de doña María Antonia Manuel de Angulo. Tuvieron por hijas: a María Rita, y a Isabel de Fuentes y Rodríguez de la Barrera. Las cuales:

A. — Doña María Rita de Fuentes y Rodríguez de la Barrera, casó en la Catedral de Matanzas el primero de septiembre de 1803, con don Álvaro José Milanés y Sánchez natural de la villa de San Salvador del Bayamo, hijo de Bernardo y de María Guadalupe.[2]

B. — Doña Isabel de Fuentes y Rodríguez de la Barrera, casó en la Catedral de Matanzas el primero de julio de 1822, con don Simón de Ximeno y Estévez, natural de dicha ciudad, Capitán de Voluntarios Realistas y Prior del Tribunal de Comercio, Comendador de la Orden de Isabel la Católica, hijo de don José Matías de Ximeno y Uzaola, natural de Bilbao, Habilitado de Milicias, Síndico Procurador General, Regidor, Alcalde ordinario y Consiliario de la Junta Económica y de Gobierno en la ciudad de Matanzas, y de doña Josefa Estévez y López Montáñez.

6. — Don José Miguel de Fuentes y Carvajal, casó en la Catedral de Matanzas el 6 de enero de 1645, con doña Ana Juana Benítez de Lugo y Avalos, hija de don Francisco Benítez de Lugo, natural de Tenerife, y de doña Manuela de Avalos y Díaz. Tuvieron por hijos: a Juana; a Rosalía; a Antonia; a Bruno; a Esteban; a Juan; a Manuel, y a Juan José de Fuentes y Benítez de Lugo. Los cuales:

1. — Doña Juana de Fuentes y Benítez de Lugo, casó con don José Ignacio de Torres.

2. — Doña Rosalía de Fuentes y Benítez de Lugo, tiene su defunción en la Catedral de Matanzas a 2 de noviembre de 1770.

---

2. Don Álvaro José Milanés y Sánchez, y su mujer doña María Rita de Fuentes y Rodríguez de la Barrera, tuvieron por hijos: a Carlota; a Federico, y a José Jacinto Milanés y Fuentes. De los cuales:

Don José Jacinto Milanés y Fuentes, nacido en Matanzas el 16 de agosto de 1814, fue uno de los más distinguidos poetas cubanos del siglo XIX.

3. — Doña Antonia de Fuentes y Benítez de Lugo, casó con don Agustín Otero y Pérez-Barnuevo, hijo de don Miguel de Otero y Báez de Fuentes y de doña María Gertrudis Pérez-Barnuevo y Solís-Puñales.

4. — Don Bruno de Fuentes y Benítez de Lugo, tiene su defunción en la Catedral de Matanzas a 18 de noviembre de 1751.

5. — Don Esteban de Fuentes y Benítez de Lugo, tiene su defunción en la Catedral de Matanzas a 11 de enero de 1769.

6. — Don Juan de Fuentes y Benítez de Lugo, fue bautizado en la Catedral de Matanzas el 7 de febrero de 1759.

7. — Don Manuel de Fuentes y Benítez de Lugo, tiene su defunción en la parroquia de Matanzas a 17 de agosto de 1755.

8. — Don Juan José de Fuentes y Benítez de Lugo, bautizado en la Catedral de Matanzas el 24 de julio de 1758, fue Alcalde ordinario de dicha ciudad en 1806, y su Regidor Alcalde Mayor Provincial en 1817. Casó dos veces: la primera, con doña María de los Dolores Pérez-Barnuevo y Solís-Puñales, hija de don José Francisco Pérez-Barnuevo y Solís-Puñales y de doña María Josefa Francisca Solís-Puñales y Pérez-Borroto. Casó por segunda vez, en la parroquia de Ceiba-Mocha, el primero de agosto de 1812, con doña Rosa de Torres y Fuentes, bautizada en la Catedral de Matanzas el 24 de mayo de 1791, hija de don José Ignacio de Torres y de doña Juana de Fuentes y Benítez de Lugo. Con su primera mujer tuvo por hijos: a María de los Dolores, y a Juan Nepomuceno de Fuentes y Pérez-Barnuevo. Los cuales:

1. — Doña María de los Dolores de Fuentes y Pérez-Barnuevo, casó en la parroquia de Ceiba-Mocha el 3 de abril de 1814, con don José Ramón Solís-Puñales y Gómez, natural de Managua, hijo de don Dionisio José Solís-Puñales y Pérez-Borroto y de doña María Manuela Gómez.

2. — Don Juan Nepomuceno de Fuentes y Pérez-Barnuevo, fue bautizado en la Catedral de Matanzas el 20 de diciembre de 1800, donde casó el año 1826, con doña Justa Hernández y Morejón, natural de dicha ciudad, hija de don Ignacio Hernández y Benítez de Lugo, y de doña Felipa Morejón y del Castillo.

Don Juan José de Fuentes y Benítez de Lugo y su segunda mujer doña Rosa de Torres y Fuentes, tuvieron por hijos: a José Ignacio, y a José Ramón de Fuentes y Torres. Los cuales:

1. — El Licenciado José Ignacio de Fuentes y Torres, bautizado en la parroquia de Ceiba-Mocha el 11 de octubre de 1813, fue Abogado.

2. — Don José Ramón de Fuentes y Torres, bautizado en la parroquia de Ceiba-Mocha el 18 de noviembre de 1816, casó en la del Limonar en 1836, con doña María Josefa Benítez de Lugo y Ruiz, natural de

dicha parroquia, hija de don José Benítez de Lugo y Pérez-Barnuevo, y de doña Casilda Ruiz y Pérez-Barnuevo.

«LINEA SEGUNDA»

Don Francisco Báez de Fuentes y Milián (anteriormente mencionado como hijo de don José Báez de Fuentes y Pérez y de doña María Milián y Pérez), fue bautizado en la Catedral de La Habana el 6 de septiembre de 1646, donde casó el 24 de enero de 1677, con doña Francisca Pérez-Cordoví y Báez de Fuentes, conocida por Francisca de Fuentes, natural de esta ciudad, hija de don Bartolomé Cordoví y Betancourt, natural de San Salvador del Bayamo, y de doña Catalina Pérez y Báez de Fuentes, natural de La Habana. Tuvieron por hijos: a María; a Felipa; a Catalina; a Polonia Josefa; a María de la Candelaria; a Leonel; a Juan Manuel; a José; a Juan, y a Manuel Báez de Fuentes y Pérez-Cordoví. De los cuales:

1. — Doña María Báez de Fuentes y Pérez-Cordoví, fue bautizada en la parroquia de Guanabacoa el 14 de septiembre de 1681.

2. — Doña Felipa Báez de Fuentes y Pérez-Cordoví, fue bautizada en la parroquia de Guanabacoa el 26 de mayo de 1687.

3. — Doña Catalina Báez de Fuentes y Pérez-Cordoví, nacida el 30 de abril de 1684, fue bautizada en la parroquia de la villa de Guanabacoa el 13 de junio de dicho año. Testó en Matanzas el 20 de febrero de 1746 ante José Martínez de Velazco. Casó con el Capitán Fernando de Otero y Velarde, natural de Santander, hijo de Fernando y de Juliana.

4. — Doña Polonia Josefa Báez de Fuentes y Pérez-Cordoví, fue bautizada en la Catedral de La Habana, el 24 de febrero de 1692.

5. — Doña María de la Candelaria Báez de Fuentes y Pérez-Cordoví, fue bautizada en La Habana, parroquia de Jesús del Monte, el 26 de septiembre de 1694.

6. — Don Juan Manuel Báez de Fuentes y Pérez-Cordoví, del que se tratará en la Rama Primera.

7. — Don Juan Báez de Fuentes y Pérez-Cordoví, del que se tratará en la Rama Segunda.

8. — Don Manuel Báez de Fuentes y Pérez-Cordoví, del que se tratará en la Rama Tercera.

9. — Don José Báez de Fuentes y Pérez-Cordoví, fue bautizado en la parroquia de Guanabacoa el 10 de enero de 1680.

10. — Don José Báez de Fuentes y Pérez-Cordoví, bautizado en la parroquia de Guanabacoa el 28 de marzo de 1683, tiene su defunción

en la de Güines a 25 de mayo de 1741. Casó en la parroquia de Guanabacoa el 28 de julio de 1728, con doña Francisca Arcila de Guadarrama y Martínez de León, conocida por Francisca de León, natural de dicha villa, hija de Mateo y de María. Tuvieron por hijo: a

Don Antonio Báez de Fuentes y Arcila de Guadarrama, que fue bautizado en La Habana, parroquia del Santo Cristo, el 24 de junio de 1729.

«RAMA PRIMERA»

Don Juan Manuel Báez de Fuentes y Pérez-Cordoví (anteriormente mencionado como hijo de don Francisco Báez de Fuentes y Milián y de doña Francisca Pérez-Cordoví), fue natural de La Habana, donde tiene su defunción, parroquia de Guadalupe, a 12 de marzo de 1759. Casó con doña Juana Gertrudis de la Gama-Navarrete y Olivares Guillamas, natural de esta ciudad, hija de don Francisco de la Gama-Navarrete y González-Alfonseca, y de doña María de Olivares y Guillamas. Tuvieron por hijos: a Faustina; a Jerónima; a Francisca; a María Josefa; a Tomasa; a Gertrudis; a Francisco; a José Timoteo, y a Juan José de Fuentes y de la Gama-Navarrete. Los cuales:

1. — Doña Faustina de Fuentes y de la Gama-Navarrete, natural de La Habana, tiene su defunción en la parroquia de San Julián de los Güines a 26 de diciembre de 1774.

2. — Doña Jerónima de Fuentes y de la Gama-Navarrete, natural de La Habana, tiene su defunción en la parroquia de San Julián de los Güines a 15 de octubre de 1763, donde casó el 9 de mayo de 1739, con don Tiburcio Zamora, hijo de Juan y de Josefa.

3. — Doña Francisca de Fuentes y de la Gama-Navarrete, tiene su defunción en la parroquia de Güines a 26 de febrero de 1797, donde casó el 3 de enero de 1752, con don Pedro Morejón y Cepero, natural de La Habana, hijo de don José Rodríguez-Morejón y de doña Ana Cepero.

4. — Doña María Josefa de Fuentes y de la Gama-Navarrete, casó dos veces: la primera, con don Jerónimo Cepero; y la segunda en la parroquia de Güines, el 6 de septiembre de 1774, con don Diego Molina y González, natural de Guanabacoa, hijo de Juan y de Agustina.

5. — Doña Tomasa de Fuentes y de la Gama-Navarrete, casó con el Capitán José de Otero y Báez de Fuentes, hijo del Capitán Fernando de Otero y Velarde, natural de Santander, y de doña Catalina Báez de Fuentes y Pérez-Cordoví, natural de la villa de Guanabacoa.

6. — Doña Gertrudis de Fuentes y de la Gama-Navarrete, natural de La Habana, casó en esta ciudad, parroquia del Espíritu Santo, el 11 de noviembre de 1744, con el Capitán José de Otero y Báez de Fuentes, viudo de su hermana, doña Tomasa de Fuentes y de la Gama-Navarrete.

7. — Don Francisco de Fuentes y de la Gama-Navarrete, fue bautizado en la parroquia de Güines el 21 de enero de 1731, donde casó el 8 de junio de 1757, con doña Anastasia Gómez y Morales, natural de dicha villa, hija de Alejandro y de Petrona.

8. — Capitán José Timoteo de Fuentes y de la Gama-Navarrete, natural de La Habana, casó en esta ciudad, parroquia de Jesés del Monte, el 17 de febrero de 1734, con doña Paula de la Luz y García, natural de La Habana, hija de Pedro y de Margarita. Tuvieron por hijo a:

Don José Antonio de Fuentes y de la Luz, que casó en la parroquia de San Julián de los Güines, el 23 de enero de 1775, con doña María García y del Pino, natural de dicha villa, hija de Matías y de Juliana.

9. — Don Juan José de Fuentes y de la Gama-Navarrete, fue bautizado en La Habana, parroquia de Jesús del Monte, el 20 de diciembre de 1720, donde casó el 8 de enero de 1766, con doña María de Loreto Granados y Fernández, natural de esta ciudad, hija de Gregorio y de Antonia. Tuvieron por hijos: a María de la Luz; a Juliana; a José María, y a José Ramón de Fuentes y Granados. Los cuales:

1. — Doña María de la Luz de Fuentes y Granados, natural de la villa de Güines, casó en La Habana, parroquia de Jesús del Monte, el 29 de enero de 1787, con don José Manuel Uribazo y Hernández, natural de los Quemados de Marianao, hijo de José y de María de las Mercedes.

2. — Doña Juliana de Fuentes y Granados, fue bautizada en La Habana, parroquia de Jesús del Monte, el 4 de marzo de 1772, donde casó el 4 de febrero de 1793, con don Mateo Díaz y Mantilla, hijo de Manuel y de Ana.

3. — Don José María de Fuentes y Granados, tiene su defunción, soltero, en La Habana, parroquia de Jesús del Monte, a 13 de octubre de 1802.

Don José Ramón de Fuentes y Granados, fue bautizado en la parroquia de Jesús del Monte, el 5 de octubre de 1767, donde casó el 29 de mayo de 1797, con doña María Agustina de Sosa y Arcunia, natural de Jesús del Monte, hija de Francisco y de María.

«RAMA SEGUNDA»

Don Juan Báez de Fuentes y Pérez-Cordoví (anteriormente mencionado como hijo de don Francisco Báez de Fuentes y Milián, y de doña Francisca Pérez-Cordoví) nació el 27 de diciembre de 1685, y fue bautizado en la parroquia de la villa de Guanabacoa el 21 de enero de 1686. Su defunción se encuentra en la Catedral de Matanzas, a 27 de agosto de 1749, donde casó el 6 de mayo de 1723, con doña Catalina Rodríguez-Landín y Pérez, natural de dicha ciudad, cuya defunción se encuentra igualmente en la referida Catedral a 21 de enero de 1778, hija de Domingo y de Francisca. Tuvieron por hijos: a María Inés; a Juana; a María Ignacia; a Agustín; a José; a Juan Francisco; a Vicente, y a Antonio de Fuentes y Rodríguez-Landín. Los cuales:

1. — Doña María Inés de Fuentes y Rodríguez-Landín, tiene su defunción en la Catedral de Matanzas a 14 de octubre de 1755.

2. — Doña Juana de Fuentes y Rodríguez-Landín, casó en la Catedral de Matanzas el 10 de febrero de 1744, con don Alejandro Dulzaides y del Castillo, natural de la ciudad de Caracas, en Venezuela, hijo de Juan Alejandro y de Elvira María.

3. — Doña María Ignacia de Fuentes y Rodríguez-Landín, casó dos veces en la Catedral de Matanzas: la primera, el 20 de marzo de 1746, con don Julián de Almeyda y del Castillo, hijo de Jacinto y de Rosalía. Casó por segunda vez, el 30 de enero de 1760, con don Manuel González y González, natural de La Habana, hijo de Miguel y de Bernarda.

4. — Don Agustín de Fuentes y Rodríguez-Landín, tiene su defunción en la Catedral de Matanzas a 14 de septiembre de 1746.

5. — Don José de Fuentes y Rodríguez-Landín, tiene su defunción en la Catedral de Matanzas a 19 de octubre de 1753.

6. — Don Juan Francisco de Fuentes y Rodríguez-Landín, casó con doña Josefa Rafaela de Sotolongo, y tuvieron por hijos: a Manuela Josefa; a María del Rosario; a José Francisco, y a Francisco José de Fuentes y Sotolongo. Los cuales:

A. — Doña Manuela Josefa de Fuentes y Sotolongo, fue bautizada en la parroquia de Pipián el 24 de julio de 1780. Casó en la Catedral de Matanzas en el año 1800, con don Manuel Francisco de Fuentes y Silvera, hijo de don Antonio de Fuentes y Rodríguez-Landín, Regidor del Ayuntamiento de dicha ciudad, y de doña Josefa Silvera y Fuentes.

B. — Doña María del Rosario de Fuentes y Sotolongo, fue bautizada en la Catedral de Matanzas el 20 de abril de 1782, donde casó en el año 1804, con don Francisco José de Fuentes y Meza, hijo de don Vicente de Fuentes y Rodríguez-Landín y de doña María de los Dolores de Meza.

C. — Don José Francisco de Fuentes y Sotolongo tiene su defunción en la Catedral de Matanzas a 20 de noviembre de 1773.

C. — Don Francisco José de Fuentes y Sotolongo, bautizado en la Catedral de Matanzas el 17 de septiembre de 1778, casó con doña Sebastiana Morgado y Rodríguez-Landín, natural de dicha ciudad, hija de Sebastián y de Rosalía.

7. — Don Vicente de Fuentes y Rodríguez-Landín, natural de La Habana, casó dos veces: la primera, en la Catedral de Matanzas, el 20 de marzo de 1765, con doña María de los Dolores Ávila y González, natural de dicha ciudad, hija de Luis y de María Rita. Casó por segunda vez con doña María de los Dolores de Meza, con la que tuvo por hijos: a Francisco, y a Francisco José de Fuentes y Meza. Los cuales:

A. — Don Francisco de Fuentes y Meza, tiene su defunción en la Catedral de Matanzas a 30 de julio de 1777.

B. — Don Francisco José de Fuentes y Meza, fue bautizado en la Catedral de Matanzas el 9 de enero de 1780, donde casó en el año 1804, con doña María del Rosario de Fuentes y Sotolongo, hija de don Juan Francisco de Fuentes y Rodríguez-Landín y de doña Josefa Rafaela de Sotolongo.

8. — Don Antonio de Fuentes y Rodríguez-Landín, natural de Matanzas, fue Regidor del Ayuntamiento de dicha ciudad, en cuya Catedral casó el 5 de abril de 1756, con doña Josefa Silvera y Fuentes, natural de Matanzas, hija de don Pedro Nolasco Silvera y Martín, natural de Santiago de Cuba, y de doña Manuela de Fuentes y Hernández-Barroso, natural de Matanzas. Tuvieron por hijos: a Tomasa; a María del Rosario; a Francisca; a Hilario; a José Joaquín, y a Manuel Francisco de Fuentes y Silvera. Los cuales:

1. — Doña Tomasa de Fuentes y Silvera, casó con don Juan Francisco Arévalo y Rodríguez, natural de Matanzas, hijo de Francisco y de María.

2. — Doña María del Rosario de Fuentes y Silvera, tiene su defunción en la Catedral de Matanzas, a 17 de agosto de 1770.

3. — Doña Francisca de Fuentes y Silvera, casó en la Catedral de Matanzas el 27 de diciembre de 1783, con don Santiago Domínguez y Morales, natural de dicha ciudad, Capitán de Partido y Juez Pedáneo del Yumurí, hijo de don Manuel Domínguez y Martínez, natural de La Habana, y de doña Bárbara Andrea Morales y Fuentes.

4. — Don Hilario de Fuentes y Silvera, tiene su defunción en la Catedral de Matanzas, a 13 de noviembre de 1769.

5. — Don José Joaquín de Fuentes y Silvera, casó con doña María del Rosario Morgado y Rodríguez, natural de Matanzas, hija de Sebastián y de Rosalía. Tuvieron por hijos: a María del Rosario Regina, y a Rafael de Fuentes y Morgado. Los cuales:

A. — Doña María del Rosario Regina de Fuentes y Morgado, bautizada en la Catedral de Matanzas el 16 de septiembre de 1798, casó con don José Arévalo.

B. — Don Rafael de Fuentes y Morgado, casó con doña María de la Paz Domínguez y Molina, natural de Matanzas, hija de Agustín y de Antonia María. Tuvieron por hijo: a

Don Agustín de Fuentes y Domínguez, bautizado en la Catedral de Matanzas el 19 de octubre de 1839, que casó con doña María Clotilde Tápanes y Arévalo, bautizada en la parroquia de Corral Nuevo de Macuriges el 17 de junio de 1843, hija de don José Tápanes y Alfonso y de María de Arévalo y Fuentes, natural de Matanzas.

6. — Don Manuel Francisco de Fuentes y Silvera, fue bautizado en la Catedral de Matanzas el 26 de julio de 1780, donde casó dos veces: la primera, en 1800 con doña Manuela Josefa de Fuentes y Sotolongo, hija de don Juan Francisco de Fuentes y Rodríguez-Landín y de doña Josefa Rafaela de Sotolongo. Casó por segunda vez en el año 1802, con doña María Juana de los Santos Villalonga y Suárez, natural de dicha ciudad, hija de Fernando y de Agustina. Con su segunda mujer, tuvo por hijos: a Domingo y a Antonio de Fuentes y Villalonga. Los cuales·

1. — Don Domingo de Fuentes y Villalonga, bautizado en la Catedral de Matanzas el 4 de enero de 1808, casó con doña María Ambrosia Tápanes y Arévalo, natural de dicha ciudad, hija de don Manuel Tápanes y Silvera y de doña Paula de Arévalo y Fuentes.

2. — Don Antonio de Fuentes y Villalonga, casó con doña Manuela Tápanes y Tápanes, natural de Matanzas, hija de don Francisco Tápanes y Díaz, y de doña Lorenza Tápanes y Soto. Tuvieron por hijo a:

Don Brígido de Fuentes y Tápanes, que fue bautizado en la parroquia de Versalles, Matanzas, el 7 de noviembre de 1863. Casó en la parroquia de Corral Nuevo de Macuriges, en 1888, con doña María de Regla Serafina Tápanes y Tápanes, hija de don José Belén Tápanes y Villalonga, y de doña María Candelaria Tápanes y Tápanes.

«RAMA TERCERA»

Don Manuel Báez de Fuentes y Pérez Cordoví (anteriormente mencionado como hijo de don Francisco Báez de Fuentes y Milián y de doña Francisca Pérez-Cordoví), natural de La Habana, tiene su defunción en la Catedral de Matanzas a 15 de octubre de 1768. Casó dos veces: la primera, en La Habana, parroquia del Espíritu Santo, el primero de enero de 1721, con doña Antonia de León Castellanos y Hernández, natural de esta ciudad, hija de don Matías de León Castellanos y Pereira, y de doña Josefa Hernández y Manuel. Casó por segunda vez en la parroquia de Guanabacoa el 31 de diciembre de 1727, con doña Francisca González-Landín y Hernández, natural de dicha villa, hija de Juan y de Francisca. Con su primera mujer, tuvo por hija: a

Doña María Manuela Báez de Fuentes y León-Castellanos, natural de La Habana, que dio poder para testar a su marido el 15 de febrero de 1758 ante Antonio Salinas. Su defunción se encuentra en la Catedral de La Habana a 16 de julio de 1763, en cuya ciudad casó, parroquia del Santo Cristo, el 13 de febrero de 1744, con don Félix González de la Torre y Sánchez, natural de La Habana, hijo de don Lorenzo González de la Torre y Sotolongo, y de doña Manuela Sánchez y Pacheco.

Don Manuel Báez de Fuentes y Pérez-Cordoví y su segunda mujer doña Francisca González-Landín y Hernández, tuvieron por hijos: a María; a Micaela; a Adrián; a Mauricio; a Juan Francisco; a Manuel; a Antonio y a José Francisco de Fuentes y González-Landín. De los cuales:

1. — Doña María de Fuentes y González-Landín, tiene su defunción en la parroquia de Guanabacoa a 22 de enero de 1741.

2. — Doña Micaela de Fuentes y González-Landín, fue bautizada en la parroquia de Guanabacoa a 22 de octubre de 1744.

3. — Don Juan Francisco de Fuentes y González-Landín, fue bautizado en la parroquia de Guanabacoa el 25 de julio de 1738.

4. — Don Mauricio de Fuentes y González-Landín, fue bautizado en la parroquia de Guanabacoa el 27 de febrero de 1741.

5. — Don Manuel de Fuentes y González-Landín, bautizado en la parroquia de Guanabacoa el 28 de octubre de 1728, casó con doña María Gertrudis Otero y Benítez de Lugo, natural de Matanzas, hija del Capitán Fernando de Otero y Báez de Fuentes, y de doña Teresa Benítez de Lugo y Avalos. Tuvieron por hija: a Manuela de Fuentes y Otero.

6. — Don Antonio de Fuentes y González-Landín, natural de La Habana, casó en la Catedral de esta ciudad el 12 de mayo de 1755, con doña Rosalía Petrona de Otero y Pérez-Barnuevo, natural de Macuriges, hija de don Miguel de Otero y Báez de Fuentes, y de doña María Pérez-Barnuevo y Solís-Puñales. Tuvieron por hija: a

Doña María de la Encarnación Fuentes y Otero, que fue bautizada en la parroquia de Jaruco el 29 de abril de 1779.

10. — Don José Francisco de Fuentes y González-Landín, natural de Guanabacoa, testó el 4 de diciembre de 1798 ante Manuel García de Mirabal, Teniente de Partido, y su defunción se encuentra en la parroquia de San Matías de Río Blanco del Norte, a 8 de enero de 1799. Casó en La Habana, parroquia de Guadalupe, el 29 de octubre de 1772, con doña María Gertrudis de Otero y Pérez-Barnuevo, natural de Matanzas, hija de don Miguel de Otero y Báez de Fuentes, y de doña María Pérez-Barnuevo y Solís-Puñales. Tuvieron por hijos: a María Gertrudis; a Isidora; a María de Jesús; a María de Regla; a Clara María; a Bárbara; a María de la Candelaria; a Serapio; a Manuel José; a Domingo Anto-

nio; a Francisco de Sales; a Luis Antonio, y a Rafael de Fuentes y Otero. De los cuales:

1. — Doña María de Fuentes y Otero, tiene su defunción en la Catedral de Matanzas a 17 de julio de 1777.

2. — Doña Clara María de Fuentes y Otero, fue bautizada en la parroquia de Jaruco el 22 de septiembre de 1782.

3. — Doña Bárbara de Fuentes y Otero, natural de Güines, tiene su defunción en la parroquia de San Antonio de Río Blanco, a 22 de octubre de 1834. Casó con don Miguel Benítez de Lugo.

4. — Doña María de la Candelaria Fuentes y Otero, bautizada en la parroquia de Jaruco el 26 de febrero de 1781, casó con don Pedro Brito y de las Cuevas, natural de Bejucal, hijo de Francisco y de María.

5. — Don Domingo Antonio de Fuentes y Otero, tiene su defunción en la Catedral de Matanzas a 20 de junio de 1778.

6. — Don Luis Antonio de Fuentes y Otero, tiene su defunción en la Catedral de Matanzas a 11 de septiembre de 1766.

7. — Don Rafael de Fuentes y Otero, tiene su defunción en la Catedral de Matanzas a 19 de abril de 1778.

8. — Don Francisco de Sales Fuentes y Otero, natural de San Matías de Río Blanco del Norte, tiene su defunción en la parroquia de Jaruco a 3 de noviembre de 1862. Casó con doña María de la Candelaria Josefa Rodríguez.

Procedente de Garachico, en la isla de Tenerife, se estableció otra familia Fuentes en la ciudad de Matanzas a principios del siglo XVIII, y a ella perteneció:

Don Melchor de Fuentes, que casó con doña Catalina Rodríguez, y tuvieron por hijo: al

Subteniente Melchor de Fuentes y Rodríguez, natural de Garachico, que casó en la Catedral de Matanzas el 24 de junio de 1717, con doña Paula Benítez de Lugo y Landín, natural de La Habana, hija de Salvador y de María de la Ascensión. Tuvieron por hijos: a María; a Manuela; a María de los Remedios; a Cecilia; a Isidora; a Paula Brígida; a María Paulina; a Antonia; a Juan Patricio; a Pedro, y a Carlos de Fuentes y Benítez de Lugo. Los cuales:

1. — Doña María de Fuentes y Benítez de Lugo, natural de Matanzas, cuya defunción se encuentra en la parroquia de Guadalupe a 15 de septiembre de 1759.

2. — Doña Manuela de Fuentes y Benítez de Lugo, tiene su defunción en la Catedral de Matanzas a 13 de noviembre de 1740.

3. — Doña Cecilia de Fuentes y Benítez de Lugo, tiene su defunción en la Catedral de Matanzas a 22 de enero de 1752.

4. — Doña María de los Remedios de Fuentes y Benítez de Lugo, natural de Matanzas, casó en La Habana, parroquia de Guadalupe, el 11 de junio de 1761, con Francisco Xavier del Castillo y Mendiola, natural de Guadalajara, hijo de Antonio y de Nicolasa.

5. — Doña Isidora de Fuentes y Benítez de Lugo, tiene su defunción en la Catedral de Matanzas a 9 de enero de 1720.

6. — Doña Paula Brígida de Fuentes y Benítez de Lugo, natural de Matanzas tiene su defunción en La Habana, parroquia del Espíritu Santo, a 16 de agosto de 1791. Casó en la Catedral de Matanzas el 4 de julio de 1740, con don Diego Domingo Rodríguez y Ramírez, natural de La Habana, hijo de Manuel y de Josefa.

7. — Doña María Paulina de Fuentes y Benítez de Lugo, casó dos veces en la Catedral de Matanzas: la primera el 15 de octubre de 1746, con don Pedro Lezcano y Muñoz, natural de Trinidad, hijo de Juan Tomás y de Manuela. Casó por segunda vez el 30 de noviembre de 1763, con don Nicolás de Fuentes y Mantilla, natural de Macuriges (viudo de doña Francisca Solano), hijo de Diego y de Isabel.

8. — Doña Antonia de Fuentes y Benítez de Lugo, casó en la Catedral de Matanzas el 19 de abril de 1747, con don Pedro de León González y Lizano, natural de Campeche, hijo de Salvador y de Josefa Hermenegilda.

9. — Don Juan de Fuentes y Benítez de Lugo, tiene su defunción en la Catedral de Matanzas a 30 de abril de 1742.

10. — Don Patricio de Fuentes y Benítez de Lugo, tiene su defunción en la Catedral de Matanzas a 3 de abril de 1743.

11. — Don Pedro de Fuentes y Benítez de Lugo, natural de Matanzas, casó en la Catedral de dicha ciudad, el 7 de enero de 1754, con doña Josefa Hernández y González, natural del Calvario, hija de Lázaro y de Rosa.

12. — Don Carlos de Fuentes y Benítez de Lugo, natural de Matanzas, casó en La Habana, parroquia del Santo Cristo, el 14 de junio de 1787, con doña Nicolasa de Fuentes y Hernández, natural de esta ciudad, hija de Tomás y de Luisa Francisca.[3]

---

3. Don Tomás de Fuentes y su mujer doña Lucía Francisca Hernández, tuvieron por hijas: a Feliciana, y a Nicolasa de Fuentes y Hernández. Las cuales:

1. — Doña Feliciana de Fuentes y Hernández, natural de La Habana, casó en esta ciudad, parroquia del Santo Ángel, el 27 de noviembre de 1729, con don Tomás de Estrada.

2. Doña Nicolasa de Fuentes y Hernández, natural de La Habana, casó dos veces en esta ciudad: la primera, en la parroquia del Santo Angel el 12 de enero de 1728, con don Nicolás Duque de Estrada y Correa, natural de La Habana, hijo de Pedro y de Josefa; y la segunda, en la parroquia del Santo Cristo el 14 de junio de 1757, con don Carlos de Fuentes y Benítez de Lugo, natural de Matanzas, arriba referido.

Procedente, igualmente, de Garachico, en la isla de Tenerife, a principios del siglo XVIII se estableció en Matanzas,

Don José de Fuentes, natural de Garachico, que en 17 de junio de 1717, fue electo Regidor perpetuo del Ayuntamiento de Matanzas, título que presentó, prestando juramento y tomando posesión en Cabildo celebrado el 25 de julio de dicho año. Fue además Regidor de dicho Ayuntamiento en 1713, y Alcalde ordinario de Matanzas los años 1714, 15, 24 y 25. Casó en la Catedral de dicha ciudad, el 26 de junio de 1702, con doña Catalina Hernández-Barroso y Morales, natural de Taganana, en Tenerife, hija de Andrés y de María. Tuvieron por hijos: a María; a Feliciana Valeria; a Manuela; a María Margarita; a Josefa; a Pablo; a Francisco; a Francisco Xavier; a José; a Pedro; a Sebastián; a Juan; a Diego, y a Francisco de Fuentes y Hernández-Barroso. Los cuales:

1. — Doña María de Fuentes y Hernández-Barroso, tiene su defunción en la Catedral de Matanzas a 25 de septiembre de 1705.

2. — Doña Feliciana de Fuentes y Hernández-Barroso, fue bautizada en la Catedral de Matanzas el 5 de marzo de 1712, donde casó dos veces: la primera, el 28 de diciembre de 1727, con el Regidor Sebastián de Baeza, Alcalde de segundo voto de Matanzas; y la segunda vez, el 19 de mayo de 1759, con don Gaspar de Alverja y de la Rosa, natural de Orotava, hijo de Francisco y de María.

3. — Doña Manuela de Fuentes y Hernández-Barroso, fue bautizada en la Catedral de Matanzas el 3 de enero de 1717, donde casó el 23 de septiembre de 1734, con don Pedro Nolasco Silvera y Martín, natural de Santiago de Cuba, hijo de don José Silvera y de la O, natural de la villa de Gualbe, en Guadalajara, y de doña Eusebia Manuela Martín, natural de Santiago de Cuba.

4. — Doña María Margarita de Fuentes y Hernández-Barroso, fue bautizada en la Catedral de Matanzas el 20 de junio de 1715, donde se encuentra su defunción a 21 de mayo de 1758. Casó en la referida Catedral el 12 de junio de 1730, con don Manuel Morales y Delgado, natural de Matanzas, Hacendado, hijo de don Andrés Morales y de los

Santos, natural de Guanabacoa, Regidor y Alcalde ordinario de Matanzas en 1734, y de doña Isabel Delgado y Domínguez, natural del Sauzal, en Tenerife.

5. — Doña Josefa de Fuentes y Hernández-Barroso, natural de La Habana, testó ante Felipe Álvarez el 21 de mayo de 1802, y su defunción se encuentra en esta ciudad, parroquia del Santo Ángel, a 29 de junio de dicho año. Casó en la Catedral de Matanzas el 26 de septiembre de 1740, con don Francisco de Valderrama y Fernández, natural de Écija, Sevilla, hijo de Sebastián y de María.

6. — Don Pablo de Fuentes y Hernández-Barroso, tiene su defunción en la Catedral de Matanzas, a 6 de junio de 1721.

7. — Don Francisco de Fuentes y Hernández-Barroso, fue bautizado en la Catedral de Matanzas, el 4 de abril de 1703.

8. — Don Francisco Xavier de Fuentes y Hernández-Barroso, fue bautizado en la Catedral de Matanzas el 7 de diciembre de 1718, donde se encuentra su defunción a 9 de diciembre de dicho año.

9. — Don José de Fuentes y Hernández-Barroso, fue bautizado en la Catedral de Matanzas el 5 de junio de 1704, donde se encuentra su defunción a 12 de septiembre de 1734.

10. — Don Pedro de Fuentes y Hernández-Barroso, tiene su defunción en la Catedral de Matanzas a 8 de julio de 1722.

11. — Don Sebastián de Fuentes y Hernández-Barroso, fue bautizado en la Catedral de Matanzas el 30 de abril de 1710, donde casó el 17 de agosto de 1737, con doña María Alfonso de Armas Pérez, hija de don José Alfonso de Armas y Rodríguez, y de doña Bibiana Pérez-Báez y Jiménez.

12. — Don Juan de Fuentes y Hernández-Barroso, casó en la Catedral de Matanzas el 16 de mayo de 1742, con doña Francisca Benítez de Lugo y Álvarez, hija de don Francisco Benítez de Lugo, natural de Tenerife, y de doña Manuela Avalos y Díaz. Tuvieron por hijos: a María del Carmen; a María; a Juana María; a Juana; a Francisca; a José Manuel, y a Juan de Fuentes y Benítez de Lugo. Los cuales:

A. — Doña María del Carmen de Fuentes y Benítez de Lugo, tiene su defunción en la Catedral de Matanzas a 17 de septiembre de 1765.

B. — Doña María de Fuentes y Benítez de Lugo, tiene su defunción en la Catedral de Matanzas a 16 de abril de 1753.

C. — Doña Juana María de Fuentes y Benítez de Lugo, tiene su defunción en la Catedral de Matanzas a 29 de noviembre de 1760.

D. — Doña Juana de Fuentes y Benítez de Lugo, natural de Matanzas, testó ante José Rodríguez el 6 de octubre de 1810, y su defunción se encuentra en La Habana, parroquia del Santo Cristo, a 26 de diciembre de dicho año. Casó con don Rafael de Acosta.

E. — Doña Francisca de Fuentes y Benítez de Lugo, tiene su defunción en la Catedral de Matanzas a 23 de octubre de 1763, donde casó el 2 de febrero de 1759, con don Pedro de Carvajal y Otero, natural de dicha ciudad, hijo de don Lorenzo de Carvajal y de doña María Otero y Báez de Fuentes.

F. — Don José Manuel de Fuentes y Benítez de Lugo, tiene su defunción en la Catedral de Matanzas a 12 de marzo de 1767.

G. — Don Juan de Fuentes y Benítez de Lugo, natural de Matanzas, casó con doña Rita Pérez-Barnuevo y Solís-Puñales, natural de dicha ciudad, hija de don José Francisco Pérez-Barnuevo y Solís-Puñales, y de doña María Josefa Francisca Solís-Puñales y Pérez-Borroto. Tuvieron por hijos: a María Antonia, y a Agustín de Fuentes y Pérez-Barnuevo. Los cuales:

A. — Doña María Antonia de Fuentes y Pérez-Barnuevo, fue bautizada en Matanzas el 26 de julio de 1796. Casó con don Francisco Antonio de Otero y Fuentes, hijo de don Agustín de Otero y Pérez-Barnuevo, y de doña Antonia de Fuentes y Benítez de Lugo.

B. — Don Agustín de Fuentes y Pérez-Barnuevo fue bautizado en la parroquia de Ceiba-Mocha el 12 de marzo de 1801, donde casó en 1824, con doña Josefa Rangel de Chávez y Contreras, natural de Matanzas, hija de don José Miguel de Chávez y Fuentes, y de doña María de los Dolores Contreras y Pérez-Barnuevo.

13. — Don Diego de Fuentes y Hernández-Barroso, bautizado en la Catedral de Matanzas el 23 de noviembre de 1703, testó el 31 de agosto de 1762, ante José Martínez de Velasco. Su defunción se encuentra en la referida Catedral al primero de septiembre de dicho año, donde casó el 27 de octubre de 1740, con doña María Juana Avalos y Díaz, natural de dicha ciudad, hija del Sargento Juan y de Isabel. Tuvieron por hijos: a María de Jesús; a Luisa Manuela; a Catalina; a Rita; a María; a Rosalía; a Esteban, y a Pedro de Fuentes y Avalos. De los cuales:

A. — Doña Catalina de Fuentes y Avalos, tiene su defunción en la Catedral de Matanzas a primero de marzo de 1743.

B. — Doña Rita de Fuentes y Avalos, tiene su defunción en la Catedral de Matanzas en noviembre de 1753.

C. — Doña María de Fuentes y Avalos, tiene su defunción en la Catedral de Matanzas, a primero de agosto de 1741.

D. — Doña Rosalía de Fuentes y Avalos, fue bautizada en la Catedral de Matanzas el 6 de marzo de 1744, donde casó dos veces: la primera, el 17 de agosto de 1765, con don José Barroso y Avalos, hijo de

Juan Manuel y de Juana. Casó por segunda vez, el 22 de enero de 1774, con don Jorge Antonio Trelles y Radio, natural de San Esteban de Noalla, Galicia, Regidor Fiel Ejecutor del Ayuntamiento de Matanzas de 1796 a 1829, hijo de don José Antonio Trelles y de la Carrera, natural de Talaren, y de doña Francisca Antonia Radio y Míquez.

E. — Don Esteban de Fuentes y Avalos, tiene su defunción en la Catedral de Matanzas a 10 de septiembre de 1748.

F. — Don Pedro de Fuentes y Avalos, tiene su defunción en la Catedral de Matanzas a 20 de abril de 1761.

14. — Don Francisco de Fuentes y Hernández-Barroso, fue bautizado en la Catedral de Matanzas el 6 de enero de 1708, donde casó el 8 de octubre de 1745, con doña Ángela Benavides y Curbelo, natural de Jesús del Monte, hija de don Ángel García de Benavides y Rodríguez-Casanova, natural de La Laguna, Tenerife, y de doña Lucía Curbelo. Tuvieron por hijos: a María Luisa; a María Manuela; a Rosalía; a María Teresa; a Juana; a María del Rosario; a Ana Gertrudis; a María Leonor; a Rita; a María Magdalena; a Juan; a Rafael, y a José de Fuentes y Benavides. Los cuales:

1. — Doña María Luisa de Fuentes y Benavides, tiene su defunción en la parroquia del Potosí a 24 de junio de 1774.

2. — Doña María Manuela de Fuentes y Benavides, tiene su defunción en la parroquia del Potosí a 8 de junio de 1774.

3. — Doña Rosalía de Fuentes y Benavides, tiene su defunción en la Catedral de Matanzas a 28 de octubre de 1768.

4. — Doña María Teresa de Fuentes y Benavides, tiene su defunción en la Catedral de Matanzas a 11 de septiembre de 1772.

5. — Doña Juana de Fuentes y Benavides, tiene su defunción en la Catedral de Matanzas a 10 de octubre de 1763.

6. — Doña María del Rosario de Fuentes y Benavides, tiene su defunción en la Catedral de Matanzas a 24 de noviembre de 1765.

7. — Doña Ana Gertrudis de Fuentes y Benavides, natural de San Miguel del Padrón, casó en la parroquia de Jaruco el 18 de octubre de 1797, con don José Cabrera y Cardoso, natural de Guanabacoa, hijo de Juan Antonio y de Simona.

8. — Doña María Leonor de Fuentes y Benavides, tiene su defunción en la parroquia del Potosí el 14 de enero de 1776. Casó con don Vicente Marrero.

9. — Doña Rita de Fuentes y Benavides, natural de Matanzas, casó en la parroquia de Jaruco el 10 de septiembre de 1785, con don Juan

López y Pereda, natural de la ciudad de Zamora, hijo de Diego y de Isabel.

10. — Doña María Magdalena de Fuentes y Benavides, natural de Matanzas, tiene su defunción en la parroquia de Jaruco a 28 de septiembre de 1808, donde casó el 26 de octubre de 1782, con don Juan Domínguez y Morales, natural de Vallehermoso, hijo de don Juan Bautista Domínguez, y de doña Isabel Domínguez y Morales.

11. — Don Juan de Fuentes y Benavides, tiene su defunción en la Catedral de Matanzas a 9 de agosto de 1763.

12. — Don Rafael de Fuentes y Benavides, natural de Matanzas, tiene su defunción en la parroquia de Jaruco a 24 de diciembre de 1819. Casó con doña Rafaela Pérez-Machado y Díaz, natural de La Habana, hija de Pedro y de Francisca. Tuvieron por hijos: a Cecilio, y a Víctor de Fuentes y Pérez-Machado. Los cuales:

A. — Don Cecilio de Fuentes y Pérez-Machado, fue bautizado en la parroquia de Jaruco el 27 de noviembre de 1815.

B. — Don Víctor de Fuentes y Pérez-Machado, fue bautizado en la parroquia de Jaruco el 16 de marzo de 1812.

13. — Don José de Fuentes y Benavides, natural de Matanzas, testó ante Antonio de Zayas el 3 de julio de 1802, y su defunción se encuentra en la parroquia de Jaruco a 17 de julio de dicho año, donde casó el 26 de marzo de 1792, con doña Teresa Hernández y Pérez, natural de Guanabacoa, hija de Tomás y de Teresa. Tuvieron por hijos: a Juana María; a María Petrona; a Juan José; y a José Ramón de Fuentes y Hernández. Los cuales:

1. — Doña Juana María de Fuentes y Hernández, fue bautizada en la parroquia de Jaruco el 4 de junio de 1794.

2. — Doña María Petrona de Fuentes y Hernández, fue bautizada en la parroquia de Jaruco el 17 de abril de 1796.

3. — Don Juan José de Fuentes y Hernández, fue bautizado en la parroquia de Jaruco el 2 de mayo de 1793.

4. — Don José Ramón de Fuentes y Hernández, fue bautizado en la parroquia de Jaruco el 7 de mayo de 1797.

GALAINENA

A mediados del siglo XVIII, procedente de la villa de Almendos, en el Valle de Baztán, Reino de Navarra, se estableció esta familia en La Habana.

Don Juan Galainena, casó con doña Josefa Ballarena, y tuvieron por hijo: a

Don Juan Bautista Galainena y Ballarena, natural de la villa de Almendos, que dio poder para testar a su mujer en La Habana el 12 de abril de 1751, y su defunción se encuentra en la Catedral de esta ciudad, a 6 de mayo de dicho año, donde casó el 20 de julio de 1742, con doña María Josefa Bassave y Espellosa, hija del Capitán Francisco Antonio Bassave y Urbieta, Alguacil Mayor del Tribunal del Santo Oficio de la Inquisición y Alcalde ordinario de La Habana, y de doña Feliciana Espellosa y Bucareli. Tuvieron por hijo: al

Licenciado Juan Bautista Galainena y Bassave, Alcalde ordinario en 1789, diputado por Pensacola, miembro de la Diputación Provincial del Pto. Príncipe en 1813, que testó el 15 de febrero de 1832 ante Juan Entralgo, y su defunción se encuentra en la Catedral de La Habana a 23 de mayo de 1833, donde casó dos veces: la primera, el 16 de mayo de 1779, con doña Mariana Montalvo y Sotolongo, hija de don José Rafael Montalvo y Bruñón de Vértiz, segundo Conde de Macuriges, Teniente de Navío de la Real Armada, Alcalde ordinario, Maestrante de la Real Ronda, y de doña Ana Josefa Sotolongo y González-Carvajal. Casó por segunda vez, el 26 de noviembre de 1797, con doña María del Rosario del Valle-Clavijo y Morales, hija de don Francisco del Valle-Clavijo, Alcalde ordinario en 1777, Caballero de las órdenes de San Juan de Jerusalén y de Santiago, y de doña Mariana Morales y González-Carvajal.

Don Juan Bautista Galainena y Bassave, y su segunda mujer doña María del Rosario del Valle-Clavijo y Morales, tuvieron por hijo: a

Don Carlos Francisco Galainena y del Valle-Clavijo, que fue Alcalde ordinario en 1842, bautizado en la Catedral de La Habana el 18 de noviembre de 1801. Casó en esta ciudad, parroquia del Cerro, el 2 de agosto de 1826, con doña María Leonarda de Castro-Palomino y Flores, hija de don Francisco de Paula de Castro-Palomino y Duarte, y de doña María del Rosario Flores y Caballero. Tuvieron por hijos: a Matilde; a Juan Bautista, y a Carlos Galainena y Castro-Palomino. Los cuales:

1. — Doña Matilde Galainena y Castro-Palomino, casó en La Habana, el 16 de octubre de 1848, con don Francisco Van-Halen y Pérez Maffei, natural de la isla de San Fernando, Cádiz, Comandante de Ingenieros, hijo de don Manuel Van-Halen y Sarti, oficial de la Milicia Nacional de Madrid, y de doña Joaquina Pérez Maffei.

2. — Don Juan Bautista Galainena y Castro-Palomino, fue bautizado en la Catedral de La Habana el 14 de agosto de 1827.

3. — Don Carlos Galainena y Castro-Palomino, murió en Bahía Honda el 20 de abril de 1877, y casó en la parroquia de los Quemados de Marianao el 21 de diciembre de 1850, con doña Ana Josefa Rivero y

Minsal, hija de Manuel y de María de los Dolores. Tuvieron por hijos: a María Rosario; a Ana; a María Dolores; a Adelaida; a Ricardo, y a Luis Galainena y Rivero. Los cuales:

1. — Doña María Rosario Galainena y Rivero, casó en la parroquia de Marianao, el 6 de septiembre de 1879, con don Diego Rafael Hernández y Pascual, hijo de Diego y de Margarita.

2. — Don Ricardo Galainena y Rivero, fue bautizado en la parroquia de los Quemados de Marianao el 18 de abril de 1856.

3. — Adelaida Galainena y Rivero, casó en Bahía Honda, el 24 de noviembre de 1879, con Miguel Macías y Maura, natural de los Pozos de San Basilio de Cacaragícara, hijo de Domingo y de María Belén.

4. — Doctor Luis Galainena y Rivero, bautizado en la parroquia de los Quemados de Marianao el 30 de diciembre de 1861; Médico. Casó dos veces: la primera, con doña Lilia García y García; y la segunda, en esta ciudad, parroquia de Guadalupe, con doña María Luisa de Quesada y Tovar, hija del Licenciado Mariano de Quesada y Correa, Abogado, y de doña María de las Mercedes Tovar y Santiago-Aguirre. Don Luis Galainena y Rivero, y su primera mujer, doña Lilia García y García, tuvieron por hijos: a Carlos, y a Manuel Galainena y García. De los cuales: el

Doctor Manuel Galainena y García es Médico. Casó con doña Mercedes Jiménez, y tuvieron por hijos: a Margarita; a Lilia, y a Luis Galainena y Jiménez.

Don Luis Galainena y Rivero, y su segunda mujer, doña María Luisa de Quesada y Tovar, tuvieron por hijos: a Georgina; a María Luisa; a Mercedes; a Guillermo; a Gustavo; a Mariano; a Luis Alberto; a Julio, y a Ernesto Galainena y Quesada. De los cuales:

1. — Doña María Luisa Galainena y Quesada, tiene su defunción en La Habana, parroquia del Vedado, a 18 de julio de 1936. Casó con don Plácido Cantón y de la Calle, natural de Matanzas, hijo de don Plácido Cantón y Vicente, y de doña María de los Ángeles de la Calle y Fernández.

2. — Doña Mercedes Galainena y Quesada, casó con don Armando Godoy y Larrañaga, hijo de don Joaquín Godoy y Agostini, y de doña María Larrañaga.

3. — Don Mariano Galainena y Quesada, nacido en Guanajay el 5 de febrero de 1894, es Ingeniero. Casó con doña María Belén Ugarte y Tipular.

4. — Doctor Luis Alberto Galainena y Quesada, nacido en Guanajay el 16 de mayo de 1897, es Médico.

5. — Doctor Julio Galainena y Quesada, nacido en Guanajay el 24 de mayo de 1900, es Médico.

6. — Doctor Ernesto Galainena y Quesada, nacido en Guanajay el 13 de junio de 1902, es Médico. Casó con doña Herminia López y Claussó, hija de don Francisco López y de doña Isabel Claussó y Pérez.

GALARZA

En la segunda mitad del siglo XIX, procedente del Valle de Orozco, partido judicial de Durango, en Vizcaya, se estableció esta familia en La Habana. Obtuvieron los títulos de Conde de Galarza y de Vizconde de Santa Clara.

Don Vicente Galarza y su mujer doña Josefa Zuloaga, tuvieron por hijos: a don Vicente Galarza y Zuloaga, natural del Valle de Orozco, que pasó a la isla de Cuba, y fue regidor del Ayuntamiento los años 1874 y 76, y alcalde segundo de La Habana, consejero de Administración, senador del Reino por la provincia de Santa Clara, presidente del partido Unión Constitucional, Cruz del Mérito Militar y Caballero de la Orden de San Juan de Jerusalén, por Real Despacho de 21 de abril de 1881, se le concedió el título de Conde de Galarza. Casó en La Habana, parroquia Guadalupe, el 29 de diciembre de 1870, con doña Teresa Pérez de Castañeda y Triana, natural de Pinar del Río, hija de don José Pérez de Castañeda y García, natural de la Palma de Gran Canaria, y de doña Paula Triana y Mederos, natural de Güira de Melena. Tuvieron por hijos: a Julio, a Vicente, y a María Consuelo Galarza y Pérez de Castañeda. Los cuales:

1. — Don Julio Galarza y Pérez de Castañeda, nacido el 30 de noviembre de 1871, fue II Conde de Galarza, y II Vizconde de Santa Clara por reales cartas de sucesión del año 1909.

2. — Don Vicente Galarza y Pérez de Castañeda, fue ministro plenipotenciario de España en el Perú. Por Real Despacho de 22 de julio de 1891, se le concedió el título de Vizconde de Santa Clara.

3. — Doña María Consuelo Galarza y Pérez de Castañeda, casó el 14 de abril de 1899, con don Manuel Massó y Ferrer.[1]

---

1. Manuel Massó y Ferrer, y su mujer doña María Consuelo Galarza y Pérez de Castañeda, tuvieron por hijo: a

Don Manuel Massó y Galarza, que es actual Conde de Galarza y Vizconde de Santa Clara por carta de sucesión del año 1944. Casó con doña Eugenia Fencult y Jurgens.

GALDÓS

Familia de procedencia vasca con casa y solar en el pueblo de Legazpia, actual provincia de Guipúzcoa. Se hace remontar su origen a la población de Villarreal. Establecido uno de sus miembros en Canarias al finalizar el siglo XVIII, algunos de sus descendientes pasaron a Cuba en la primera mitad del siglo pasado.

Don Manuel de Galdós casó con doña María Pérez de Lecuona con quien tuvo por hijo a:

Don Bartolomé de Galdós y Pérez de Lecuona que casó con doña Margarita de Arrieta, con quien tuvo por hijo a:

Don Juan de Galdós y Arrieta, que casó con doña María de Beytía, con quien tuvo por hijo: a

Don Bartolomé de Galdós y Beytía, que casó con doña María de Azpiazu, con quien tuvo por hijo: a

Don Manuel de Galdós y Azpiazu, que casó con doña Micaela de Gárate, natural de Elgoibar, con quien tuvo por hijo: a

Don Manuel de Galdós y Gárate, que casó con doña Josefa de Alcorta y Narbayza, natural de la jurisdicción de Tolosa, hija de don Tomás de Alcorta y Arana y de doña Mariana de Narbaza. Tuvieron por hijos: a Asensio Isidro; a José María, y a Domingo de Galdós y Alcorta. Los cuales:

1. — Don Asensio Isidro de Galdós y Alcorta, pasó a Indias.

2. — Don José María de Galdós y Alcorta, se estableció en Madrid.

3. — Don Domingo de Galdós y Alcorta, según su nieto, el ilustre novelista Benito Pérez Galdós, natural de Azpeitia (Memorias de un desmemoriado, La Esfera III, 146), fue destinado a Las Palmas, Canarias, con el cargo de Secretario de la Inquisición. En unión de su hermano, José María, y con poder de su otro hermano, Asencio Isidro, hizo Información de Nobleza, la que se llevó a cabo el 16 de febrero de 1787 en Madrid.

Casó con doña María de la Concepción Medina, con quien tuvo por hijos: a María del Carmen; a María de los Dolores; a Manuela; a Tomasa; a Benito; a Manuel; a Ignacio; a José María y a Domingo de Galdós y Medina. De los cuales:

A. — Doña María de los Dolores de Galdós y Medina casó con don Sebastián Pérez.[1]

B. — Doña Tomasa de Galdós y Medina casó con don Ambrosio Pereira.

C. — El Comandante Benito de Galdós y Medina casó con doña Ramona Echániz. Tuvieron por hija a:

Doña Carolina de Galdós y Echániz, natural de la ciudad de Bergerac, Francia, que casó en La Habana, parroquia del Santo Ángel, el 6 de enero de 1849, con don Pablo Desvernine y Legrás, musicólogo, Caballero de la Orden de Carlos III, hijo de Pierre Emile Desvernine y Lhoste y de Victoria Legrás y Menard.[2]

D. — Don José María de Galdós y Medina casó con doña Adriana (Adrienne) Tate, natural de Washington, Estados Unidos. Tuvieron por hija: a

Doña Josefa de Galdós y Tate, que casó con don Pablo Ignacio de Galdós y Mesa, hijo de don Domingo de Galdós y Medina y de doña María Eleuteria de Mesa y Díaz de la Cruz.

E. — Don Domingo de Galdós y Medina, natural de Canarias, pasó a Cuba estableciéndose en Villa Clara y en Cifuentes. Casó en la Iglesia Parroquial de Cifuentes el 14 de junio de 1833, con doña María Eleuteria de Mesa y Díaz de la Cruz, natural de Santa Clara, hija de don Manuel de Jesús de Mesa y Santa María, Alcalde de la Santa Hermandad de Santa Clara, de donde era natural, y de doña Ana Micaela Díaz de la Cruz y Siverio. Tuvieron por hijos: a Ana Micaela; a María de la Asunción; a Pablo Ignacio; y a Domingo Antonio de Galdós y Mesa. Los cuales:

---

1. Fueron padres, entre otros, de Benito y de Ignacio Pérez y Galdós. Los cuales:

A. — Don Benito Pérez Galdós, nacido en Las Palmas, Canarias, el 10 de mayo de 1843, murió en Madrid el 4 de enero de 1920. Insigne autor dramático y novelista produjo obras como los famosos «Episodios Nacionales», «Fortunata y Jacinta», «Realidad», «Ángel Guerra», «Gloria», «Marianela», «Doña Perfecta», «La familia de León Roch», «Bárbara», «La loca de la casa», y otras que le han dado renombre universal.

B. — Don Ignacio Pérez Galdós, también natural de Canarias fue segundo jefe de la Capitanía General de Canarias y Gobernador Militar de Tenerife, Gomera, Palma y Hierro. Pasó a Cuba donde fue Comandante del Cuerpo de Estado Mayor de la plaza de Santiago de Cuba en cuya ciudad casó el 22 de diciembre de 1872 con doña María de la Caridad de Ciria y Vinent, hija de don Alfonso Manuel de Ciria y Gaona, Marqués de Villaytre, de la Casa de los Condes de Valparaíso, y de doña Micaela Vinent y Gola.

2. Fueron padres de don Pablo Desvernine y Galdós, Abogado, Catedrático de la Universidad de La Habana, Secretario de Estado de la República de Cuba.

1. — Doña Ana Micaela de Galdós y Mesa casó con don Leonardo Ruano.

2. — Doña María de la Asunción de Galdós y Mesa casó con don Francisco Duque y Amaro, de la familia de banqueros californianos de su apellido.

3. — Don Pablo Ignacio de Galdós y Mesa casó con doña Josefa de Galdós y Tate, hija de don José María de Galdós y Medina y de doña Adriana Tate. Tuvieron por hija a:

Doña Josefa de Galdós y Galdós que casó con don Francisco Duque y Galdós, hijo de don Francisco Duque y Amaro y de doña María de la Asunción de Galdós y Mesa.

4. — Don Domingo Antonio de Galdós y Mesa casó con doña Amalia Belzaguy y Sanabria, natural de Yaguaramas, hija de Juan y de Juana. Tuvieron por hijos: a María de los Dolores; a María Eleuteria; a María de la Asunción; a Carolina; a Ana; a Flora; a Juan Manuel y a Domingo de Galdós y Belzaguy. De los cuales:

A. — Doña María de los Dolores de Galdós y Belzaguy casó con don Leonardo Ruano.

B. — Doña María Eleuteria de Galdós y Belzaguy casó con don Tomás Lorenzo Duque y Amaro.[3]

C. — Doña Carolina de Galdós y Belzaguy casó con don Emilio Gómez y Belzaguy.

D. — Doña Ana de Galdós y Belzaguy es religiosa.

E. — Doña Flora de Galdós y Belzaguy casó con don Enrique Cima.

F. — Don Juan Manuel de Galdós y Belzaguy fue Coronel del Ejército Libertador de Cuba y Senador de la República. Casó con doña María Díaz con quien tuvo por hijo a: Domingo de Galdós y Díaz.

G. — Don Domingo de Galdós y Belzaguy, nacido en Macuriges (Pedro Betancourt), el 24 de abril de 1873 y bautizado en su Iglesia Parroquial de Santa Catalina Mártir el 8 de agosto del mismo año, falleció en La Habana el 3 de marzo de 1952.

Educado en Los Ángeles, California, trabajó sucesivamente en ferrocarriles americanos y mexicanos siendo más tarde Director del periódico «La Estrella de Panamá». Iniciada la Guerra de Independencia, Martí no le permitió luchar con las armas en la mano por entender

---

3. Fueron padres de doña Adelaida Duque y Galdós, residente en Madrid, que es la actual Marquesa de Villa Alcázar.

que con ello no superaría su labor por la causa desde la dirección del mencionado periódico. Lograda la Independencia vino a Cuba y convenció a Sir William Van Horne de la necesidad de construir un ferrocarril de Santa Clara a Oriente no sólo por lo que significaba de progreso sino porque con ello contribuía a la solidificación de la unidad política cubana. Considerado el primer experto ferrocarrilero de Cuba fue Presidente de los Ferrocarriles del Norte de Cuba y Vicepresidente Ejecutivo de los Feroocarriles Consolidados de Cuba y del Ferrocarril de Cuba hasta el año 1942. Casó dos veces: la primera con doña Ernestina Duque y Galdós; la segunda con doña María Luisa de Betancourt y del Castillo, natural de Puerto Príncipe, hija de don Graciano Betancourt y Agramonte, Síndico Procurador General y Alcalde Ordinario de la villa de Puerto Príncipe, Caballero de la Orden de Isabel la Católica y de doña Emma del Castillo y del Castillo.

Don Domingo de Galdós y Belzaguy y su primera mujer, doña Ernestina Duque y Galdós, tuvieron por hija: a

Doña Amy de Galdós y Duque, que casó con don Manuel Agüero y Junque, hijo del doctor Arístides Agüero y Betancourt, miembro del Servicio Diplomático, Catedrático de la Universidad de La Habana, y de doña Vitalia Junque y Blasco.

Don Domingo de Galdós y Belzaguy y su segunda mujer, doña María Luisa de Betancourt y del Castillo, tuvieron por hijos: a Flora María; a María Luisa; a Ana María; a Isabel; a Tomás; a Domingo Graciano; a Jorge Manuel y a Luis Eugenio de Galdós y Betancourt.

De los cuales:

1. — Doña Flora María de Galdós y Betancourt, casó con don Luis Rivas Vázquez y Montenegro. Residen en Caracas, Venezuela.

2. — Doña María Luisa de Galdós y Betancourt, casó con don Rafael Rivas Vázquez y Montenegro.

3. — Doña Ana María de Galdós y Betancourt casó dos veces: la primera con don Alfredo de Armas; la segunda con don Augusto Echavarri y Aragón.

4. — Doña Isabel de Galdós y Betancourt casó con don Vicente Planiol y Padilla.

5. — Don Tomás de Galdós y Betancourt, casó con doña María del Carmen Ortiz y Ruiz. Es Abogado y Notario y fue Representante a la Cámara de la República de Cuba.

6. — Don Domingo Graciano Galdós y Betancourt, doctor en Medicina, casó con doña Hortensia Solaun y Grenier. Tuvieron por hijos: a Domingo Eugenio y a Jorge Ignacio de Galdós y Solaun.

7. — Don Jorge Manuel de Galdós y Betancourt, casó con Mary Critzer. Es Arquitecto.

GAMA, DE LA

Don Francisco Gutiérrez, ya fallecido en el año 1569, fue Regidor del Ayuntamiento de La Habana, en 31 de enero de 1550, y en 10 de octubre de dicho año, electo Diputado. Fue padre de Francisco y de Esteban Gutiérrez Navarrete. De los cuales:

1. — Don Esteban Gutiérrez Navarrete, fue Alguacil Mayor de La Habana por nombramiento del Gobernador Gabriel de Montalvo, en 17 de diciembre de 1594.

También aparece: Que don Pedro Gutiérrez Navarrete, tiene su defunción en la Catedral de La Habana a 18 de septiembre de 1639.

2. — Don Francisco Gutiérrez Navarrete, natural de La Habana, casó en la Catedral de esta ciudad el 24 de febrero de 1625, con doña Juana de la Gama Cepero y Roxas-Inestrosa, hija de don Juan de la Gama Cepero, y de doña Inés de Roxas-Inestrosa Tamayo. Tuvieron por hijos: a Dionisio Gutiérrez de la Gama; y a Beatriz; a Juan, y a Francisco de la Gama Navarrete. De los cuales:

1. — Don Dionisio Gutiérrez de la Gama, bautizado en la Catedral de La Habana el 13 de enero de 1631, fue soldado del Castillo de la Punta. Tiene su defunción, soltero, en la referida Catedral, a 15 de septiembre de 1669.

2. — Doña Beatriz de la Gama Navarrete, bautizada en la Catedral de La Habana el 22 de octubre de 1626, casó con don Pedro de Aldana.

3. — Don Francisco de la Gama Navarrete, fue bautizado en la Catedral de La Habana el 3 de enero de 1629, donde casó el 2 de junio de 1659, con doña Francisca Solano González Alfonseca y de la Roche, natural de esta ciudad, hija del Capitán Baltasar González de Alfonseca, natural de Lances, en la isla de La Palma, Canarias, y de doña María de la Roche y Pérez de Utrera. Tuvieron por hijos: a María; a Juana; a Gregorio; a Juan; a Pablo; a Manuel; a Fernando, y a Francisco de la Gama Navarrete y González Alfonseca. Los cuales:

1. — Doña María de la Gama Navarrete y González Alfonseca, fue bautizada en la Catedral de La Habana el 25 de marzo de 1669. Casó en la parroquia del Espíritu Santo el 4 de febrero de 1704, con don Melchor Escalante Borroto y Díaz Pimienta, hijo de don Nicolás Escalante Borroto, Alcalde de la Santa Hermandad, y de doña Margarita Díaz Pimienta y Pereira.

2. — Doña Juana de la Gama Navarrete y González Alfonseca, testó el 17 de septiembre de 1739, ante Francisco García Brito, otorgando

codicilo ante el mismo Escribano y por ante Juan Salinas. Su defunción se encuentra en La Habana, parroquia del Santo Cristo, a 27 de febrero de 1749. Casó con don X. Berroa.

3. — Don Juan de la Gama Navarrete y González Alfonseca, fue bautizado en la Catedral de La Habana, el 7 de enero de 1662.

4. — Don Pablo de la Gama Navarrete y González Alfonseca, fue bautizado en la Catedral de La Habana el 25 de febrero de 1664.

5. — Don Gregorio de la Gama Navarrete y González Alfonseca, fue bautizado en la Catedral de La Habana el 30 de diciembre de 1665.

6. — Don Manuel de la Gama Navarrete y González Alfonseca, fue bautizado en la Catedral de La Habana el 16 de agosto de 1672.

7. — Don Fernando de la Gama Navarrete y González Alfonseca, casó dos veces en La Habana: la primera, en esta Catedral, el 30 de agosto de 1708, con doña Ana Caraballo y Céspedes, natural de esta ciudad, hija de Pedro y de Elena. Casó por segunda vez, en la parroquia de Guadalupe, el 12 de noviembre de 1741, con doña Antonia Sotolongo y Pérez de Lara, hija de don Pedro Sotolongo y Calvo de la Puerta, y de doña María Magdalena Pérez de Lara. Con su primera mujer tuvo por hijo: a

Don Miguel de la Gama Navarrete y Caraballo, bautizado en la Catedral de La Habana el 2 de junio de 1714, que casó en esta ciudad, parroquia de Jesús del Monte, el 28 de julio de 1734, con doña Rosa Martín y Solís-Puñales, bautizada en dicha parroquia el 16 de julio de 1720, hija de don Mateo Martín, natural del Puerto de los Llanos, isla de La Palma, y de doña Bernarda Solís-Puñales y Morales, natural de La Habana. Tuvieron por hijas: a Hilaria, y a Rita Josefa de la Gama Navarrete y Martín-Puñales. Las cuales:

A. — Doña Hilaria de la Gama Navarrete y Martín-Puñales, casó en La Habana, parroquia del Espíritu Santo, el primero de junio de 1754, con don Juan Esteban Silva y del Pino, hija de Lorenzo y de Rita Antonia.

B. — Doña Rita Josefa de la Gama Navarrete y Martín-Puñales, fue bautizada en la Catedral de La Habana, el 5 de diciembre de 1743.

8. — Don Francisco de la Gama Navarrete y González Alfonseca, fue bautizado en la Catedral de La Habana el 20 de julio de 1660. Otro del mismo nombre fue también bautizado en la referida Catedral el 20 de julio de 1662.

9. — Don Francisco de la Gama Navarrete y González Alfonseca, nacido el 22 de septiembre de 1670, fue bautizado en la Catedral de La Habana el 17 de noviembre de dicho año. Casó dos veces en esta ciudad: la primera, en la parroquia del Santo Cristo, el 9 de mayo de

1694, con doña María de Olivares y Guillamas, hija de Juan y de Juana. Casó por segunda vez en la parroquia del Espíritu Santo el 17 de junio de 1733, con doña María Farias y Pérez de Guzmán, hija de Matías y de Juana. Con su primera mujer tuvo por hijos: a Juana Gertrudis, y a Francisco de la Gama Navarrete y Olivares Guillamas. Los cuales:

1. — Doña Juana Gertrudis de la Gama Navarrete y Olivares Guillamas, bautizada en la Catedral de La Habana, el primero de mayo de 1695, casó con don Juan Manuel de Fuentes y Pérez-Cordoví, natural de esta ciudad, hijo de don Francisco Báez de Fuentes y Milián, y de doña Francisca Pérez-Cordoví.

2. — Capitán Francisco de la Gama Navarrete y Olivares Guillamas, testó ante José Antonio Bosque, encontrándose su defunción en esta ciudad, parroquia del Santo Ángel, a 12 de junio de 1780. Casó con doña Ángela Cepero y Sotolongo, hija del Capitán José Cepero Justiniani y de doña Rosa Sotolongo y Carrillo de Albornoz. Tuvieron por hijos: a Juana de Dios; a Gertrudis Teresa; a Francisco Xavier, y a José Ignacio de la Gama Navarrete y Cepero. De los cuales:

1. — Doña Gertrudis Teresa de la Gama Navarrete y Cepero, fue bautizada en La Habana, parroquia del Santo Cristo, el 2 de octubre de 1729.

2. — Don José Ignacio de la Gama Navarrete y Cepero, casó en la Catedral de La Habana el 21 de febrero de 1763, con doña Manuela Díaz de León y Figueroa, natural de esta ciudad, hija de Miguel y de Rosa. Tuvieron por hijo: a

Don Ignacio de la Gama Navarrete Cepero y Díaz de León, que casó dos veces: la primera, con doña María de la Concepción González, y la segunda, en la Catedral de Matanzas, el 29 de agosto de 1801, con doña Leonarda Manuela Cepero y Molina, hija de José Hilario y de María.

También aparece que doña Blanca de la Gama, tiene su defunción en la Catedral de La Habana a 8 de octubre de 1625, donde casó dos veces: la primera, el 11 de mayo de 1614, con el Capitán José López de Villavicencio, y la segunda, el primero de abril de 1619, con don Blas Ramallo.

GARCÍA

Procedente del pueblo de Cabrejas del Pinar, en la provincia de Soria, Castilla la Vieja, se estableció esta familia en Maracaibo, Venezuela, pasando después a Holguín, en la isla de Cuba, durante la primera mitad del siglo XIX. Un miembro de esta familia fue el famoso Mayor General del Ejército Libertador de Cuba, don Calixto García.

Froylan García, vecino de Cabrejas del Pinar, en Soria, casó con doña María López, natural de Villoslada y vecina de Cabrejas del Pinar. Tuvieron por hijo a:

Santiago García de Luna y López, natural de Cabrejas del Pinar, y bautizado allí en la iglesia de San Millán el 27 de julio de 1711. Casó con doña Isabel Gómez y Verzonara, natural del lugar de Aylagas, hija de Bartolomé y de Manuela. Tuvieron por hijo a:

Benito García de Luna y Gómez, bautizado en la iglesia de San Millán, Cabrejas del Pinar, en fecha 2 de marzo de 1745. Casó con doña Narcisa Hernández e Izquierdo, natural de Cabrejas del Pinar, hija de Daniel y de Tirsa. Tuvieron por hijo a:

Calixto García de Luna y Hernández, bautizado en la iglesia de San Millán, Cabrejas del Pinar, con fecha 17 de octubre de 1773. Pasó a Venezuela y casó con doña María de los Ángeles González y Valencia, natural de Venezuela. Tuvieron por hijos a: Agustín, Santiago, y Ramón García y González. Los cuales:

1. — Agustín García y González fue natural de Venezuela.

2. — Santiago García y González fue natural de Venezuela.

3. — Ramón García y González, natural de Maracaibo, Venezuela, tiene su defunción en la parroquia de Jesús del Monte, ciudad de La Habana, con fecha 4 de septiembre de 1884. Falleció a los 84 años de edad y había casado en la parroquia de San Isidoro de Holguín, el 2 de marzo de 1835, con doña Lucía Iñiguez y Landín, natural de Jiguaní, hija de don Miguel Iñiguez y León, natural de Holguín, Escribano de Jiguaní, y de doña Mercedes Landín y Moreno, natural de la isla de Santo Domingo. Tuvieron por hijos a: Concepción, Leonor, Mercedes, Rosario, Nicolás, y Calixto García Iñiguez. De los cuales:

Don Calixto García Iñiguez, nacido en Holguín, el 24 de agosto de 1839, fue Mayor General del Ejército Libertador de Cuba. Falleció en New York el 11 de diciembre de 1898. Casó en Jiguaní el 11 de agosto de 1862, con doña Isabel Vélez y Cabrera, natural de Jiguaní, hija de don Cristóbal Vélez y Pérez, natural de Santiago de Cuba, y de doña Ana Cabrera y Calzada, natural de Jiguaní. Tuvieron por hijos a: Mercedes, Leonor, Mario, Calixto, Carlos, y Justo García Vélez. De los cuales:

1. — Doña Leonor García y Vélez casó con don David Withmarsh. Dentista. Tuvieron por hijos a: Calixto, David, y Enrique Whitmarsh y García. De los cuales:

Calixto Whitmarsh y García casó con Alice Cuybers.

2. — Don Mario García y Vélez casó con doña María Chaumont y Pérez de Abreu, hija de don Luis Felipe Chaumont y Soublette, y de doña María Ignacia Pérez de Abreu y Rodríguez. No tuvieron sucesión.

3. — Doña Mercedes García y Vélez falleció soltera.

4. — Don Calixto García y Vélez, natural de Jiguaní, casó con doña María Josefa Becerra y Alfonso, natural de Santa María del Rosario, hija del Licenciado Pedro Antonio Becerra y Morales, natural de la Villa de Güines, y de doña María Concepción Alfonso y Azanza, natural de Santa María del Rosario. Tuvieron por hijos a: Carmela, Herminia y Calixto García y Becerra. Los cuales:

A. — Doña Carmela García y Becerra casó con don Eduardo Montoulieu y de la Torre, Ingeniero de Minas.

B. — Doña Herminia García y Becerra casó con don Carlos Abelló Ametller.

C. — Don Calixto García y Becerra fue Cónsul General de Cuba en San Francisco, California.

5. — Don Carlos García y Vélez fue General del Ejército Libertador de Cuba y Ministro Plenipotenciario de Cuba en Londres, y Embajador en México. Casó en la iglesia de Nuestra Señora de Monserrate de La Habana, el 19 de febrero de 1900, con doña Amalia Martínez-Ibor y de las Revillas, hija de Vicente y de Mercedes. Tuvieron por hijos a: Amalia, Mirta, Carlos, Calixto, y Justo García y Martínez-Ibor. Los cuales:

A. — Doña Amalia García y Martínez-Ibor casó con el Doctor Ricardo Sarabasa y González, el cual fue Abogado y Secretario de Legación en el Servicio Exterior de Cuba.

B. — Doña Mirta García y Martínez-Ibor casó con don Joaquín Miranda y Blanco.

C. — Don Carlos García y Martínez-Ibor casó con doña Gloria Lamas y Gutiérrez.

D. — Don Calixto García y Martínez-Ibor casó con doña Carmen Mendieta y Ledón, hija de don Carlos Mendieta y Montefur, Coronel del Ejército Libertador de Cuba y Presidente de la República de Cuba, y de doña Carmen Ledón.

E. — Don Justo García y Martínez-Ibor casó con doña Teresa Cortázar y García.

6. — Don Justo García y Vélez, nacido durante la Guerra de los Diez Años, cerca de Cacocum, en Santiago de Cuba, fue Comandante del Ejército Libertador de Cuba, Secretario de Estado y Ministro de esta República en España. Casó dos veces: la primera con doña María Méndez, y la segunda con doña Margarita Rayneri y Pérez de Abreu, hija del Doctor Francisco Rayneri y Sorentino, Médico, Caballero de la Orden de la Corona de Italia, y de doña María Micaela Pérez de Abreu y Rodríguez.

Don Justo García y Vélez y su primera mujer doña María Méndez tuvieron por hija a: Poupée García y Méndez.

Don Justo García y Vélez y su segunda mujer doña Margarita Rayneri y Pérez de Abreu tuvieron por hijos a: Margarita, Calixto y Justo García Rayneri. Los cuales:

A. — Margarita García Rayneri casó con don Juan Granados y García. Tuvieron por hijos a: Juan Antonio y Francisco Granados y García.

B. — Calixto García Rayneri es Presbítero.

C. — Doctor Justo García Rayneri es Abogado. Nació en La Habana el 28 de octubre de 1909 y casó el 27 de octubre de 1934 con doña María de Jesús Du Quesne y de Zaldo, hija de don Pedro Du Quesne y Montalvo, VII Marqués de Du Quesne, miembro de la Orden Hereditaria del Águila de Cincinnatti de la Independencia Americana, y de doña María Isabel de Zaldo y Lamar. Tuvieron por hijos a: Justo e Isabel María García y Du Quesne. Los cuales:

a. — Don Justo García Du Quesne nació el 7 de julio de 1935.

b. — Doña Isabel María García Du Quesne nació el 2 de diciembre de 1937.

GARCÍA - CHICANO

A mediados del siglo XVII aparece radicada esta familia en la villa de Orgaz, Toledo, estableciéndose en La Habana en la primera mitad del siglo siguiente.

Don Diego García Chicano, fue Regidor y Alcalde de la villa de Orgaz por el estado noble. Casó con doña Luisa López Ramírez, y tuvieron por hijos: a Juan Félix, y a José María García Chicano y López Ramírez. Los cuales:

1. — Don Juan Félix García-Chicano y López Ramírez, natural de la villa de Orgaz, fue Capitán de la Infantería Española, Regidor por el

estado noble de la referida villa, Teniente Gobernador de la plaza de La Habana por Real Título de 9 de febrero de 1720, Teniente Auditor de la provincia de Yucatán y Consultor del Santo Oficio de la Inquisición en La Habana. Obtuvo certificación de armas e hidalguía el 20 de febrero de 1693, expedida por don Francisco Morales Zarco, Rey de Armas y Cronista de Su Majestad. Casó en la parroquia de la villa de Orgaz, con doña María Gómez Luengo, y tuvieron por hijo: a

Don Nicolás García-Chicano y Gómez, que fue familiar del Santo Oficio de la Inquisición en Madrid. Casó con doña María García del Álamo y Sánchez Luengo, hija de don Alonso García del Álamo y de doña Catalina Sánchez Luengo y Ramírez.

2. — Don José María García-Chicano y López Ramírez, natural de la villa de Colmenar de Oreja, partido judicial de Chinchón, provincia de Madrid, casó con doña Juana Benítez de la Peña, y tuvieron por hijo: a

Don Luis García-Chicano y Benítez de la Peña, que fue bautizado en la villa de Colmenar de Oreja, parroquia de Santa María, el 20 de octubre de 1707. Casó en la Catedral de La Habana el 9 de marzo de 1729, con doña María Leonor de Arancibia Isasi y Cabral de Melo, hija del Capitán Pedro de Arancibia Isasi y Balmaseda, y de doña María Josefa Cabral de Melo Pavón y Naveda. Tuvieron por hijos: a María de la Candelaria; a María Josefa; a María Teresa y a Bartolomé García-Chicano y Arancibia. Los cuales:

1. — Doña María de la Candelaria García-Chicano y Arancibia, tiene su defunción en la Catedral de La Habana a 5 de junio de 1762. Casó dos veces: la primera, en la referida Catedral el 21 de junio de 1756, con don Juan Sotolongo y Soroa, hijo de don Gregorio Sotolongo y del Castillo, y de doña Andrea Soroa y Tovar de la Marca. Casó por segunda vez con don Juan de Dios Soto.

2. — Doña María Josefa García-Chicano y Arancibia, bautizada en la Catedral de La Habana el primero de enero de 1732, testó el 25 de noviembre de 1802 ante José Ignacio Salinas. Casó en esta ciudad, parroquia de Guadalupe, el 17 de mayo de 1761, con don Juan de Santa Cruz y Ximénez de Salcedo, Oficial de la Contaduría de Marina, hijo de Juan y de Juana.

3. — Doña María Teresa García-Chicano y Arancibia, bautizada en la Catedral de La Habana el primero de febrero de 1737, casó en esta ciudad, parroquia de Guadalupe, el 17 de septiembre de 1755, con el Capitán Santiago García Brito Montiel y Roxas, hijo del Capitán Francisco y de Inés.

4. — Don Bartolomé García-Chicano y Arancibia, bautizado en la Catedral de La Habana el 5 de febrero de 1730, casó en esta ciudad, parroquia del Espíritu Santo, el 2 de mayo de 1749, con doña Ángela María Tovar y Ferrera, hija de Bernardo y de Juana Gertrudis. Tuvie-

ron por hijos: a Antonia; a Pedro y a Juan Manuel García-Chicano y Tovar. Los cuales:

1. — Doña Antonia García-Chicano y Tovar, testó el 16 de septiembre de 1788 ante José Antonio Bosque, y su defunción se encuentra en la Catedral de La Habana a 10 de diciembre de dicho año.

2. — Licenciado Pedro García-Chicano y Tovar, fue Abogado. Casó dos veces en La Habana: la primera en la parroquia del Espíritu Santo el 29 de octubre de 1775, con doña Juana Fernández de Velasco y Bécquer, hija del Doctor José Fernández de Velasco y Sánchez, Abogado de la Real Audiencia de Santo Domingo, Juez General de Bienes de Difuntos de La Habana, y de doña Andrea Bécquer y Murguía. Casó por segunda vez, el 20 de diciembre de 1822, en la parroquia de Guadalupe, con doña María Josefa Fernández de Velasco y Zaldívar, hija de don Felipe Fernández de Velasco y Bécquer, y de doña Ana Josefa Zaldívar y Sotolongo.

Don Pedro García-Chicano y Tovar, y su primera mujer, doña Juana Fernández de Velasco y Bécquer, tuvieron por hijas: a María de los Dolores; a María de las Nieves; a Juana Rosa; a Manuela y a Antonia García-Chicano y Fernández de Velasco. Las cuales:

A. — Doña María de los Dolores García-Chicano y Fernández de Velasco, natural de Guanabacoa, tiene su defunción en La Habana, parroquia de Monserrate, a 24 de junio de 1848. Casó con don Joaquín Paulín.

B. — Doña María de las Nieves García-Chicano y Fernández de Velasco, testó el 10 de mayo de 1843 ante Rufino Pacheco, y su defunción se encuentra en La Habana, parroquia de Guadalupe, a 20 de mayo de dicho año, donde casó el primero de septiembre de 1824, con don Francisco Fernández de Velasco y Zaldívar, hijo de don Felipe Fernández de Velasco y Bécquer, y de doña Ana Josefa Zaldívar y Sotolongo.

C. — Doña Juana Rosa García-Chicano y Fernández de Velasco, casó en la parroquia de la villa de Guanabacoa el 30 de septiembre de 1799, con don José Joaquín Velzunza y Calvo de la Puerta, hijo de don José Velzunza Ulsúa y Góngora, y de doña María Micaela Calvo de la Puerta y Bécquer.

D. — Doña Manuela García-Chicano y Fernández de Velasco, casó en la parroquia de la villa de Guanabacoa el 14 de junio de 1813, con don José Gabriel Guerra y Pérez, hijo de Ignacio y de Juana.

E. — Doña Antonia García-Chicano y Fernández de Velasco, casó en La Habana, parroquia de Guadalupe, el 27 de julio de 1826, con don José Bécquer y Fernández de Velasco, natural de la villa de Guanabacoa, hijo de Francisco y de María de Jesús.

3. — Don Juan Manuel García-Chicano y Tovar, fue Capitán de las Compañías Urbanas de la plaza de La Habana y Alcalde de la Santa

Hermandad en 1794 y 1802. Casó con doña María Catalina Rodríguez-Morejón y Xenes, hija de don Juan Tomás Rodríguez-Morejón y González Alverja, y de doña Bárbara Xenes y León. Tuvieron por hijos: a Ángela; a María de las Mercedes y a Cornelio García-Chicano y Rodríguez-Morejón. De los cuales:

1. — Doña María de las Mercedes García-Chicano y Rodríguez-Morejón, casó en La Habana, parroquia de Guadalupe, el 18 de julio de 1821, con don Francisco Remírez de Estenoz y Escanes, Capitán del Regimiento de Infantería de esta plaza, hijo de don Antonio Remírez de Estenoz y Mancebo, Capitán del Regimiento de Infantería de la referida plaza, y de doña María de los Dolores Escanes y Soto.

2. — Don Cornelio García-Chicano y Rodríguez-Morejón, fue bautizado en La Habana, parroquia de Guadalupe, el 4 de octubre de 1806, donde casó el 7 de agosto de 1827, con doña María de los Dolores Rodríguez-Morejón y Villegas, hija de don Antonio Rodríguez-Morejón y Xenes, Contador de Navío de la Real Armada y de doña Nicolasa Villegas y Villegas. Tuvieron por hija a:

Doña María del Pilar García-Chicano y Rodríguez Morejón, que casó en La Habana, parroquia de Guadalupe, el 26 de marzo de 1857, con don Juan de Santa Cruz y Rodríguez-Morejón, hijo de don Francisco de Paula de Santa Cruz y Castilla, y de doña María de los Dolores Rodríguez-Morejón y Santa Cruz.

GARMENDIA

Procedente de Tolosa, en Guipúzcoa, se estableció esta familia en la ciudad de Caracas, Venezuela, en la segunda mitad del siglo XVIII y a principio del siguiente un miembro de la misma pasó a La Habana donde se radicó.

Don Ignacio de Garmendia y su mujer doña María Josefa Jeregui, fueron los padres: de don Juan Antonio de Garmendia y Jeregui, natural de Tolosa, en Guipúzcoa, que fue Contador Real de Diezmos en Caracas, en cuya Catedral casó el 14 de diciembre de 1777, con doña María Josefa Guillén y Viera, natural del puerto de La Guaira, fallecida en Caracas año de 1794, hija de José Manuel y de María Viera. De ellos se trata en la obra «Investigaciones Históricas», del doctor Vicente Dávila, publicada en Caracas, año de 1923. Tuvieron por hijo: al

Doctor Juan Antonio de Garmendia y Guillén, nacido en Caracas el 12 de junio de 1785 y allí bautizado en la parroquia de San Pablo el 22 de junio de ese año (folio 137 vuelto, Libro primero), distinguido letrado que se recibió en Leyes en su ciudad natal el 25 de febrero de 1810, Abogado de los Tribunales de la nación española que lo fuera de la Real Audiencia Pretorial de La Habana.[1] Casó cuatro veces: la primera en Caracas, parroquia de Santa Rosalía, el 13 de noviembre de 1800, con la caraqueña doña María del Carmen de la Rosa y Córdoba-Verdes, hija de don José Félix de la Rosa y de doña María de la Trinidad de Córdoba-Verdes y Castro. En segundas casó con doña Josefa de Castrobeitia, fallecida en el pueblo del Valle, cerca de Caracas, año de 1821, hija de don Juan Bautista de Castrobeitia y Pérez Volcán, natural de Caracas donde fuera Alcalde ordinario, perteneciente a un linaje oriundo de Oñate de Guipúzcoa. En terceras casó en La Habana, parroquia del Santo Ángel, el 18 de diciembre de 1822, con la sobrina de su primera mujer, o sea, con doña María de la Trinidad de Córdoba-Verdes e Hidalgo-Gato, bautizada en la parroquial mayor de la villa de Santa María de Puerto Príncipe el 22 de enero de 1804, hija de don José Félix de Córdoba-Verdes y Castro, natural de Caracas, Teniente Coronel de los Reales Ejércitos y de Caballería en la plaza de La Habana, Capitán a Guerra y Subdelegado de Real Hacienda en la referida villa de Santa María de Puerto Príncipe, que antes fuera Subteniente del Regimiento de Infantería de Flandes, luego Caballero de la Orden Militar de San Hermenegildo, y de la segunda mujer de éste, doña María Josefa Hidalgo-Gato y Murguía, natural de Guamutas. Y por cuarta y última vez, el doctor Juan Antonio de Garmendia y Guillén, casó en la Catedral de Matanzas, año de 1839, con doña Eusebia de Ortega y Alfuncín, natural de San Agustín de la Florida, hija de don José de Ortega, Teniente de Gobernador, Asesor General y Auditor de Guerra de la referida plaza de San Agustín de la Florida, y de doña María Ignacia Alfuncín. De su primera mujer, tuvo por hijo: a Rafael de Garmendia y de la Rosa, y de su tercer matrimonio, tuvo por hijos: a María Teresa; a María de las Mercedes; a Carlos; a María Josefa; a Bernardo Andrés; a Próspero Ramón, y a Felicia de la Ascensión de Garmendia y Córdoba. De los cuales:

1. — Don Rafael de Garmendia y de la Rosa, nació en Caracas el 17 de noviembre de 1809, donde se recibió de bachiller en leyes el 24 de junio de 1828.

2. — Don Carlos de Garmendia y Córdoba, casó con doña Emilia de Ayestarán y Moliner, natural de La Habana, hija de don Joaquín de Ayestarán y Diago —hermano de la I Condesa de Casa-Sedano— y de doña Francisca Moliner y Alfonso.

3. — Doña María Josefa de Garmendia y Córdoba, fue bautizada en La Habana, parroquia del Santo Ángel el 28 de octubre de 1823, donde casó en noviembre de 1850 con don Manuel Lino López-Lage y Ramírez de Arellano, natural de esta ciudad, hijo de don Vicente López-Lage y Vázquez, y de doña Mariana Ramírez de Arellano y Fernández de Saliella, natural de La Habana. Hubo sucesión de ese matrimonio.

---

1. En la página 25 del tomo II de esta obra aparece equivocado el segundo apellido del doctor Juan Antonio de Garmendia y Guillén.

4. — Don Bernardo Andrés de Garmendia y Córdoba, fue bautizado en la Catedral de Matanzas el 2 de marzo de 1830, casando en La Habana, parroquia del Santo Cristo, el 8 de diciembre de 1861, con doña Adela de Arango y Molina, bautizada en la parroquia habanera del Espíritu Santo el 14 de octubre de 1828, hija de don Rafael de Arango y Fernández de Zaldívar, Ministro honorario de la Real Hacienda, Contador del Real Tribunal de Cuentas e Intendente honorario de provincia, y de doña María Dionisia de Molina Riveira.

5. — Doña Felicia de la Ascensión de Garmendia y Córdoba, fue bautizada en La Habana, parroquia del Santo Ángel el 16 de junio de 1827.

6. — Don Próspero Ramón de Garmendia y Córdoba, bautizado en La Habana, parroquia del Santo Ángel el 9 de abril de 1825, casó dos veces en esta ciudad: la primera en la parroquia del Santo Ángel el 17 de octubre de 1851, con su prima doña Rosa María de Molina y Córdoba, allí bautizada el 16 de diciembre de 1832, hija de don José Venancio de Molina y Armenteros, y de doña María Isabel de Córdoba-Verdes e Hidalgo-Gato, ambos habaneros. La segunda vez casó en la parroquia del Santo Cristo, el 23 de julio de 1856, con doña Rita Micaela de Arango y Molina, bautizada en la parroquia habanera del Espíritu Santo el 15 de noviembre de 1827, hija de don Rafael de Arango y Fernández de Zaldívar, Ministro honorario de la Real Hacienda Contador del Real Tribunal de Cuentes e Intendente honorario de provincia, y de doña María Dionisia de Molina y Riveira. De su primera mujer tuvo por hija: a Felicia Rosa Garmendia y Molina, y de la segunda a Pedro Pablo Garmendia y Arango. Los cuales:

1. — Doña Felicita Rosa Garmendia y Molina, bautizada en La Habana, parroquia del Santo Ángel, el 12 de enero de 1855, casó en esta ciudad, parroquia del Santo Cristo el 20 de noviembre de 1875, teniendo luego sucesión, con don Joaquín Águedo de Castro-Palomino y Armona, natural de La Habana, hijo de don Joaquín de Castro-Palomino y Armona, y de doña María de los Dolores de Armona y Armenteros.

2. — Don Pedro Pablo Garmendia y Arango, bautizado en La Habana, parroquia del Santo Cristo el 18 de junio de 1866, que ya ha fallecido, casó con doña Emma López del Castillo y Miyares, natural de Santiago de Cuba, hija de don Silvestre López del Castillo y Colón, y de doña María de la Caridad Miyares y Muñoz, ambos naturales de esa ciudad. De su citado matrimonio tuvo por hijos: a Carlos Manuel (fallecido párvulo); a Pedro Pablo (que falleció soltero), y a **Emma Rosa Garmendia y López del Castillo**.

3. — El doctor Rafael Garmendia y Arango, natural de La Habana, fue médico-cirujano, casando con doña Leonor Ramos-Almeyda y Gómez, natural de esta ciudad, hija de don Benito Ramos-Almeyda y Marrero, y de doña Matilde Gómez y Petit, ambos habaneros. Tuvieron por hijo: a

Don Ricardo Garmendia y Ramos-Almeyda, bautizado en La Habana, parroquia del Cerro, el 26 de julio de 1893, que casó en esta ciudad, parroquia del Vedado, el 16 de junio de 1919, con doña María Elena Martínez y Pedro, también habanera, hija del doctor Ramón Martínez Viademonte y Martínez, que fue Abogado, y de doña María de Pedro y Pérez-Miró. Tuvieron por hijas: a Gloria y a Elena Garmendia y Martínez Pedro. De las cuales:

Doña Gloria Garmendia y Martínez Pedro, casó con el doctor José Miguel Morales y Gómez, Abogado, Concejal del Ayuntamiento de La Habana, del que tiene sucesión, hijo del doctor Julio Morales y Coello, natural de esta ciudad, Abogado, Catedrático de la Universidad Nacional, que ha sido Capitán de Navío Jefe de la Marina de Guerra de la República de Cuba y Subsecretario de Estado, miembro de distintas academias extranjeras, actual Vicepresidente del Instituto Cubano de Geneología y Heráldica, perteneciente a la Sociedad Geográfica de Cuba, Gran Cruz de la Orden Nacional «Carlos Manuel de Céspedes», Comendador de la Legión de Honor de Francia, de la Corona de Italia, de la de Bélgica y la de la Gran Bretaña, Gran Oficial de la Orden del Cóndor de los Andes de Bolivia, Comendador de la Orden Pontificia de San Gregorio el Magno y la del Santo Sepulcro, Comendador de la orden española de Isabel la Católica, cruz de la orden «Al Mérito O'Higgins», de Chile, condecorado por diversos países con el Mérito Naval y poseedor de otras condecoraciones, y de doña Manuela Gómez y Arias, natural de la villa de Sancti-Spiritus.

GEA

A fines del siglo XVII aparece radicada esta familia en la ciudad de Barcelona, Cataluña, pasando a fines del siguiente a La Habana.[1]

Son sus armas: escudo de gules con castillo de plata aclarado en azur, acompañado de dos estrellas de oro, una a cada lado, y bordura componada de plata y gules.

Don Alejandro de Exea, fue Visitador Real de la Renta del Tabaco en Barcelona. Casó con doña María Rita Garabito, y tuvieron por hijo: a

Don Vicente de Gea y Garabito, bautizado en la Catedral de Barcelona el 21 de diciembre de 1738, que fue Teniente de las Compañías Ligeras de Infantería de Montaña en La Habana. Se distinguió en la expedición a la Luisiana. Testó el 15 de junio de 1787, y su defunción se encuentra en La Habana, parroquia del Santo Cristo, a 13 de julio de dicho año. Casó dos veces en esta ciudad; la primera en la Catedral,

---

1. En la página 273 del tomo 44, volumen 42, de la «Enciclopedia Heráldica y Genealógica de Apellidos Españoles y Americanos», por Alberto y Arturo García Carraffa, se trata de este apellido «Gea».

el 28 de mayo de 1770 con doña Petrona Beseira y Rusel, nacida el 31 de enero de 1749 y bautizada en la Catedral de La Habana el 14 de febrero de dicho año, encontrándose su defunción en esta ciudad, parroquia del Santo Cristo a 15 de junio de 1783, hija de Leonardo Beseira y Rusel, natural de la ciudad de Lyon en Francia y de Isabel Clance y Moles, natural de la ciudad de Dublín, en Irlanda. Casó por segunda vez en la parroquia del Santo Cristo el 25 de abril de 1785, con doña María de la Luz Acosta y García de Osuna, hija de don Juan Patricio de Acosta y Arcia, Teniente de Milicias, Padre General de Menores en la villa de Guanabacoa, y de doña María Martina García de Osuna y Hernández-Pulgarón.

Don Vicente de Gea y Garabito, y su primera mujer doña Petrona Beseira y Clance, tuvieron por hijos: a Juana, y a Agustín de Gea y Beseira. Los cuales:

1. — Doña Juana de Gea y Beseira, bautizada en La Habana, parroquia del Santo Cristo, el 12 de mayo de 1774, tiene su defunción en la ciudad de Nueva Orleans, Catedral de Saint Louis, a 3 de agosto de 1792. Casó en La Habana, parroquia del Santo Ángel, el 26 de octubre de 1791, con don Juan López y Armenter, natural de La Bisbal, en Gerona, Subteniente de la Primera Compañía Ligera de Cataluña, hijo de don Ignacio López, Subteniente de la propia Compañía y de doña María de Armenter.

2. — Don Agustín de Gea y Beseira, bautizado en La Habana, parroquia del Santo Cristo, el 5 de septiembre de 1779, fue Subteniente de la Primera Compañía Ligera de la Cataluña. Su defunción se encuentra en el libro Castrense de dicho Cuerpo, en La Habana, a 30 de julio de 1809, donde casó, en la parroquia del Santo Ángel, el 29 de noviembre de 1802, con doña María Gertrudis Suárez y Pérez de la Cruz Ordaz, hija de don Juan Antonio Suárez y Ramos, natural de la isla de Tenerife, y de doña Manuela Pérez de la Cruz Ordaz y González de Funes, natural de Guanajay. Tuvieron por hijos: a Manuela de Jesús; a María de la Merced; a Ignacio, y a José Benigno Gea y Suárez. De los cuales:

1. — Doña María de la Merced Gea y Suárez, bautizada en La Habana, parroquia del Santo Ángel el 11 de marzo de 1804, tiene su defunción en la Catedral de Matanzas, a 21 de noviembre de 1882. Casó con don Francisco Moreno y Bernal, natural de la ciudad de Arcos de la Frontera, en Cádiz, Comisionado Real para la Introducción y Comercio del Tabaco en La Habana, hijo de don Pedro Moreno y Muñoz, y de doña Ana María Bernal y Morales.

2. — Don José Benigno Gea y Suárez, bautizado en La Habana, parroquia del Santo Ángel, el 26 de febrero de 1809, tiene su defunción en la Catedral de Matanzas a 12 de septiembre de 1821.

3. — Don Ignacio Gea y Suárez, bautizado en La Habana, parroquia del Santo Ángel, el 9 de agosto de 1807, fue Teniente de la Primera Compañía de Cataluña en esta plaza.

GENER

A principios del siglo XIX y procedente de la villa de Calella, en Cataluña, se estableció esta familia en Matanzas.

Sus armas: en campo de oro, una mata de enebro de sinople; bordura de ocho piezas de sinople.

Don Tomás Gener y su mujer doña Rosa Buigas, tuvieron por hijos: a Tomás y a José Gener y Buigas.

1. — El Doctor Tomás Gener y Buigas, nacido en la villa de Calella el 12 de marzo de 1787, fue Abogado graduado en el Columbia College de los Estados Unidos de América, Diputado segundo del Real Consulado de Matanzas de 1822 a 1823, Representante de Cuba ante las Cortes Españolas. Falleció el 15 de agosto de 1825. Casó en la Catedral de Matanzas el 16 de noviembre de 1817, con doña María Guadalupe Rodríguez del Junco y Noriega, natural de dicha ciudad, hija de don Bernardo Rodríguez del Junco y Rodríguez-Morejón, Capitán de Dragones y Alcalde ordinario de Matanzas, y de doña María Josefa Noriega y Rodríguez-Morejón. Tuvieron por hijos: a Plácido; a Justo, y a Benigno Tomás Gener y del Junco. Los cuales:

A. — Don Plácido Gener y del Junco, nacido el 31 de enero de 1829, fue Ingeniero. Falleció el 24 de enero de 1890.

B. — Don Justo Gener y del Junco, nacido el 8 de julio de 1830, fue bautizado en New York, Iglesia del Cristo, el 4 de agosto de dicho año, por el Padre Félix Varela. Fue Ingeniero y falleció en Matanzas el 29 de diciembre de 1913, en cuya Catedral casó el año 1863, con doña María de la Concepción Gener y Solís-Puñales, natural de Matanzas, hija de don José Gener y Buigas, natural de la villa de Calella, socio de número de la Sección de Industria y Comercio de la Diputación Patriótica de Matanzas, y de doña Ana María Solís-Puñales y Gómez.

C. — Don Benigno Tomás Gener y del Junco, nacido el 8 de julio de 1819, y bautizado en la Catedral de Matanzas el 9 de agosto de dicho año, fue distinguido patriota y primer Vicepresidente de la Junta Jurisdiccional de Agricultura, Industria y Comercio de Matanzas. Con don Domingo del Monte, creó la primera biblioteca de Matanzas. Falleció el 12 de diciembre de 1890. Casó en la Catedral de Matanzas en 1846, con doña Mariana Gener y Solís-Puñales, natural de dicha ciudad, hija de José Gener y Buigas. Natural de la villa de Calella, socio de número de la Seción de Industria y Comercio de la Diputación Patriótica de Matanzas, y de doña Ana María Solís-Puñales y Gómez. Tuvieron por hijos: a Rosa; a José Tomás, y a María de los Dolores Gener y Gener. Los cuales:

A. — Doña Rosa Gener y Gener, falleció en España.

B. — Don José Tomás Gener y Gener, fue distinguido revolucionario cubano.

C. — Doña María de los Dolores Gener y Gener, bautizada en la Catedral de Matanzas el 13 de marzo de 1854, casó en la parroquia de Ceiba-Mocha en 1883, con el Doctor Juan Guiteras y Gener, natural de Matanzas, Catedrático de Patología de la Escuela de Medicina de Charleston y de las Universidades de Pennsylvania y de La Habana, Vocal de la Junta Superior de Sanidad y Beneficencia, Decano de la Escuela de Medicina de La Habana, Director de Sanidad, Presidente de la Junta Nacional de Sanidad y del II Congreso Médico de Cuba, y Secretario de Sanidad y Beneficencia de la República de Cuba, hijo de don Eusebio Guiteras y Font, Director del Colegio «La Empresa», y de doña Josefa Gener y Solís-Puñales.

2. — Don José Gener y Buigas, natural de la villa de Calella, fue socio de número de la Sección de Industria y Comercio de la Diputación Patrótica de Matanzas. Casó en la Catedral de dicha ciudad en 1817, con doña Ana María Solís-Puñales y Gómez, hija de don Dionisio José Solís-Puñales y Pérez-Borroto, natural de Managua, y de doña Manuela Gómez. Tuvieron por hijas: a Rosa Juana; a Josefa; a Mariana; a María de la Concepción; a María Teresa; a María de los Dolores, y a Manuela María Gener y Solís-Puñales. Las cuales:

1. — Doña Rosa Juana Gener y Solís-Puñales, fue bautizada en la Catedral de Matanzas el 26 de junio de 1821, donde casó en el año 1840 con don Pedro José Guiteras y Font, natural de dicha ciudad, erudito, crítico e historiador, hijo de don Ramón Guiteras y Molina, y de doña Gertrudis Font y Xiqués, natural de Canet de Mar en Cataluña.

2. — Doña Josefa Gener y Solís-Puñales, fue bautizada en la Catedral de Matanzas el 15 de septiembre de 1823, donde casó en 1845, con don Eusebio Guiteras y Font, natural de dicha ciudad, Director del Colegio «La Empresa», hijo de don Ramón Guiteras y Molina, y de doña Gertrudis Font y Xiqués, naturales de Canet de Mar.

3. — Doña Mariana Gener y Solís-Puñales, fue bautizada en la Catedral de Matanzas el 7 de marzo de 1825, donde casó en el año 1846, con don Benigno Tomás Gener y del Junco, natural de dicha ciudad, patriota, vicepresidente de la Junta Jurisdiccional de Agricultura, Industria y Comercio de Matanzas, hijo del Doctor Tomás Gener y Buigas, natural de la villa de Calella, Abogado, Diputado segundo del Real Consulado de Matanzas y Representante de Cuba ante las Cortes Españolas, y de doña María Guadalupe Rodríguez del Junco y Noriega, natural de Matanzas.

4. — Doña María de la Concepción Gener y Solís-Puñales, fue bautizada en la Catedral de Matanzas el 23 de noviembre de 1827, donde

casó en el año 1853, con don Justo Gener y del Junco, natural de New York, Ingeniero, hijo del Doctor Tomás Gener y Buigas, natural de la villa de Calella, Abogado, Diputado segundo del Real Consulado de Matanzas y Representante de Cuba ante las Cortes Españolas, y de doña María Guadalupe Rodríguez del Junco y Noriega.

5. — Doña María Teresa Gener y Solís-Puñales, fue bautizada en la Catedral de Matanzas el 8 de noviembre de 1826, donde casó en 1846 con el Licenciado Antonio Guiteras y Font, natural de dicha ciudad, Abogado, literato y educador, hijo de don Ramón Guiteras y Molina, y de doña Gertrudis Font y Xiqués, naturales de Canet de Mar.

6. — Doña María de los Dolores Gener y Solís-Puñales, fue bautizada en la Catedral de Matanzas el 28 de marzo de 1833, donde casó en el año 1852, con don José Gerardo Doménech y Marrero, natural de San Antonio de Río Blanco del Norte, hijo de don Gerardo Doménech y Guiberna, natural de la villa de San Román de Lloret, en Gerona, y de doña María de Jesús Marrero y Medina, naturales de La Habana.

7. — Doña Manuela María Gener y Solís-Puñales, casó en la Catedral de Matanzas el 13 de junio de 1835, con don Pedro Antonio Domínguez y Rangel de Chávez, natural de Corral Nuevo de Macuriges, Hacendado, Regidor Perpetuo del Ayuntamiento de Matanzas, socio de número de la Sección de Industria y Comercio de la Diputación Patriótica de Matanzas, hijo de don Agustín Domínguez y Morales, y de doña María Gertrudis Rangel de Chávez y González.

GÖBEL

A principios del siglo XIX, procedente de Hersfeld, en Alemania, se estableció esta familia en La Habana.

El Coronel Juan Conrado Göbel y Steiben, vecino de Hersfeld, casó con María Catalina Praguer y Schimmelpfenig, natural de Bremen, y tuvieron por hijo: a

Juan Göbel y Praguer, natural de Hersfeld, que pasó a La Habana, donde tiene su defunción en la parroquia de Guadalupe a 24 de abril de 1843. Casó en esta ciudad, parroquia del Espíritu Santo, el 28 de octubre de 1812, con doña Isabel Muñoz y Zayas, hija de don Alfonso Benigno Muñoz y de doña María de la Trinidad de Zayas-Bazán y Chacón. Tuvieron por hijos: a María Luisa; a Amalia; a Matilde; a Ángela; a Conrado; a Alonso; a Juan, y a Mariano Göbel y Muñoz. De los cuales:

1. — Doña Amalia Göbel y Muñoz casó con don Joaquín de Zayas-Bazán.

2. — Doña Matilde Göbel y Muñoz, casó en La Habana, parroquia del Espíritu Santo, el 6 de febrero de 1841, con don Manuel de Zayas-Bazán y Zayas-Bazán, hijo de don Andrés de Zayas-Bazán y Jústiz, Teniente de Regidor y Alguacil Mayor de este Ayuntamiento, y de doña Inés María de Zayas-Bazán y Chacón.

3. — Doña Ángela Göbel y Muñoz, casó en La Habana, parroquia de Guadalupe, el 20 de diciembre de 1832, con don Francisco Covarrubias y Lecanda, hijo de don Juan Faxardo Covarrubias y Montalvo, Coronel de Milicias de esta Plaza, y de doña Andrea Lecanda y Sánchez.

4. — Don Conrado Göbel y Muñoz, fue bautizado en la Catedral de La Habana el 29 de abril de 1832.

5. — Don Alonso Göbel y Muñoz, casó dos veces en La Habana: la primera, en la parroquia de Monserrate, el 19 de febrero de 1855, con doña Isabel del Junco y Rueda, hija de don Vidal del Junco y Bermúdez, y de doña Isabel Rueda y Ponce de León. Casó por segunda vez, el 5 de marzo de 1863, en la parroquia de Guadalupe, con doña Leonor del Junco y Rueda, hermana de su primera mujer.

Don Alonso Göbel y Muñoz y su primera mujer doña Isabel del Junco y Rueda, tuvieron por hija: a

Doña María Göbel y del Junco, que casó en La Habana, parroquia del Santo Ángel, el 20 de agosto de 1883, con don Andrés Fernández y Morrel, hijo de don Pedro Lamberto Fernández y Lambert y de doña Luisa Morrel y Toussard.

Don Alonso Göbel y Muñoz y su segunda mujer, doña Leonor del Junco y Rueda, tuvieron por hija: a

Doña Isabel Göbel y del Junco, que casó con don Miguel Iribarren, Interventor General de la República de Cuba.

6. — Don Juan Göbel y Muñoz, del que se tratará en la «Línea Primera».

7. — Don Mariano Göbel y Muñoz, del que se tratará en la «Línea Segunda».

«LÍNEA PRIMERA»

Don Juan Göbel y Muñoz (anteriormente mencionado como hijo de Juan Göbel y Praguer, y de doña Isabel Muñoz y Zayas) bautizado en La Habana, parroquia del Espíritu Santo, el 15 de agosto de 1819, casó con doña Amalia del Junco y Rueda, hija de don Vidal del Junco y Bermúdez, y de doña Isabel Rueda y Ponce de León. Tuvieron por hijos: a Amalia; a Juan Alfredo; a Óscar, y a Armando Göbel y del Junco. De los cuales:

1. — Licenciado Óscar Göbel y del Junco, bautizado en La Habana, parroquia de Monserrate, el primero de mayo de 1862, fue Abogado y Teniente Fiscal de la Audiencia de Pinar del Río (Cuba).

2. — Licenciado Armando Göbel y del Junco, bautizado en La Habana, parroquia de Monserrate, el 29 de junio de 1863, fue Abogado. Casó con doña Blanca Rosa Buigas y Grilo, natural de Matanzas, hija de José Buigas y Alsina, natural de Barcelona, y de doña María Candelaria Grilo y Pérez, natural de Matanzas. Tuvieron por hijos: a Luisa; a Adriana; a Amalia; a Óscar; a Armando; a Raúl, y a Juan Alfonso Göbel y Buigas. De los cuales:

1. — Doña Adriana Göbel y Buigas, casó con don José Llanusa.

2. — Doña Amalia Göbel y Buigas, casó con don Roberto Stenner

3. — Doctor Armando Göbel y Buigas, nacido en La Habana el 22 de marzo de 1891, fue Abogado. Casó con doña Ana Cuesta.

4. — Don Raúl Göbel y Buigas, casó con doña Bertila Santana.

5. — Don Juan Alfonso Göbel y Buigas, casó con doña Rosa Porta.

«LÍNEA SEGUNDA»

Don Mariano Göbel y Muñoz (anteriormente mencionado como hijo de Juan Göbel y Praguer y de doña Isabel Muñoz y Zayas), bautizado en La Habana, parroquia del Espíritu Santo, el 16 de agosto de 1821, casó con doña Josefa Fernández y Posada, natural de Trinidad, y tuvieron por hijos: a María Josefa; a Cristina; a Alonso; a Juan; a Mariano, y a Antonio Göbel y Fernández. De los cuales

1. — Doña María Josefa Göbel y Fernández, casó con don Juan Antonio de Almagro y de la Vega, hijo de don Manuel María de Almagro y Bellido, y de doña María de las Nieves de la Vega y Ramírez.

2. — Doña Cristina Göbel y Fernández, casó con don Ricardo López y Soto, hijo de don Antonio López y Maiñas, y de doña Peregrina Soto y Pereira.

3. — Don Juan Göbel y Fernández, casó con doña María de la Concepción de la Cantera y Clark, hija de don Pedro Valentín de la Cantera y Rodríguez, y de doña María de la Concepción Clark y Mir. Tuvieron por hija: a

Doña María Josefa Göbel y de la Cantera, que casó con don Luis González-Estéfani y Arambarri, hijo de don Joaquín González-Estéfani y Campuzano, Comandante de Regimiento de Milicias de Caballería de Matanzas, y de doña Sofía Arambarri y Visiedo.

4. — Don Mariano Göbel y Fernández, casó con doña María Regato y Lasa, y tuvieron por hija: a

Doña María de los Dolores Göbel y Regato, que casó con don Luis de Sena, Ingeniero Civil.

5. — Don Antonio Göbel y Fernández, casó en La Habana, parroquia del Espíritu Santo, el 3 de febrero de 1886, con doña María de la Caridad Santiago-Aguirre y Loinaz, hija de don Juan Santiago-Aguirre y Olivera, y de doña María de las Mercedes Loinaz y Benítez. Tuvieron por hijos: a María de la Caridad, y a Juan Antonio Göbel y Aguirre. De los cuales: el

Doctor Juan Antonio Göbel y Aguirre, nació en La Habana el 10 de noviembre de 1886.

GÓMEZ DE MOLINA

A fines del siglo XVI, aparece radicada esta familia en la ciudad de Málaga, estableciéndose en La Habana a fines del siglo XVIII.

Don Pedro de Molina, casó con doña Yáñez de Ávila y tuvieron por hijos: a Constanza Fernández; a Alonso de Ávila; a Martín Sánchez de Molina; a Teresa, y a Gome de Molina. De los cuales:

1. — Don Alonso de Ávila, casó con doña Leonor de Baeza, y tuvieron por hijos: a Gaspar; a Baltasar; a Melchor, a Alonso de Ávila, y a Pedro de Molina.

2. — Don Gome de Molina, era vecino, hacendado y Recaudador de Rentas Reales de Málaga. En unión de su mujer, doña Catalina Fernández de Córdoba, fundó el 25 de junio de 1559, un Mayorazgo. Testó ante Alonso Cano, y fue abierto su testamento el 22 de septiembre de 1564, ante Diego de Astorga. Falleció el 17 de septiembre de dicho año. Tuvieron por hijos: a Juan; a Martín, y a Pedro de Molina y Fernández de Córdoba. De los cuales:

1. — Don Martín de Molina y Fernández de Córdoba, fue Jurado de la ciudad de Málaga. Casó en Écija, provincia de Sevilla con doña Jerónima de Herrera y Hurtado de Mendoza, y tuvieron por hijos: a Isabel Hurtado de Mendoza; a Beatriz, y a María de Herrera; y a Catalina y a Jerónimo Luis de Molina.

2. — Don Pedro de Molina y Fernández de Córdoba, Mayorazgo, fue recibido de Jurado perpetuo de Málaga el 9 de marzo de 1553. Testó el 29 de diciembre de 1579, ante Pedro de Torres, Escribano Público de Granada. Casó en la villa de Motril, en Granada, con doña Mariana Va-

negas, y tuvieron por hijos: a Catalina; a Beatriz; a Juana; a Francisca; a Isabel; a Magdalena Marta; a Asencio; a Cristóbal; a Juan, y a Gome de Molina; y a María, y a Alonso Vanegas de Molina. De los cuales:

1.— Don Asencio de Molina, pasó a Indias.

2.— Don Cristóbal de Molina, fue Oficial Real y Contador de Real Hacienda.

3.— Don Gome de Molina, fue Presbítero.

4.— Don Alonso Vanegas de Molina, testó en unión de su mujer el 12 de julio de 1602 ante Pedro Moreno. Casó con doña Isabel de Chinchilla y Lucena, hija de don Pedro Gómez de Chinchilla y de doña María de Lucena, progenitores también de los Marqueses de Chinchilla. Tuvieron por hijos: a María Vanegas; a María de Molina; a Sebastián de Chinchilla; a Francisco González de Molina, y a Pedro Gómez de Molina. De los cuales:

1.— Don Francisco González de Molina, fue Regidor perpétuo de la ciudad de Málaga. Testó el 22 de marzo de 1674 ante Juan Hidalgo, y falleció soltero en la referida ciudad.

2.— Don Pedro Gómez de Molina, hizo información de nobleza en Málaga ante el Juez Receptor de la Cancillería de Granada, y testó en Écija, el 4 de enero de 1663, ante Pedro Ballesteros, otorgando codicilo el 6 de junio de 1678. Después de enviudar, ingresó en la carrera eclesiástica. Casó con doña Constanza de Acuña Ávila Ayala y Villavicencio, hija del Doctor Juan Núñez de Ávila y de doña Sebastiana de Villavicencio y Villalba. Tuvieron por hijos: a Sebastián; a Isabel, y a Agustín Gómez de Molina y Acuña. De los cuales:

Don Agustín Gómez de Molina y Acuña, falleció el 10 de febrero de 1680. Casó en la ciudad de Granada con doña Ana Josefa de Reze Vera y Esquivel, natural de Motril, hija de don Luis de Reze Vera y Esquivel, y de doña Ana María de Cervantes y Hervías Calderón. Tuvieron por hijos: a Ana María; a Catalina; a Teresa; a Josefa; a Constanza, y a Diego de Molina; y a Luis Gómez de Molina y Reze. De los cuales:

1.— Doña Constanza Molina, casó con don Fernando Tello Eraso.

2.— Don Luis Gómez de Molina y Reze, fue Mayorazgo. Testó en Málaga el 27 de enero de 1737, ante Manuel José de Corbalán. Casó en dicha ciudad el 7 de octubre de 1697, con doña Teresa Méndez de Sotomayor Canto y Andrada, y tuvieron por hijos: a Francisco José; a Pedro Luis, y a Diego Gómez de Molina y Méndez de Sotomayor. Los cuales:

1.— Don Francisco José Gómez de Molina y Méndez de Sotomayor, perteneció a la Compañía de Jesús.

2. — Don Pedro Luis Gómez de Molina y Méndez de Sotomayor, fue Mayorazgo. Testó en Málaga el 12 de marzo de 1735, ante Bernardo Vicente Rivera. Casó en dicha ciudad el 11 de febrero de 1718, con doña Gaspara de Gálvez Mondragón y Avilés, hija de don Sebastián Gálvez de Mondragón y de Juana de Avilés. Tuvieron por hijos: a Ana María; a Teresa; a Sebastián; a José; a Juan; a Pedro, y a Luis Gómez de Molina y Gálvez de Mondragón. De los cuales:

A. — Doña Teresa Gómez de Molina y Gálvez de Mondragón, casó con don Joaquín Pizarro Despital, Regidor perpétuo de Málaga y Maestrante de la Real Ronda.

B. — Don Luis Gómez de Molina y Gálvez de Mondragón, fue Mayorazgo. Testó el 4 de septiembre de 1763 ante Juan López Quartero. Casó en la ciudad de Málaga, el 19 de enero de 1749, con su prima doña María Gálvez y Molina, hija de don Diego Ambrosio de Gálvez y Méndez, y de doña Beatriz de Molina y Gálvez, y tuvieron por hijos: a Beatriz; a Josefa; a Diego, y a Pedro Gómez de Molina y Gálvez. De los cuales:

A. — Don Diego Gómez de Molina y Gálvez, natural de Málaga, ingresó en 1769, en las Reales Compañías de Guardias Marinas.

B. — Don Pedro Gómez de Molina y Gálvez, fue Mayorazgo. Casó en la ciudad de Málaga el 9 de febrero de 1766, con doña María Antonia Rengel y Molina, hija de don Juan Rengel Alcaraz y García de Urraca González, Regidor perpétuo de Málaga, y de doña Antonia de Molina. Tuvieron por hijos: a Ana María, y a Luis Gómez de Molina y Rengel. De los cuales:

Don Luis Gómez de Molina y Rengel, fue Mayorazgo, Regidor perpétuo de Málaga, y Caballero Maestrante de la Real Ronda. Casó con doña María del Carmen Sánchez de Arjona y Ponce de León, natural de la villa de Fregenal de la Sierra, en la provincia de Badajoz, hija de don Matías Sánchez de Arjona y Velasco, Alguacil Mayor perpétuo de la referida villa, Maestrante de la Real Ronda, y de doña María Ponce de León Lisón y Escalante. Tuvieron por hijas: a María Antonia; a Rafaela, y a Ana Joaquina de Molina y Sánchez de Arjona. De las cuales:

Doña María Antonia Gómez de Molina y Sánchez de Arjona, nacida en Fregenal de la Sierra el 8 de octubre de 1805, casó en Málaga el 14 de noviembre de 1825, con don Pedro Ruiz-Soldado y Avellaneda, Ayere de Aragón y Fernández de Velasco, nacido en Andújar (Jaén), el 25 de agosto de 1803, y muerto en Málaga el 15 de septiembre de 1865, VI Marqués de Valdecañas, VIII Marqués de Torremayor, XII Marqués de Corópani, XI Conde del Peñón de la Vega, Señor y Alcaide por juro de heredad del Castillo y Fortaleza de Nerfa, Regidor perpétuo de Andújar y Caballero de la Orden de San Juan de Jerusalén. (Su sucesión puede verse páginas 310 a 312, volumen VII de los «Anales de la Nobleza de España», año 1887, por don Francisco Fernández de Betancourt.)

3. — Don Diego Gómez de Molina y Méndez de Sotomayor, casó en la ciudad de Málaga el 10 de octubre de 1770, con doña Ana Fernández de Chinchilla, de los Marqueses de Chinchilla. Tuvieron por hijos: a Josefa; a María; a Ana; a José; a Antonio, y a Joaquín Gómez de Molina y Fernández de Chinchilla. De los cuales:

1. — Don José Gómez de Molina y Fernández de Chinchilla, fue Caballero Maestrante de la Real Ronda.

2. — Don Antonio Gómez de Molina y Fernández de Chinchilla, fue Capitán del Regimiento de Infantería de Línea de Valencia.

3. — Capitán Joaquín Gómez de Molina y Fernández de Chinchilla, natural de Málaga, fue Alférez del Regimiento de Cantabria. Casó en la Catedral de La Habana el 16 de enero de 1799, con doña Teresa Cabrera y Palma-Beloso, hija de don Miguel Cabrera y Abreu, Teniente de Navío de la Real Armada, y de doña María Luisa Loreto de Palma-Beloso y Chacón. Tuvieron por hijos: a Miguel; a Joaquín; y a José María Gómez de Molina y Cabrera. Los cuales:

1. — Don Miguel Gómez de Molina y Cabrera, fue Caballero Maestrante de la Real Ronda. Testó el 11 de mayo de 1852, ante Joaquín Trujillo, y su defunción se encuentra en La Habana, parroquia de Guadalupe, a 13 de mayo de dicho año. Casó con doña Micaela Masson y Treyller de Sainta-Creux, natural de Cayajabos, hija de Florimonde y de Genevieve. Tuvieron por hijos: a Genoveva; a Micaela, y a Joaquín Gómez de Molina y Masson. De los cuales:

A. — Doña Micaela Gómez de Molina y Masson, tiene su defunción en La Habana, parroquia de Guadalupe, a 24 de junio de 1859, donde casó el 23 de abril de 1852, con don José Domingo Justiniani y Chacón, hijo de don José Domingo Justiniani y Cabrera, Teniente de Fragata de la Real Armada, y de doña María Isabel Chacón y Noroña.

B. — Don Joaquín Gómez de Molina y Masson, natural de Cayajabos, casó con doña María de la Concepción Arriaza y García de los Reyes, hija de Eugenio y de María de la Concepción. Tuvieron por hijos: a María de la Concepción; a América, y a Gonzalo Gómez de Molina y Arriaza. De los cuales:

A. — Doña María de la Concepción Gómez de Molina y Arriaza, casó con don Pedro Cardona y Gómez de Molina, hijo de don Federico Cardona y de la Torre, y de doña Teresa Gómez de Molina y Masson.

B. — Doña América Gómez de Molina y Arriaza, casó dos veces: la primera, en la ciudad de Pinar del Río, parroquia de San Rosendo, el primero de septiembre de 1896, con el Licenciado Juan O'Farrill y Montalvo, Abogado, Magistrado Fiscal de la Real Audiencia Pretorial de La Habana, hijo de don José Ricardo O'Farrill y O'Farrill, Gran Cruz de la Orden de Isabel la Católica, y de doña María de la Concepción Montalvo y Calvo. Casó por segunda vez, con el Licenciado Federico García y Ramís, natural de Regla, Abogado, Magistrado de la Audiencia de La Habana, hijo de don Germán García y Saint-German, y de doña María Rosalía Ramís y Juárez.

C. — Don Gonzalo Gómez de Molina y Arriaza, fue bautizado en la Catedral de Pinar del Río el 2 de mayo de 1881, donde casó el 5 de junio de 1901, con doña Juana García Loaces, hija de don Juan García y Jiménez, y de doña María del Rosario Loaces y Martínez.

2. — Don Joaquín Gómez de Molina y Cabrera, casó con doña Luisa Masson y Treyller de Sainte-Creux, hija de Florimonde y de Genevieve. Tuvieron por hijos: a Teresa; a Joaquín y a Antonio Luis Gómez de Molina y Masson. Los cuales:

A. — Doña Teresa Gómez de Molina y Masson, natural de Cayajabos, en la provincia de Pinar del Río, casó en La Habana, parroquia de Guadalupe, el 15 de octubre de 1864, con don Federico Cardona y de la Torre, hijo de don Federico Cardona y Vivas, Subteniente de Milicias, y de doña María del Carmen de la Torre y Ugarte.

B. — Don Joaquín Gómez de Molina y Masson, fue bautizado en la parroquia de Cayajabos el 11 de mayo de 1840.

C. — Doctor Antonio Luis Gómez de Molina y Masson, bautizado en la parroquia de Cayajabos el 24 de febrero de 1843, fue Médico. Casó con doña Eugenia de Arriaza y García de los Reyes, hija de Eugenio y de María de la Concepción. Tuvieron por hijos: a María Teresa; a Antonio, y a Aurelio Gómez de Molina y Arriaza. Los cuales:

A. — Doña María Teresa Gómez de Molina y Arriaza, fue bautizada en Pinar del Río el 31 de octubre de 1882.

B. — Don Antonio Gómez de Molina y Arriaza, fue bautizado en Pinar del Río el 17 de agosto de 1879.

C. — Doctor Aurelio Gómez de Molina y Arriaza, nacido en Pinar del Río el 13 de mayo de 1890, fue Abogado.

3. — Don José María Gómez de Molina y Cabrera, fue Caballero Maestrante de la Real Ronda. Tiene su defunción en La Habana, parroquia de Guadalupe, a 7 de septiembre de 1863. Casó el año 1831 con doña Crispina Bonilla y Cabrera, hija de don Alejandro Bonilla y San Juan, Alférez de Navío de la Real Armada, y de doña María del Rosario Cabrera y Palma-Beloso. Tuvieron por hijos: a María Josefa; a María del Rosario; a Teresa; a Magdalena Lina; a Alejandro; a Federico; a José María, y a Joaquín Gómez de Molina y Bonilla. De los cuales:

1. — Doña María del Rosario Gómez de Molina y Bonilla, casó con don Manuel Ruiz y Monge.

2. — Doña Teresa Gómez de Molina y Bonilla, casó con don Juan Roig y Garzón.

3. — Doña Magdalena Lina Gómez de Molina y Bonilla, casó con don Tomás Agustín de Cervantes y de la Cruz, natural de Cárdenas, hijo de Tomás José y de María del Rosario.

4. — Don Alejandro Gómez de Molina y Bonilla, falleció soltero, y su defunción se encuentra en La Habana, parroquia de Guadalupe, a 3 de abril de 1858.

5. — Don Federico Gómez de Molina y Bonilla, casó en La Habana, parroquia de Guadalupe, el 26 de febrero de 1870, con doña María de la Concepción Carrión y González de la Torre, hija de don José María Carrión e Hidalgo-Gato, y de doña María de la Trinidad González de la Torre y Armenteros.

6. — Don José María Gómez de Molina y Bonilla, casó en La Habana, parroquia de Guadalupe, el 20 de noviembre de 1867, con doña María de Carrión y González de la Torre, hija de don José María Carrión e Hidalgo-Gato, y de doña María de la Trinidad González de la Torre y Armenteros.

7. — Don Joaquín Gómez de Molina y Bonilla, testo el 21 de mayo de 1888 ante Luis Rodríguez Boyez. Casó en La Habana, parroquia de Guadalupe, el 29 de mayo de 1869, con doña Isabel Gertrudis Fumagalli y Hernández, natural de la villa de Guanabacoa, hija de don Pedro Fumagalli y Taschero y de doña Isabel Hernández y Lima. Tuvieron por hijos: a Virginia; a Teodoro; a Arturo; y a Ramiro Gómez de Molina y Fumagalli. De los cuales:

1. — Don Arturo Gómez de Molina y Fumagalli, casó con doña María de los Dolores Hernández y Comas, natural de Melena del Sur, hija de Miguel y de Beatriz. Tuvieron por hijos: a Lucrecia; a Delia; a Obdulia; a Silvia; a Elena; a Margarita; a Adriana; a Arturo; a Joaquín y a Octavio Gómez de Molina y Hernández. De los cuales:

A. — Doctor Arturo Gómez de Molina y Hernández, nacido en La Habana el 10 de mayo de 1902, fue Abogado y Notario Público de la villa de Morón.

B. — Doctor Joaquín Gómez de Molina y Hernández, nacido en Melena del Sur el 8 de septiembre de 1894, fue Abogado y Notario Público de la ciudad de Camagüey.

C. — Doctor Octavio Gómez de Molina y Hernández, nació en La Habana el primero de junio de 1903.

2. — Don Ramiro Gómez de Molina y Fumagalli, casó con doña María de las Nieves Muñoz y Rodríguez, hija de don Luis Rafael Muñoz y Noroña y de doña María de las Nieves Rodríguez. Tuvieron por hijos: a María de las Nieves; a Ofelia; a Mario, y a Ramiro Gómez de Molina y Muñoz.

GONZÁLEZ DE ALFONSECA

A principios del siglo XVII, procedente de Lances, pueblo de San Andrés, isla de La Palma, en las Canarias, se estableció esta familia en La Habana. Don Manuel González casó con doña Francisca Pérez de Alfonseca, y tuvieron por hijo al:

Capitán Baltasar González de Alfonseca, natural de Lances, que casó con doña María de la Roche y Pérez de Utrera, natural de La Habana, hija de Juan de la Roche y García, y de doña María Pérez de Utrera. Tuvieron por hijos a: Francisca Solano, Baltasar, Luis González de Alfonseca, al Capitán José, y María González de Alfonseca y de la Roche.

1. — Doña Francisca Solano González de Alfonseca y de la Roche casó en la Catedral de La Habana el 2 de junio de 1659 con don Francisco de la Gama Navarrete, hijo de don Francisco Gutiérrez Navarrete, y de doña Juana de la Gama Cepero y Roxas Inestrosa.

2. — Doña María González de Alfonseca y de la Roche, bautizada en la Catedral de La Habana el 25 de septiembre de 1641, testó el 16 de agosto de 1712, ante Juan Uribe Ozeta, y su defunción se encuentra en la referida Catedral a 16 de agosto de dicho año, donde casó el 31 de julio de 1658, con el Capitán Diego Florencia y Leiva, natural de San Agustín de la Florida, hijo del Capitán Mateo Luis Florencia, y de doña Francisca Leiva y Arteaga.

3. — Don Baltasar González de Alfonseca y de la Roche, testó ante Juan Uribe Ozeta, y su defunción se encuentra en La Habana, parroquia del Espíritu Santo, a 2 de octubre de 1685.

4. — Don Luis González de Alfonseca y de la Roche, casó en la Catedral de La Habana el 16 de enero de 1668, con doña Teodora Sotolongo y Pérez-Borroto, hija del Capitán Blas de Sotolongo y del Real, Alcalde de la Santa Hermandad, y de doña Luisa Pérez-Borroto y Herrera. Tuvieron por hijos a: Lorenzo, a Tomás, y a Luis González de Alfonseca y Sotolongo. Los cuales:

1. — Don Lorenzo González de Alfonseca y Sotolongo, testó el 24 de junio de 1708 ante Antonio Fernández de Velasco, y su defunción se encuentra en la Catedral de La Habana, a 28 de junio de dicho año. Casó con doña María Isabel Calvo de la Puerta, y tuvieron por hijos a: Leonor, Luis, Lorenzo, y José González de Alfonseca y Calvo de la Puerta.

2. — Don Tomás González de Alfonseca y Sotolongo casó en la iglesia del Ángel de La Habana, el 10 de abril de 1697 con doña María Josefa de los Reyes y Cabeza de Vaca, hija de José y de Lorenza.

3. — Don Luis González de Alfonseca y Sotolongo casó en la parroquia de la villa de Guanabacoa el primero de octubre de 1711, con doña Melchora de Sotolongo y Carrillo de Albornoz, hija de don Juan Miguel Sotolongo y Calvo de la Puerta, y de doña Ana Carrillo de Albornoz y Rangel. Tuvieron por hijos a: María Ignacia, María, Marcelina Martina, Luisa, y Antonio González de Alfonseca y Sotolongo. De los cuales:

A. — Doña María González de Alfonseca y Sotolongo tiene su defunción en la Catedral de La Habana a 15 de noviembre de 1762.

B. — Doña Marcelina Martina González de Alfonseca y Sotolongo, casó en La Habana, parroquia del Santo Cristo, el 27 de febrero de 1745, con don Antonio Cepero y Sotolongo, hijo de don José Cepero y Justiniani, y de doña Rosa Sotolongo y Carrillo de Albornoz.

C. — Doña Luisa González de Alfonseca y Sotolongo, bautizada en la parroquia de la villa de Guanabacoa el 20 de abril de 1716, casó en La Habana, parroquia del Santo Cristo, el 10 de febrero de 1738, con don Miguel Sánchez y Valencia, Alcalde de la Santa Hermandad, hijo de don Juan Sánchez y Velázquez, y de doña Ana María Valencia.

D. — Don Antonio González de Alfonseca y Sotolongo, tiene su defunción en La Habana, parroquia del Santo Cristo, a 25 de septiembre de 1774. Casó con doña Antonia Solís de la Torre Manibardo.

5. — Capitán José González de Alfonseca y de la Roche casó con doña Francisca de las Alas y tuvieron por hijo al:

Licenciado José González de Alfonseca y de las Alas, Doctor en Sagrados Cánones y Abogado de la Real Audiencia de México. Casó en la Catedral de La Habana el 28 de abril de 1711, con doña Ana de Castro-Palomino y Borroto, hija de don Agustín Castro-Palomino y León Farfán de los Godos, y de doña Nicolasa Borroto. Tuvieron por hijo a:

Fray José González de Alfonseca y Castro-Palomino. Sacerdote dominico. Nació en La Habana el 19 de marzo de 1717, y fue bautizado en la Santa Iglesia Catedral. (Libro 9, Folio 32, N. 32.) Fue Rector de la Universidad de La Habana en 1744, 1747, 1749, 1752 y 1756. Había recibido el título de Maestro en Filosofía el 21 de agosto de 1731 y de Doctor en Teología el 24 de febrero de 1739. Falleció en La Habana el 14 de junio de 1764.

GONZÁLEZ DE LA CAMPA

A mediados del siglo XVIII, aparece radicada esta familia en la villa de la Pola de Lena, y luego en la de San Esteban de Leces, en Rivadesella, Oviedo, de donde pasaron a La Habana en la segunda mitad del siglo siguiente.

Don Miguel González de la Campa y su mujer, doña Josefa de Miranda, naturales y vecinos de la Pola de Lena, tuvieron por hijos: a Carlos, y a Miguel González de la Campa y Miranda. Los cuales:

1. — Don Carlos González de la Campa y Miranda, fue Presbítero y párroco de San Esteban de Leces, significándose en las filas carlistas.

2. — Don Miguel González de la Campa y Miranda, natural de la Pola de Lena, casó en la parroquia de San Esteban de Leces con doña Francisca Alvarodíaz y Suárez, natural de la Pola de Lena, hija de Ramón y de Francisca, naturales de la parroquia de Aveo, en Rivadesella. Tuvieron por hijo: a

Don Miguel González de la Campa y Alvarodíaz, que fue bautizado en la parroquia de San Esteban de Leces el 10 de mayo de 1851, cuya defunción se encuentra en La Habana, parroquia del Vedado, a 8 de enero de 1929. Casó en la parroquia de Alquízar, el 19 de agosto de 1876, con doña María Teresa Caraveda y Pérez, natural de San Esteban de Leces, hija de don Ciriaco Caraveda y de la Teja, y de doña Josefa Pérez de Siles y Blanco. Tuvieron por hijos: a Armantina; a Consuelo; a Celia; a María Amelia; a Estela; a Óscar; a Francisco; a Abelardo, y a Miguel Ángel de la Campa y Caraveda. De los cuales:

1. — Doña Armantina de la Campa y Caraveda, casó con el Doctor Alberto O'Farrill y Álvarez, Abogado y Notario Público de La Habana, hijo de don José Ricardo O'Farrill y Castro-Palomino, y de doña María de la Trinidad Álvarez y Jorge.

2. — Doña Celia de la Campa y Caraveda, casó en La Habana, parroquia del Vedado, el 19 de enero de 1924, con don Raúl Argüelles y de la Llama, natural de esta ciudad de La Habana, hijo de don Francisco Argüelles y Rodríguez, y de doña Isabel de la Llama y Solís.

3. — Doña Estela de la Campa y Caraveda, casó en La Habana, parroquia del Vedado el 8 de diciembre de 1928, con don Rafael Nieto y Cortadellas, Cónsul de la República de Cuba, Agregado a las Embajadas en Madrid y Washington, y al Protocolo de la Secretaría de Estado, hijo de don Amado Juan Nieto y Abeillé, y de doña María de los Dolores Cortadellas y Díaz. Tuvieron por hijos: a Rafael, a Fernando y a María Luisa Nieto y Cortadellas.

4. — Don Óscar de la Campa y Caraveda, casó con doña Consuelo Ojeda, y tuvieron por hijos: a Consuelo, y a Óscar de la Campa y Ojeda.

5. — Don Francisco de la Campa y Caraveda, Cónsul de la República de Cuba, casó en Londres con Henriette Pardieus, natural de Bélgica, y tuvieron por hijo: a Julio de la Campa y Pardieus.

6. — Don Abelardo de la Campa y Caraveda, casó con doña María de los Dolores Díaz Cruz, y tuvieron por hjios: a Graciela; a Abelardo, y a Ernesto de la Campa y Díaz. De los cuales:

Doña Graciella de la Campa y Díaz, casó en La Habana, iglesia de San Juan de Letrán del Vedado, el 14 de octubre de 1939, con Charles H. Ruth, natural de la ciudad de Washinton.

7. — Doctor Miguel Ángel de la Campa y Caraveda, nacido en La Habana el 8 de diciembre de 1882, fue Abogado, Diplomático y Secretario de Estado de la República de Cuba. Fue también Subsecretario de Estado, Embajador en México, Ministro en el Japón y Brasil, Introductor de Ministros, y Secretario de la Delegación cubana a las Conferencias de la Paz en los Tratados de Versailles, Saint Germain, Neuilly y Trianon. Fue Presidente de la Sociedad Colombista de Cuba, Gran Cruz de las Órdenes «Carlos Manuel de Céspedes», de Cuba; de la «Espiga de Oro», de China, y Carlos III, de España; Gran Oficial de las Órdenes de Leopoldo de Bélgica, Libertador de Venezuela y de la Corona de Italia; Gran Oficial y Gran Cruz de la Orden del Sol del Perú, y Comendador de las Órdenes de la Legión de Honor de Francia; Corona de Bélgica, y de los Santos Mauricio y Lázaro de Italia. Casó con doña Teresa Roff y Castilla, hija de don José Remigio Roff y Pomés y de doña Ana Castilla y Pomés. Tuvieron por hijos: a María Teresa; a Miguelina; a Alberto, y a Miguel Ángel de la Campa y Roff. De los cuales:

1. — Doña María Teresa de la Campa y Roff, natural de París, casó en Marianao, capilla del Colegio de Belén, el 10 de julio de 1933, con el Doctor Guillermo de Zéndegui y Carbonell, Abogado, hijo de don Rafael de Zéndegui y Gamba, y de doña María de Loreto Carbonell y de la Vega.

2. — Don Alberto de la Campa y Roff, natural de La Habana, es Vicecónsul de la República de Cuba. Casó en la parroquia del Calabazar de La Habana, el primero de abril de 1940, con doña Marta de la Torre y Silva, hija de don Bernabé de la Torre y Agüero, y de doña Adela Silva, naturales de la ciudad de Puerto Príncipe.

GONZÁLEZ - LLORENTE

En la segunda mitad del siglo XVIII, procedentes de Cádiz se estableció esta familia en el Reino de Nueva Granada, de donde pasaron a Principios del siglo siguiente a la isla de Cuba, estableciéndose en Trinidad.

Son sus armas: Llorente: Escudo de Oro y un castillo terrazado y almenado con su homenaje también con almenas, en las cuales ondea una bandera de gules y azur, con dos lebreles atados a la puerta que se dirige uno a la diestra y otro a la siniestra acompañado de dos árboles copados.

Don Francisco González-Llorente y su esposa doña Teresa Rodríguez, naturales de Cádiz, en los Reinos de España, tuvieron por hijos, entre otros: a Alonso y a José González-Llorente y Rodríguez, los cuales:

1. — Don Alonso González-Llorente y Rodríguez, fue Teniente del Regimiento Auxiliar de Santa Fe de Bogotá, emigró con su hermano José cuando la Revolución de 1810 en Nueva Granada, llegando a La Habana el 19 de junio de 1815, después de muchas vicisitudes; pasando algunos meses después a España.

2. — Don José González-Llorente y Rodríguez, natural de la ciudad de Cádiz, en los Reinos de España; se estableció en Nueva Granada (Colombia), primero en Cartagena de Indias y en el año 1783, en Santa Fe de Bogotá. Tuvo que emigrar dos veces a Cuba; la primera cuando la revolución de 1810, llegando a La Habana acompañado de su familia el 19 de junio de 1815, regresando a Santa Fe cuando la pacificación de los Reinos de Nueva Granada, donde fue nombrado inmediatamente Regidor y luego Alguacil Mayor y Vocal de la Junta Municipal de Propios; después fue nombrado por Real Orden de 12 de diciembre de 1817 Ministro Contador de la Real Casa de Moneda de Santa Fe de Bogotá; teniendo que emigrar por segunda vez a Cuba, esta vez definitivamente, en la media noche del 8 al 9 de agosto de 1819, acompañado por su esposa y tres hijos, en compañía del Virrey y de las altas autoridades de Santa Fe, llegando a Cartagena de Indias el 3 de septiembre de 1819, trasladándose de allí a Trinidad donde llegó el 25 de noviembre de 1820, de donde pasó a La Habana con toda su familia donde fue nombrado Interventor Comisionado de la Administración General de Correos y sus dependencias, siéndolo hasta el 9 de junio de 1823; fue nombrado por Real Orden del 7 de marzo de 1824 Administrador de Rentas Reales de la Ciudad de Trinidad de Cuba y por Real Decreto de 9 de diciembre de 1829 se le concedió un premio de sus méritos y señalados servicios condecorarle con los honores de Intendente de Provincia; y en 17 de marzo de 1834 se le confirmó la interinidad de la Intendencia de Puerto Príncipe, cuya comisión no llegó a servir por razones que presentó y se estimaron justas para admitirle la excusación. Falleció en la ciudad de Trinidad en junio de 1850. Casó en la Santa Iglesia Catedral Metropolitana de Santa Fe de Bogotá en 15 de diciembre de 1806 con doña María Dolores Ponce de León y Lombana, natural de Santa Fe de Bogotá, hija de don Luis Manuel Ponce de León y de doña María Ignacia Lombana, naturales de Nueva Granada. Tuvieron por hijos: a María de la Concepción; a María del Carmen; a María Asunción; a Juan Nepopuceno; a José; a Antonio, y a Pedro Celestino González-Llorente y Ponce de León, los cuales:

A. — Doña María de la Concepción González-Llorente y Ponce de León, natural de Nueva Granada, falleció soltera.

B. — Doña María del Carmen González-Llorente y Ponce de León, casó con el general José de Caturla y Spering, Gobernador de las Cuatro Villas.

C. — Doña María Asunción González-Llorente y Ponce de León, natural de Cartagena de Indias, en el Reino de Nueva Granada, casó el 27 de noviembre de 1841 en la Parroquial Mayor de Trinidad con el Excmo. Sr. Doctor don Ramón Torrado y Quiroga, natural de Santa Eulalia de Selleda en el Obispado de Lugo, Galicia, España, médico Comendador de la Orden de Isabel la Católica, Regidor Alcalde Municipal de Trinidad; hijo de don Ramón José Torrado y Quiroga y de doña Joaquina Piñón.

D. — Don Juan Nepopuceno González-Llorente y Ponce de León, natural de Nueva Granada; por Real Orden de 8 de septiembre de 1833, fue nombrado Oficial de la Administración de Rentas Reales de Trinidad. Falleció soltero en París.

E. — Don José González-Llorente y Ponce de León, natural de Santa Fe de Bogotá, en el Reino de Nueva Granada; fue Oficial de la Administración de Rentas Reales de la ciudad de Trinidad; donde casó con doña Laureana de Sandoval y García, hija de don Antonio de Sandoval y de doña Eugenia García. Tuvieron por hijos: a Fernando y Andrés González-Llorente y Sandoval, de los cuales:

Don Andrés González-Llorente y Sandoval, bautizado en la parroquia de Nuestra Señora de la Candelaria del Río de Ay, el 28 de febrero de 1858, fue Contador del Ayuntamiento de Trinidad.

F. — Don Antonio González-Llorente y Ponce de León, natural de La Habana, donde falleció el 3 de noviembre de 1893; fue Diputado a Cortes y un distinguido periodista, fundó el periódico «La Integridad Nacional». Casó con doña María de las Mercedes Entenza y Palacios, hija de don Silvestre Entenza y doña María Muñoz Palacios y Lasso de la Vega. Tuvieron por hijos: a María de los Dolores; a María; a María de la Asunción; a Luis; a Delfín; a José; a Antonio; a Juan y a Pedro González-Llorente y Entenza, de los cuales:

a. — Doña María González-Llorente y Entenza, falleció en La Habana, el 12 de junio de 1919; casó con don José Cabezudo Colmeiro.

b. — Doña María de la Asunción González-Llorente y Entenza, falleció en Miami en 1946; casó con don José de la O García y Olivera, natural de Cienfuegos, abogado, hijo de don José de la O García y Machado, natural de Villa Clara, y de doña Margarita Olivera y Olivera, natural de Alacranes.

c. — Don Luis González-Llorente y Entenza, falleció soltero en La Habana, en 1908.

d. — Don Delfín González-Llorente y Entenza, falleció soltero en La Habana, el 7 de agosto de 1930.

e. — Don Juan González-Llorente y Entenza, falleció en La Habana el 22 de octubre de 1899, donde casó Parroquia de Monserrate el 21 de junio de 1895 con doña Leoncia de Castro y Valdés de la Torre, hija de don Ángel de Castro y Vila y de doña América Valdés de la Torre y Miguénez, naturales de La Habana, tuvieron por hijos: a María de las Mercedes y a Juan Antonio González-Llorente y Castro, los cuales:

1. — Doña María de las Mercedes González-Llorente y Castro, casó en La Habana, parroquia del Santo Ángel Custodio, 18 de diciembre de 1919, con el Doctor don Eduardo Cartaya y García, natural de Matanzas, doctor en medicina, en derecho civil, en pedagogía y en filosofía y letras de la Universidad de La Habana, hijo de don Eduardo Cartaya y García, abogado, natural de Sabanilla del Encomendador y de doña Ángela García y Gómez, natural de La Habana.

2. — Don Juan Antonio González-Llorente y Castro, casó en La Habana, parroquia de Jesús del Monte, el 21 de junio de 1921 con doña María Cristina Pérez y Peláez, hija de don Francisco Pérez y Castellanos y de doña Josefa Peláez y Darias, naturales de La Habana. Tuvieron por hijos: a Juan Antonio, y a Marco Antonio González-Llorente y Pérez.

f. — Don Pedro González-Llorente y Entenza, bautizado en La Habana, parroquia de la Caridad, el 29 de junio de 1853, fue condecorado el 10 de octubre de 1934 con la Orden Nacional de Carlos Manuel de Céspedes con el grado de Oficial; casó en la parroquia de Guanajay el 21 de febrero de 1881 con doña María de los Dolores Martínez-Rico y Anguera, hija de don José Martínez-Rico y Álvarez, natural de Asturias, que fue Alcalde de Guanajay, y de doña Francisca Anguera y Bru, natural de La Habana. Tuvieron por hijos: a Francisca; a María de las Mercedes; a María de los Dolores; a Ramón y a Pedro Antonio González-Llorente y Martínez-Rico, los cuales:

1. — Doña Francisca González-Llorente y Martínez-Rico, bautizada en la parroquia de Guanajay el 10 de diciembre de 1881, es religiosa dominica.

2. — Doña María de las Mercedes González-Llorente y Martínez-Rico, casó en La Habana, parroquia del Vedado el 4 de marzo de 1923, con el Doctor don Carlos Saladrigas y Zayas, Abogado, fue Premier del Gobierno, Secretario de Justicia y de Estado, Senador de la República, Ministro de Cuba en Gran Bretaña, hijo del Doctor don Enrique Saladrigas y Lunar, Médico, y de doña María Luisa Zayas y Diago.

3. — Doña María Dolores González-Llorente y Martínez-Rico, bautizada en La Habana, parroquia de Jesús del Monte el 31 de marzo de 1887, es soltera.

4. — Don Ramón González-Llorente y Martínez-Rico, falleció siendo niño.

5. — Don Pedro Antonio González-Llorente y Martínez-Rico, bautizado en la parroquia de Guanajay, el 10 de diciembre de 1883, falleció soltero.

G. — Don Pedro Celestino González-Llorente y Ponce de León, bautizado en la parroquia de Término de la Santísima Trinidad, de la ciudad de Trinidad, el 22 de mayo de 1827, siendo su padrino don José de Caturla y Spering, Brigadier de los Reales Ejércitos y Comandante General de Trinidad, a nombre del Excmo. señor Conde de O'Reilly, Mariscal de Campo de los Reales Ejércitos y Caballero Gran Cruz de Isabel la Católica; falleció en La Habana el 5 de junio de 1905; fue licenciado en Derecho Civil y Canónigo de la Universidad de Salamanca, Alcalde de La Habana de 1883 a 1885, Magistrado de la Audiencia en tiempos de la Colonia y del Tribunal Supremo en la República, Presidente por edad de la Convención Constituyente de 1901, Fundador y Primer Presidente del Colegio de Abogados y su Decano de Honor, Miembro de Mérito de la Sociedad Económica de Amigos del País, Presidente del Ateneo de La Habana, Caballero de la Gran Cruz de la Orden de Isabel la Católica, Caballero Comendador de la Orden de San Gregorio el Magno de la clase civil; casó en la parroquia de la villa de Guanabacoa el 8 de marzo de 1859 con doña María del Carmen Torrado y González-Llorente, natural de Trinidad, hija del Excmo. señor Doctor don Ramón Torrado y Quiroga, Médico, Comendador de la Orden de Isabel la Católica y Regidor Alcalde Municipal de Trinidad y de doña María Asunción González-Llorente y Ponce de León. Tuvieron por hijos: a María del Carmen; a María de la Concepción; a María de las Mercedes; a María Asunción; a América Natalia; a María de Lourdes; a María Cristina; a María Teresa; a Pedro Félix; a Pedro Celestino; a Miguel José; a Carlos y a Ramón González-Llorente y Torrado, los cuales:

1. — Doña María del Carmen González-Llorente y Torrado, falleció en La Habana, el 18 de agosto de 1936, casó en esta ciudad, parroquia del Espíritu Santo, el 15 de febrero de 1879 con don Pedro de la Torre Bassave, natural de Guamutas, hijo de don José María de la Torre y Armenteros y de doña María de los Dolores Bassave y Ziburo.

2. — Doña María de la Concepción González-Llorente y Torrado, falleció en La Habana el 2 de mayo de 1946, bautizada en Trinidad el 16 de noviembre de 1868, casó en La Habana, parroquia del Vedado, el día 25 de diciembre de 1894 con don Segundo Pola y Gutiérrez, natural de Avilés, Licenciado en Filosofía y Letras de la Universidad de La Habana, Notario, Fundador y Director del Colegio «Pola», hijo de don Antonio Pola y García-Barbón y de doña Rosa Gutiérrez y García-Pola.

3. — Doña María de las Mercedes González-Llorente y Torrado, falleció en La Habana, el 15 de octubre de 1912; casó en esta ciudad, parroquia del Vedado, el 25 de diciembre de 1894, con don Rafael Blanco y Santa Coloma, natural de Madrid, hijo de don Benjamín Blanco y Alfonso, natural de La Habana, y de doña Emilia de Santa Coloma y Gattebled, natural de Madrid.

4. — Doña María Asunción González-Llorente y Torrado, falleció en La Habana, el 1 de septiembre de 1943; casó en esta ciudad parroquia de Monserrate el 9 de septiembre de 1905 con don José María Gálvez y Ayala, natural de La Habana, hijo de don José María Gálvez y Alfonso, Abogado, Periodista y orador notable, Presidente del Partido Liberal Autonomista y de doña Rosario Ayala y Valdés.

5. — Doña América Natalia González-Llorente y Torrado, falleció en La Habana, el 14 de noviembre de 1939; casó en esta ciudad en la Iglesia de la Merced, con don Eduardo Pulgarón y Muñoz-Baena, Licenciado en Filosofía y Letras de la Universidad de La Habana, Catedrático del Instituto de Segunda Enseñanza de La Habana, hijo de don Eduardo Pulgarón y Alburquerque, Teniente de Milicias, y de Rosa Muñoz-Baena y Del Junco, naturales de La Habana.

6. — Doña María de Lourdes González-Llorente y Torrado, falleció en La Habana el 19 de noviembre de 1939, donde casó en la Catedral el 21 de abril de 1900, con don Rafael Molina y Granados, natural de La Habana, hijo de don José María Molina y Fernández de Córdoba, Administrador de la Beneficencia, Capitán Pedáneo, y de doña Benigna Granados y Aneiro.

7. — Doña María Cristina González-Llorente y Torrado, falleció soltera en La Habana.

8. — Doña María Teresa González-Llorente y Torrado, casó en la Catedral de La Habana, el 17 de diciembre de 1904 con don Adolfo Roqueñí y Herrera, natural de México, periodista, hijo de don Ramón Roqueñí y de la Mora y de doña Petra Herrera y Arce, naturales de México.

9. — Don Ramón González-Llorente y Torrado, falleció soltero en La Habana.

10. — Don Pedro Feliz González-Llorente y Torrado, bautizado en la Iglesia del Santo Ángel Custodio de La Habana, el 8 de enero de 1862, falleció siendo niño el 29 de julio de 1862.

11. — Don Pedro Celestino González-Llorente y Torrado, nació en La Habana el 10 de junio de 1864, donde falleció el 28 de abril de 1933; casó en la parroquia del Vedado con doña Antolina Iñíguez y Pacheco, natural de La Habana, hija de don Ricardo Iñíguez y Larín, natural de La Habana y de doña María de los Dolores Pacheco. No tuvieron sucesión.

12. — Don Miguel José González-Llorente y Torrado, bautizado en La Habana, parroquia del Espíritu Santo el 19 de mayo de 1867; falleció en esta ciudad el 3 de junio de 1945, fue Abogado. Casó dos veces: la primera con doña Otilia López-Coca y Salazar, hija de don Gerónimo López-Coca y Cairazo y de doña Honoria Salazar y Betancourt; casó por segunda vez con doña Isabel Alejandra Yeruzalemsky y Caplan,

natural de Moscow, hija de don Alejandro Yeruzalemsky y de doña Vera Caplan.

Don Miguel González-Llorente y Torrado y su segunda esposa, doña María Isabel Yeruzalemsky y Caplan, tuvieron por hijos: a Isabel de Lourdes; a Alejandro y a Miguel González-Llorente y Yeruzalemsky, de los cuales:

Don Miguel González-Llorente y Yeruzalemsky, casó dos veces en La Habana, la primera don Doña Zoila Domínguez y Herrera; casó por segunda vez con doña Carmen Blanco y Miranda, natural de La Habana, hija de don Nuño Blanco y Torres y de doña Catalina Miranda y Herrera.

13. — Don Carlos González-Llorente y Torrado, bautizado en La Habana, parroquia del Espíritu Santo el 20 de mayo de 1874, falleció en esta ciudad el 10 de julio de 1934; donde casó, parroquia de Monserrate, en el año de 1907 con doña Sabina Garrido y Vázquez, natural de La Habana, hija de don Francisco Garrido y Montero, natural de Trinidad, y de doña Isabel Vázquez y Meriel, natural de La Habana. Tuvieron por hijos: a Carmen; a Carlos, y a Miguel González-Llorente y Garrido, de los cuales:

Don Miguel González-Llorente y Garrido, casó en La Habana, parroquia de Jesús del Monte, el 15 de mayo de 1937 con doña Rosa González y Valdés, natural de La Habana, hija de don Manuel González y Suárez, natural de Asturias, y de doña Matilde Valdés y Domínguez, natural de las Villas. Tuvieron por hijos: a José Miguel y a Pedro Pablo González-Llorente y González.

GONZÁLEZ DE RIVERA

En la segunda mitad del siglo XVII, procedente de la ciudad de Oporto, en el reino de Portugal, se estableció esta familia en la villa de San Salvador del Bayamo, en la isla de Cuba.

Don Juan Bautista González de Rivera y Mancera de la Portera, nacido en Oporto el año 1585, fue Capitán de Navío de la Real Armada, licenciado de la Facultad de Ciencias Médicas de la ciudad de Coimbra, provincia de Baira, y cirujano mayor del Cuerpo de Sanidad Militar. Por el año 1630, pasó a Cumaná, en Costa Firme, donde casó con doña María de los Santos de Obeda y Corzo, natural de dicha capital. Falleció en la isla de la Martinica el año 1672, primera de las Antillas francesas, habiendo dejado por hijos: a

Don Juan Francisco González de Rivera y Obeda, nacido en la ciudad y puerto de Cumaná el año 1637, que fue Capitán de Navío y Comandante del puerto de Cumaná. Pasó a la isla de Cuba y fue mayordomo de fábrica de la iglesia parroquial de Holguín y fundador de ella. Casó en Bayamo el 7 de junio de 1674, con doña María del Rosario de Ávila Batista y Bello, nacida en dicha villa el año 1649, hija de don Rodrigo de Ávila y López de Mexía contador de Rentas Reales, y de doña María del Rosario Batista Bello Bernal de Bobadilla. Tuvieron por hijos: a Francisco Xavier, a Juan Miguel, a Juan Francisco, y a Rodrigo José González de Rivera y Ávila. Los cuales:

1. — Don Francisco Xavier González de Rivera y Ávila, nacido en la villa de Bayamo en 1690, falleció soltero en 1765, habiendo testado en dicho año ante Lorenzo Castellanos y Cisneros, escribano público y de cabildo de Holguín.

2. — Don Juan Miguel González de Rivera y Ávila, nacido en Bayamo el año 1688, fue teniente de Caballería Ligera del Escuadrón de Fernandinos. Falleció en 1770, habiendo casado en 1737 con doña Francisca Xaviera de la Torre y del Castillo, natural de Santiago de Cuba.

3. — Don Juan Francisco González de Rivera y Ávila, nacido en Bayamo el año 1686, fue capitán de Infantería del Batallón de Milicias Blancas de Cuba y Bayamo, mayordomo de la Cofradía del Rosario y regidor llano del Ayuntamiento de Holguín, cuando la creación de este pueblo en ciudad y Ayuntamiento en 1752. Fundó la hacienda Cayaguaní en la jurisdicción de esta ciudad, el año 1738. Falleció en 1772, habiendo casado dos veces: la primera en 1721 con doña Catalina Garced y Leiva, natural de Bayamo; la segunda, en 1731, con doña Catalina Josefa de la Cruz y Moreno, natural de dicha villa, hija de don Lorenzo de la Cruz y Leyte Vidal, y de doña Ignacia Moreno y Velázquez. Con su primera mujer tuvo por hijos: a María, a Mariana Juliana, a María Concepción, y a Luis Francisco González de Rivera y Garced; y con la segunda: a María, a María de Jesús, a Manuela María, a María del Rosario, a María Teresa, a Juana María, a Catalina Josefa, y a Juan Francisco González de Rivera y de la Cruz.

4. — Don Rodrigo José González de Rivera y Ávila, nacido en Bayamo el año 1675, fue Capitán de Infantería del Batallón de Milicias Blancas de Cuba y Bayamo, mayordomo de la Cofradía de S.C. de la parroquial Mayor de Holguín, en 1720, comandante de Armas, juez de Caminos y teniente de Justicia y Guerra, auxiliar de San Isidoro de Holguín, desde el año 1716, hasta el 19 de enero de 1752, en que se creó la ciudad y Ayuntamiento de dicho pueblo, en cuya fecha se otorgó, en consideración a sus servicios, el oficio de regidor alguacil mayor del Ayuntamiento de Holguín, cuyo cargo desempeñó hasta el año 1769, en que no permitiéndolo su avanzada edad lo renunció en su hijo del mismo nombre. Por Real Cédula de 6 de septiembre de 1765, se concedió a sus descendientes y a los de su hermano Juan Francisco, la gracia de ser preferidos para los empleos de la ciudad de Holguín. Casó en 1721, con doña Juana de la Cruz González Llanes de Castro Montiel, y tuvieron por hijos: a María, a Juana, a María de los Santos, a Pedro Regalado, a Luis Venancio, y a Rodrigo José González de Rivera y Gon-

zález Llanes. Con doña Ana María de Leiva y Castro Ruiz de la Rueda, tuvo por hijos: a Ana María, y a María del Rosario González de Rivera y Leiva. Las cuales:

1. — Doña Ana María González de Rivera y Leiva, nacida en 1718, casó en 1739 con don José Serrano y Hechavarría, Teniente de Infantería del Batallón de Milicias Blancas de Cuba y Bayamo.

2. — Doña María del Rosario González de Rivera y Leiva, nacida en 1714, casó dos veces; la primera, en 1731, con don Miguel Jerónimo Ponce de León y Góngora, nacido en 1710,[1] y la segunda, en 1757, con don Manuel de Jesús Gómez de Figueroa y Vázquez, nacido en 1720, todos naturales de la villa de Bayamo.

GORDON

A fines del siglo XVIII, aparece radicada esta familia en el lugar de Vivaja, provincia de Cantabria, en las Montañas de Santander, estableciéndose en La Habana a mediados del siglo XIX.

Son sus armas: en campo de oro, una cruz de gules, de hechura de la de Calatrava, y en sus cuatro huecos, cuatro panelas sinoples. Orla de plata, y en ella, ocho armiños sables.

Don Simón Gordon, casó con doña Ángela Gordon, y tuvieron por hijo: a

Don Tomás Gordon, que casó con doña María Monasterio y Sáinz de Gordon, hija de Manuel y de María. Tuvieron por hijo: a

Don José Gordon y Monasterio, que casó con doña María Gutiérrez y Saravia, hija de don Matías Gutiérrez y Ochoa, y de doña Manuela Saravia y Flores. Tuvieron por hijo: a

Don Manuel Gordon y Gutiérrez, natural del lugar de Givaja, que fue Alcaide de Cárceles Secretas del Santo Oficio y Secretario de su Secreto. Obtuvo certificación de armas e hidalguía el 31 de mayo de 1805, expedida por don Juan Félix de Rújula, Rey de Armas y Cronista de Su Majestad. Casó con doña María Josefa López de Pazos, natural de Cartagena de Indias, hija de don Domingo López de Vega y Cabrera, y de doña Paula de Pazos. Tuvieron por hijo: a

---

1. Don Miguel Jerónimo Ponce de León y Góngora, era conocido por «Pupo», por cuya causa con el transcurso del tiempo se convirtió el apellido Ponce de León en Pupo, constando así en los libros parroquiales. De su matrimonio con doña María del Rosario González de Rivera y Leiva, nacieron: María Gertrudis, Ana Isabel Josefa, María de los Ángeles, Juan Esteban, Miguel, y Rodrigo José Pupo y González de Rivera.

Don Antonio Gordon y López de Pazos, bautizado en la Catedral de Cartagena de Indias el 22 de enero de 1801, que pasó a La Habana, donde testó el 20 de noviembre de 1852, ante Bernardo del Junco, y su defunción se encuentra en la Catedral de esta ciudad a 11 de diciembre de dicho año, donde casó el 11 de abril de 1846, con doña María del Carmen Acosta y Morejón, hija de don Juan Bautista de Acosta y Cepero, Subteniente de Granaderos del Regimiento de Infantería de México, y de doña María del Rosario Morejón y Sotolongo. Tuvieron por hijos: a María del Carmen, y a Antonio Gordon y Acosta. Los cuales:

1. — Doña María del Carmen Gordon y Acosta, fue bautizada en la Catedral de La Habana el 9 de junio de 1850.

2. — Don Antonio Gordon y Acosta, fue bautizado en la Catedral de La Habana el 1 de noviembre de 1848.

GOUDIE

A mediados del siglo XIX, procedente de Kilmarnock, provincia de Ayrshire, en Escocia, se estableció esta familia en La Habana.

James Goudie, natural de Kilmarnock, casó con Jane Dick, y tuvieron por hijo a

John Goudie y Dick, nacido en Kilmarnock el 23 de febrero de 1837, que pasó a La Habana el año 1856, donde casó el 12 de marzo de 1866, ante el Cónsul General de Inglaterra, con Alice Margaret Crawford, natural de La Habana, hija de Joseph Tucker Crawford, natural de Escocia, Cónsul General de Inglaterra en Cuba en el año 1842, Companion of the Order of the Bath, y de Johanna Federicka Jacobsen, natural de Altona, en Dinamarca. Tuvieron por hijos: a Margaret Ethel; a Alice Edith; a Mary Lilian; a James Victor; a Alfred Cecil; a Joseph, y a Arturo Goudie y Crawford. De los cuales:

1. — Mary Lilian Goudie y Crawford, natural de La Habana, casó el 21 de febrero de 1923, con don Enrique Merry y Orúe, Arquitecto, hijo de Robert McCristie Merry Helm, natural de Inglaterra, y de doña Adelaida de Orúe y Valdés-Loinaz.

2. — Arturo Goudie y Crawford, nacido en La Habana el 1 de abril de 1879, súbdito inglés, sirvió en el ejército de su nación cuando la guerra europea de 1914 a 1918. Casó en la Catedral de Matanzas el 29 de abril de 1907, con doña Luz de los Ángeles Monteverde y Tió, hija del Doctor Federico Monteverde y Sedano, natural de la villa de Santa María de Puerto Príncipe en la Isla de Cuba, General de División del Ejército español, Gentilhombre de Cámara de Su Majestad con ejerci-

cio, Benemérito de la Patria, Doctor en Filosofía y Letras, Licenciado en Derecho Civil y Canónico, en Administración y en Ciencias Físicomatemáticas, Arquitecto, Profesor y Perito Mercantil, Agrimensor, Perito Químico, Mecánico y Agrícola de la Universidad de La Habana; Gobernador Militar de las Islas Canarias, condecorado con la Gran Cruz y Placa de la Orden de San Hermenegildo, Gran Cruz del Mérito Militar con distintivo rojo, Cruz de la Orden de Carlos III, Medallas de las campañas de Cuba y Filipinas de Alfonso XIII, sitio de Zaragoza, Puente de Sampayo, sitios de Gerona y de Melilla, Comendador de la Orden Civil de Alfonso XII, Pasador de Melilla de la Medalla del Riff, Cruz de Segunda Clase del Mérito Naval, Placa de Tercera Clase de la Orden del Mérito Militar roja pensionada, Comendador de la Legión de Honor de Francia, Busto del Libertador de Venezuela; y de doña Mariana Tió y Cárdenas. Tuvieron por hijos: a Alicia; a Lily; a Luz de los Ángeles; a Mariana; a Manuel Federico; a Arturo; a Juan; a Cecil, y a Elsie Goudie y Monteverde. Los cuales:

1. — Doña Mariana Goudie y Monteverde, casó con don Alberto Juarrero y Erdmann, Teniente del Cuerpo de Aviación del Ejército de Cuba, hijo del Doctor Eugenio Juarrero y Barquinero, Abogado, y de doña Berta Erdmann y Carcasses.

2. — Don Manuel Federico Goudie y Monteverde casó con doña Teresa Pujals y Hernández, y tuvieron por hijos: a Alicia, que casó con Guido Conill y Giménez; a Freddy, que casó con Ana María Castillo y Puig; a Madeleine, que casó con Ron Parks; a María Teresa, que casó con Xavier Totti; a Enrique; a Manuel Federico, que casó con Esperanza Sanz de Santamaría; a Sofía, que casó con Raúl Saco Caballero; y a Eduardo Goudie y Pujals.

3. — Don Arturo Goudie y Monteverde, casó con Sylvia Seiglie y Crusellas, y tuvieron por hijos: a Lily, y a Arturo Goudie y Seiglie.

4. — Don Cecil Goudie y Monteverde, casó con Sylvia Medina y Ruiz de Porras, y tuvieron por hijos: a Sylvia, que casó con Andrés Iriondo y Olazábal; a Eileen; a Cecil Arturo; a Annie Laurie; a Eleonor; y a Jorge Alejandro Goudie y Medina.

5. — Don Johnny Goudie y Monteverde, casó con Marie Stamier, y tuvieron por hijos: a Mary Lou; a Johnny, que casó con Conny Ensor; a Jimmy, que casó con Sandy Lee Bushey; a Irene, que casó con José Alberto Souto; a Diana; a Joseph; a Lyanne que casó con George Cabrera; y a Jack John Goudie y Stamier.

6. — Doña Luz de los Ángeles Goudie y Monteverde, casó con don Leopoldo J. Cadenas y Moreno.

7. — Doña Elsie Goudie y Monteverde, casó con don Gaspar Betancourt.

GRANADOS

Procedente de Cádiz, se estableció esta familia en La Habana a principios del siglo XVIII.

Don Juan Granados casó con María Caballero y tuvieron por hijo a:

Francisco Granados y Caballero, natural de Cádiz, que casó con doña Luisa del Valle-Rivera, hija de Sebastián del Valle y María García de Rivera. Tuvieron por hijo al:

Alférez Francisco Granados y Valle-Rivera, natural de Cádiz, que casó con Luisiana de Alegre y García de Osorio, natural de La Habana, hija de Juan de Alegre y Bernal, y de Bernarda García de Osorio. Tuvieron por hijos a: Nicolás y Andrés Granados y Alegre. Los cuales:

1. — Andrés Granados y Alegre fue bautizado en la iglesia del Espíritu Santo de La Habana, el 10 de diciembre de 1735. Casó en la iglesia del Santo Cristo, en La Habana, el 15 de julio de 1759, con Damiana de Soto y Pérez de Ordaz, hija de José Eduardo y de Eusebia, naturales de La Habana. Tuvieron por hijo a:

Francisco de Paula Granados y Soto que fue bautizado en la iglesia del Santo Cristo, en La Habana, el 14 de abril de 1777. Tiene su expediente en la Universidad de La Habana con el número 6017.

2. — Nicolás Granados y Alegre, fue Alférez de Granaderos de Milicias. Casó con doña Petrona Vicioso y Pulido de Rojas, hija de don Benito Vicioso y Gago de Figueroa, natural de Ribadeo en Galicia, y de doña Josefa Pulido de Rojas y Fleitas. Tuvieron por hijos a: Juan, Nicolás, José María y Francisco José Granados y Vicioso. Los cuales:

1. — Nicolás E. Granados y Vicioso, casó con doña Isabel Gómez y Méndez de Vera, natural de La Habana, hija de Nicolás y de Úrsula. Tuvieron por hijo a:

Francisco de Paula Granados y Gómez,[1] que fue bautizado en la iglesia del Espíritu Santo, en La Habana, el 20 de abril de 1785. Casó en la iglesia del Espíritu Santo el 27 de marzo de 1808 con María de la Merced Collazo y Rodríguez, natural de La Habana, hija de don José

---

1. Don Francisco de Paula Granados y Gómez, anteriormente mencionado como hijo de Nicolás Granados y Vicioso, y de Isabel Gómez y Méndez de Vera, fue casado en segundas nupcias en 1820 con doña Petrona Gasos y Duarte, natural de La Habana, hija de Mariano y de María del Rosario.

Collazo de Abreu y María de la Merced Rodríguez. Tuvieron por hijos a: Nicolás y Antonio José Granados y Collazo. Los cuales:

A. — Nicolás Granados y Collazo fue bautizado en la Catedral de La Habana el 24 de julio de 1809. Casó con doña María Josefa Serrano y Encinoso de Abreu, natural de La Habana, hija de José F. Serrano y Reyes-Gavilán, y de María Josefa Encinoso de Abreu y Reyes-Gavilán.

B. — Antonio José Granados y Collazo, fue bautizado en la iglesia del Espíritu Santo el 14 de junio de 1817. Casó en la iglesia de Guadalupe en 1857 con doña Eugenia Duarte e Hidalgo-Gato, hija de Ildefonso Duarte y Cepero, y María Eugenia Hidalgo-Gato e Hidalgo-Gato. Su expediente de la Universidad de La Habana es el número 6016 Antiguo.

2. — Licenciado José María Granados y Vicioso fue Auditor Honorario de Guerra del Ministerio de Marina. Casó con doña María de la Merced Fernández y Álvarez, natural de La Habana, hija de Antonio y de doña María de Regla. Tuvieron por hijos a: María de la Merced, y Gabriel Granados y Fernández. Los cuales:

A. — Gabriel Granados y Fernández fue bautizado en la Catedral de La Habana a 18 noviembre de 1794. Fue Oficial Tercero del Ministerio de Gobernación y Teniente Coronel de Milicias. Casó en la iglesia de Guadalupe el 7 de diciembre de 1818, con doña María del Carmen Granados y Oliva, hija de Francisco José Granados y Vicioso, y de doña Rosalía de la Oliva y Aguilera. Tuvieron por hijos a: Trinidad, María de la Merced, y a Francisco de Paula Granados y Granados. De los cuales:

a. — María de la Merced Granados y Granados fue bautizada en la Catedral de La Habana, el 21 de abril de 1823. Casó en 1843, con Tomás A. Granados y Oliva, hijo de Francisco J. Granados y Vicioso, y de doña Rosalía de la Oliva y Aguilera.

b. — María Trinidad Granados y Granados, casó con don Juan Tomás Fernández-Coca y Prieto, natural de Regla, hijo de Juan Tomás y María del Pilar.

c. — Francisco de Paula Granados y Granados fue bautizado en la iglesia del Espíritu Santo, en La Habana, el 24 de abril de 1826.

B. — Miguel Granados y Fernández fue bautizado en la iglesia del Espíritu Santo el 4 de octubre de 1796. Casó en la iglesia de Guadalupe el 5 de octubre de 1821 con doña Manuela Potestad y Mena, natural de la Habana, hija de Felipe J. Potestad y Parreño, y de doña Micaela de Mena y Quiñones. Tuvieron por hijos a: Manuel, José de Jesús y Martín Granados y Potestad. Los cuales:

a. — Manuel Granados y Potestad fue bautizado en la iglesia del Espíritu Santo el 25 de abril de 1825.

b. — José de Jesús Granados y Potestad fue bautizado en la iglesia del Espíritu Santo el 5 de julio de 1824. Casó en 1851 con doña Ana María de Fuertes y Potestad, hija de Pedro de Fuertes y Macías, Oficial Segundo del Ministerio de Marina, y de doña Paula Potestad y Mena. Casó en segundas nupcias en la iglesia del Espíritu Santo en 1876 con doña María de la Concepción López y Barrera, natural de La Habana, hija de Martino López y Valdés, y de doña María de la Merced Barrera y Tapia. De su primer matrimonio tuvo por hija a: Paula Granados y Fuertes.

c. — Martín Granados y Potestad fue bautizado el 2 de septiembre de 1828 en la iglesia del Espíritu Santo. Casó en Guanabacoa en 1864 con María Josefa Martínez y Díaz, natural de La Habana, hija de Miguel Martínez de Canosa, y de Lucía Díaz de Comas.

3. — Francisco José Granados y Vicioso fue bautizado en el Espíritu Santo de La Habana el 12 de octubre de 1751. Casó en el Espíritu Santo el 17 de agosto de 1773 con Rosalía de la Oliva y Aguilera, natural de La Habana, hija de Antonio de Oliva y Castellanos, y de Antonia de Aguilera y Fleitas. Tuvieron por hijos: a Rosalía, María del Carmen, Juan Nepomuceno, Carlos, José Mariano, Tomás Agustín, y Francisco José Granados y de la Oliva. Los cuales:

1. — Rosalía Granados y de la Oliva tiene su defunción en la iglesia de Guadalupe a 23 de septiembre de 1826. Casó dos veces: la primera, con don Francisco de Ajuria, natural de Vizcaya, y la segunda con Esteban Pichard.

2. — María del Carmen Granados y de la Oliva fue bautizada en el Espíritu Santo el 27 de septiembre de 1793. Casó en la iglesia de Guadalupe, el 9 de diciembre de 1818 con Gabriel Granados y Fernández, Teniente Coronel de Milicias, hijo del Licenciado José María Granados y Vicioso, y de doña María de la Merced Fernández y Álvarez.

3. — Juan Nepomuceno Granados y de la Oliva fue bautizado en el Espíritu Santo el 27 de mayo de 1775. Casó con doña Antonia Albear y Hernández, natural de La Habana, hija de Francisco Albear y Belarde y de Teresa Hernández y Díaz. Tuvieron por hijo a:

Fernando Granados y Albear, bautizado en la Catedral de La Habana el 14 de junio de 1818. Casó en el Santo Cristo del Buen Viaje en 1848 con Rita María Plana y Arredondo, natural de Trinidad, hija de Miguel Plana y Pérez de Tudela, y de María Altagracia Arredondo y Olea.

4. — Carlos Granados y de la Oliva fue bautizado en la parroquia del Espíritu Santo el 27 de julio de 1789. Casó con doña María de los Ángeles Ajuria y Granados, natural de La Habana, hija de Francisco de Ajuria y de Rosalía Granados y de la Oliva. Su defunción se encuentra en la parroquia de Guadalupe a 30 de julio de 1861. Tuvieron

por hijos a: Micaela, Francisca, María de los Ángeles, Emilia y Carlos Granados y Ajuria. De los cuales:

Micaela Granados y Ajuria fue bautizada en la parroquia de Guadalupe el 10 de noviembre de 1834. Casó en 1854 con don José Ramón Granados y Lima, hijo de Francisco José Granados y de la Oliva, y de María de los Ángeles de Lima y Romay.

5. — José María Granados y de la Oliva fue bautizado en la parroquia del Espíritu Santo el 4 de octubre de 1796. Casó en la parroquia de Guadalupe el 6 de enero de 1830 con María Luisa de Lima y Romay, hija de Francisco de Borja Lima y Muñoz, I Marqués de Santa Olalla, y de María Teresa Romay y Chacón. Tuvieron por hijo a:

José Mariano Granados y Lima que fue bautizado en la parroquia de Guadalupe el 25 de agosto de 1838. Casó en la parroquia de Guadalupe con Leopolda Cacho-Negrete y Larín, natural de La Habana, hija de Eustaquio Cacho-Negrete y Ayala, y de Micaela Larín y Cañedo. Este matrimonio se celebró en 1863.

6. — Tomás Agustín Granados y de la Oliva fue bautizado en el Espíritu Santo el 4 de octubre de 1798. Casó dos veces: la primera, en la parroquia de Guadalupe, en marzo de 1830, con doña María Francisca de Lima y Romay, hija de Francisco de Borja Lima y Muñoz, I Marqués de Santa Olalla, y de María Teresa Romay Chacón; la segunda vez casó en 1843 con María de la Merced Granados y Granados, hija de Gabriel Granados y Fernández, Teniente Coronel de Milicias, y de María del Carmen Granados y de la Oliva. De su primer matrimonio tuvo por hijo a:

Tomás Granados y Lima que fue bautizado en la parroquia de Guadalupe el 18 de febrero de 1831. Casó en la parroquia de Monserrate en 1857 con María del Carmen Tamarit y Pou, natural de La Habana, hija de Juan Tamarit y Martínez, y de Josefa Pou y Margall. Tuvieron por hijo a:

Tomás Granados y Tamarit, bautizado en la parroquia de Monserrate el 27 de marzo de 1862.

7. — Francisco José Granados y de la Oliva, Comisario Honorario de Guerra y Marina, fue bautizado en la parroquia del Espíritu Santo el 25 de agosto de 1779. Su defunción se encuentra en la parroquia de Guadalupe a 14 de enero de 1844. Testó ante Pedro Vidal Rodríguez. Casó en la Catedral el 12 de diciembre de 1816 con María de los Ángeles Lima y Romay, hija de Francisco de Borja Lima y Muñoz, I Marqués de Santa Olalla, y de María Teresa Romay y Chacón. Tuvieron por hijos a: José Ramón, y Francisco Granados y Lima. Los cuales:

A. — José Ramón Granados y Lima, fue bautizado en la parroquia de Guadalupe el 28 de abril de 1827. Su defunción se encuentra en la parroquia de Monserrate con fecha 2 de diciembre de 1875. Casó en 1854 con Micaela Granados y Ajuria, natural de La Habana, hija de Carlos Granados y de la Oliva, y de María de los Ángeles de Ajuria y Granados. Tuvieron por hijos a: Micaela, Gloria, María de los Dolores, Ramón, Guillermo, Miguel, Antonio y Alberto Granados y Granados. De los cuales:

María de los Dolores Granados y Granados fue bautizada en la parroquia de Monserrate el 4 de junio de 1858. Casó en la parroquia de Monserrate en 1876 con don Aurelio Granados y Escobar, hijo de Francisco Granados y Lima, y de Juana de Escobar y Mendive.

B. — Francisco Granados y Lima fue bautizado en la parroquia de Guadalupe el 7 de junio de 1819. Casó en la parroquia de Monserrate en 1850 con Juana de Escobar y Mendive, natural de La Habana, hija de José María de Escobar y Goicoechea, y de Manuela Mendive y Diestro. Tuvieron por hijo a: Aurelio Granados y Escobar que fue bautizado en la parroquia de Monserrate el 11 de febrero de 1854. Casó en la parroquia de Monserrate en 1876 con María de los Dolores Granados y Granados, hija de José Ramón Granados y Lima, y de Micaela Granados y Ajuria.

GUERRERO

A principios del siglo XVIII, procedente de Castilla la Nueva, se estableció esta familia en la villa de Guanabacoa, jurisdicción de la provincia de La Habana, en la isla de Cuba.

Son sus armas: escudo partido, primero de gules, con banda de oro y brochante sobre ella, espada de plata con la punta hacia abajo; segundo, de oro, con un león rampante de púrpura medio cortado de azur, con un castillo de oro donjonado.

Don Baltasar Guerrero, y su mujer doña María García, vecinos de Alcalá de Henares, tuvieron por hijos: a Manuel; a José, y a Pedro Guerrero y García. Los cuales:

1. — Teniente Manuel Guerrero y García, natural de Alcalá de Henares, tiene su defunción en la Catedral de Matanzas a primero de agosto de 1763. Casó con doña Rosario Roxo de Silva y Hernández, hija de don José Roxo de Silva y Rodríguez de Cárdenas, y de doña Andrea Hernández y Perdomo, naturales de Guanabacoa.

2. — Teniente José Guerrero y García, natural de Guadalajara, tiene su defunción en la Catedral de La Habana a 13 de marzo de 1772. Casó con doña Rosa Roxo de Silva y Hernández, hija de don José Roxo de Silva y Rodríguez de Cárdenas, y de doña Andrea Hernández y Perdomo. Tuvieron por hijos: a

Don Francisco José Guerrero y Roxo de Silva, que fue bautizado en la parroquia de la villa de Guanabacoa el 9 de marzo de 1772. Casó en la parroquia de Pipián, el 20 de marzo de 1797, con doña María Andrea Isern y Pérez de Cabrera, natural del partido del Potosí, hija de don Manuel Isern y Crespo, natural del Potosí, en Guanabacoa. Tuvieron por hijas: a Ana, y a María del Rosario Guerrero e Isern. Las cuales:

A. — Doña Ana Guerrero e Isern, bautizada en la parroquia de la villa de Guanabacoa el 9 de diciembre de 1803, casó en la Catedral de Matanzas el 3 de febrero de 1823, con don Antonio León y Fernández, natural de la villa de Santa Cruz de Tenerife, hijo de Santiago y de Bárbara.

B. — Doña María del Rosario Guerrero e Isern, bautizada en la parroquia de Pipián el 27 de diciembre de 1799, tiene su defunción en la Catedral de Matanzas a 15 de julio de 1837, donde casó el 29 de julio de 1822, con don Antonio Gómez y Roxas, hijo de don Pablo Antonio Gómez y Rodríguez de Alpízar, y de doña Juana Gertrudis Roxas y del Águila, naturales de Matanzas.

3. — Teniente Pedro Guerrero y García, natural de Guadalajara, fue Regidor perpétuo Fiel Ejecutor de la villa de Guanabacoa. Testó el 28 de noviembre de 1763, ante Manuel Medrano, Escribano Público de La Habana, y su defunción se encuentra en la parroquia de Guanabacoa a 17 de enero de 1764. Casó dos veces: la primera, en la referida parroquia el primero de septiembre de 1701, con doña María Rodríguez de Cárdenas Aragón y de los Reyes, natural del Puerto de Santa María, en Andalucía. Casó por segunda vez, en 1718, con doña Francisca Hernández-Pulgarón y Gallardo, natural de Guanabacoa, hija de don Andrés Hernández y Pulgarón, natural de Alcalá de Henares, Regidor perpétuo de la villa de Guanabacoa, y de doña María Gallardo y Martín, natural de La Habana.

Don Pedro Guerrero y García, y su primera mujer doña María Rodríguez de Cárdenas y de los Reyes, tuvieron por hijos: a María; a José, y a Pedro Guerrero y Rodríguez de Cárdenas. Los cuales:

1. — Doña María Guerrero y Rodríguez de Cárdenas, natural de Guanabacoa, casó en La Habana, parroquia del Espíritu Santo, el 18 de diciembre de 1728, con don Antonio Roque de Escobar y Sardiña, hijo de Antonio Roque de Escobar y Fernández, natural de la isla de La Palma, en Canarias, y de doña María Francisca Sardiña y Ximénez.

2. — Don José Guerrero y Rodríguez de Cárdenas, fue bautizado en la parroquia de la villa de Guanabacoa el 17 de marzo de 1712.

3. — Don Pedro Guerrero y Rodríguez de Cárdenas, natural de Guanabacoa, fue Procurador General, Regidor, Escribano Público de Gobierno, Guerra y Cabildo de dicha villa. Testó en Guanabacoa el 19 de julio de 1768, en su propio protocolo, y su defunción se encuentra en

la parroquia de dicha villa a 17 de agosto de 1770. Casó en La Habana, parroquia del Santo Cristo, el 8 de octubre de 1733, con doña Sabina Josefa Palacios del Pino y García, hija de don Francisco Palacios del Pino y de doña María Josefa García. Tuvieron por hijos: a Micaela; a Francisca; a Ana Manuela; a Rita; a Juan de Dios, y a Juan Manuel Guerrero y Palacios del Pino. De los cuales:

1. — Doña Rita Guerrero y Palacios del Pino, casó con don Baltasar Lindo, Escribano Público, de Gobierno, Guerra y Cabildo de la villa de Guanabacoa, cargo que heredó de su suegro.

2. — Don Juan de Dios Guerrero y Palacios del Pino, casó en la parroquia de la villa de Guanabacoa el 24 de marzo de 1767, con doña Rita Bohorques y García, natural de La Habana, hijo de Francisco y de María. Tuvieron por hijo: a

Don Pedro José Guerrero y Bohorques, que fue bautizado en la parroquia de Guanabacoa el 25 de enero de 1768.

3. — Don Juan Manuel Guerrero y Palacios del Pino, bautizado en la parroquia de Guanabacoa el 6 de junio de 1739, casó con doña Agustina González Espínola, natural de La Laguna, en Tenerife. Tuvieron por hijos: a María del Carmen; a Ana Josefa; a José Jerónimo, y a Domingo Vicente Guerrero y González de Espínola. De los cuales:

1. — Doña Ana Josefa Guerrero y González de Espínola, bautizada en la parroquia de Guanabacoa, el 2 de abril de 1786, casó en La Habana, parroquia del Espíritu Santo, el 4 de enero de 1820, con don Buenaventura Lindo y Guerrero, natural de Guanabacoa, hijo de don Baltasar Lindo, Escribano Público, de Gobierno, Guerra y de Cabildo, y de doña Rita Guerrero y Palacios del Pino.

2. — Don Domingo Vicente Guerrero y González de Espínola, bautizado en la parroquia de Guanabacoa el 10 de agosto de 1771, casó en La Habana, parroquia de Jesús María, el 27 de mayo de 1795, con doña María Regla Vizcaíno y Hernández, natural del partido del Potosí, hija de Pedro y de María Ambrosia.

Don Pedro Guerrero y García, y su segunda mujer doña Francisca Hernández-Pulgarón y Gallardo, tuvieron por hijos: a Micaela; a Francisco; a Baltasar, y a Vicente Ildefonso Guerrero y Hernández-Pulgarón. Los cuales:

1. — Doña Micaela Guerrero y Hernández-Pulgarón, bautizada en la parroquia de la villa de Guanabacoa el 12 de marzo de 1721, casó con don N. Hernández-Pulgarón.

2. — Don Francisco Guerrero y Hernández-Pulgarón, natural de Guanabacoa, casó con doña Felipa de Nis, y tuvieron por hija: a

Doña María Isabel Guerrero y Nis, que casó en la parroquia de Guanabacoa el 11 de junio de 1768, con don José Hernández-Pulgarón y Betancourt. Hijo de don Juan Miguel Hernández-Pulgarón y Gallardo, y de doña Sebastiana Betancourt y Blanco.

3. — Don Baltasar Guerrero y Hernández-Pulgarón, bautizado en la parroquia de Guanabacoa el 16 de enero de 1729, casó con doña Ana Moreira, y tuvieron por hijos: a María Concepción; a Luisa; a María Basilia, y a Francisco José Guerrero y Moreira.

4. — Don Vicente Ildefonso Guerrero y Hernández-Pulgarón, natural de Guanabacoa, fue Regidor Fiel Ejecutor de dicha villa. Casó con doña Francisca Ruiz, natural de La Habana, y tuvieron por hijos: a Juan José; a Vicente; a José Ignacio, y a Manuel Guerrero y Ruiz. Los cuales:

1. — Don Juan José Guerrero y Ruiz, casó en la parroquia de la villa de Guanabacoa el 5 de junio de 1803, con doña Francisca Hernández y Ruiz, hija de Lorenzo y de María Dionisia.

2. — Don Vicente Guerrero y Ruiz, fue Alcalde ordinario de Guanabacoa. Casó en la parroquia de dicha villa el 25 de noviembre de 1782, con doña María Concepción Hernández-Pulgarón y Betancourt, hija de Miguel y de Sebastiana. Tuvieron por hijo a:

Don Prudencio Guerrero y Hernández-Pulgarón, que fue bautizado en la parroquia de la villa de Guanabacoa el 11 de marzo de 1791, donde casó el 25 de marzo de 1810, con doña María Jesús Hernández-Pulgarón y González de Urra, hija de don Marcos Hernández-Pulgarón y Betancourt y de doña Francisca González de Urra y Ruiz. Tuvieron por hijo al

Licenciado Vicente Guerrero y Hernández-Pulgarón, bautizado en la parroquia de la villa de Guanabacoa el 28 de diciembre de 1810, que fue Abogado. Casó en la parroquia de Madruga el 24 de enero de 1844, con doña Rosalía Leandra Baraco y Hernández-Pulgarón, hija de Crecencio y de María Luisa.

3. — Don José Ignacio Guerrero y Ruiz, natural del partido de Santa Cruz de Cumanayagua, en la jurisdicción de Trinidad, provincia de Santa Clara, fue Regidor perpétuo Fiel Ejecutor del Ayuntamiento de la villa de Guanabacoa. Testó el 16 de mayo de 1804, ante Juan de Dios Ayala, Escribano Público de La Habana, y su defunción se encuentra en la Catedral de esta ciudad a 22 de mayo de dicho año. Casó con doña Rosalía Hernández y Castilla, natural de Trinidad, hija de don Francisco Hernández y de doña Ana Castilla Cabeza de Vaca y Cárdenas. Tuvieron por hija: a

Doña Antonia Guerrero y Hernández, natural de San Fernando de Camarones, que casó en la Catedral de La Habana el 6 de abril de 1805, con don Agustín de Santa Cruz y Castilla Cabeza de Vaca, Capitán de Caballería del Regimiento de Milicias de la plaza de La Habana, Regidor de este Ayuntamiento, Caballero Maestrante de la Real Ronda, y de doña Josefa Castilla Cabeza de Vaca y Quijano.

4. — Don Manuel Guerrero y Ruiz, natural de Guanabacoa, testó ante José Hernández Piloto, Alcalde de la referida villa, falleciendo en Madruga el 24 de agosto de 1821. Casó dos veces: la primera, con doña Francisca Hernández-Pulgarón, y la segunda con doña Francisca Rubí, teniendo por hijos con esta última, a Manuel; a Pedro; a Antonio; a Joaquín, y a un póstumo. Con la primera tuvo por hijos: a Catalina; a Vicente; a José de Jesús, y a Manuel José Guerrero y Hernández-Pulgarón. De los cuales:

Don Manuel José Guerrero y Hernández-Pulgarón, casó en la parroquia de Pipián el 14 de octubre de 1828, con doña María Dominga de las Nieves Díaz y Pérez, natural de la villa de Güines, hija de José Basilio y de María Soledad.

GUILLÉN DEL CASTILLO

A mediados del siglo XVII, procedente de la ciudad de La Laguna, isla de Tenerife, se estableció esta familia en la villa de Santa María de Puerto Príncipe, isla de Cuba.

El Licenciado Francisco Guillén, fue Abogado de la Real Audiencia de la isla de Tenerife. Casó con doña María del Castillo, y tuvieron por hijo: al

Capitán Pablo Guillén del Castillo, que fue Escribano Público de la isla de Tenerife. Casó dos veces: una de ellas con doña Juana Soria y Pimentel; y la otra, con doña María Alcubillo, hija del Licenciado Cristóbal Rodríguez, Escribano Público, y de doña Teresa de Alcubillo. Con su primera mujer tuvo por hijo: al Capitán Juan Guillén del Castillo y Soria; y con la segunda, a Cristóbal, a Francisco, y a Lucas Guillén del Castillo y Alcubillo. Los cuales:

1. — Capitán Cristóbal Guillén del Castillo y Alcubillo, fue Escribano Público de la isla de Tenerife.

2. — Capitán Francisco Guillén del Castillo y Alcubillo, fue Sargento Mayor en la isla de Tenerife, donde hizo información de nobleza el 23 de julio de 1620.

3. — Capitán Lucas Guillén del Castillo y Alcubillo, hizo información de nobleza en la ciudad de La Laguna, Tenerife, el 14 de noviembre de 1640. Casó con doña María Mena, vecina de La Laguna, y tuvieron por hijos: a Salvador y a Lucas Guillén del Castillo y Mena. Los cuales:

1. — Licenciado Salvador Guillén del Castillo y Mena, fue natural de la ciudad de San Cristóbal de La Laguna, donde hizo información de

nobleza el 15 de abril de 1694. Pasó a la isla de Cuba, donde fue Escribano de Cabildo del Ayuntamiento de la villa de Santa María de Puerto Príncipe. Casó con doña María de Moya y de la Torre, hija de don Juan Lorenzo de Moya y Velázquez, y de doña María de la Torre y Peralta. Tuvieron por hija: a

Doña Isabel Guillén del Castillo y Moya, que testó en Puerto Príncipe el 15 de abril de 1711.

2. — Capitán Lucas Guillén del Castillo y Mena, natural de la ciudad de La Laguna, fue Alcalde ordinario de la villa de Puerto Príncipe, en la isla de Cuba. Casó dos veces: la primera, con doña Ana de Moya y de la Torre, hija de don Juan Lorenzo de Moya y Velázquez y de doña María de la Torre y Peralta; y la segunda, en la Catedral de Puerto Príncipe el 3 de febrero de 1669 con doña Francisca Borges y Moreno, que testó el 19 de noviembre de 1718, hija de don Jacinto Borges de Acevedo, síndico procurador general del Ayuntamiento, y de doña Francisca Moreno y Tamayo. Con su segunda mujer, tuvo por hijos: a Ana, y a Cayetano Guillén del Castillo y Borges. De los cuales:

Don Cayetano Guillén del Castillo y Borges, casó en la Catedral de Puerto Príncipe el 22 de noviembre de 1699, con doña Juliana Ximénez y Miranda, hija de don Benito Ximénez de Morales y de doña Francisca Miranda y Hernández. Tuvieron por hijos: a María; a Ana, a Fernando, y a Benito Guillén del Castillo y Ximénez. De los cuales:

1. — Doña María Guillén del Castillo y Ximénez, testó el 26 de febrero de 1754. Casó en Puerto Príncipe, parroquia de la Soledad, el 13 de junio de 1716, con don Juan Mateo Ramos y Benítez, natural del Puerto de Santa María, hijo de Mateo y de Mariana.

2. — Doña Ana Guillén del Castillo y Ximénez, casó en Puerto Príncipe, parroquia de la Soledad, el 6 de enero de 1625, con don Melchor Batista y de los Reyes, hijo de Francisco Batista y Suero, y de doña María de los Reyes y Galán.

Don Lucas Guillén del Castillo y Mena, y su primera mujer doña Ana de Moya y de la Torre, tuvieron por hijos: a María, a Lucas, y a Antonio Guillén del Castillo y Moya. De los cuales:

1. — Alférez Lucas Guillén del Castillo y Moya, casó en la Catedral de Puerto Príncipe el 15 de noviembre de 1686, con doña Catalina Herrera y Pérez Najarro, que testó el 18 de abril de 1713, hija del Regidor Faustino Herrera, y de doña Gertrudis Pérez Najarro y Velázquez. Tuvieron por hijos: a Pedro, y a Hilario Guillén del Castillo y Herrera. Los cuales:

A. — Don Pedro Guillén del Castillo y Herrera, bautizado en la Catedral de Puerto Príncipe el 2 de noviembre de 1690, fue religioso mercedario.

B. — Don Hilario Guillén del Castillo y Herrera, fue bautizado en la Catedral de Puerto Príncipe el 29 de febrero de 1688.

2. — Don Antonio Guillén del Castillo y Moya, casó en la Catedral de Puerto Príncipe el 15 de agosto de 1697, con doña Juana Batista y Nápoles, hija del Capitán Melchor Batista y Suero, Notario Público, y de doña Juana Nápoles y Díaz. Tuvieron por hijos: a Mariana; a Antonia; a Magdalena, y a Lucas Guillén del Castillo y Batista. Los cuales:

1. — Doña Mariana Guillén del Castillo y Batista, testó en Puerto Príncipe el 15 de agosto de 1740. Casó con don Carlos de Agosto.

2. — Doña Antonia Guillén del Castillo y Batista, casó en la Catedral de Puerto Príncipe el año 1722, con don Esteban Francisco Castellanos y Acosta, Capitán de Milicias, hijo de don Esteban Francisco Castellanos, natural de la isla de La Palma, y de doña Lorenza de Acosta y Fernández.

3. — Doña Magdalena Guillén del Castillo y Batista, casó en la Catedral de Puerto Príncipe el 6 de enero de 1643, con don Carlos Castellanos y Olazábal, teniente de Milicias, hijo de don Cristóbal Francisco Castellanos y Acosta, teniente de Milicias, y de doña María de la Cruz Olazábal y Ledesma.

4. — Don Lucas Guillén del Castillo y Batista, casó en Puerto Príncipe, parroquia de la Soledad, el 2 de agosto de 1745, con doña Ana Álvarez y Guerra-Montejo, hija de don Juan Álvarez y de la Bandera, natural de las Montañas, y de doña Juana Guerra Montejo y Pérez-Najarro. Tuvieron por hijos: a María Teresa, a Juana Agustina, y a Antonio Guillén del Castillo y Álvarez. Los cuales:

1. — Doña María Teresa Guillén del Castillo y Álvarez, casó en Puerto Príncipe, parroquia de la Soledad, el 23 de diciembre de 1778, con don Esteban Castellanos y Guillén del Castillo, Escribano de Cabildo, hijo de don Esteban Francisco Castellanos y Guillén del Castillo, Capitán de Milicias, y de doña Antonia Guillén del Castillo y Batista.

2. — Doña Juana Agustina Guillén del Castillo y Álvarez, casó dos veces: la primera, con don Francisco Villavicencio; y la segunda, en Puerto Príncipe, en la parroquia de la Soledad, el 7 de marzo de 1788, con don José Antonio Cisneros y Geraldo, Cadete del Regimiento de América, hijo de don Jerónimo Cisneros y Boza y de doña Micaela Geraldo y Miranda.

3. — Don Antonio Guillén del Castillo y Álvarez, casó en la Catedral de Puerto Príncipe el 15 de junio de 1772, con doña María de la Luz Socarrás y Miranda, hija de don Joaquín Socarrás y Socarrás, y de doña María Jacinta Miranda y de la Torre. Tuvieron por hijos: a Ana, y a Antonio Guillén del Castillo y Socarrás. Los cuales:

1. — Doña Ana Guillén del Castillo y Socarrás, casó en la Catedral de Puerto Príncipe el 22 de noviembre de 1801, con don José María

Cervantes y Sánchez-Pereira, hijo de don Francisco Xavier Cervantes y Socarrás, y de doña Águeda Sánchez-Pereira y Zayas-Bazán.

2. — Don Antonio Guillén del Castillo y Socarrás, casó en la Catedral de Puerto Príncipe el 20 de julio de 1812, con doña Manuela Guerra y Agüero, hija de Rafael y de Tomasa.

A mediados del siglo XVII, también aparece en La Habana:

El Alférez Francisco Guillén del Castillo y de la Cova, natural de la ciudad de La Laguna, en Tenerife (hijo del Capitán Juan y de Francisca), que testó el 8 de diciembre de 1665, ante Luis Pérez. Casó en la Catedral de La Habana el 17 de enero de 1652, con doña Josefa Melián, hija de don Pablo Mateo, natural de Écija, viudo de María Sepúlveda, y de doña Ana Melián, natural de Tenerife, casados estos últimos en la referida Catedral el 15 de marzo de 1637. Tuvieron por hijos: a María; a Ana; a Francisco; a Juan, y a Salvador Guillén del Castillo y Melián. De los cuales:

Don Salvador Guillén del Castillo y Melián, bautizado en la Catedral de La Habana el 2 de noviembre de 1657, testó en septiembre de 1695, ante Francisco Flores Rubio. Casó en esta ciudad, parroquia del Espíritu Santo, el 31 de enero de 1684, con doña Teresa Romero y Díaz de Mondoñado, bautizada en la Catedral de La Habana el 2 de enero de 1666, que testó ante Miguel Hernández Arturo, y su defunción se encuentra en la parroquia del Espíritu Santo a 9 de agosto de 1706, hija de don Domingo Romero y Martín, y de doña Juana Díaz de Mondoñado y Pérez, naturales de Ayamonte. Tuvieron por hijos: a Victoria, a Josefa, a María Teresa, a Juana, a María de la Encarnación, y a Tomás Guillén del Castillo y Romero. De los cuales:

Doña María de la Encarnación Guillén del Castillo y Romero, fue bautizada en La Habana, parroquia del Espíritu Santo, el primero de abril de 1685, donde tiene su defunción a 14 de febrero de 1709. Casó en la referida parroquia, el 8 de diciembre de 1704, con don Pascual del Cristo, natural de La Laguna, isla de Tenerife, hijo de Juan del Cristo, y de doña Catalina María.

GUITERAS

A principios del siglo XVII, esta familia, oriunda de la parroquia de San Hipólito de Voltregá (Santi-Polit de Voltregá), en la provincia de Barcelona, Arzobispado de Vic, pasó a la villa de Canet de Mar, estableciéndose en la ciudad de Matanzas a principios del siglo siguiente. Posteriormente, una de sus ramas se radicó en los Estados Unidos de Norteamérica.

Son sus armas: en campo sinople, cinco cabezas de lebrel, propias, cercenadas y sangrando, dispuestas: dos, una y dos.

Don Mateo Guiteras, natural de San Hipólito de Voltregá, y su mujer, doña María Plá, tuvieron por hijos: a

Don Mateo Guiteras y Plá, natural de San Hipólito de Voltregá que se estableció en la villa de Canet de Mar. Casó con doña María Antonia Molina y Vadal, natural de dicha villa, hija de Nicolás y de María. Tuvieron por hijos: a Catalina y a Ramón Guiteras y Molina. Los cuales:

1. — Doña Catalina Guiteras y Molina, natural de Canet de Mar, pasó a Matanzas en compañía de su cuñada doña Gertrudis Font y Xiqués, con pasaporte expedido el 9 de mayo de 1810, por el Capitán de Navío Salvador de Medina y Juan, Comandante Militar de la plaza de Tarragona.

2. — Don Ramón Guiteras y Molina, bautizado en la parroquia de Canet de Mar el 26 de marzo de 1771, pasó a la ciudad de Matanzas donde se estableció. Casó en la referida parroquia de Canet de Mar, el 4 de diciembre de 1809, con doña Gertrudis Font y Xiqués, allí bautizada el 14 de enero de 1779, hija de don Francisco de Asís Font y Llovet, y de doña María Xiqués y Figueras. Tuvieron por hijos: a Gertrudis Isabel; a Juan Bautista; a Pedro José; a Ramón; a Antonio, y a Eusebio Guiteras y Font. De los cuales:

1. — Don Juan Bautista Guiteras y Font, bautizado en la Catedral de Matanzas el 27 de agosto de 1812, falleció en 1831. Hizo información de limpieza de sangre en La Habana el 22 de mayo de 1829, ante Fray Antonio de Herrera que consta en esta Universidad de La Habana, expediente de estudios núm. 6.184, antiguo.

2. — Don Pedro José Guiteras y Font, bautizado en la Catedral de Matanzas el 4 de abril de 1814, fue distinguido escritor, erudito, crítico e historiador, autor, entre otras obras, de una «Historia general de la isla de Cuba». Falleció en Carolina del Sur, U.S.A., el 3 de febrero de 1890. Casó en la Catedral de Matanzas en 1840, con doña Rosa Juana Gener y Solís-Puñales, natural de dicha ciudad, hija de don José Gener y Buigas, natural de la villa de Calella, en Cataluña, socio de número de la Sección de Industria y Comercio de la Diputación Patriótica de Matanzas, y de doña Ana María Solís-Puñales y Gómez.

3. — Don Ramón Guiteras y Font, del que se tratará en la «Línea Primera».

4. — Don Antonio Guiteras y Font, del que se tratará en la «Línea Segunda».

5. — Don Eusebio Guiteras y Font, del que se tratará en la «Línea Tercera».

«LÍNEA PRIMERA»

Don Ramón Guiteras y Font (anteriormente mencionado como hijo de don Ramón Guiteras y Molina y de doña Rosa Gertrudis Font y Xiqués), nacido en Matanzas el 4 de agosto de 1811, se estableció en los Estados Unidos de Norteamérica, falleciendo el año 1873. Casó en Bristol, Rhode Island, el 27 de septiembre de 1853, con Elizabeth Manchester y Wardwell, nacida el 6 de noviembre de 1827 y fallecida en diciembre de 1905, hija de Benjamín Wardwell y Glover, natural de Bristol, Rhode Island, y de Elizabeth Manchester y Briggs, natural de Little Compton, también en Rhode Island. Tuvieron por hijos: a Gertrudis Elizabeth, y a Ramón Guiteras y Wardwell. Los cuales:

1. — Doña Gertrudis Elizabeth Guiteras y Wardwell, fue autora de la obra genealógica titulada «Familia Guiteras Wardwell, y sus relaciones de parentesco», editada en español por la National Society de New York, en 1928.

2. — Doctor Ramón Guiteras y Wardwell, nacido en Bristol, Rhode Island, el 17 de agosto de 1858, fue graduado de Médico y Cirujano en la Universidad de Harvard en 1883, miembro de la Sociedad de Cirugía y de la de Medicina de Rhode Island, de la Asociación Médica Hispanoamericana y de la Latinoamericana, de la cual fue Presidente; miembro también de la Sociedad Urológica Americana, de la Asociación Médica Americana y de la del Estado y Condado de New York; de la Neoyorkina de Medicina, de la Urológica de New York, y Secretario del Congreso Médico Panamericano, formando parte del Colegio Americano de Cirugía, Cirujano Visitador del Hospital de Diplomados y del Columbus; Cirujano Consultor y Director del French Hospital y del Hospital de New York y Catedrático de la Escuela de Médicos Diplomados de New York. Falleció soltero el 15 de diciembre de 1917.

«LÍNEA SEGUNDA»

El Licenciado Antonio Guiteras y Font (anteriormente mencionado como hijo de don Ramón Guiteras y Molina y de doña Gertrudis Font y Xiqués), nacido el 20 de junio de 1819, fue bautizado en la Catedral de Matanzas el 2 de julio de dicho año. Hizo información de limpieza de sangre en La Habana el 16 de marzo de 1826 ante el Escribano Antonio Regueira, que consta en el expediente 6.183 antiguo de la Universidad de La Habana. En 1843 se recibió de Abogado en España es literato y educador que dirigió el colegio «La Empresa». Falleció en San Hilario Sacalm, provincia de Gerona, el 17 de agosto de 1901. Casó en la Catedral de Matanzas en 1846, con doña María Teresa Gener y Solís-Puñales, natural de dicha ciudad, hija de don José Gener y Buigas, natural de la villa de Calella, Cataluña, socio de número de la Sección de Industria y Comercio de la Diputación Patriótica de Matanzas, y de doña Ana María Solís-Puñales y Gómez. Tuvieron por hijos: a José Ramón; a Calixto; a Daniel, y a Alberto Guiteras y Gener. Los cuales:

1. — Don José Ramón Guiteras y Gener, fue distinguido patriota cubano fusilado el 12 de junio de 1870.

2. — Doctor Calixto Guiteras y Gener, natural de Matanzas, fue Catedrático del Instituto de Segunda Enseñanza de Pinar del Río. Casó con doña María Teresa Holmes y Walsh, natural de Filadelfia, hija de James Holmes y Calder y de Margaret Walsh y O'Bayle. Tuvieron por hijos: a Calitxa; a Margarita, y a Antonio Guiteras y Holmes. Los cuales:

A. — Doña Calixta Guiteras y Holmes, nacida en Cynwyd, Pennsylvania, el 10 de febrero de 1905, fue Doctora en Filosofía y Letras de la Universidad de La Habana.

B. — Doctor Antonio Guiteras y Holmes, nacido en Cynwyd, Pennsylvania, el 22 de noviembre de 1906, fue Farmacéutico y Secretario de Gobernación de la República de Cuba en el año 1933.

3. — Don Daniel Guiteras y Gener, casó con doña Laura Peoli, y tuvo entre sus hijos: a

Don Julián Guiteras y Peoli, que fue Ingeniero y Teniente del Ejército de los Estados Unidos de América en Francia, donde murió el 12 de octubre de 1918, durante la Primera Guerra Mundial.

4. — Doctor Alberto Guiteras y Gener, bautizado en la Catedral de Matanzas el 7 de junio de 1874, fue Cirujano Dentista de las Universidades de Pennsylvania y de La Habana. Casó con doña Gertrudis Dunlap, y tuvieron por hijas: a Edith y a Inés Guiteras y Dunlap. Las cuales:

1. — Doña Edith Guiteras y Dunlap, casó con Harry Fehrmann.

2. — Doña Inés Guiteras y Dunlap, bautizada en la iglesia de Saint James, Filadelfia, el 25 de abril de 1894, fue Doctora en Pedagogía. Casó con el señor Llorens.

«LINEA TERCERA»

Don Eusebio Guiteras y Font (anteriormente mencionado como hijo de don Ramón Guiteras y Molina y de doña Gertrudis Font y Xiqués), nacido el 5 de marzo de 1823, y bautizado en la Catedral de Matanzas el 19 de marzo de dicho año, fue Director del colegio «La Empresa». Falleció en Filadelfia el 24 de diciembre de 1893. Casó en la Catedral de Matanzas en el año 1845, con doña Josefa Gener y Solís-Puñales, natural de dicha ciudad, hija de don José Gener y Buigas, natural de la villa de Calella, Cataluña, socio de número de la Sección de Industria y Comercio de la Diputación Patriótica de Matanzas, y de doña Ana María Solís-Puñales y Gómez. Tuvieron entre sus hijos: a José, y a Juan Guiteras y Gener. Los cuales:

1. — El Licenciado José R. Guiteras y Gener, fue Abogado.

2. — Doctor Juan Guiteras y Gener, nacido el 4 de enero de 1852, y bautizado en la Catedral de Matanzas el 22 de junio de dicho año, fue Médico, Catedrático de Patología de la Escuela de Medicina de Charleston, en Carolina del Sur, y de las Universidades de Pennylvania y de La Habana; Vocal de la Junta Superior de Sanidad y Beneficencia, Decano de la Escuela de Medicina de La Habana, Director general de Sanidad, Presidente de la Junta Nacional de Sanidad y del II Congreso Médico de Cuba y, por último, Secretario de Sanidad y Beneficencia de la República de Cuba. Además, fue miembro del Comité Ejecutivo de la Convención Sanitaria de las Repúblicas Americanas, de la Academia de Ciencias y de la de Estudios Clínicos de La Habana; correspondiente del College of Phisicians de Filadelfia y honorario de la Asociación Médica de Puerto Rico, de la Academy of Public Health de los Estados Unidos de América y de la Academia de Medicina de Caracas. Casó en la parroquia de Ceiba-Mocha en 1883, con doña María de los Dolores Gener y Gener, natural de Matanzas, hija de don Benigno Tomás Gener y del Junco, primer Vicepresidente de la Junta Jurisdiccional de Agricultura y Comercio de Matanzas, y distinguido patriota, y de doña Mariana Gener y Solís-Puñales. Tuvieron por hija: a

Doña María de los Milagros Guiteras y Gener, natural de Carolina del Sur, que casó en La Habana, parroquia de Guadalupe, el 12 de marzo de 1917, con don Emilio Domínguez y González, natural de Matanzas, hijo de don Emilio Domínguez y Gener, Ingeniero Civil de la Universidad de Lieja, Coronel del Ejército Libertador de Cuba, y de doña María del Pilar González y Campuzano.

HERNÁNDEZ DE ALBA

A fines del siglo XVII, aparece esta familia en la villa de Arévalo, provincia de Ávila, estableciéndose en la isla de Cuba en la primera mitad del siglo XIX.

Son sus armas: escudo partido en pal; en el primer cuartel, sobre campo azul, cinco flores de lis de plata. Orla roja, ocho aspas de oro. En el segundo cartel, sobre campo de gules, un águila de plata volante, con pies y pico de oro. Orla azul, con ocho estrellas de oro.

Don Juan Hernández de Alba, natural de la villa de Arévalo, que casó con doña Catalina Montero, tuvieron por hijo: a

Don Pedro Hernández de Alba y Montero, que fue bautizado en la parroquia de la villa de Arévalo, el 16 de mayo de 1689, donde falleció el 8 de julio de 1770. Casó en la referida parroquia el 30 de mayo de 1714, con doña Gregoria Piral, hija de Pedro y de Gertrudis Francisca. Tuvieron por hijos: a María; a Luis, y a Pedro Hernández de Alba y Piral. De los cuales:

Don Pedro Hernández de Alba y Piral, bautizado en la parroquia de Arévalo el año de 1718, fue empadronado como Hijodalgo el año 1740. Testó en la villa de Alcalá la Real, el 15 de diciembre de 1773. Casó en la parroquia de la referida villa de Arévalo, el 11 de enero de 1740, con doña Ana Alonso y Carpizo, hija de don Manuel Alonso y de doña Manuela Carpizo y Pérez. Tuvieron por hijos: a Valentín; a Juan, y a Lorenzo Hernández de Alba y Alonso. Los cuales:

1. — Don Valentín Hernández de Alba y Alonso, bautizado en la parroquia de la villa de Arévalo el 25 de diciembre de 1744, casó en Alcalá la Real el 29 de octubre de 1770, con doña María Josefa Rodríguez Ponce de León y Núñez, hija de don Francisco Rodríguez Ponce de León, y de doña María Ana Núñez y Machuca. Tuvieron por hijo: a

Don Lorenzo Hernández de Alba y Rodríguez Ponce de León, bautizado en la parroquia de la villa de Corral de Calatrava, Ciudad Real, el 25 de septiembre de 1775, que fue Dean de la Catedral Primada de Toledo, por Real Merced de 31 de octubre de 1830 habiendo ingresado el 13 de septiembre de 1831.

2. — Licenciado Juan Hernández de Alba y Alonso, nacido en Arévalo, el 27 de diciembre de 1750, fue Abogado de la Universidad de Alcalá de Henares, Abogado de los Reales Consejos, Oidor de la Real Audiencia de Santa Fe en el Nuevo Reino de Granada, por título de 23 de septiembre de 1790, cargo que desempeñó hasta el año 1810; Oidor de la Real Audiencia de Puerto Príncipe y Oidor Honorario de la de México, Comendador de la Orden de Isabel La Católica. Casó dos veces: la primera, en Madrid, el 29 de septiembre de 1779, con doña Ana Juana Dantés y Olivera, hija de don Manuel Joaquín Dantés y Olivera, y de doña Catalina María Fernández Pedrote y Terán. Casó por segunda vez, en Santa Fe de Bogotá, Colombia, el 14 de julio de 1809, con doña María Dolores Navarro y Anaya, hija del Teniente Coronel Francisco Navarro de Anaya, Gobernador de la isla Margarita, y de doña María Joaquina Alguez de Insausti.

Don Juan Hernández de Alba y Alonso, y su primera mujer doña Ana Juana Dantés y Olivera, tuvieron por hijos: a María Ignacia; a Ignacio; a Juan, y a Juan Casimiro Hernández de Alba y Dantés. Los cuales:

A. — Doña María Ignacia Hernández de Alba y Dantés, casó en Santa Fe de Bogotá el 29 de marzo de 1818, con don Fernando Sabater y Casanovas, natural de Cataluña.

B. — Don Juan Leoncio Hernández de Alba y Dantés, fue **Teniente** de Fusileros del Regimiento de Santa Fe.

C. — Don Ignacio Hernández de Alba y Dantés, natural de Madrid, fue Doctor en Derecho Canónico por la Universidad Tomística de Santa

Fe de Bogotá. Al estallar la revolución de 1810, sufrió grandes penalidades por ser su familia fiel al Gobierno de Su Majestad. Casó con doña María Vicenta Rueda y Guevara.

D. — Don Juan Hernández de Alba y Dantés, natural de Madrid, fue Oficial agregado al Real Tribunal de Cuentas de La Habana. Casó con doña María Mercedes Arango y de los Reyes-Gavilán hija del Licenciado Francisco Arango y Cisneros, y de doña María Josefa de la Encarnación de los Reyes-Gavilán y Vargas-Machuca. Tuvieron por hijos: a

Don Francisco José Hernández de Alba y Arango, que fue bautizado en la Catedral de La Habana el 18 de agosto de 1827.

E. — Licenciado Juan Casimiro Hernández de Alba y Dantés, nacido en Madrid el 10 de octubre de 1785, fue Doctor en Leyes y Licenciado en Filosofía. Casó en las cercanías de Santa Fe de Bogotá, el 15 de mayo de 1821, con doña María Josefa Melo y Bustamante, hija de don Sebastián José Torres de Melo, natural de Portugal, de la Casa de los Condes de Ponte, y de doña Encarnación Josefa de Bustamante y Laiseca. Tuvieron por hijo: a

Don José Braulio Hernández de Alba y Melo, que nació en Santa Fe de Bogotá el 22 de marzo de 1822, donde casó el 23 de mayo de 1857, con doña María de las Nieves Alonso de Lesmes y Sarmiento, hija de don Manuel Alonso de Lesmes y Mosquera, y de doña Concepción Sarmiento y Castillo. Tuvieron por hijo: a

Don José Gregorio Hernández de Alba y Alonso de Lesmes, que nació en Santa Fe de Bogotá el 12 de marzo de 1860. Casó dos veces: la primera, con doña Clementina Ruiz y Leal, hija de don Alberto Ruiz y Cuéllar y de doña Ascensión Leal y Olmos. Casó por segunda vez, su sobrina doña Hortensia Alonso de Lesmes y Penagos, hija de don Guillermo Alonso de Lesmes y Hernández de Soto, y de doña Balbina de Penagos y Guzmán.

Don José Gregorio Hernández de Alba y Alonso de Lesmes, y su primera mujer doña Clementina Ruiz y Leal, tuvieron por hijos: a María Ernestina; a María Clementina de la Paz; a María Inés, y a Luis Arturo Hernández de Alba y Ruiz.

Don José Gregorio Hernández de Alba y Lesmes, y su segunda mujer, doña Hortensia Alonso de Lesmes y Penagos, tuvieron por hijos: a José Gregorio; a Manuel, y a Carlos Hernández de Alba y Alonso de Lesmes.

3. — Licenciado Lorenzo Hernández de Alba y Alonso, nacido en la villa de Arévalo el 21 de noviembre de 1740, fue Abogado de la Universidad de Valladolid, Abogado de los Reales Consejos, de la Casa y Estados de los Duques de Alba de Tormes, de Medina Sidonia, de Veragua, y de Liria y Jérica; de los Marqueses de Castelmoncayo y de

Villena, y del Cabildo de la Catedral de Jaén; individuo de número del Colegio de Abogados de Madrid, Fiscal de Lo Civil de la Audiencia de Santo Domingo, Fiscal del Crimen de la Real Audiencia de México y de Lo Civil en la referida Audiencia; Fiscal del Supremo Consejo de Indias y de la Real Hacienda de México. Obtuvo certificación de armas el 9 de noviembre de 1779, expedida por don Ramón Zazo y Ortega, Cronista y Rey de Armas de Su Majestad. Falleció en Madrid el 20 de mayo de 1806, donde casó el 10 de mayo de 1769, con doña Rita Sánchez y Carvajal, natural de la villa de Yepes, provincia de Toledo, hija de don Tomás Sánchez y Jiménez, y de doña María Jacinta Carvajal. Tuvieron por hijos: a Ignacia; a María Josefa; a Rita; a María Guadalupe; a Valentín; a Juan Nepomuceno; a Pedro; a Bernardo, y a Lorenzo Hernández de Alba y Sánchez. De los cuales:

1. — Doña Ignacia Hernández de Alba y Sánchez, tiene su defunción en La Habana, parroquia del Espíritu Santo, a 15 de marzo de 1856.

2. — Doña María Josefa Hernández de Alba y Sánchez, casó con don Pablo Martín de Jáuregui.

3. — Doña Rita Hernández de Alba y Sánchez, falleció en El Havre el 26 de febrero de 1855, y su defunción se encuentra trasladada a La Habana, parroquia del Espíritu Santo a 15 de marzo de 1856. Casó con don Rafael Hernández Aloy.

4. — Doña María Guadalupe Hernández de Alba y Sánchez, nacida en La Habana el 27 de agosto de 1781, casó en Madrid el 26 de abril de 1807, con don Juan Gabriel Jabas y Aztal, Capitán de Navío de la Real Armada, Ministro Plenipotenciario cerca de la Puerta Otomana, y Caballero de la Orden de Carlos III.

5. — Don Juan Nepomuceno Hernández de Alba y Sánchez, fue Oidor de la Real Audiencia de Guadalajara.

6. — Don Pedro Hernández de Alba y Sánchez, natural de México, fue Cadete del Regimiento de Dragones de Nueva España.

7. — Doctor Bernardo Hernández de Alba y Sánchez, natural de México, fue Presbítero, Dean en la Catedral de Tuly.

8. — Don Lorenzo Hernández de Alba y Sánchez, bautizado en el Sagrario de México el 9 de noviembre de 1784, fue Intendente Honorario de Ejército, Administrador General de la Renta de Tabacos de México, Director General del Monte de Piedad de La Habana, Intendente de la provincia de Puerto Príncipe en 1824 y 1839 y 1845, y Comendador de la Orden de Isabel la Católica. Hizo información de hidalguía ante la Real Audiencia de México. Su defunción se encuentra en La Habana, parroquia del Espíritu Santo, a 25 de abril de 1851. Casó en México, en la iglesia parroquial del Sagrario, el 2 de abril de 1821, con doña María Micaela Rodríguez y González de la Torre, hija

de don Juan Rodríguez y Silva, natural de Sevilla, Ministro Contador de la Real Hacienda en Veracruz, México, y de doña Elvira González de la Torre y Urrutia. Tuvieron por hijo: al

Licenciado Lorenzo Hernández de Alba y Rodríguez, bautizado en Madrid, parroquia de San Martín, el 9 de mayo de 1822, que fue Abogado de la Real Audiencia Pretorial de La Habana y Oidor de la de Puerto Príncipe, y Comendador de la Orden de Carlos III. Hizo información de legitimidad y limpieza de sangre para ingresar en la Universidad de La Habana el 13 de septiembre de 1838. Su defunción se encuentra en la parroquia de la villa de Guanabacoa, a 3 de marzo de 1871. Casó en La Habana, parroquia del Espíritu Santo, el 29 de noviembre de 1844, con doña Mariana Alonso Manzanera y Zequeira, hija de don Manuel Alonso Manzanera y Hernández, Coronel de Infantería agregado a las Milicias Blancas de esta plaza, y de doña María del Socorro Zequeira y Alfonso. Tuvieron por hijo a:

Don Miguel Hernández de Alba y Alonso Manzanera, bautizado en La Habana, parroquia de Jesús del Monte, el 6 de marzo de 1849, que fue Comisario de Milicias de esta ciudad. Su defunción se encuentra en la parroquia de la villa de Guanabacoa a 15 de febrero de 1892, donde casó el 7 de noviembre de 1873, con doña Mercedes Gómez y Delgado, hija de don Manuel Gómez e Hidalgo y de doña María de las Nieves Delgado y Vélez. Tuvieron por hija: a

Doña Sara María Hernández de Alba y Gómez, bautizada en la parroquia de la villa de Guanabacoa el primero de julio de 1879, que tiene su defunción en la Catedral de La Habana a 29 de mayo de 1925. Casó en la parroquia del pueblo de Aguacate el 27 de agosto de 1899, con don Enrique Mahy y Suárez-Macías, hijo de Enrique Mahy y del Castillo, Teniente Coronel de Infantería del Ejército español, Comandante de la villa de Jovellanos, Caballero de la Orden de San Hermenegildo, y de doña María Teresa Suárez-Macías y Chacón.

HERRERA

Esta familia ya apareció en el tomo 2, pág. 194, y ahora la ampliamos:

Miguel Antonio Herrera y Chacón, anteriormente mencionado como hijo de Gonzalo Luis de Herrera y Berrio y de doña María Catalina Chacón y Torres, tuvo los hijos reseñados en el tomo 2, páginas 202 y 203.

Miguel Antonio Herrera y Chacón tuvo, además, otro hijo con doña María de Aldama, el cual fue:

Don Francisco Herrera y Aldama,[1] que casó con doña María Gertrudis Rodríguez del Junco y Guerra, hija de don Pedro Rodríguez del Junco y Gil de la Cruz y de doña Mariana Guerra y Recio. Tuvieron por hijos: a Gabriel; a Pablo; a Julio; a Miguel; a Feliciano, y a Juan Herrera y del Junco. De los cuales:

1. — Don Julio Herrera y del Junco, bautizado en La Habana, parroquia de Guadalupe, el 5 de mayo de 1806, tiene su defunción en esta ciudad, parroquia del Espíritu Santo, a 21 de marzo de 1870. Casó con doña Micaela Valdés, y tuvieron por hijos: a Rosa; a María de los Dolores, y a Julio Herrera y Valdés.

2. — Don Miguel Herrera y del Junco, casó con doña Mariana Valdés Cabrera, y tuvieron por hijos: a Mariana; a Pascuala; a María de las Mercedes; a Irene; a Lutgarda; a Gertrudis; a Miguel, y a Francisco Herrera y Valdés. De los cuales:

Doña Gertrudis Herrera y Valdés, que fue bautizada en La Habana, parroquia del Espíritu Santo, el 9 de abril de 1849. Casó con don José Gabriel de Armas y Sáenz de Majarrés, hijo de don Ramón de Armas y Ojeda, Administrador del «Diario de la Marina», de La Habana, y de doña Adelaida Sáenz de Majarrés y Pérez.

3. — Don Feliciano Herrera y del Junco, bautizado en la Catedral de La Habana el 7 de julio de 1812, casó en esta ciudad, parroquia del Espíritu Santo, el 3 de enero de 1862, con doña María de las Mercedes de la Espada y Romero, hija de don José de la Espada y Bassó, y de doña Blasa Romero y Díaz. Tuvieron por hijos: a María de las Mercedes; a María de la Concepción; a María Josefa, y a Feliciano Herrera y Espada. Los cuales:

A. — Doña María de las Mercedes Herrera y Espada, casó con don Alfredo Herrera y Núñez, hijo de don Juan Francisco Herrera y Bretos, y de doña María de la Luz Núñez y Pérez.

B. — Doña María de la Concepción Herrera y Espada, casó don Alberto Herrera y Núñez, hijo de don Juan Francisco Herrera y Bretos, y de doña María de la Luz Núñez y Pérez.

C. — Doña María Josefa Herrera y Espada, casó con Rafael Machado y Espada.

D. — Don Feliciano Herrera y Espada, bautizado en La Habana, parroquia del Espíritu Santo, el 13 de febrero de 1868, casó en la parroquia de Marianao, el 25 de febrero de 1889, con doña Leonor Herrera y Núñez, hija de don Juan Francisco Herrera y Bretos, y de doña María de la Luz Núñez y Pérez. Tuvieron por hijos: a Ofelia; a Elodia; a Ama-

---

1. Expediente número 72, del legajo 16, de la sección de «Dispensas de amonestaciones», del Arzobispado de La Habana.

da; a Estrella; a Elena; a Silvio; a Guillermo; a Feliciano, y a Jorge Herrera y Herrera. De los cuales:

A. — Doña Elodia Herrera y Herrera, fue casada.

B. — Doña Amada Herrera y Herrera, casó con don Luis Valdés-Faulí.

C. — Doña Estrella Herrera y Herrera, casó con don Rosendo Collazo.

D. — Doña Elena Herrera y Herrera, casó con don Ignacio González.

E. — Don Guillermo Herrera y Herrera, casó con doña Sara Don, y tuvieron por hijos: a Marta, y a Guillermo Herrera y Don.

F. — Don Feliciano Herrera y Herrera, casó con doña Gloria Herrera y Herrera, hija de don Alfredo Herrera y Núñez, y de doña María de las Mercedes Herrera y Espada. Tuvieron por hija: a María de las Mercedes Herrera y Herrera.

G. — Don Jorge Herrera y Herrera, casó con doña Julia Jiménez, y tuvieron por hijos: a Julia; a Margarita; a Jorge, y a Mario Herrera y Jiménez.

4. — Don Juan Herrera y del Junco, casó con doña Clara María Bretos y Rodríguez-Parra, hija de Rafael y de María de la Candelaria. Tuvieron por hijos: a Gertrudis, y a Juan Francisco Herrera y Bretos. Los cuales:

1. — Doña Gertrudis Herrera y Bretos, casó con don Pascasio Ruiz.

2. — Don Juan Francisco Herrera y Bretos, bautizado en la parroquia de San Antonio Abad, provincia de La Habana, el 23 de julio de 1827, casó con doña María de la Luz Núñez y Pérez, hija de don Antonio Núñez y Machado, y de doña María de la Concepción Pérez y Perdomo. Tuvieron por hijos: a Clara; a Amada; a Matilde; a Luisa; a Leonor; a Pablo; a Jacinto; a Antonio; a Domingo; a Juan; a Alberto; a Alfredo; a Manuel, y a José Herrera y Núñez. De los cuales:

1. — Doña Matilde Herrera y Núñez, casó con don José Gaytán.

2. — Doña Luisa Herrera y Núñez, casó con don José María Herrera y Céspedes, natural de Santiago de Cuba.

3. — Doña Leonor Herrera y Núñez, bautizada en la parroquia de Cayajabos el 26 de enero de 1837, casó en Marianao con don Feliciano Herrera y Espada, hijo de don Feliciano Herrera y del Junco, y de doña María de las Mercedes de la Espada y Romero.

4. — Don Domingo Herrera y Núñez, casó con doña María Berruete, y tuvieron por hijo: a

Don Domingo Herrera y Berruete, que casó con doña María de Aguiar. Tuvieron por hijos: a Claudio, y a Juan Herrera y Aguiar.

5. — Don Juan Herrera y Núñez, casó con doña Adelaida Echarte y Alfonso, hija de don Eduardo Echarte y Gómez, y de doña Rosa Alfonso y Madán. Tuvieron por hijos: a Adelina; a Hortensia; a María de los Ángeles; a René; a Alicia; a Esnesto, y a Gustavo Herrera y Echarte. De los cuales:

Don Gustavo Herrera y Echarte, casó con doña Alma Herly, y tuvieron por hijos: a Boris, y a Gustavo Herrera y Herly.

6. — Don Alberto Herrera y Núñez, casó con doña María de la Concepción Herrera y Espada, hija de don Feliciano Herrera y del Junco, y de doña María de las Mercedes de la Espada y Romero. Tuvieron por hijos: a María de la Concepción; a Estela; a María de las Mercedes; a Graciella; a Octavio; a Óscar; a Fausto; a Orlando, y a Alberto Herrera y Herrera. De los cuales:

Don Alberto Herrera y Herrera, casó con doña Isabel Rojo, y tuvieron por hija: a Isabel Herrera y Rojo.

7. — Don Alfredo Herrera y Núñez, bautizado en La Habana, parroquia del Espíritu Santo, el 11 de diciembre de 1861, casó con doña María de las Mercedes Herrera y Espada, hija de don Feliciano Herrera y del Junco y de doña María de las Mercedes de la Espada y Romero. Tuvieron por hijos: a Hortensia; a Gloria; a Benjamín; a Marcos; a Carlos; a Alfredo, y a Pablo Herrera y Herrera. De los cuales:

A. — Doña Hortensia Herrera y Herrera, casó con don Cándido Villaverde.

B. — Doña Gloria Herrera y Herrera, casó con don Feliciano Herrera y Herrera, hijo de don Feliciano Herrera y Espada, y de doña Leonor Herrera y Núñez.

C. — Don Carlos Herrera y Herrera, casó con doña Clara Villaverde.

D. — Don Alfredo Herrera y Herrera, casó con doña Margarita Urrutia.

E. — Don Pablo Herrera y Herrera, casó con doña Marta Martínez, y tuvieron por hijos: a Marta, y a Pablo Herrera y Martínez.

8. — Don Manuel Herrera y Núñez, fue Médico, y casó con doña Antonia Molina y Granados, hija de José María Molina y Fernández de Córdoba, y de doña Benigna Granados y Aneiro, y tuvieron por hijos: a Argentina; a Manuel Antonio; a Agustín, y a Armando Herrera y Molina. De los cuales:

Don Armando Herrera y Molina, casó con doña Célida García Mendoza y Sarmiento, hija de don Alberto García Mendoza y Gastón, y de doña Emelina Sarmiento y Fernández.

9. — Don José Herrera y Núñez, casó con doña María del Rosario Sáiz y Navarro, y tuvieron por hijo: a

Don Nicolás Herrera y Sáiz, que fue Capitán del Ejército Nacional de la República de Cuba. Casó dos veces: la primera, con doña María González Nokey; y la segunda, con doña María Prieto y Ruiz.

Don Nicolás Herrera y Sáiz, y su primera mujer doña María González Nokey, tuvieron por hija: a Lilia Herrera y González Nokey.

Don Nicolás Herrera y Sáiz, y su segunda mujer, doña María Prieto y Ruiz, tuvieron por hijo: a Nicolás Herrera y Prieto.

HOLGUÍN

A principios del siglo XVI, procedente de Extremadura, se estableció esta familia en la parte oriental de la isla de Cuba.

El Capitán García de Holguín, natural de Cabeza de Buey, en Extremadura, pasó a la isla de Cuba y tomó parte en la primera expedición contra los indios de México mandada por el Capitán Grijalva, pero disgustado poco después con éste, regresó a Cuba en 1516. Volvió a salir de la Isla el 18 de noviembre de 1518, en la segunda expedición que se organizó contra México capitaneada por Hernán Cortés, pero también volvió a regresar a esta Isla en 1523, donde el Adelantado Diego Velázquez de Cuéllar, primer Gobernador de Cuba, lo colmó de beneficios concediéndole la apreciada comarca de la parte Oriental que se componía de las provincias indias de Bayatiquiri, Maiye, Maniabón, Aguará, y otras. En unión de varios compañeros, el Capitán García de Holguín comenzó a poblar los terrenos de su propiedad, en los que fundó varios sitios, estableciendo al norte de la jurisdicción de la villa de San Salvador del Bayamo, el de su residencia, para que fuera la cabecera de todos los fundos, al que llamó Holguín, bajo la advocación de San Isidoro, en 1545, cuyo patronímico ha conservado sin variación la ciudad del mismo nombre, en memoria de su fundador. Casó en 1537, con doña Isabel Fernández Valero de Sandoval, y tuvieron por hijas a:

Doña Juana de Holguín y Fernández Valero de Sandoval, que casó el año 1573, con el Alférez Rodrigo López de Mexía, natural de Cangas de Onís, en Asturias, sobrino carnal de don Diego López Sarmiento, provisor y dean del Cabildo de la Catedral de Santiago de Cuba.[1]

HURTADO DE MENDOZA

A mediados del siglo XVII, procedente del puerto de Sevilla, se estableció esta familia en Remedios, siendo fundadores en 1689 de la villa de Santa Clara, ambas hoy en la provincia de Las Villas.

Don Francisco Hurtado de Mendoza, nacido en España sobre 1617, fue vecino y Alférez Real de la villa de Santa María de los Remedios del Cayo, que había sido fundada por Vasco Porcallo de Figueroa, Conquistador y Poblador de la isla de Cuba, donde casó con doña Constanza de Campos y Rodríguez de Arciniega, hija de don Juan de Campos, Alcalde ordinario de dicha villa en 1646, y de doña Ana Rodríguez de Arciniega y Gómez. Tuvieron por hijos a: Juana, María, Tomasa, Ana, Juan y Miguel Hurtado de Mendoza y Campos, los cuales:

1. — Doña Juana Hurtado de Mendoza y Campos fue bautizada en la parroquia mayor de Remedios el 28 de junio de 1665.

2. — Doña María Hurtado de Mendoza y Campos casó con el Capitán don Cristóbal Crenzo.

3. — Doña Tomasa Hurtado de Mendoza y Campos casó con don Juan de Roxas, hijo de Pedro de Laria y de doña Dominga de Roxas y Pavía.

4. — Doña Ana Hurtado de Mendoza y Campos se veló en la parroquia de Remedios el 15 de enero de 1680, con don Juan Pérez de Valdés y López de Aguilar, natural de Gibraltar, hijo de don Diego Pérez de Valdés y de doña Francisca López de Aguilar.

5. — Don Juan Hurtado de Mendoza y Campos natural de Remedios, pasó con su hermano don Miguel en 1689 a fundar la villa de Santa Clara, en cuya parroquia casó el 8 de julio de 1699 con doña María de Veitia y Gutiérrez, hija de don Juan de Veitia y Linaje del Valle, natural de Bilbao, Alguacil Mayor del Santo Oficio, y de doña Leonicia

---

1. Tuvieron por hijos, entre otros: a Juana Antonia; a Ana María, y a Elvira del Rosario López de Mexía y Holguín. Los cuales:

1. — Doña Juana Antonia López de Mexía y Holguín, casó con don Miguel Batista Bello de Castro Almira, natural de Soria, en Castilla la Vieja.

2. — Doña Ana María López de Mexía y Holguín, casó con don Juan del Corral Villalar, natural de Córdoba, en Andalucía.

3. — Doña Elvira del Rosario López de Mexía y Holguín, casó con don Diego de Ávila Albadiana, natural de la villa de Pravia, en Asturias. Tuvieron por hijo: a

Don Rodrigo de Ávila y López de Mexía, que fue Contador de Rentas Reales. Casó con doña María del Rosario Batista Bello Bernal de Bobadilla. (Véase la familia González de Rivera.)

Gutiérrez y González. Tuvieron por hijos a: Manuel, Francisco Antonio y Francisco Hurtado de Mendoza y Veitia. Los cuales:

A. — Don Manuel Hurtado de Mendoza y Veitia, natural de Santa Clara, en cuya parroquia casó el 20 de noviembre de 1753 con doña Petrona de Monteagudo y Valdés, de esa villa, hija de don Toribio de Monteagudo y de doña Tomasa Valdés.

B. — Don Francisco Antonio de Mendoza y Veitia, nacido en Santa Clara el 4 de octubre de 1724, fue bautizado en su parroquia mayor el 11 de octubre de dicho año. Fue presbítero y recibió las Sagradas Órdenes el 21 de diciembre de 1748, habiéndose graduado de Bachiller en Filosofía de la Universidad de San Jerónimo de La Habana. Nombrado Cura Beneficiado de la Parroquial Mayor de Santa Clara el 21 de agosto de 1761. Fabricó de su peculio el Hospital de San Lázaro en 1766 y falleció el 15 de marzo de 1803, siendo enterrado en la Iglesia de la Divina Pastora y por su testamento dio libertad a sus numerosos esclavos.

C. — Don Francisco Hurtado de Mendoza y Veitia, nacido en Santa Clara el 4 de febrero de 1702, fue bautizado en su parroquia mayor el 13 de febrero de dicho año, donde casó el 30 de septiembre de 1726 con doña Tomasa Díaz de León y Rodríguez de Arciniega, allá nacida, hija del Capitán don Diego Díaz de León y de la Cruz, natural de Garachico, en Tenerife, y de doña María Rodríguez de Arciniega y de los Reyes, natural de Remedios. Tuvieron por hijos a: Miguel, Pedro Tomás y Pedro Manuel Hurtado de Mendoza y Díaz de León. Los cuales:

a. — Don Miguel Hurtado de Mendoza y Díaz de León casó dos veces en Santa Clara, primero con doña Catalina Pérez de Prado y segundo el 28 de abril de 1783, con doña María de la Concepción González de Arbelo y Pérez, hija de Antonio y de María Justa, con la que tuvo por hijas a María Encarnación y a Rosalía Hurtado de Mendoza y González de Arbelo.

b. — Don Pedro Tomás Hurtado de Mendoza y Díaz de León, natural de Santa Clara, en cuya parroquia casó el 6 de octubre de 1766 con doña María Damiana de Morales y Moya, de allí natural, hija del Capitán don Juan Gregorio de Morales y Márquez Gallardo, natural de Guanabacoa, fallecido a consecuencias de las heridas que recibió durante la defensa de La Habana contra los ingleses en 1762, y de doña Clemencia de Moya y Rodríguez de Arciniega, natural de Santa Clara. Tuvieron por hijo a:

Don Pedro Tomás Hurtado de Mendoza y Morales, natural de Santa Clara, que pasó a Puerto Príncipe (hoy Camagüey), en cuya parroquia mayor casó el 29 de septiembre de 1800 con doña Ana Josefa Hidalgo y Ojeda, natural de dicha villa, hija de Tomás y de María Ana. Tuvieron por hijo a:

Don Miguel Ignacio Hurtado de Mendoza e Hidalgo, natural de Puerto Príncipe, bautizado en su parroquia mayor el 26 de agosto de

1812, donde casó el 25 de mayo de 1836 con doña María Caridad Valdés y Usatorres, natural de dicha villa, hija de Pedro Antonio y de Juana de Dios. Tuvieron por hijos a: Carolina de las Nieves y Juana Bautista Hurtado de Mendoza y Valdés, las cuales:

1. — Doña Carolina de las Nieves Hurtado de Mendoza y Valdés, natural de Puerto Príncipe, donde fue bautizada en su parroquia de Santa Ana el 31 de diciembre de 1852, casó con el Capitán graduado de Infantería don Natalio González y Mesa, natural de Puigcerdà, hijo de Natalio y de Ana María.

2. — Doña Juana Bautista Hurtado de Mendoza y Valdés, natural de Puerto Príncipe, en cuya parroquia mayor fue bautizada el 2 de septiembre de 1839, casó con don Jaime Vidal.

c. — Don Pedro Manuel Hurtado de Mendoza y Díaz de León, natural de Santa Clara, en cuya parroquia mayor fue bautizado el 5 de julio de 1749, donde casó el 4 de enero de 1773 con doña María Gregoria de Morales y Moya, natural de Santa Clara, hermana de doble vínculo de su cuñada doña María Damiana. Tuvieron por hijo a:

Don José Carlos Hurtado de Mendoza y Morales, nacido en Santa Clara y bautizado en su parroquia mayor el 12 de enero de 1774, pasó a Puerto Príncipe junto a su tío Pedro Tomás y casó con doña María del Rosario de León y Muñoz, hija de Ramón y de María Francisca. Tuvieron por hijo a:

Don José Carlos Hurtado de Mendoza y de León, natural de Puerto Príncipe, donde fue bautizado en su parroquia mayor el 5 de junio de 1826 (fue Coronel durante la Guerra de los Diez Años, falleció en Puerto Príncipe a su regreso del exilio y su defunción se encuentra en la parroquia de San José el 13 de marzo de 1890. Casó en la parroquia de la Soledad el 24 de septiembre de 1858 con doña María Martina Morales y Hernández, nacida en Puerto Príncipe, hija de don José Norberto Morales y Posada y de doña Andrea Natalia Hernández y Palomino, ambos naturales de dicha villa. Tuvieron por hijos a: Mario y a Carlos Alberto Hurtado de Mendoza y Morales, los cuales:

1. — Don Mario Hurtado de Mendoza y Morales, que nació en Puerto Príncipe y fue bautizado en la parroquia de la Soledad el 26 de julio de 1868, fue Capitán del Ejército Libertador durante la Guerra de 1895 y falleció en La Habana el 9 de julio de 1944. Casó en la parroquia mayor de Sancti Spíritus el 19 de septiembre de 1901 con doña Ángela Petrona López y Marín, natural de dicha villa, hija de don Mauricio López y Bethencourt, natural de Teguise, en Lanzarote, y de Antonia María Marín y Marín, natural de Sancti Spíritus. Tuvieron por hijos a: Oreste, Enrique y Mario Hurtado de Mendoza y López, los cuales:

A. — Don Oreste Hurtado de Mendoza y López, natural de Sancti Spíritus, casó con doña Rosa Ayala y Rodríguez.

B. — Don Enrique Hurtado de Mendoza y López, natural de Sancti Spíritus, casó con doña Julia Pentón y Blasón y tuvieron por hija a: Julia Hurtado de Mendoza y Pentón.

C. — Don Mario Hurtado de Mendoza y López, natural de Sancti Spíritus, casó con doña María de las Nieves Albert y Ramírez, hija de don Ángel Albert y Valdivia y de doña María Ramírez y Ventosa, los tres naturales de Sancti Spíritus. Tuvieron por hijos a Mario y a Rosa María Hurtado de Mendoza y Albert, de los cuales:

Doña Rosa María Hurtado de Mendoza y Albert, natural de Sancti Spíritus, casó con Raúl Castillo e Izuala.

2. — Don Carlos Alberto Hurtado de Mendoza y Morales, bautizado en la parroquia mayor de Puerto Príncipe el 23 de noviembre de 1858, fue Ingeniero Agrónomo, casó tres veces en dicha ciudad, primero con doña María Dolores Rodríguez y Ledesma, segundo con una prima de su primera mujer doña Lucía Fraga y Ledesma, fallecida sin sucesión, y tercero con doña Flora Aquilina Galtés y Molina, natural de Puerto Príncipe, hija de don Félix Galtés y Raldiris, natural de La Habana, y de doña Ana Tomasa Molina y Mercier, natural de Puerto Príncipe. Con su primera mujer tuvo por hijos a Carlos y a Enrique Guillermo Hurtado de Mendoza y Rodríguez, y con su tercera mujer tuvo por hijos a Angelina y a Félix Alberto Hurtado de Mendoza y Galtés, de los cuales:

A. — Don Enrique Guillermo Hurtado de Mendoza y Rodríguez, natural de Puerto Príncipe, casó con doña Juana Manzanares y Hernández, hija de don José Manzanares y de doña Celia Hernández y Zayas-Bazán. Tuvieron por hijos a: María Dolores, Juana, Margarita Isabel, Angélica y Carlos Alberto Hurtado de Mendoza y Manzanares, de los cuales:

a. — Doña María Dolores Hurtado de Mendoza y Manzanares casó con don Francisco Molina y Estévez, hijo de Antonio y Pastora.

b. — Doña Juana Hurtado de Mendoza y Manzanares casó con el Doctor don Enrique Giménez y López, natural de Camagüey, Catedrático de la Universidad de La Habana, hijo de don Adalberto Giménez y Socarrás y de doña María Caridad López y Duque de Estrada, naturales de Puerto Príncipe.

c. — Don Carlos Alberto Hurtado de Mendoza y Manzanares casó con doña Zoila Carraté y tuvieron por hija a Margarita Hurtado de Mendoza y Carraté.

B. — Doctor don Félix Alberto Hurtado de Mendoza y Galtés, que nació en Camagüey el 20 de marzo de 1896, Médico, Catedrático de la Universidad de La Habana, Presidente de la Sociedad Cubana de Pediatría, Subsecretario de Salubridad de 1940-1944, Embajador Delegado Permanente de Cuba ante la Organización Mundial de la Salud en Ginebra, Comendador de la Orden de Carlos J. Finlay, Comendador y Gran Oficial de la Cruz Roja de Cuba, Gran Cruz de la Orden de Carlos Manuel de Céspedes, Gran Oficial de la Orden de Honor y Mérito de Haití, Gran Cruz de la Orden del Sol del Perú, y otras; casó con doña Rosa Pola y González-Llorente, natural de La Habana, hija del Licenciado don Segundo Pola y Gutiérrez, natural de Avilés, Asturias, y de doña María Concepción González-Llorente y Torrado. Tuvieron por hijos a: Félix Alberto, Félix Enrique y Fernando Hurtado de Mendoza y Pola, los cuales:

a. — Doctor don Félix Alberto Hurtado de Mendoza y Pola, natural de La Habana, Médico, Coronel del United States Army, casó con doña Ángela Cobo y Basulto, hija de don Francisco Cobo y García y de doña Zoila Basulto y Freyre. Tuvieron por hijas a: Frances y Lillian Hurtado de Mendoza y Cobo.

b. — Doctor don Félix Enrique Hurtado de Mendoza y Pola, natural de La Habana, doctor en Ciencias Sociales y Derecho Público de la Universidad de La Habana, fue diplomático, representante alterno de Cuba ante la Organización de los Estados Americanos, Consultor para América Latina de Sea Oil General Development Corporation. Funcionario Internacional de la Organización de los Estados Americanos (OEA), Oficial de Enlace de la Oficina Regional de la OEA en Ginebra ante las organizaciones internacionales con sede en Europa. Especialista Principal de la División de Becarios del Departamento de Becas y Adiestramiento de la OEA en Washington, D.C. Es genealogista de gran experiencia, especializado en Cuba, América Latina, España y Portugal. Nota: Por Real Carta de 27 de septiembre de 1982, el Rey Don Juan Carlos I le confirmó la sucesión del Marquesado de San Juan de Rivera, del cual es quinto titular.

c. — Doctor don Fernando Hurtado de Mendoza y Pola, natural de La Habana, abogado, especialista en materia de Transportes, miembro de la Comisión Técnica Asesora de Transportes de Cuba, y miembro permanente de la Comisión de Comunicaciones y Transportes del Colegio de Abogados de La Habana, casó con doña Margarita Nogueira y García-Robés, natural de La Habana, hija de don Juan Nogueira y Rivero y de doña Eulalia García-Robés y Peña, naturales ambos de La Habana.

6. — Capitán don Miguel Hurtado de Mendoza y Campos, natural de Remedios, donde fue Alférez Real. En 1689 fue fundador de la villa de Santa Clara en unión de su hermano don Juan. Casó por primera vez en Remedios con doña Juana de Veitia y Gutiérrez, de allí natural, hija de don Juan de Veitia y Linaje del Valle, natural de Bilbao, Alguacil Mayor del Santo Oficio y de doña Leonicia Gutiérrez y González. Casó por segunda vez en la parroquia mayor de Santa Clara el 23 de enero de 1702 con doña Eugenia de Consuegra y Arjona, natural de Remedios, hija de don Juan de Yera Consuegra y de doña Teodora de la Concepción de Arjona y Lugones. Con su primera mujer tuvo por

hijos a: Felipe, Juan, Julián y Miguel Hurtado de Mendoza y Veitia, y con su segunda mujer tuvo a: Francisco y a Pedro Juan Hurtado de Mendoza y Consuegra, todos los cuales:

A. — Don Felipe Hurtado de Mendoza y Veitia, natural de Santa Clara, donde casó en su parroquia mayor el 27 de diciembre de 1718 con doña Petronila Pérez de Corcho y Román de Castañeda, hija de don Lorenzo Pérez de Corcho, natural de Sancti Spíritus, y de doña Tomasa Román de Castañeda, natural de Puerto Príncipe.

B. — Don Juan Hurtado de Mendoza y Veitia, natural de Santa Clara, donde casó en su parroquia mayor el 13 de agosto de 1725 con doña Clemencia de Moya y Rodríguez de Arciniega, hija de don Cristóbal de Moya y de la Cruz Quiñones y de doña Isabel Rodríguez de Arciniega y de los Reyes.

C. — Don Julián Hurtado de Mendoza y Veitia, natural de Remedios, casó en la parroquia mayor de Santa Clara el 3 de febrero de 1715 con doña Lorenza Pérez de Corcho y Román de Castañeda, hija de Lorenzo Pérez de Corcho, natural de Sancti Spíritus, y de doña Tomasa Román de Castañeda, natural de Puerto Príncipe. Tuvieron por hijos a: Francisco Jorge y a Vicente Hurtado de Mendoza y Pérez de Corcho, los cuales:

1. — Don Francisco Jorge Hurtado de Mendoza y Pérez de Corcho, natural de Santa Clara, fue bautizado en su parroquia mayor el 1 de mayo de 1719.

2. — Don Vicente Hurtado de Mendoza y Pérez de Corcho, natural de Santa Clara, donde casó en su parroquia mayor el 4 de febrero de 1741 con doña Isabel de Monteagudo y Veitia, hija de Agustín y de María.

D. — Don Miguel Hurtado de Mendoza y Veitia, casó en la parroquia mayor de Santa Clara el 15 de enero de 1719 con doña Francisca de Consuegra y Ramírez, hija de don Andrés de Consuegra y Arjona y de doña Ana Hernández-Ramírez y Díaz. Tuvieron por hijo a:

Don Andrés Hurtado de Mendoza y Consuegra, natural de Santa Clara, donde casó dos veces, primero con doña Dionisia de Consuegra y Díaz de Acevedo, hija del Capitán don Manuel Consuegra y de doña María Ana Díaz de Acevedo. Casó por segunda vez en agosto de 1796 con doña María Rodríguez de Arciniega y Consuegra, hija de Bartolomé y de Teodora. Con su primera mujer tuvo por hijos a: María Josefa, María del Carmen, María de Paula, Andrés, Manuel Félix, José Antonio y José de Jesús Hurtado de Mendoza y Consuegra, de los cuales:

1. — Don José Antonio Hurtado de Mendoza y Consuegra, natural de Santa Clara, donde fue bautizado en su parroquia mayor el 9 de abril de 1773 y donde casó el 1 de diciembre de 1803 con doña Teresa de Consuegra y del Águila, hija de don Jacinto de Consuegra y Díaz de Acevedo y de doña Teresa del Águila y Consuegra.

2. — Don José de Jesús Hurtado de Mendoza y Consuegra, natural de Santa Clara, donde casó en 1800 con doña Francisca de Consuegra y Neyra, hija de Juan y de María Liberata.

E. — Don Francisco Hurtado de Mendoza y Consuegra, natural de Santa Clara, bautizado en su parroquia mayor el 7 de octubre de 1706, donde casó el 7 de enero de 1741 con doña Juana de Moxena y Díaz, hija de Juan y de Juana de Dios.

F. — Don Pedro Juan Hurtado de Mendoza y Consuegra, natural de Santa Clara, casó en Remedios el 2 de abril de 1731 con doña Ana Hernández del Portal y Hernández de Medina, hija del Capitán don Salvador Hernández del Portal y de doña Catalina Hernández de Medina, naturales los tres de Remedios. Tuvieron por hijos a: Florencia, Juan Andrés y Felipe Hurtado de Mendoza y Hernández del Portal. Los cuales:

1. — Doña Florencia Hurtado de Mendoza y Hernández del Portal casó dos veces, primero con don Pedro Juan de Tomás y segundo en la parroquia de San Carlos de Matanzas el 25 de abril de 1764 con don Silvestre Andino y Velasco, natural de Guanabacoa, hijo de Juan y de Juana.

2. — Don Juan Andrés Hurtado de Mendoza y Hernández del Portal, casó en la parroquia mayor de Santa Clara el 7 de febrero de 1763 con doña Dionisia de Consuegra y Carrazana, hija de Dionisio y de Juana.

3. — Don Félix Hurtado de Mendoza y Hernández del Portal, casó en la parroquia mayor de Santa Clara el 13 de febrero de 1764 con doña María Catalina Hernández y Sarduy, hija de don Miguel Hernández, natural de Canarias, y de doña Juana María Sarduy.

IBARRA

A principios del siglo XVIII, procedente de San Sebastián de Vizcaya, se estableció esta familia en La Habana.

Don Gaspar de Ibarra, casó con doña Juana Barrios, y tuvieron por hijo al

Teniente Gaspar de Ibarra y Barrios, natural de San Sebastián, que fue el primero que pasó a la isla de Cuba. Fue Licenciado en Derecho, y otorgó poder para testar a su mujer el 10 de diciembre de 1746, ante Antonio González de León en el registro de escrituras de Juan Salinas. Su defunción consta en la parroquia del Santo Cristo a 13 de diciembre de 1746. Casó con doña Isabel López y Hernández, hija de Andrés y de Damiana. Tuvieron por hijos: a Micaela; a Juana; a María Candelaria; a Ana Josefa, y a Manuel de Ibarra y López. De los cuales:

1. — Doña Micaela de Ibarra y López, fue bautizada en la parroquia del Santo Cristo el 14 de noviembre de 1717.

2. — Doña Juana de Ibarra y López, bautizada en el Santo Cristo el 3 de noviembre de 1728, otorgó poder para testar el 18 de octubre de 1774, ante Cristóbal Leal, a su esposo, el cual así lo hizo el 13 de enero de 1775, según consta al folio 10 del Archivo de Fornari. Su defunción se encuentra en la parroquia del Santo Cristo, a 22 de octubre de 1774, donde casó el 22 de abril de 1745, con don Antonio Govín y de la Luz, hijo del Licenciado Pedro Govín y Olihuert, y de doña María Josefa de la Luz y Méndez de Mirabal.[1]

3. — Doña María Candelaria de Ibarra y López, fue bautizada en la parroquia del Santo Cristo el 10 de febrero de 1728.

4. — Don Manuel de Ibarra y López, fue bautizado en la parroquia del Santo Cristo el 12 de enero de 1732, y su defunción se encuentra en dicha parroquia a 19 de diciembre de 1746.

IGLESIAS

Don Bernabé de Iglesia, natural del lugar de Iglesia, uno de los ocho que componen el burgo de Ermosende, feligresía de Santa María de Galdo, provincia de Lugo, casó con doña María de Pena, natural del lugar, de Pena, en Mallo, también en la feligresía de Santa María de Galdo, y tuvieron por hijo: a

Don Antonio de la Iglesia, que casó en la parroquia de Santa María de Galdo, el 12 de enero de 1735, con doña María López, hija de don Luis de Aguirre, y de doña María López. Tuvieron por hijos: a Francisca; a Silvestra; a Josefa, y a María López. Y a Domingo Antonio; a Antonio, y a Francisco Antonio de la Iglesia. De los cuales:

Don Francisco Antonio de la Iglesia, fue bautizado en la parroquia de Santa María de Galdo el 17 de septiembre de 1736, donde casó el 27 de abril de 1761, con doña Josefa Rodríguez, hija de don Francisco de Lestegas, y de doña Antonia Rodríguez, vecinos de uno de los cuatro lugares del burgo de la Trabe, en la misma feligresía. Tuvieron por

---

1. En la parroquia del Santo Cristo, en La Habana, se encuentran:
1. — Bautismo de Félix Antonio Govín y de la Luz, el 4 de diciembre de 1731.
2. — Bautismo de Juana de Dios Govín y Martínez de Oropesa, el 3 de noviembre de 1786.

hijos: a Manuela Rodríguez; a Pedro, y a Antonio Francisco de la Iglesia. De los cuales:

Don Antonio Francisco de la Iglesia, bautizado en la parroquia de Santa María de Galdo el 15 de enero de 1770, pasó a La Habana donde tiene su defunción, en la parroquia del Espíritu Santo, a 7 de octubre de 1822. Casó en esta ciudad, parroquia del Santo Ángel, el 15 de febrero de 1795, con doña Manuela de Irabién y Font, hija de don Juan Santos de Irabién y Zubiaga, y de doña Tomasa Font y Lazo de la Vega. Tuvieron por hijos: a Manuela; a María de los Dolores; a Antonio, y a José Cristóbal Iglesias e Irabién. Los cuales:

1. — Doña Manuela Iglesias e Irabién, casó en la Catedral de La Habana el 4 de febrero de 1822, con su primo segundo don Joaquín Martínez de Soto y Martínez de Soto, natural de esta ciudad, hijo de don Joaquín Martínez de Soto y de la Lastra, natural de Regules, en el valle de Soba, montañas de Santander, y de doña María Paula Martínez de Soto y Font, natural de La Habana.

2. — Doña María de los Dolores Iglesias e Irabién, bautizada en La Habana, parroquia del Santo Cristo, el 10 de septiembre de 1797, testó el 6 de abril de 1876, ante Agustín Valerio, y su defunción se encuentra en esta ciudad, parroquia del Espíritu Santo, a 10 de febrero de 1886. Casó con don Manuel García de Lavín y Ruiz de Santayana.

3. — Don Antonio Iglesias e Irabién, bautizado en la Catedral de La Habana el 18 de enero de 1807, fue Escribano Público. Falleció soltero, y su defunción se encuentra en esta ciudad, parroquia del Espíritu Santo, a 25 de febrero de 1883.

4. — Don José Cristóbal Iglesias e Irabién, fue bautizado en La Habana, parroquia del Santo Ángel, el 29 de noviembre de 1801. Practicó informativo de limpieza de sangre para matricularse en esta Universidad, recibiéndose de Bachiller en Derecho Civil en 1828. Casó con su prima segunda, doña Monserrate Martínez de Soto y Avilés, natural de La Habana, hija de don Antonio Martínez de Soto y Font, y de doña Manuela de Avilés, naturales de esta ciudad. Tuvieron por hijas: a Manuela, y a Rosa Iglesias y Martínez de Soto. Las cuales:

1. — Doña Manuela Iglesias y Martínez de Soto, bautizada en La Habana, parroquia de Guadalupe, el 16 de marzo de 1836, falleció soltera el 4 de septiembre de 1867.

2. — Doña Rosa Iglesias y Martínez de Soto, bautizada en La Habana, parroquia de Guadalupe el 12 de noviembre de 1837, testó el 23 de septiembre de 1882 ante Joaquín Lamas, falleciendo soltera, y su defunción se encuentra en esta ciudad, parroquia del Espíritu Santo, a 5 de agosto de 1887.

IRABIEN

Don Andrés de Irabién, de la casa de su apellido, en el lugar de Quejana, tierras de Ayala, provincia de Álava, España, casó con doña Ángela de Madaria. Tuvieron por hijo: a

Don Francisco de Irabién y Madaria, natural de Quejana, que casó con doña María Sáez de Irabién y Madaria, natural del lugar de Maroño, en las mismas tierras. Tuvieron por hijo: a

Don Andrés Santos de Irabién y Sáez de Irabién, que fue bautizado en el lugar de Quejana, parroquia de San Juan Bautista, el 14 de septiembre de 1707. Casó en el lugar de Ervi, en dichas tierras de Ayala, parroquia de San Juan Bautista, el 11 de febrero de 1725, velándose al siguiente día en la parroquia de San Vicente Mártir, del lugar de Añes, con doña Gregoria de Zubiaga y del Campo, natural de dicho lugar, estableciéndose en el lugar de Lejarzo, en las referidas tierras de Ayala. Tuvieron por hijos: a María; a Manuel, y a Juan Santos de Irabién y Zubiaga. Los cuales:

1. — Doña María de Irabién y Zubiaga, casó en Lejarzo con don Manuel de Ibarrola. Tuvieron por hijo: a

Don José Ramón de Ibarrola e Irabién, que pasó a La Habana. Casó con doña María Josefa de la Cruz y Coto, nacida en esta ciudad el 25 de marzo de 1775, enterrada en el nicho núm. 130 del primer patio del Cementerio Espada, e hija del Teniente Juan José y de Andrea.

2. — Don Manuel de Irabién y Zubiaga, natural del lugar de Lejarzo, pasó a La Habana, donde casó en la parroquia del Espíritu Santo, el 19 de marzo de 1769, con doña Petrona Suárez y Perdomo, natural de esta ciudad, hija de Gregorio y de Luisa. Tuvieron por hijos, entre otros: a Petrona Josefa; a Manuela; a José Diego, y a Pío José de Irabién y Suárez, bautizándose todos en dicha parroquia del Espíritu Santo, entre los años 1769 y 1773.

3. — Don Juan Santos de Irabién y Zubiaga, bautizado en el lugar de Lejarzo, parroquia de San Román, el primero de noviembre de 1731, pasó a La Habana, donde tiene su defunción en la parroquia del Espíritu Santo a 16 de enero de 1780. Casó en la Catedral de esta ciudad, el 26 de agosto de 1756, con doña Tomasa Font y Lazo de la Vega, hija de don Francisco Fonte y Lázaro, natural de la ciudad de Zaragoza, y de doña Ángela Lazo de la Vega y Balboa de Alarcón, natural de la isla de Tenerife, en las Canarias. Tuvieron entre sus hijos: a María de Jesús; a Ángela Agustina; a Manuela; a Tomasa; a Matías, y a Martín de Irabién y Font. De los cuales:

1. — Doña María de Jesús de Irabién y Font, bautizada en la Catedral de La Habana el 8 de enero de 1765, testó el 31 de octubre de 1843 ante Juan Entralgo, y falleció soltera, encontrándose su defunción en esta ciudad, parroquia del Espíritu Santo, a 3 de noviembre de dicho año.

2. — Doña Ángela Agustina de Irabién y Font, testó el 18 de abril de 1839 ante Juan de Entralgo, falleciendo soltera, el 23 de junio de dicho año.

3. — Doña Manuela de Irabién y Font, bautizada en La Habana, parroquia del Espíritu Santo el 26 de abril de 1772, testó el 9 de noviembre de 1826 ante Juan de Entralgo, y su defunción se encuentra en dicha parroquia del Espíritu Santo a 4 de abril de 1860. Casó con don Antonio Francisco de la Iglesia.

4. — Doña Tomasa de Irabién y Font, fue bautizada en la Catedral de La Habana el 28 de diciembre de 1760, donde casó el 27 de diciembre de 1778, con don Juan Isidro de Iruleta y Montero, natural de San Pedro de Deusto, en Vizcaya, cuya defunción se encuentra en La Habana, parroquia del Espíritu Santo, a 30 de agosto de 1848.

5. — Dom Martín de Irabién y Font, bautizado en la Catedral de La Habana el 18 de noviembre de 1758, se ausentó de la isla de Cuba.

LABORDE

Procedente de Bearne, Francia, se estableció esta familia en La Habana a principios del siglo XIX.

Juan de Laborde Pimbou Castellón y María de Belloig fueron padres de:

Pedro de Laborde y Belloig, natural de Viellesegure, Bearne, donde nació en 1707. Fue magistrado de Viellesegure, donde casó con María de Miramón de Parthariu, natural de Navarren, donde nació en 1709. Fueron padres de:

Bernardo Laborde y Miramón, natural de Viellesegure, donde nació en 1730. Casó con doña María Josefa Navarro y Arroyave, nacida en Cádiz en 1748, hija de don Fulgencio Navarro y Guerra, natural de Cartagena, Oficial Mayor de la Contaduría Principal de la Real Audiencia de Contratación, y de doña Juana de Arroyave y Mirasol, natural de Cádiz. Esta señora Juana Arroyave y Mirasol había nacido en Cádiz en 1729 y era hija de Miguel Arroyave y Juana Mirasol y Rexeyro.

Don Bernardo Laborde y Miramón y su mujer María Josefa Navarro y Arroyave fueron padres de: Ángel Laborde y Navarro.

Don Ángel Laborde y Navarro nació en Cádiz el 2 de agosto de 1773. Se educó en el famoso colegio de Soréze, Francia, donde aprendió perfectamente el inglés y el francés. Ingresó en la Real Compañía de Guardias Marinas en 1791 y su expediente quedó reseñado en el tomo 3 de la obra «Real Compañía de Guardias Marinas y Colegio Naval» por Dalmiro de la Válgoma, con el número 2.552. Recibió la Gran Cruz de la Real y Militar Orden de San Hermenegildo y fue Comendador de la Orden Americana de Isabel la Católica, Caballero Pensionado de la Real y Distinguida Orden de Carlos III, Jefe de Escuadra de la Real Armada, Comandante General de Marina en el puerto e isla de Cuba, Comandante de las Fuerzas Navales del Rey en las Islas de Barlovento de Indias Occidentales, Principal de los Correos Marítimos y de las Matrículas de las islas de Cuba y Puerto Rico, Presidente de la Junta de Marina y del conocimiento de naufragios, Inspector de los arsenales y astilleros y de la tropa de la Brigada Real de Marina.

Don Ángel Laborde y Navarro falleció en La Habana el 4 de abril de 1834, víctima de una epidemia de cólera que azotó a Cuba en 1833. Casó en Santiago de Galicia con Josefa Francisca Sotomayor y Freire del Espejo, hija de Juan Antonio Sotomayor y Bermúdez de Castro, Mayorazgo de la provincia de Tuy, Capitán de Milicias, y de doña Rosalía Freire del Espejo. Tuvieron por hijo a: Ángel Eduardo Laborde y Sotomayor.

Ángel Eduardo Laborde y Sotomayor, natural de Charleston, estado norteamericano de Carolina del Sur, fue bautizado en La Habana, parroquia del Santo Cristo del Buen Viaje, y según la partida de bautismo había nacido el 9 de mayo de 1828. (Libro 32, folio 67, número 113.)

Don Ángel Eduardo Laborde y Sotomayor fue Comandante de Milicias de Caballería de la plaza de La Habana y Caballero de la Orden de Carlos III. Obtuvo certificación de armas e hidalguía el 3 de julio de 1861, expedida por don Luis Vilar y Pascual, Cronista y Rey de Armas de Su Majestad. Casó con doña Clemencia María Luisa Perera y Boves, natural de New Orleans, hija de don Francisco Perera, y de doña Lucía Boves. Tuvieron por hijos a: Ángel, Clemencia, Luisa, José Antonio, Alfredo, y Eduardo Laborde y Perera. De los cuales:

1. — Don Ángel Laborde y Perera fue bautizado en la parroquia del Salvador del Mundo, en el Cerro, ciudad de La Habana, el 22 de diciembre de 1853. Había nacido en La Habana el 5 de diciembre de 1853. (Libro 3, folio 56, núm. 158.)

Fue fusilado en unión de otros siete compañeros de la Facultad de Medicina de la Universidad de La Habana el 27 de noviembre de 1871.

2. — Doña Clemencia Laborde y Perera casó con don Jesús Suárez.

3. — Doña Luisa Laborde y Perera falleció soltera el 17 de marzo de 1909.

4. — Don José Antonio Laborde y Perera falleció soltero el 16 de octubre de 1917.

5. — Don Alfredo Laborde y Perera, casó dos veces: la primera, con doña Amelia Codezo y Vinageras, hija de don Tomás Codezo y Amador, y de Luz Clara Vinageras y Ponce de León. Casó por segunda vez con Emma Ellen Rusel. De su segundo matrimonio tuvo por hija a: Luisa Clemencia Laborde y Rusel.

Doña Luisa Clemencia Laborde y Rusel, natural de Key West, Florida, casó con don Eugenio Alberto Estrada y Pestana, natural de Cárdenas, hijo de don Rafael Estrada y Victorero, natural de Asturias, y de doña Carmen Pestana y Ramos, natural de Santa Clara.

Don Alfredo Laborde y Perera y su primera esposa Amelia Codezo y Vinageras tuvieron por hijos a: Celia, Clemencia, Amelia, Ángel, Román, y Ramón Laborde y Codezo. De los cuales:

A. — Doña Clemencia Laborde y Codezo casó con don José María Séneca.

B. — Doña Amelia Laborde y Codezo, casó con don Rafael Franchi-Alfaro y Navarro, hijo de don Francisco Franchi-Alfaro y Sotolongo, y de doña Catalina María Navarro y Zuasnávar.

6. — Don Eduardo Laborde y Perera fue Coronel del Ejército Libertador de Cuba. Casó tres veces: la primera, con doña María Teresa Guajardo y Fajardo; la segunda vez con doña Silvia Moliner y García, hija de don Silvestre Moliner y Alfonso, Ingeniero, y de doña Narcisa García y Rodríguez. Casó por tercera vez con doña Zoila Rosa Ortiz y Baca. Don Eduardo Laborde y Perera y su primera mujer, doña María Teresa Guajardo y Fajardo tuvieron por hija a:

María Teresa Laborde y Guajardo, que casó con don Pedro de la Concepción.

Don Eduardo Laborde y Perera y su segunda mujer, doña Silvia Moliner y García tuvieron por hijos a: Eduardo y René Ángel Laborde y Moliner.

LAREDO

A fines del siglo XVIII, aparece radicada esta familia en la villa de Muros, en el Principado de Asturias, pasando a la isla de Cuba a mediados del siglo siguiente. Uno de sus miembros fue Presidente de la República de Cuba.

Don José Laredo, y su mujer doña Isabel González-Bermejo, naturales y vecinos de la villa de Muros, tuvieron por hijos: a Narciso, y a Bernardo Laredo y González-Bermejo. Los cuales:

1. — Don Narciso Laredo y González-Bermejo, casó con doña Joaquina Pérez, naturales de la villa de Muros, y tuvieron por hijo a:

Don Juan Bautista Laredo y Pérez, natural de la villa de Muros, que se estableció en la de Colón, provincia de Matanzas donde casó con doña Arcadia Hernández y de los Ríos, hija de don José María y de Juana. Tuvieron por hijo:

Don José Jorge Laredo y Hernández, que fue bautizado en la parroquia de Colón el 6 de junio de 1870, donde casó el año 1892, con doña Emilia Josefa Alonso y Hernández, natural de Santa Ana, provincia de Matanzas, hija de don Antonio Alonso y Borrón, natural de Asturias, y de doña Elvira Hernández y de los Ríos.

2. — Don Bernardo Laredo y González-Bermejo, natural de la villa de Muros, pasó a la ciudad de San Juan Bautista de los Remedios, en la provincia de Santa Clara, donde fue Regidor de su Ayuntamiento. Casó con doña María de la Asunción Farto de Aguilar y González de Ávila, natural de Villaclara, hija de Antonio y de Nicolasa. Tuvieron por hijos: a María Manuela, a José Bernardo, y a Federico Laredo Farto de Aguilar. Los cuales:

1. — Doña María Manuela Laredo y Farto de Aguiar, fue bautizada en Remedios, parroquia Nuestra Señora del Buen Viaje, el 10 de agosto de 1831, donde casó en el año 1856, con el Licenciado Julián Rafael Peláez y del Pozo, natural de Madrid, Abogado, Promotor Fiscal de la Alcaldía Mayor de Matanzas, hijo de don Manuel Peláez y Espina, y de doña María Antonia del Pozo y Mayor.

2. — Don José Bernardo Laredo y Farto de Aguiar, fue bautizado en Remedios, parroquia de Nuestra Señora del Buen Viaje, el 23 de septiembre de 1837, donde casó en el año 1861, con doña Irene del Rosario Lapeire y Farto de Aguiar, hija de don Santiago Lapeire y Taduen, natural de Burdeos, en la Gironda, Francia, y de doña Rosa Farto de Aguiar y González Ávila. Tuvieron por hijos: a Rosa Joaquina; a María, y a José Laredo y Lapeire. Los cuales:

A. — Doña Rosa Joaquina Laredo y Lapeire, fue bautizada en la ciudad de Nueva Orleans, Luisiana, iglesia católica de Saint-Alphonse, el 14 de mayo de 1872.

B. — Doña María Laredo y Lapeire, natural de Nueva Orleans, casó con don Basilio Bringuier y Corrales, natural de Cárdenas, hijo de Enrique y de Manuela.

C. — Don José Laredo y Lapeire, casó con doña Teresa Peláez y Laredo, hija del Licenciado Julián Rafael Peláez y del Pozo, Abogado,

Promotor Fiscal de la Alcaldía Mayor de Matanzas y de doña María Manuela Laredo y Farto de Aguiar.

3. — Don Federico Laredo y Farto de Aguiar, bautizado en Remedios, parroquia de Nuestra Señora del Buen Viaje, el 7 de agosto de 1844, casó con doña Isabel Bru y Bobadilla, hija del Doctor Miguel Bru y Gras, natural de Tarragona, Médico, y de doña Isabel de Bobadilla y Pantaleón, natural de Remedios. Tuvieron por hijos: a Emilia; a María Josefa; a Cecilia; a Isabel; a Lorenzo; a Octavio, y a Federico Laredo y Bru. De los cuales:

1. — Doña María Josefa Laredo y Bru, natural de Remedios, casó con el Doctor Augusto Garcerán de Vall y Vila, natural de La Habana, Abogado, hijo del Licenciado Belarmino Garcerán de Vall y Alegría, natural de Holguín, Abogado, y de doña Catalina Vila y Planas, natural de La Habana.

2. — Doña Cecilia Laredo y Bru, natural de Remedios, casó con el Doctor Ramón Blanco y Castañeda, natural de Matanzas, Médico, hijo de Ramón y de María Ana.

3. — Doña Isabel Laredo y Bru, casó con don Felipe Montané.

4. — Doctor Lorenzo Laredo y Bru, bautizado en Remedios, parroquia Nuestra Señora del Buen Viaje, el 2 de octubre de 1881, fue Abogado y Agregado a la Embajada de Cuba en Washington. Falleció en Asheville, Carolina del Norte, el 29 de febrero de 1940. Casó con doña Piedad Arencibia y Díaz, y tuvieron por hijo a:

Don Federico Laredo y Arencibia, nacido en Villaclara el 24 de julio de 1913, que es Vicecónsul de la República de Cuba en Nueva Orleans. Casó con doña Amparo Rocha y Martínez-Malo. Tuvieron por hija a Rosa Laredo y Rocha.

5. — Don Octavio Laredo y Bru, fue bautizado en Remedios, parroquia de Nuestra Señora del Buen Viaje, el 24 de diciembre de 1878. Casó con doña Silvia de Caturla y García, natural de Remedios, hija de don José de Caturla y Rojas y de doña Laudelina García y Carrillo. Tuvieron por hijos: a Silvia; a Rafael, y a Octavio Laredo y Caturla. De los cuales:

A. — Doña Silvia Laredo y Caturla, casó con don Adolfo Martínez de Aparicio.

B. — Don Octavio Laredo y Caturla, nacido en La Habana el 9 de julio de 1913, es Vicecónsul en el servicio exterior de la República de Cuba.

6. — Doctor Federico Laredo y Bru, nacido en Remedios el 23 de abril de 1875, fue Abogado, Coronel del Ejército Libertador de Cuba, Secretario de la Audiencia de Santa Clara, Juez, Magistrado y Presi-

dente de dicha Audiencia, Teniente-Fiscal del Tribunal Supremo de Justicia de la República, Fiscal de la Audiencia de La Habana, Secretario de Gobernación en 1911 y en 1933, Registrador de la Propiedad del Centro de La Habana, Ministro de Justicia, Consejero de Estado, Vicepresidente y Presidente de la República de Cuba. Casó en la parroquia de Monserrate, el 26 de enero de 1901, con doña Lorenza Eleonora Gómez-Montes y Gómez-Montes.

LÓPEZ ABREU

A fines del siglo XVII, procedente del Lugar de la Fuente, en la isla de Tenerife, se estableció esta familia en La Habana.

Don Juan López casó en el Lugar de la Fuente de la Guancha, en la parroquia Jesús, el 4 de noviembre de 1643, con doña María Pérez, y tuvieron por hijo: a

Don Felipe López Abreu, que fue bautizado en el Lugar de la Fuente de la Guancha, parroquia Jesús, el 1 de mayo de 1660. Pasó a la isla de Cuba y fue Poblador, Depositario General y Regidor de la ciudad de San Felipe y Santiago de Bejucal. Testó en La Habana el 27 de marzo de 1724, ante Bartolomé Núñez. Casó con doña María Candelaria Alfonso y Rodríguez, hija de don Domingo Alfonso y Ruiz, y de doña Catalina Rodríguez. Tuvieron por hijos: a Rosa; a Inés; a Catalina; a Nicolasa; a Beatriz; a Josefa; a Manuela; a Miguel; a Domingo, y a Felipe López Abreu y Alfonso. De los cuales:

1. — Doña Catalina López Abreu y Alfonso, casó con don José Acosta y Pimentel.

2. — Doña Nicolasa López Abreu y Alfonso, casó con don José de la Cruz.

3. — Doña Beatriz López Abreu y Alfonso, casó con don Pablo Pérez.

4. — Doña Josefa López Abreu y Alfonso, bautizada en la Catedral de La Habana el 4 de abril de 1695, testó ante Juan de Aparicio, y su defunción se encuentra en la parroquia de San Felipe y Santiago de Bejucal a 21 de mayo de 1773. Casó en la parroquia de Santiago de las Vegas el 8 de junio de 1711, con don Francisco Pérez de Abreu y Betancourt, natural de la ciudad de Santa Cruz, isla de La Palma, Poblador, Procurador General, Regidor Perpétuo y Alcalde ordinario de la ciudad de San Felipe y Santiago de Bejucal.

5. — Doña Manuela López Abreu y Alfonso, fue bautizada en la parroquia de Santiago de las Vegas, el 8 de junio de 1695, donde casó el

1 de julio de 1711, con el Capitán Bernabé Núñez Díaz y González, natural del Lugar de Guimar, en la isla de Tenerife, hijo de don Joaquín Núñez Díaz y Ramos [1] y de doña Isabel González y Delgado.

6. — Don Felipe López Abreu y Alfonso, casó con doña Josefa Pérez.

LÓPEZ DE ALDAZÁBAL

A fines del siglo XVII, aparece radicada esta familia en la feligresía de Ranón, Ayuntamiento de Soto del Barco, partido judicial de Avilés, Oviedo, en el Principado de Asturias, estableciéndose en La Habana en la primera mitad del siglo XIX.

Don Pedro López, natural de Ranón, casó con doña Antonia García Santa Marina, y tuvieron por hijo: a

Don Diego López y García, que fue natural de Ranón, donde casó con doña María González Carvajal, y tuvieron por hijo: a

---

1. Don Joaquín Núñez y su mujer doña Ana Díaz, naturales del Lugar de Guimar, tuvieron por hijo: a

Don Diego Núñez Díaz, que casó con doña Juana Ramos y tuvieron por hijo: a

Don Joaquín Núñez Díaz y Ramos, que fue bautizado en el Lugar de Guimar, en la parroquia de San Pedro Apóstol, el 10 de diciembre de 1643, donde casó el 5 de septiembre de 1670, con doña Isabel González y Delgado, hija de Diego y de María. Tuvieron por hijo: al

Capitán Bernabé Núñez Díaz y González, que fue bautizado en el Lugar de Guimar, en la parroquia de San Pedro, el 16 de julio de 1684. Casó con doña Manuela López Abreu y Alfonso, mencionada anteriormente, y tuvieron por hijas: a Juana y a Francisca Antonia Núñez Díaz y López Abreu. Las cuales:

1. — Doña Juana Núñez Díaz y López Abreu, fue bautizada en la parroquia de Santiago de las Vegas el 30 de noviembre de 1712.

2. — Doña Francisca Antonia Núñez Díaz y López Abreu, casó en La Habana, parroquia del Espíritu Santo, el 15 de octubre de 1757, con Ildefonso Antonio Sanz y Palacios, natural de la villa de Ximénez, en Castilla la Vieja, hijo de Alfonso y de Francisca. Tuvieron por hijos: a Isabel María; a Francisco, y a José María Sanz y Núñez. De los cuales:

1. — Doña Isabel María Sanz y Núñez, fue bautizada en La Habana, parroquia del Espíritu Santo, el 28 de septiembre de 1758.

2. — Don José María Sanz y Núñez, fue bautizado en la Catedral de La Habana, el 20 de diciembre de 1759.

Don Benito López y González Carvajal, natural de Ranón, que casó con doña María Álvarez y Menéndez, hija de Juan y de Josefa. Tuvieron por hijo: a

Don José María López y Álvarez, que fue bautizado en Ranón, parroquia San Juan. Casó con doña Josefa García de Robés y García Jove, natural de Soto del Barco, hija de Juan y de Teresa. Tuvieron por hijo: a

Don Demetrio López y García-Robés, bautizado en Ranón, parroquia San Juan, que pasó a la isla de Cuba y se estableció en Matanzas. Falleció en Chiclana de la Frontera, Cádiz, el 12 de agosto de 1873. Casó en Matanzas el 4 de septiembre de 1842, con doña Ladislaa de Aldazábal y Lauzirica, hija de don José Lucas de Aldazábal y Arreguía, natural de la villa de Marquina, Vizcaya, y de doña Mauricia Lauzirica y López-Montáñez, natural de Matanzas.[1] Tuvieron por hijos: a Amalia; a Quintina; a Demetrio; a Eudaldo; a Benjamín; a Federico, y a Alfonso López y Aldazábal. Los cuales:

1. — Doña Amalia López y Aldazábal, natural de Matanzas, casó en Cádiz el 3 de mayo de 1870, con don Francisco de la Casa y Robles, natural de Málaga, Capitán de la Marina Mercante española.

2. — Doña Quintina López y Aldazábal, natural de Matanzas, casó en Cádiz el 27 de noviembre de 1867, con don José Oreyro y Villavicencio, natural de Cádiz, Contraalmirante de la Real Armada, Ministro de Marina.

3. — Don Demetrio López Aldazábal, natural de Matanzas, fue Abogado, Alcalde de Matanzas, Presidente de la Audiencia de Santa Clara, y Comendador de la Orden de Isabel la Católica. Casó dos veces: la primera, en Matanzas, en el mes de diciembre de 1869, con doña María Encarnación Scott-Jenckes y Ximeno, hija de don Guillermo Scott-

---

1. Don Domingo de Aldazábal, natural de la villa de Azcoitia, su mujer doña Lucía de Azpiazu, natural de la villa de Elgoibar, en la provincia de Guipúzcoa, pasaron a la villa de Marquina, en Vizcaya, y tuvieron por hijo: a

Don Pedro de Aldazábal y Azpiazu, natural de Marquina, que casó con doña Ana de Arreguía y Acha, hija de don Atanasio de Arreguía, natural de la villa de Azpeitia, y de doña Manuela Ana de Acha, natural de Llodio, tierras de Ayala, y tuvieron por hijo: a

Don José Lucas de Aldazábal y Arreguía, natural de Marquina, que casó con doña Mauricia Lauzirica y López-Montáñez, natural de Matanzas, hija de don Damián de Lauzirica, natural de Marquina, y de doña Josefa López-Montáñez, natural de Matanzas.

Don Domingo de Aldazábal, al pasar a la villa de Marquina, probó ser descendiente de la antigua Casa Solariega de Aldazábal, sita en la villa de Azcoitia, con sus armas encima de la puerta, las que se componen: de un árbol grande y un buey al pie del árbol, por una parte, y por la otra, un puerco jabalí asido de dos lebreles o sabuesos, y una banda que atraviesa el escudo. Encima del escudo, un almete.

Jenckes y Updike, hacendado, y de doña Petrona Ximeno y Estévez. Casó por segunda vez, con Ondina Olivera y Mendoza, hija de don Segismundo Olivera y Santos, y de doña Ladislás de Mendoza Aldazábal.

4. — Don Eudaldo López y Aldazábal, natural de Matanzas, fue Teniente de Navío de la Real Armada, y Alcalde de la villa de Chiclana de la Frontera. Casó en Cádiz el 16 de julio de 1874, con doña Remedios Tomasetti y Arévalo, natural de San Fernando, y tuvieron por hijos: a María Amalia; a María Luisa; a María Remedios; a María de las Mercedes; a Fernando; a Antonio; a Demetrio; a José Luis, y a Eudaldo López de Aldazábal y Tomasetti. De los cuales:

A. — Doña María de las Mercedes López de Aldazábal y Tomasetti, casó con don Fernando Piña, Oficial de la Real Armada.

B. — Don Demetrio López de Aldazábal y Tomasetti, fue Oficial de la Real Armada.

C. — Don José Luis López de Aldazábal y Tomasetti, fue Oficial de la Real Armada.

D. — Don Eudaldo López de Aldazábal y Tomasetti, fue Oficial de la Real Armada española, y después de la Marina de Guerra de la República de Cuba.

5. — Don Benjamín López y Aldazábal, natural de Matanzas, casó dos veces: la primera, en Matanzas, el 24 de octubre de 1858, con doña Ana de Quiroga y Lavalle, natural de Jerez; y la segunda, en Cádiz, el 16 de febrero de 1885, con doña Juana Lefebre y Arrigorriaga, natural de El Havre, Francia.

Don Benjamín López y Aldazábal y su segunda mujer doña Juana Lefebre y Arrigorriaga, tuvieron por hijos: a Ladisláa, y a Benjamín López de Aldazábal y Lefebre. De los cuales:

Don Benjamín López de Aldazábal y Lefebre, fue Ingeniero Naval, y Coronel de Artillería de la Real Armada.

6. — Don Federico López y Aldazábal, natural de Matanzas, fue Capitán de Navío de la Real Armada, Jefe del Apostadero de Cádiz, y Jefe de la Brigada Torpedista del puerto de La Habana, cuando la guerra con los Estados Unidos de Norteamérica. Era Segundo Comandante del cañonero de guerra «Sánchez Barcaiztegui», cuando al salir del puerto de La Habana, a media noche, el 19 de 1895, chocó éste con el vapor mercante «Mortera», en cuya catástrofe murieron ahogados y despedazados por los tiburones, entre otros, el Contralmirante Delgado Parejo. Casó en Matanzas el 12 de marzo de 1880, con doña Lucila Olivera y Mendoza, hija de don Segismundo Olivera y Santos, y de doña Ladisláa de Mendoza y Aldazábal. Tuvieron por hijos: a Lucila; a Elisa; a Ladisláa; a Ondina; a Demetrio; a Federico; a Ladislao; a Segismundo; a Eudaldo; a Benjamín, y a Alfonso López de Aldazábal y Olivera. De los cuales:

Don Alfonso López de Aldazábal y Olivera, casó con doña Avelina Colina y López de Aldazábal, hija de don Ángel Colina y Gutiérrez, y de doña Avelina López de Aldazábal y Olivera.

7. — Don Alfonso López y Aldazábal, nacido en Matanzas el 26 de mayo de 1849, fue Teniente de Navío de la Real Armada. Casó en Matanzas el 27 de noviembre de 1874, con doña Carmen Olivera y Mendoza, hija de don Segismundo Olivera y Santos, y de doña Ladisláa de Mendoza y Aldazábal. Tuvieron por hijos: a Amalia; a Carmen; a Alicia; a Blanca Rosa; a Constanza; a Avelina; a Alberto; a Benjamín; a Alfonso; a Federico; a Eduardo, y a Mauricio López de Aldazábal y Olivera. De los cuales:

1. — Doña Avelina López de Aldazábal y Olivera, casó en La Habana el 24 de septiembre de 1904, con don Ángel Colina y Gutiérrez, natural de Santander.

2. — Don Alfonso López de Aldazábal y Olivera, natural de Matanzas, casó dos veces: la primera, con doña Victoria de Céspedes; y la segunda, con doña Eulalia del Rosario.

3. — Don Federico López de Aldazábal y Olivera, natural de Matanzas, casó en Sagua la Grande con doña Dulce María Iglesias y Bonau.

4. — Don Eduardo López de Aldazábal y Olivera, natural de La Habana, casó en México con doña Emma Fano.

5. — Don Mauricio López de Aldazábal y Olivera, nacido en Matanzas el 22 de septiembre de 1881, casó en La Habana el 20 de septiembre de 1905, con doña María de las Mercedes Cadaval y Díaz-Berrio, hija de don José María Cavadal y Chacón, Coronel de Caballería de la Plaza de La Habana, y de doña Rosa María Díaz-Berrio y de la Luz. Tuvieron por hijo: a

Doctor Mauricio López de Aldazábal y Cadaval, nacido en La Habana el 2 de julio de 1906, que fue Abogado.

LÓPEZ DE GAMARRA

Procedente de Sevilla se estableció esta familia en La Habana a finales del siglo XVII. Juan López de Gamarra y Juana Ortiz de Hechazarreta, fueron padres de:

Francisco López de Gamarra y Ortiz, natural de Sevilla, Capitán de Navío de la Real Armada, murió en 1693 realizando un viaje entre La Habana y las islas de Barlovento. Casó el 2 de abril de 1686 con doña Ana Constanza de la Riva y Rueda, hija de Juan de la Riva Agüero y de doña Constanza Rueda y Ponce de León. Esta señora Ana Constanza de la Riva y Rueda fue enterrada en la bóveda de la Orden Tercera de San Francisco, en La Habana, el 16 de diciembre de 1713.

Francisco López de Gamarra y Ortiz, y su mujer doña Ana Constanza de la Riva y Rueda, tuvieron por hijo a:

Francisco López de Gamarra y Riva, Capitán de la Real Armada, natural de La Habana, el cual casó con doña Antonia Ayala y Díaz-Mexía, hija de don Juan Francisco Buenaventura de Ayala y Escobar, Gobernador de la Florida, y de doña Magdalena Díaz-Mexía y Sánchez. Esta señora Antonia Ayala y Díaz-Mexía fue enterrada en la parroquial mayor de La Habana con fecha 6 de marzo de 1719. Por su parte, don Francisco López de Gamarra y Riva fue enterrado en la iglesia del Convento de San Francisco, en La Habana, con fecha 7 de abril de 1756. Don Francisco López de Gamarra y Riva y su mujer doña Antonia Ayala y Díaz-Mexía tuvieron por hijos a: Ana, Gertrudis, Inés, José Antonio, Francisco, María Teresa, otro Francisco, y Manuel López de Gamarra y Ayala. Los cuales:

1. — Ana López de Gamarra y Ayala fue monja clarisa con el nombre de Sor Ana de San Antonio. Ana fue bautizada el 10 de junio de 1705.

2. — Gertrudis López de Gamarra y Ayala fue enterrada en la iglesia del Convento de San Francisco el 28 de abril de 1764.

3. — Inés Gertrudis López de Gamarra y Ayala fue bautizada el 31 de agosto de 1712 y murió antes que su madre.

4. — José Antonio López de Gamarra y Ayala fue bautizado el 20 de octubre de 1708 y murió antes que su madre.

5. — Francisco López de Gamarra y Ayala fue bautizado el 20 de abril de 1710 y murió antes que su madre.

6. — María Teresa López de Gamarra y Ayala, bautizada el 24 de septiembre de 1714, murió antes que su madre.

7. — Francisco López de Gamarra y Ayala, bautizado el 13 de enero de 1717, fue Fiscal, Catedrático del Código, Doctor en Derecho Civil, Comisario de la Real y Pontificia Universidad de La Habana, Juez de Bienes de Difuntos, Auditor General de Marina, y Abogado de la Audiencia de Santo Domingo. Fue enterrado en la iglesia del Convento de San Francisco de La Habana el 17 de noviembre de 1764. Casó con doña María Hernández-Arturo y Torres. Don Francisco López de Gamarra y Ayala y su mujer María Hernández-Arturo y Torres, tuvieron por hijos a:

A. — María de los Dolores López de Gamarra y Arturo, bautizada el 4 de enero de 1753, casó con don Cornelio Coppinger y O'Brien, natural de Cork, en Irlanda.

B. — Francisco Xavier López de Gamarra y Arturo, bautizado el 9 de febrero de 1752, Teniente de Dragones, el cual casó con doña Inés de Castro-Palomino y del Puerto, hija del Doctor Juan Miguel Castro-Palomino y Luna, y de doña Josefa del Puerto y Ruiz-Guillén.

El Doctor Francisco López de Gamarra y Ayala tuvo con María Gertrudis Hernández, hija de José Hernández, natural de Cádiz, y de Nicolasa Florenti, expósita, a los siguientes hijos naturales:

A. — María Loreto López de Gamarra y Hernández.

B. — Francisca Josefa López de Gamarra y Hernández.

C. — Gertrudis López de Gamarra y Hernández.

D. — José Nicolás López de Gamarra y Hernández, bautizado el 26 de diciembre de 1732, se casó el 4 de junio de 1758, con doña Manuela de Ávila y Muñoz, hija de José y de Paula. Fue enterrado el 3 de febrero de 1781 y su mujer fue enterrada el 28 de enero de 1795. Tuvieron por hijos a:

a. — Gertrudis López de Gamarra y Ávila, bautizada el 25 de enero de 1773.

b. — Francisca Josefa López de Gamarra y Ávila, bautizada el 22 de noviembre de 1761.

c. — Gabriel Patricio López de Gamarra y Ávila, bautizado el 21 de marzo de 1759.

d. — Francisco Xavier López de Gamarra y Ávila, bautizado el 27 de agosto de 1760.

8. — Manuel López de Gamarra y Ayala, Ayudante Mayor de esta plaza de La Habana y Coronel de Milicias. Casó con doña Estefanía de la Torre, y tiene su defunción el 4 de diciembre de 1775. Manuel López de Gamarra y Ayala y su mujer Estefanía de la Torre tuvieron por hijo a:

Gaspar López de Gamarra y de la Torre, fue Subteniente, y testó ante Mauricio de Porras Pita, el 5 de marzo de 1808, encontrándose su defunción en la parroquia del Santo Ángel de La Habana con fecha 12 de abril de 1808. Casó con doña Mariana Palacios de Cotilla y tuvieron por hijos a: Mariana, Manuela, María Inés, María de la Concepción, María de las Mercedes, María Josefa y Juan López de Gamarra y Palacios.

LÓPEZ DE HERRERA

En la segunda mitad del siglo XVII, procedente de la ciudad de Canarias, se estableció esta familia en Santiago de Cuba.

El Capitán Luis López de Herrera, Leiva y Medrano, natural de la ciudad de Canarias, fue Regidor del Ayuntamiento de Santiago de Cuba, en cuya Catedral se encuentra su defunción a 21 de julio de 1692. Casó con doña Mariana Ramos y Patiño, hija del Capitán Pedro Ramos, Alcalde Provincial de la Santa Hermandad de Santiago de Cuba, y de doña Leonor Patiño, natural de la villa de Bayamo. Tuvieron por hijos: a Francisca; a Margarita; a Vicente, y a Pedro López de Herrera y Ramos. Los cuales:

1. — Doña Francisca López de Herrera y Ramos, tiene su defunción en la Catedral de Santiago de Cuba a 30 de mayo de 1741, donde casó el 20 de mayo de 1696, con don Pedro Clavijo, natural de Bruselas, Sargento Mayor, hijo de don Diego Clavijo, y de doña Ana Godínez y Segovia.

2. — Doña Margarita López de Herrera y Ramos, tiene su defunción en la Catedral de Santiago de Cuba a 29 de julio de 1754 donde casó el 16 de septiembre de 1703, con don Miguel Alejandro Ferrer y Roxas, natural de Puerto Rico, Alférez Mayor de Santiago de Cuba, hijo del Capitán Pedro Ferrer y Bolúfer, Sargento Mayor, Gobernador Político y Militar de dicha plaza, y de doña Juana de Toro Roxas.

3. — Capitán Vicente López de Herrera y Ramos, fue Regidor del Ayuntamiento de Santiago de Cuba. Casó en la Catedral de dicha ciudad, el 17 de agosto de 1698, con doña Jerónima Caballero y de la Cova, hija del Capitán Antonio Caballero, Alférez Mayor, y de doña María Ana de la Cova y Luna. Tuvieron por hijos: a María Ana; a Isabel Antonia; a José; a Luis, y a Tomás López de Herrera y Caballero. De los cuales:

A. — Doña María Ana López de Herrera y Caballero, casó en la Catedral de Santiago de Cuba, el 3 de mayo de 1725, con don Salvador Medina y Cervantes, hijo de don Diego Medina Pizarro y Cortés, y de doña Juana Cervantes y Silva.

B. — Doña Isabel Antonia López de Herrera y Caballero, casó en la Catedral de Santiago de Cuba el 27 de septiembre de 1728, con don Francisco Calderón de Oquendo y Bañares, hijo de don Diego Calderón Aguirre Oquendo, y de doña Francisca Bañares y Machado.

C. — Don Tomás López de Herrera y Caballero, tiene su defunción en la Catedral de Santiago de Cuba, a 5 de agosto de 1736, donde casó el 15 de abril de 1727, con doña Isabel Francisca López del Castillo y Bañares, hija del Capitán Bartolo López del Castillo y Camacho, y de doña Andrea Bañares Guzmán y Machado. Tuvieron por hija: a

Doña Juana Antonia López de Herrera y López del Castillo, que tiene su defunción en la Catedral de Santiago de Cuba a 24 de noviembre de 1760, donde casó el 13 de diciembre de 1757, con don Salvador González-Regüeiferos y Carrión, hijo del Capitán Francisco González-Regüeiferos y Duque de Estrada, Regidor y Alférez Mayor del Ayuntamiento, y de doña María Manuela Carrión y González de Almuyna.

4. — Capitán Pedro López de Herrera y Ramos, tiene su defunción en la Catedral de Santiago de Cuba a 15 de febrero de 1724, donde casó dos veces: la primera, el primero de septiembre de 1688, con doña Gregoria de Orozco Xorva Calderón y Ramos, hija del Capitán Bartolomé de Orozco Xorva Calderón, Alguacil del Santo Oficio de la Inquisición, y de doña María Ramos. Casó por segunda vez, el 27 de agosto de 1700, con doña Francisca Luisa Ramos y Vázquez Valdés de Coronado, hija del Capitán Francisco Ramos, y de doña Graciana Vázquez Valdés de Coronado y Cisneros. Con su segunda mujer dejó por hijos: a Rita; a María Caridad; a Mariana; a Manuela Antonia; a María Nicolasa; a Juan Francisco, y a Luis López de Herrera y Ramos. De los cuales:

1. — Doña Mariana López de Herrera y Ramos, tiene su defunción en la Catedral de Santiago de Cuba a primero de julio de 1728, donde casó el 26 de febrero de 1724, con el Capitán José Francisco Santa Cruz Pacheco y Ferrer, hijo del Capitán Lucas Francisco Santa Cruz Pacheco, y de doña Mariana Ferrer y Roxas.

2. — Doña Manuela Antonia López de Herrera y Ramos, tiene su defunción en la Catedral de Santiago de Cuba a 6 de agosto de 1771, donde casó el 29 de junio de 1729, con don Lope Caballero y de la Cova, hijo del Capitán Antonio Caballero, Alférez Mayor y de doña María Ana de la Cova y Luna.

3. — Doña María Nicolasa López de Herrera y Ramos, tiene su defunción en la Catedral de Santiago de Cuba a 13 de enero de 1743, donde casó el 12 de septiembre de 1735, con el Capitán Juan Antonio Caballero y de la Cova, Alférez Mayor y Alcalde ordinario, hijo del Capitán Antonio Caballero, Alférez Mayor y de doña María Ana de la Cova y Luna.

4. — Don Juan Francisco López de Herrera y Ramos, fue Presbítero. Su defunción se encuentra en la Catedral de Santiago de Cuba, a 4 de noviembre de 1761.

5. — Don Luis López de Herrera y Ramos, también fue Presbítero. Su defunción se encuentra en la Catedral de Santiago de Cuba a 29 de diciembre de 1776.

También aparece, que don Francisco López de Herrera y su mujer doña Francisca Ramos, tuvieron por hija: a

Doña Elvira López de Herrera y Ramos, natural de Canarias, que fue Beata Dominica. Falleció en Santiago de Cuba a los 73 años, y su defunción se encuentra en la Catedral a 8 de octubre de 1691.

LOZA

A principios del siglo XVII, procedente de la villa de Cifuentes, en la provincia de Guadalajara, se estableció esta familia en La Habana.

Don Pedro de Loza, «el Viejo», y su mujer, doña María de Ortega, tuvieron por hijos: a Miguel; a Pedro, y a Juan de Loza y Ortega. Los cuales:

1. — Don Miguel de Loza y Ortega, casó con doña Catalina del Alcázar.

2.—Don Pedro de Loza y Ortega, bautizado en la parroquia de la villa de Cifuentes en el mes de febrero de 1562, casó con doña Ana Álvarez, y tuvieron por hijos: a María y a Pedro de Loza y Álvarez. Los cuales:

A.—Doña María de Loza y Álvarez, bautizada en la parroquia de Cifuentes el 27 de marzo de 1588, casó con don Martín Ibar.

B.— Don Pedro de Loza y Álvarez, bautizado en la parroquia de Cifuentes el 9 de agosto de 1586, hizo información de nobleza el 14 de agosto de 1648 ante Juan de Excacha, Alcalde ordinario. Casó con doña Catalina Molinero, y tuvieron por hijos: a Catalina, y a Francisco de Loza y Molinero.

3. — Don Juan de Loza y Ortega, bautizado en la parroquia de Cifuentes el 10 de octubre de 1566, casó con doña María Hernández, y tuvieron por hijos: a Antonio; a Francisco, y a Juan de Loza y Hernández. Los cuales:

1. — Don Antonio de Loza y Hernández, casó en la parroquia de Cifuentes el 27 de octubre de 1624 con doña Inés de Alcázar y Roxas, y tuvieron por hijos: a María, y a Juan Bautista de Loza y Alcázar. Los cuales:

A. — Doña María de Loza y Alcázar, bautizada en la parroquia de Cifuentes el 8 de septiembre de 1625, casó con don Francisco Carrillo, natural de dicha villa.[1]

B. — Licenciado Juan Bautista de Loza y Alcázar, bautizado en la parroquia de Cifuentes el 16 de febrero de 1631, fue Presbítero y fun-

---

1. Don Francisco Carrillo y su mujer doña María de Loza Alcázar, tuvieron por hijos: a Felicia; a Ana María; a Francisco; a Juan Bautista, y a Antonio Carrillo y Loza. Los cuales:

1. — Doña Felicia Carrillo y Loza, casó con don Cristóbal Navarro de Melgar.

2. — Doña Ana María Carrillo y Loza, fue dama de doña Teresa Sarmiento de la Cerda, Duquesa de Béjar.

3. — Don Francisco Carrillo y Loza, casó con doña Antonia Barrais.

4. — Don Juan Bautista Carrillo y Loza, fue cura de las rutas de Sotillo y Torre-Cuadrada.

5. — Don Antonio Carrillo y Loza, natural de Cifuentes, casó en Madrid con doña María Moreno, y tuvieron por hijos: a María, y a Juan Bautista Carrillo y Moreno.

dador de la Congregación de San Felipe de Neri, en la villa de Molina, Reino de Aragón.

2. — Don Francisco de Loza y Hernández, bautizado en la parroquia de la villa de Cifuentes el 22 de marzo de 1591, casó dos veces: la primera, con doña Isabel Esteban Zanón, y la segunda, con doña María Moreno.

Don Francisco de Loza y Hernández, y su primera mujer doña Isabel Esteban Zanón, tuvieron por hija: a

Doña María de Loza y Esteban, que casó con don Jacinto Buena.

Don Francisco de Loza y Hernández, y su segunda mujer, doña María Moreno, tuvieron por hija: a

Doña Isabel de Loza y Moreno, que casó con don Juan Moreno y Ramírez.

3. — Capitán Juan de Loza y Hernández, bautizado en la parroquia de Cifuentes el 21 de junio de 1588, pasó a La Habana, donde testó el 27 de mayo de 1644 ante Cristóbal Núñez de Cabrera, y su defunción se encuentra en la Catedral de esta ciudad a 6 de septiembre de 1649, donde casó el 9 de diciembre de 1620, con doña Isabel Osorio y Romero de Mesa, natural de la isla de Gran Canaria, hija de don Pedro González de Osorio y de doña Francisca Romero. Tuvieron por hijos: a Dominga; a Gertrudis; a Lucía; a María; a Teodora; a Eugenio; a Pedro; a Ignacio, y a Francisco de Loza y Romero. De los cuales:

1. — Doña Lucía de Loza y Romero, tiene su defunción en la Catedral de La Habana a 18 de septiembre de 1649.

2. — Doña María de Loza y Romero, bautizada en la Catedral de La Habana el 10 de septiembre de 1627, tiene su defunción en la referida Catedral a 12 de mayo de 1690, donde casó el 11 de agosto de 1647, con el Doctor Juan de Carvajal Marroquín, natural del Puerto de Santa María, Familiar del Santo Oficio de la Inquisición, hijo de don Diego Marroquín, y de doña Juana de Carvajal.[2]

3. — Doña Teodora de Loza y Romero, bautizada en la Catedral de La Habana el 22 de marzo de 1625, testó el 5 de febrero de 1695, otorgando codicilo el 12 de enero de 1696 ante Juan Uribe Ozeta, y su defunción se encuentra en la referida Catedral a 7 de febrero de dicho año, donde casó el 18 de diciembre de 1642, con el Capitán José Ruiz-Guillén y Pérez, natural del barrio de Triana, en Sevilla, Regidor Per-

---

2. Don Juan de Carvajal Marroquín, y su mujer doña María de Loza y Romero, tuvieron por hijos: a
Don Manuel Marroquín y Loza, que fue Cura Beneficiado de las parroquias de La Habana.

pétuo y Alcalde Mayor Provincial de la Santa Hermandad en La Habana, hijo de don Martín Ruiz y de doña María Pérez.

4. — Don Ignacio de Loza y Romero, bautizado en la Catedral de La Habana el 27 de noviembre de 1622, fue Capitán de Alférez del Castillo de la Fuerza y Alcalde ordinario de La Habana. Testó el 4 de febrero de 1695 ante Antonio Sánchez, y su defunción se encuentra en la Catedral de esta ciudad a 18 de febrero de dicho año. Casó dos veces: la primera con doña Teresa de Miranda, natural de Sevilla; y la segunda, en la Catedral de La Habana el 6 de diciembre de 1685, con doña María Fernández-Poveda y Núñez Hidalgo, hija de don Simón Fernández-Poveda y González de la Torre, Teniente de la Fortaleza del Morro, y de doña Margarita Núñez Hidalgo.

Don Ignacio de Loza y Romero, y su segunda mujer doña María Fernández-Poveda y Núñez Hidalgo, tuvieron por hijo: a

Don Ignacio de Loza y Fernández-Poveda, que testó el 22 de julio de 1709, ante Gaspar Fuertes, y su defunción se encuentra en la Catedral de La Habana a 23 de julio de dicho año.

Don Ignacio de Loza y Romero, y su primera mujer doña Teresa Miranda, tuvieron por hijos: a Juana; a María, y a Tomás de Loza y Miranda. Los cuales:

A. — Doña Juana de Loza y Miranda, bautizada en la Catedral de La Habana el 9 de abril de 1652, tiene su defunción en la referida Catedral a 22 de abril de 1720, donde casó el 2 de mayo de 1669, con el Capitán José Calatayud y del Castillo, natural de Guatemala, Caballero de la Orden de Santiago, hijo de don Antonio Calatayud, Oidor del Consejo Real de India, Caballero de la Orden de Santiago, y de doña Bárbara del Castillo.

B. — Doña María de Loza y Miranda, testó el 12 de mayo de 1716, y su defunción se encuentra en la Catedral de La Habana a 8 de octubre de 1719. Casó en la Catedral de La Habana el 22 de febrero de 1682, con don Pedro Benedit Horruitiner y Ruiz de Cañizares, natural de la Florida, Capitán Ayudante, hijo del Capitán Pedro Benedit-Horruitiner y Catalán, Infanzón Hijodalgo de Aragón, Sargento Mayor de la plaza de la Florida, y de doña María Ruiz de Cañizares y Mexías.

C. — Don Tomás de Loza y Miranda, fue Presbítero, y su defunción se encuentra en la Catedral de La Habana a 19 de abril de 1729.

5. — Capitán Francisco de Loza y Romero, bautizado en la Catedral de La Habana el 4 de septiembre de 1632, testó el 19 de febrero de 1715 ante Antonio Fernández de Velasco, y su defunción se encuentra en la referida Catedral a 25 de febrero de 1721, donde casó el 18 de enero de 1657, con doña Francisca Ramírez de Aparicio y Mesa, hija de Juan y de Catalina. Tuvieron por hijos: a Carolina; a Josefa; a Feliciana, y a Salvador de Loza y Ramírez de Aparicio. De los cuales:

1. — Doña Josefa de Loza y Ramírez de Aparicio, dio poder para testar el 12 de julio de 1732 ante Tomás Núñez, y su defunción se encuentra en la Catedral de La Habana a 17 de julio de dicho año, donde casó el 20 de marzo de 1682, con don Pedro Arango y Monroy, natural de Sangüesa, en Navarra, Capitán de los Tercios de Flandes, Contador Mayor del Real Tribunal de Cuentas de la isla de Cuba, hijo del Capitán Domingo Arango y Rodríguez, y de doña Isabel Monrroy.

2. — Doña Feliciana de Loza y Ramírez de Aparicio, testó el 21 de enero de 1727 ante Bartolomé Núñez, y su defunción se encuentra en la Catedral de La Habana a 23 de enero de dicho año, donde casó el 3 de noviembre de 1683, con don José Ruiz-Guillén y Loza, Regidor y Alcalde Mayor Provincial de la Santa Hermandad, hijo del Capitán José Ruiz-Guillén y Pérez, Regidor Perpétuo, Alcalde Mayor Provincial de la Santa Hermandad, y de doña Teodora de Loza y Romero.

3. — Don Salvador de Loza y Ramírez de Aparicio, fue religioso. Testó el 23 de enero de 1748, y su defunción se encuentra en la Catedral de La Habana a 24 de enero de dicho año.

MÁRQUEZ - STERLING

A principios del siglo XIX, procedente de la isla de Santo Domingo, se estableció esta familia en Santiago de Cuba.

Don Santiago Márquez y Rosas, casó con doña Francisca Xaviera Jovel Camarena, natural de Santo Domingo, que testó en la villa de Puerto Príncipe, el 24 de agosto de 1816, hija de don Diego Jovel, y de doña Gregoria de la Cruz Maderos. Tuvieron por hijo: a

Don Domingo Márquez y Jovel, natural de Santo Domingo, que fue Secretario de Cámara y del Juzgado General de Bienes de Difuntos. Casó con doña María Loysel y Frómesta, natural de Santo Domingo, hija de don Pedro Loysel y Montero, Capitán del Batallón fijo de dicha plaza, y de doña Simona Frómesta y Echalas. Tuvieron por hijos: a Francisca; a José Federico; a Antonio María; a Agustín, y a Santiago Márquez y Loysel. Los cuales:

1. — Doña Francisca Márquez y Loysel, casó en la villa de Puerto Príncipe, en la parroquia de la Soledad, el 10 de diciembre de 1824, con el Licenciado Francisco Pichardo y Tapia, natural de Santiago de los Caballeros, Abogado, Agente Fiscal de la Real Audiencia de Puerto Príncipe, y Secretario Honorario de Su Majestad, hijo de don Lucas Pichardo y Zereceda, Padre general de Menores, Síndico Procurador general, Regidor, Alcalde ordinario y de la Santa Hermandad, Oficial Real, Tesorero de las Reales Cajas y Contador Judicial de Santiago de los Caballeros, Ministro Principal de Real Hacienda, y Tesorero de las

Reales Cajas de la villa de Puerto Príncipe, y de doña Rosa Tapia y Saviñón.

2. — Licenciado José Federico Márquez y Loysel, fue Abogado. Casó en la villa de Puerto Príncipe, en la parroquia de la Soledad, el 26 de diciembre de 1825, con doña María Luisa Betancourt y Aguilar, hija de Gregorio y de Beatriz.

3. — Don Antonio María Márquez y Loysel, fue Escribano Público de La Habana. Casó en la Catedral de Puerto Príncipe el 2 de junio de 1841, con doña Teresa Sedano y Usatorres, hija de don Francisco Sedano y Galán, Brigadier de los Ejércitos Nacionales, Teniente Gobernador Político y Militar de la villa de Puerto Príncipe, Cruz Laureada de San Fernando, y de doña Antonia María Usatorres y Brucet.

4. — Don Agustín Márquez y Loysel, casó en la Catedral de Puerto Príncipe el 15 de agosto de 1825, con doña Sacramento Varona y Loret de Mola, hija del Capitán Esteban Varona y Varona, y de doña Ana Susana Loret de Mola y Sánchez-Pereira. Tuvieron por hija: a

Doña Teresa Márquez y Varona, que casó en la Catedral de Puerto Príncipe el 15 de agosto de 1855, con don Carlos Loret de Mola y Varona, hijo de don Carlos Loret de Mola y Batista, Capitán de Milicias, Alcalde ordinario y de la Santa Hermandad, y de doña Juana de Dios Varona y Loret de Mola.

5. — Licenciado Santiago Márquez y Loysel, casó en la Catedral de Puerto Príncipe el 7 de febrero de 1836, con doña Francisca Antonia Sterling y Heredia, hija del Licenciado Tiburcio José Sterling y del Monte, Abogado y Oidor de la Real Audiencia de Santo Domingo, Auditor de Guerra de Ejército y Provincia, Juez general de Bienes de Difuntos, y Teniente Gobernador de la isla de Puerto Rico; Regidor, Asesor de los Cuerpos de Artillería y de Ingenieros de la plaza de Santiago de Cuba, y de doña María Dolores Heredia y Mieses. Tuvieron por hijos: a Francisca; a María Dolores; a Santiago; a Adolfo; a José Federico, y a Manuel Márquez y Sterling. De los cuales:

1. — Doña María Dolores Márquez y Sterling, casó con el Conde Ramón Carpiña, natural de Italia.

2. — Licenciado Santiago Márquez y Sterling, fue Abogado.

3. — Licenciado Antonio Márquez y Sterling, natural de Puerto Príncipe, casó en la parroquia de la villa de Guanabacoa el 3 de abril de 1870, con doña María Andrea Cayro y Díaz, hija de Francisco y de María Concepción. Tuvieron por hijo: a

Don Adolfo Márquez Sterling y Cayro, que fue Cónsul de la República de Cuba en Santo Domingo.

4. — Licenciado José Federico Márquez y Sterling, fue Abogado. Casó con doña Rudesinda Ziburo y Herrera D'Ávila, hija de don Ma-

nuel Ziburo y Bassave, y de doña Rudesinda Herrera D'Ávila y Albear. Tuvieron por hija: a

Doña Mercedes Márquez-Sterling y Ziburo, que casó con su primo el Doctor Manuel Márquez-Sterling y Loret de Mola, Embajador de la República de Cuba en los Estados Unidos de Norteamérica, hijo de don Manuel Márquez y Sterling, y de doña María Belén Loret de Mola y Varona.

5. — Don Manuel Márquez y Stérling, casó en la Catedral de Puerto Príncipe el 10 de noviembre de 1864, con doña María Belén Loret de Mola y Varona, hija de don Carlos Loret de Mola y Batista, Capitán de Milicias, Alcalde ordinario, y de la Santa Hermandad, y de doña Juana de Dios Varona y Loret de Mola. Tuvieron por hijos: a Belén; a María de los Ángeles; a Emilia; a María Dolores; a Santiago, y a Manuel Márquez-Sterling y Loret de Mola. De los cuales:

1. — Doña María de los Ángeles Márquez-Sterling y Loret de Mola, casó con Paul De-Graw y Seymour.

2. — Doña Emilia Márquez-Sterling y Loret de Mola, casó con don Ramón Zaydín y Álvarez, natural de Aragón, España.[1]

3. — Doña María Dolores Márquez-Sterling y Loret de Mola, casó con don Guillermo Guiral y Domínguez, Capitán de Caballería del Ejército español, Ayudante de Campo del General Arizón, condecorado con las cruces de María Cristina, cinco Rojas del Mérito Militar, la de Carlos III, la del Cristo de Portugal, y con las Medallas de la Guerra de Cuba, de la Coronación y de la Regencia, hijo de don Antonio María Guiral y Pollo, natural de La Habana, y de doña María Concepción Domínguez y Cowan.[2]

4. — Doctor Manuel Márquez-Sterling y Loret de Mola, fue Abogado y Embajador de la República de Cuba en los Estados Unidos de Norteamérica. Casó con su prima, doña Mercedes Márquez-Sterling y

---

1. Don Ramón Zaydín y Alvarez, y su mujer doña Emilia Márquez-Sterling y Loret de Mola, tuvieron por hijo: al

Doctor Ramón Zaydín y Márquez-Sterling, que fue Abogado, Notario Público, Catedrático de Derecho Mercantil de la Universidad de La Habana, y Senador de la República de Cuba.

2. Don Guillermo Guiral y Domínguez, y su mujer doña María Dolores Márquez-Sterling y Loret de Mola, tuvieron por hijo: al

Doctor Carlos Márquez-Sterling y Guiral, que antepuso el apellido materno al paterno. Es Abogado, Profesor, Escritor, fue miembro de la Carrera Diplomática de la República de Cuba, Pesidente de la Cámara de Representantes de dicho país y Director de la Oficina Panamericana de la Secretaría de Estado de la citada República. Casó dos veces: la primera con doña Silvia Domínguez y O'Mahony, con la que tuvo por hijos: al Doctor Carlos, Abogado, y a Manuel, Profesor, Márquez-Sterling y Domínguez. Casó por segunda vez, con doña Uva Hernández Catá.

Ziburo, hija del Licenciado José Federico Márquez-Sterling, Abogado, y de doña Rudesinda Ziburo y Herrera D'Ávila.

MARRÓN DE SANTIESTEBAN

A mediados del siglo XVI, procedente de Medina de las Torres, en España, se estableció esta familia en la villa de San Salvador del Bayamo, en la isla de Cuba.

Don Diego Marrón de Santiesteban, natural de Medina de las Torres, pasó a la isla de Cuba y fue Regidor del Ayuntamiento de la villa de Bayamo. Casó con doña María Correa, de estado viuda, y tuvieron por hija: a

Doña María Marrón de Santiesteban y Correa, que casó con don Juan Guerra y Pérez-Najarro, Regidor, Escribano Público y de Cabildo de la villa de Bayamo, hijo de don Tomás Guerra, Escribano Público y de Cabildo de la referida villa, y de doña Francisca Pérez-Najarro. Tuvieron por hijos: a Juan Guerra y Marrón de Santiesteban, y a Diego Marrón de Santiesteban. Los cuales:

1. — Don Juan Guerra y Marrón de Santiesteban, casó con doña María Conquero, hija de don Juan Rodríguez Leal, y de doña Inés Conquero. (Véase la familia Guerra.)

2. — Don Diego Marrón de Santiesteban, fue Regidor del Ayuntamiento de la villa de Bayamo. Casó con doña María Catalina Conquero, hija de don Esteban Rodríguez, y de doña Isabel Gómez, y esta última, hija de don Juan Gómez Borrego y de doña María Pérez. Tuvieron por hijos: a María Conchos de Santiesteban, y a Diego Marrón de Santiesteban y Conquero. Los cuales:

1. — Doña María Conchos de Santiesteban, casó con don Lorenzo Borrero y Ascanio, natural de las Islas Canarias, Alcalde ordinario de la villa de Bayamo, y Sargento Mayor de la villa de Santa María de Puerto Príncipe, en la isla de Cuba, hijo de Lorenzo y de Juana Jerónima.

2. — Don Diego Marrón de Santiesteban y Conquero, fue Regidor de la villa de Bayamo. Testó el año 1632. Casó con doña María de la Cova, hija del Regidor Jerónimo de Aguilar, y de doña Catalina Álvarez de Castro y de la Cova.[1] Tuvieron por hijo: al

---

1. Don Pedro Álvarez de Castro, y su mujer doña Luisa Casañas, tuvieron por hijo: a

Don Francisco Álvarez de Castro, natural de Canarias, que fue Regidor del Ayuntamiento de la villa de Bayamo. Casó con doña María de la Cova, hija de don Juan Maestre, y de doña Isabel Rodríguez. Tuvieron por hija: a

Doña Catalina Álvarez de Castro y de la Cova, que casó con el Regidor Jerónimo de Aguilar, tronco de esta familia en Bayamo, hijo de don Francisco Durán y de doña María Sepúlveda.

Don Agustín de la Cova, y su mujer doña Isabel Maestre, tuvieron por hijo: a

Don Juan Maestre, natural de España, que casó con doña Isabel Rodríguez y tuvieron por hija: a

Doña María de la Cova, que casó con don Francisco Álvarez de Castro y Casañas, natural de Canarias, Regidor del Ayuntamiento de la villa de Bayamo en la isla de Cuba.

Alférez Francisco Marrón de Santiesteban y de la Cova que fue bautizado en la parroquia de la villa de Bayamo el 13 de abril de 1637. Casó con doña Lorenza de la Vega y Agramonte, hija del Capitán Manuel de la Vega Mendoza, Alcalde ordinario de la villa de Bayamo, y de doña Constanza Jacomina de Guevara. Tuvieron por hijos: a María Cecilia, y a Juana Marrón de Santiesteban y de la Vega. Las cuales:

1. — Doña María Cecilia Marrón de Santiesteban y de la Vega, fue bautizada en la parroquia de la villa de Bayamo el 9 de diciembre de 1668, donde casó el 21 de enero de 1685, con don Juan de Céspedes y Salvatierra, hijo de don Diego de Céspedes y Anaya, Regidor de dicha villa, y de doña Ana María de Salvatierra y Franco.

2. — Doña Juana Marrón de Santiesteban y de la Vega, casó en la parroquia de la villa de Bayamo el 6 de octubre de 1694, con don Clemente Manresa y Tamayo, natural de la villa de Puerto Príncipe, hijo de don Francisco Manresa y Casanova, y de doña María Ana de Tamayo.

MARTÍNEZ DE VALDIVIELSO

Procedente de la villa de Carrión de los Condes, en Castilla la Vieja, se estableció esta familia en La Habana, durante la primera mitad del siglo XIX.

Don Francisco Antonio Martínez de Valdievielso y Duque, natural de Carrión de los Condes, casó con doña María Casado y de la Hoz, teniendo por hijos a Jenaro, y a Antonio Martínez de Valdivielso y Casado. Los cuales:

1. — Don Jenaro Martínez de Valdivielso y Casado, natural de la villa de Carrión de los Condes, casó con doña Josefa de Escurra, na-

tural de la ciudad de Pamplona, hija de don Francisco de Escurra, natural de Urroz, en Pamplona, y de doña María de Irurozgui, natural de Pamplona. Fueron los padres de:

Don Nicolás Pascual Martínez de Valdivielso y Escurra, natural de Palencia, en Castilla la Vieja, en cuya Catedral fue bautizado el 20 de mayo de 1807 (libro 22). Testó mancomunadamente con su mujer el 10 de mayo de 1864 ante el Notario Arturo Galetti, y su defunción se encuentra en la Catedral de La Habana a 4 de marzo de 1879 (folio 111 vuelto, núm. 687, libro 21), donde casó el 17 de septiembre de 1831 (folio 96, núm. 283, libro 10), con su prima doña María de Monserrate —de los Dolores— del Carmen Martínez de Valdivielso y García de Alayeto, natural de La Habana, hija de don Antonio Martínez de Valdivielso y Casado, y de doña María de Monserrate García de Alayeto y Ayala. De su citado enlace, don Nicolás Pascual tuvo por hijos: a José Nicolás, y a Francisco de Paula Marino Martínez de Valdivielso y Martínez de Valdivielso. De los cuales:

Don Francisco de Paula Marino Martínez de Valdivielso y Martínez de Valdivielso, nacido en La Habana el 18 de julio de 1842, fue bautizado en la Catedral de esta ciudad el 29 de ese mes y año (folio 136 y su vuelto, núm. 423, libro 31), en la que se encuentra su defunción a 30 de marzo de 1847 (folio 51 y su vuelto, núm. 236, libro 18).

2. — Don Antonio Martínez de Valdivielso y Casado, natural de la villa de Carrión de los Condes, en Castilla la Vieja, casó en la Catedral de La Habana el 18 de diciembre de 1809 (folio 202 vuelto y 203, núm. 500, libro 8), con doña María de Monserrate García de Alayeto y Ayala, natural de esta ciudad, e hija de don José García y Alayeto y Tagle, natural de la ciudad de Zaragoza, en Aragón, Tesorero de la Administración General de Rentas y Real Aduana de La Habana; y de doña Antonia de Ayala y Bucarelli, Fernández de Velasco y Salgado, natural de esta ciudad. De su citado enlace, don Antonio Martínez de Valdivielso tuvo por hijos: a María de Monserrate —de los Dolores— del Carmen, y a Antonio —Vicente— Cirilo Martínez de Valdivielso y García de Alayeto. Los cuales:

1. — Doña María de Monserrate —de los Dolores— del Carmen Martínez de Valdivielso y García de Alayeto, nacida en La Habana el 29 de agosto de 1813, fue bautizada en la Catedral de esta ciudad el 15 del mes inmediato (folio 218 vuelto y 219, núm. 443, libro 22), donde casó el 17 de septiembre de 1831 (folio 96, núm. 283, libro 10), con su primo don Nicolás Pascual Martínez de Valdivielso y Escurra, natural de Palencia, hijo de don Jenaro Martínez de Valdivielso y Casado, y de doña Josefa de Escurra e Irurozgui. Tuvieron la sucesión que ya hemos mencionado.

2. — Don Antonio —Vicente— Cirilo Martínez de Valdivielso y García de Alayeto, nacido en La Habana el 31 de marzo de 1815, fue bautizado en la Catedral de esta ciudad el 9 de abril de ese año (folio 101 vuelto, núm. 231, libro 23), falleciendo en París el 11 de febrero de 1903.

Casó con doña Constanza de Molina y Medina, natural de la isla de San Fernando, hija de don Manuel de Molina y Tirry, Zaldívar y Lacy, IV Marqués de Ureña y de doña María Josefa de Medina y Arias, natural de Cádiz. De su citado enlace, tuvo por hijos: a Antonio-Nicolás de los Dolores; a Nicolás —de los Dolores— Julián, y a Constanza-María del Patrocinio Martínez de Valdivielso y Molina. Los cuales:

1. — Don Antonio-Nicolás de los Dolores Martínez de Valdivielso y Molina, nacido el 5 de septiembre de 1838, fue bautizado en la Catedral de La Habana el 13 de ese mes y año (folio 76, núm. 285, libro 30).

2. — Don Nicolás —de los Dolores— Julián Martínez de Valdivielso y Molina, nacido en La Habana el 17 de febrero de 1840, fue bautizado en la Catedral de esta ciudad el 14 del mes siguiente (folio 177, y su vuelto, núm. 638, libro 30).

3. — Doña Constanza-María del Patrocinio Martínez de Valdivielso y Molina, nacida en La Habana el 13 de noviembre de 1842, fue bautizada en la Catedral de La Habana, el 23 de ese mes y año (folio 156, núm. 487, libro 31).

MAZÓN

A principios del siglo XVII, aparece radicada esta familia en Quintana de los Prados, Ayuntamiento de Espinosa de los Monteros, jurisdicción de Villarcayo, en Burgos, de donde pasaron a Vizcaya en la primera mitad del siglo XVIII, estableciéndose en La Habana en la primera mitad del siglo siguiente.

Don Juan Mazón, vecino de Quintana de los Prados, casó con doña Catalina de Villasante, y tuvieron por hijos: a

Don Juan Mazón y Villasante, bautizado en Quintana de los Prados, el 20 de abril de 1640, que fue Regidor el año 1692. En los padrones que se conservan en Espinosa de los Monteros, aparece inscrito como Hijodalgo los años 1676 y 1693. Casó en Quintana de los Prados en 24 de abril de 1686, con María Ruiz de Ballesteros y Esquerra de Rozas, natural de Aguera, hija de Pedro y de Lucía. Tuvieron por hijo: a

Don Juan Antonio Mazón y Ruiz de Ballesteros, bautizado en Quintana de los Prados el 23 de febrero de 1687, que aparece empadronado como Hijodalgo los años 1730, 1738 y 1747. Casó en Quintana de los Prados, parroquia de Santa María, el 12 de febrero de 1714, con doña Antonia Sáinz de Rasines y Ballesteros, hija de don Juan Sáinz de Rasines y Esquerra, Hijodalgo, y de doña Ana de Ballesteros y Alonso de Villasanta. Tuvieron por hijo: a

Don Francisco Vitores Mazón y Sáinz de Rasines, bautizado en Quintana de los Prados el 20 de marzo de 1715, que aparece empadronado como Hijodalgo 1730, 1738 y 1747. Siendo vecino del Concejo de San Julián de Musques, en el valle de Somorrostro hizo información de nobleza, la cual fue aprobada por Mateo Antonio Álvaro de los Ríos, Alcalde y Juez ordinario de los cuatro Consejos del valle, el 28 de diciembre de 1751, ante Juan Antonio de Avellaneda, habiéndose publicado el auto el 6 de enero del año siguiente en el lugar de las Carreras de San Pedro Abanto. Casó en Galdamés, Vizcaya, el 26 de junio de 1747, con doña María de Leceguti y de la Torre, hija de Francisco y de Magdalena. Tuvieron por hijos: a Matías, y a Juan Simón Mazón y Leceguti. Los cuales:

1. — Don Matías Mazón y Leceguti, fue bautizado en San Juan Bautista de Somorrostro el 25 de febrero de 1751. Siendo vecino de Talavera, hizo petición de hidalguía ante la Sala de Vizcaya de la Real Cancillería de Valladolid el año 1793, y practicadas las informaciones correspondientes, obtuvo Real Provisión de nobleza por acuerdo de 9 de julio de 1795, expidiéndosele certificación el 8 de agosto del mismo año.

2. — Don Juan Simón Mazón y Leceguti, bautizado en el Concejo de San Julián de Musques, parroquia de San Juan Bautista, el 23 de junio de 1759, siendo residente de la villa de Portugalete, solicitó certificación del expediente de nobleza de su padre, expidiéndosele testimonio el 30 de mayo de 1798, por don Ramón de Echeguren, Escribano Real. Casó en la parroquia de San Jorge de Santurce, el 12 de junio de 1780, con doña María Ventura de Causó y Oyancas, hija de Antonio y de Francisca Antonia. Tuvieron por hijo: a

Don Andrés Mazón y Causó, bautizado en la villa de Portugalete, parroquia de Santa María, el 3 de noviembre de 1794, que pasó a La Habana y fue Contador Judicial y Caballero de la Orden de San Juan de Jerusalén. Su defunción se encuentra en esta ciudad, parroquia del Espíritu Santo, a 24 de septiembre de 1872, donde casó el 7 de marzo de 1827, con doña Mercedes Rivero y Bosque, hija de don Antonio Rivero y González, y de doña Antonia María Bosque y Castro-Palomino. Tuvieron por hijos: a Antonia; a Dolores; a Francisca; a Isabel; a Mercedes; a Rafael; a Ramón; a Luis; a José Andrés; a Manuel; a Andrés, y a Justo Mazón y Rivero. De los cuales:

1. — Doña Antonia Mazón y Rivero, bautizada en La Habana, parroquia del Santo Cristo, el 11 de enero de 1832, tiene su defunción en esta ciudad, parroquia de Guadalupe, a 19 de octubre de 1873. Casó en La Habana, parroquia de Monserrate, el 16 de septiembre de 1851, con don Ramón Ibargüen y Escarza, natural de la villa de Portugalete, Capitán de Milicias de la plaza de La Habana, hija de don Juan Manuel Ibargüen y Galíndez, y de doña Cirila Escarza y Arauco.

2. — Doña Dolores Mazón y Rivero, casó dos veces: la primera en la Catedral de La Habana el 13 de septiembre de 1849, con don Victo-

riano Sáinz de la Maza y Martínez, natural de Espinosa de los Monteros, Burgos, hijo de Francisco y de María. Casó por segunda vez, con don Benigno Sáinz de Aja y Boba, natural de las Montañas de Santander, primo de su primer marido.

3. — Doña Francisca Mazón y Rivero, fallecida el 10 de diciembre de 1883, casó con don Juan Basarrate y Mendizábal, natural de Vizcaya, hijo de Ramón y de María Martina.

4. — Doña Isabel Mazón y Rivero, fallecida el 15 de diciembre de 1882, casó con don Gabriel Arango y Castellanos, hijo de don José Gabriel Arango y Cepero, y de doña Dolores Castellanos y Arango.

5. — Doña Mercedes Mazón y Rivero, bautizada en La Habana, parroquia del Santo Cristo, el 21 de junio de 1833, casó en la estancia «Mazón» (parroquia de Monserrate), con don Pedro Moya y Fernández, hijo de don Mariano Moya y Govín, y de María Petrona Fernández y Valdés.

6. — Don Ramón Mazón y Rivero, bautizado en La Habana, parroquia del Santo Ángel, el primero de enero de 1849, casó con doña Clara Cantelis y Martínez.

7. — Don Luis Mazón y Rivero, bautizado en La Habana, parroquia del Santo Ángel, el 10 de abril de 1842, fue Escribano de Actuaciones de los Juzgados de Primera Instancia de esta ciudad. Casó en La Habana, parroquia de Jesús María, el 15 de enero de 1865, con doña Antonia Victoria Noroña y Muñiz de la Cueva, hija de don Juan de la Cruz Noroña y Conde, y de doña Antonia María Muñiz de la Cueva y Román. Tuvieron por hijos: a Mercedes; a María Caridad; a Fe; a Rita María; a Esperanza; a Luis; a Emiliano, y a Wilfredo Mazón y Noroña. Los cuales:

A. — Doña Mercedes Mazón y Noroña, casó en La Habana, parroquia del Espíritu Santo, el 5 de enero de 1888, con el Doctor Antonio María Lazcano y Larrondo, hijo de Antonio María y de María de los Dolores.

B. — Doña María de la Caridad Mazón y Noroña, casó el 28 de noviembre de 1896, con el Doctor Emilio de Acosta y Niebla.

C. — Doña Fe Mazón y Noroña, casó con don Luiciano Sáez.

D. — Doña Rita María Mazón y Noroña, casó con don Antonio Infante, Oficial del Ejército Libertador de Cuba.

E. — Doña Esperanza Mazón y Noroña, casó con don Arturo Campos.

F. — Doctor Luis Mazón y Noroña, fue Abogado y Diplomático de la República de Cuba. Falleció en Londres el 5 de junio de 1925. Casó dos veces: la primera, con doña Enriqueta Hernández Cartaya, hija del Doctor Juan Hernández Barreiro, Rector de la Universidad de La Habana, y de doña María de la Concepción Cartaya. Casó por segunda vez, en España, con doña Agustina Arias.

G. — Don Emiliano Mazón y Noroña, fue Perito Mercantil, Procurador Público, y Cónsul de las Repúblicas de Nicaragua y de Guatemala. Casó el 10 de octubre de 1896, con doña María de Lazcano y Larrondo, hija de Antonio María y de María Dolores.

H. — Don Wilfredo Mazón y Noroña, fue Procurador Público y Cónsul de las Repúblicas de Nicaragua y Guatemala. Casó con doña Juana Fonte.

8. — Don José Andrés Mazón y Rivero, bautizado en La Habana, parroquia del Santo Ángel, el 12 de abril de 1841, casó con doña Andrea Pose y Pérez, hija de Mariano y de María. Tuvieron por hijas: a Francisca, y a Mercedes Mazón y Pose. De las cuales:

Doña Mercedes Mazón y Pose, casó con el Doctor Eduardo Fontanills y Nattes, natural de la villa de Guanabacoa, Médico, hijo de don Eduardo Fontanills y Grifol, y de doña María del Socorro Nattes y Pérez.

9. — Don Manuel Mazón y Rivero, bautizado en La Habana, parroquia del Santo Cristo, el 20 de enero de 1830, casó en el pueblo de La Mangas, San Cristóbal, provincia de Pinar del Río, con doña Emilia Valdés y tuvieron por hijos: a Francisca; a Domitila, y a Juan Manuel Mazón y Valdés. De los cuales:

Don Juan Manuel Mazón y Valdés, casó con doña Amalia Guerra.

10. — Don Andrés Mazón y Rivero, bautizado en La Habana, parroquia del Santo Cristo, el 20 de agosto de 1827, fue Escribano Real, Notario de Indias. Casó en La Habana, parroquia de Guadalupe, el 22 de diciembre de 1817, con doña Lina Sotolongo y Morejón, hija de don Pablo Sotolongo y Solís, Capitán de Caballería de esta plaza, y de doña Juana Morejón y Regüeiferos. Tuvieron por hijos: a Malvina; a Francisca, y a Andrés Mazón y Sotolongo. Los cuales:

A. — Doña Malvina Mazón y Sotolongo, casó con don José Márquez y Fuentes.

B. — Doña Francisca Mazón y Sotolongo, casó dos veces: la primera con el Doctor Carlos Cepero y Magallanes, Abogado, hijo de don Joaquín Cepero y Zagarzazu, y de doña Genoveva María Magallanes y Martínez. Casó por segunda vez, con don Antonio Comoglio.

C. — Don Andrés Mazón y Sotolongo, casó con doña María Sotolongo, y tuvieron por hijos: a Mercedes, y a José Andrés Mazón y Sotolongo. Los cuales:

A. — Doña Mercedes Mazón y Sotolongo, casó con don Manuel Alarcón y Marcos.

B. — Don José Andrés Mazón y Sotolongo, casó con doña María Chao y Carballo.

11. — Don Justo Mazón y Rivero, casó dos veces: la primera en La Habana, parroquia de Jesús María, el 22 de septiembre de 1851, con doña Rosario Arteche y Gassó; y la segunda, con doña Emilia Álvarez y García.

Don Justo Mazón y Rivero, y su segunda mujer doña Emilia Álvarez y García, tuvieron por hijos: a Caridad; a Mercedes; a Josefa, y a Emiliano Mazón y Álvarez. De los cuales:

1. — Doña Caridad Mazón y Álvarez, casó con don Pablo González y Rodríguez.

2. — Doña Mercedes Mazón y Álvarez, casó con don Carlos de Armas.

3. — Doña Josefa Mazón y Álvarez, casó con don Faustino Álvarez.

Don Justo Mazón y Rivero, y su primera mujer doña Rosario Arteche y Gassó, tuvieron por hijos: a Caridad; a Francisca; a María de las Mercedes; a José, y a Juan Mazón y Arteche. De los cuales:

1. — Doña Francisca Mazón y Arteche, bautizada en La Habana, parroquia de Jesús María, el 17 de abril de 1858, casó el 18 de abril de 1884, con don Joaquín Rodes y Aguirre, hijo de don Joaquín Rodes y Vázquez, y de doña Isabel Aguirre y Porras-Pita.

2. — Doña María de las Mercedes Mazón y Arteche, casó en La Habana, parroquia de San Nicolás, el 23 de diciembre de 1880, con don Ramón Sotolongo y Casas, hijo de don José María Sotolongo y Cabrera, y de doña Josefa Teresa de las Casas y Barreiro.

3. — Don Juan Mazón y Arteche, casó con doña América González, y tuvieron por hijos: a María Teresa; a Ángela; a Armando; a Alejandro; a Aurelio, y a Antonio Mazón y González.

MEDIANO DE VALDOSERA

A mediados del siglo XVIII, procedente de la villa de Villoslada, partido judicial de Torrecilla de Cameros, provincia de Logroño, se estableció esta familia en La Habana.

Son sus armas: en su Casa-Solar aparecen en esta forma: escudo cuartelado; en el primero de arriba de la derecha, trece estrellas que rodean dos medias lunas; del izquierdo, dos castillos y sus banderas en ellos; en el cuarto de abajo de la derecha, un oso atado a un roble con su cadena; y en el izquierdo, un león coronado. Al círculo de estos cuatro cuarteles, once espadas del hábito de Santiago, con diez conchas interpolas en ellas, y en el círculo de éstas, trece banderas, a las que sirven de cubierta dos leones, y otro por la cabeza que tiene asido el escudo; y por la parte de abajo, dos sirenas, en la vértice de todo ello, un morrión o celada.

Don Ramón Zazo y Ortega describe las armas de esta familia en otra forma: escudo partido en faja; en la parte superior de gules, con ocho lisonjas de plata, y en la inferior, sobre argent un ribo sable paciente en un prado de sinople, y dos corderos también paciendo, uno de cada lado. Orla de gules, con ocho veneras de oro.

Don Juan Mediano de Valdosera, perteneció a la ilustre Casa y Noble Solar de Valdosera, y a la divisa que llamaban de Iñigo Martínez de Abajo, una de las trece de que se compone. Testó en unión de su mujer, en la villa de Valdosera el 10 de marzo de 1654 ante don Juan de Nájera, en cuyo testamento fundaron un Mayorazgo. Casó con doña Isabel Ximénez, y tuvieron por hijos: a María; a Martín, y a Juan Mediano de Valdosera y Ximénez. Los cuales:

1. — Doña María Mediano de Valdosera y Ximénez, casó con don Bartolomé Pérez.

2. — Don Martín Mediano de Valdosera y Ximénez, fue Bachiller.

3. — Don Juan Mediano de Valdosera y Ximénez, fue Mayorazgo de su Casa. Testó en la villa de Villoslada el 5 de diciembre de 1677, ante Juan de Nájera. Casó con doña Bernarda González de Valdosera y García de Aragón, hija de Blas y de Ana. Tuvieron por hijo: a

Don Pedro Mediano de Valdosera que fue bautizado en la parroquia de la villa de Villoslada el 4 de julio de 1652. Fue poseedor del Mayorazgo de su Casa, y casó con doña Ana de Agramonte y Sánchez de Fuencaliente, hija de Pedro y de Catalina. Tuvieron por hijos: a Juan y a Pedro Mediano de Valdosera y Agramonte. De los cuales:

Don Pedro Mediano de Valdosera y Agramonte, bautizado en la parroquia de Villoslada el 26 de febrero de 1686, obtuvo en unión de su hermano Juan, Real provisión de hidalguía expedida por la Cancillería de Valladolid con fecha 30 de marzo de 1724. Casó en la villa de Canales, el 13 de octubre de 1714, con doña María Antonia Martínez de la Torre y Azcárraga, natural de Canales, hija de don Juan Martínez de la Torre y de doña María de Azcárraga y Lucindo. Tuvieron por hijos: a Juan; a Rafael; a Clemente; a Celedonio; a José Joaquín, y a Domingo Mediano de Valdosera y Martínez de la Torre. Los cuales:

Don Domingo Mediano de Valdosera y Martínez de la Torre, bautizado en la parroquia de Villoslada el 18 de mayo de 1732, descendiente de la ilustre Casa-Solar de Valdosera, fue poseedor del Mayorazgo de su Casa, Oficial de la Clase de Primeros de la Contaduría de Marina, Administrador de Rentas Reales y de Alcabalas del Reino de Guatemala. En unión de sus hermanos, se encuentra empadronado como hidalgo en el Ayuntamiento de Villoslada en 30 de abril de 1754. Pasó a La Habana y presentó en su Ayuntamiento, la Real Carta de Hidalguía que obtuvo su padre en la Cancillería de Valladolid, la cual consta en el libro 46 de Actas de Cabildo, al folio 274 del Ayuntamiento de La Habana. Obtuvo certificación de armas el 14 de junio de 1787, expedida por don Ramón Zazo y Ortega, Cronista y Rey de Armas de Su Majestad. Testó el 10 de mayo de 1793 ante Miguel Méndez, y su defunción se encuentra en la Catedral de La Habana a 16 de mayo de dicho año, donde casó el 15 de octubre de 1764, con doña María Francisca López de Ramos y Maroto, hija de don Isidro López de Ramos y Sotomayor, Oficial de la Contaduría de Marina, y de doña María Jacinta Maroto y Carrillo de Albornoz. Tuvieron por hija: a

Doña María Josefa Mediano de Valdosera y López de Ramos, que fue bautizada en la Catedral de La Habana el 20 de enero de 1765. Testó el 27 de marzo de 1794 ante José Antonio Bosque y su defunción se encuentra en la referida Catedral a 29 de marzo de dicho año, donde casó el 19 de abril de 1780, con don Francisco Xavier Guiral y Navarrete, natural de Santander, Capitán de Fragata de la Real Armada, hijo de don Gaspar Guiral y Granados, Escribano, Capitán de Fragata de dicha Armada, y de doña Vicenta Navarrete y Montiel.

MORA

A fines del siglo XVIII, procedente de la villa de Hermigua, en la isla de la Gomera, Canarias, se estableció esta familia en la villa de Santa María de Puerto Príncipe (Cuba).

Don José López de Mora, casó con doña Luisa de Herrera, y tuvieron por hijo: a

Don Domingo López de Mora y Herrera, natural de la villa de Hermigua, que pasó a la villa de Santa María de Puerto Príncipe, en la isla de Cuba, donde casó, en la parroquia de Santa Ana, el 29 de octubre de 1788, con doña María de las Mercedes de los Reyes y Riverón, hija de don Bartolomé de los Reyes, natural de Canarias, y de doña Juana Riverón y de la Puebla, natural de Puerto Príncipe. Tuvieron por hijos: al

Licenciado José Vicente López de Mora y de los Reyes, bautizado en la villa de Puerto Príncipe, parroquia de la Soledad, el 23 de febrero de 1804, que fue Abogado, Síndico en 1839, consejero de Gobierno en 1841. Hizo información de limpieza de sangre para ingresar en la Universidad de La Habana, la que consta en su expediente de estudios. Casó en la villa de Puerto Príncipe el 19 de julio de 1826, con doña María Micaela de la Pera y Borrero, hija de don Ignacio Antonio de la Pera y Gutiérrez, y de doña Ana Margarita Borrero y Recio. Tuvieron por hijos: a Ana; a María de las Mercedes; a Juana; a Ignacio; a Vicente, y a Domingo López de Mora y de la Pera. Los cuales:

1. — Doña Ana López de Mora y de la Pera, casó en la Catedral de Puerto Príncipe el 13 de febrero de 1867, con don Francisco Toyos y Peón, natural de Oviedo, Capitán del Real Cuerpo de Artillería, hijo de Juan y de Antonia María.

2. — Doña María de las Mercedes López de Mora y de la Pera, casó con don Melchor Loret de Mola y Batista, hijo de don Luis Loret de Mola y Sánchez-Pereira y de doña Isabel Batista y Guerra.

3. — Doña Juana López de Mora y de la Pera, casó con don Alejandro Loret de Mola y Batista, hijo de don Luis Loret de Mola y Sánchez-Pereira, y de doña Isabel Batista y Guerra.

4. — Don Ignacio López de Mora y de la Pera, fue Secretario de Estado por la Junta Revolucionaria de la Guerra de los Diez Años, siendo fusilado poco después de su designación. Casó con doña Ana Betancourt y Agramonte, hija de don Diego Alonso Betancourt y Gutiérrez, y de doña Ángela de Agramonte y Aróstegui. No tuvieron sucesión.

5. — Don Vicente López de Mora y de la Pera, murió en el campamento insurrecto de Jagua el 22 de abril de 1871. Casó en la Catedral de Puerto Príncipe el 9 de enero de 1860, con doña María de las Mercedes Miranda y del Castillo, hija de don Fermín Miranda y Esquivel, y de doña Josefa del Castillo y del Castillo. Tuvieron por hijos: a Ana; a Heliana; a María de las Mercedes; a Juana; a Lucila, y a Rogerio Mora y Miranda. De los cuales:

A. — Doña María de las Mercedes Mora y Miranda, fue muerta en los campos de la Revolución cubana, durante la Guerra de los Diez Años.

B. — Doña Juana Mora y Miranda, fue muerta igualmente en los campos de la Revolución cubana, durante la Guerra de los Diez Años.

C. — Doña Lucila Mora y Miranda, casó con el Licenciado Francisco Perfecto Smith y Gasparini, natural de Cárdenas, Médico, hijo de don Roberto Smith y Loret, y de doña María Gasparini y Loret.

D. — Don Roberto Mora y Miranda, fue Comandante del Ejército Libertador de Cuba, e Inspector de la Policía de La Habana. Casó con doña María Torrens y Morales, y tuvieron por hijos: a Lucila; a Perla, y a Rogerio Mora y Torrens. De los cuales:

Don Rogerio Mora y Torrens, es Vicecónsul de la República de Cuba en Barcelona.

6. — Don Domingo López de Mora y de la Pera, casó en la Catedral de Puerto Príncipe el 7 de febrero de 1859, con doña María del Rosario Varona y Varona, hija de don Joaquín Varona y Duque de Estrada, y de doña María de las Mercedes Varona y Varona. Tuvieron por hijos: a Arturo, y a Gastón Mora y Varona. Los cuales:

1. — Don Arturo Mora y Varona, fue periodista. Falleció soltero.

2. — Doctor Gastón Mora y Varona, bautizado en la Catedral de Puerto Príncipe el 30 de marzo de 1861, fue Abogado, distinguido periodista y Magistrado del Tribunal Supremo de Justicia de la República de Cuba. Casó dos veces: la primera, con Luz Varona y del Castillo; y la segunda, con doña Ernestina Varona y del Castillo, hijas ambas de don Enrique José Varona y Pera, notable filósofo y distinguido escritor, Diputado a Cortes, Secretario de Instrucción Pública y Bellas Artes, Catedrático de la Universidad de La Habana, y Vicepresidente de la República de Cuba y de doña Tomasa del Castillo y Socarrás.

Don Gastón Mora y Varona, y su primera mujer doña Luz Varona y del Castillo, tuvieron por hijo: al

Doctor Armando Mora y Varona, Médico, que casó con doña Herminia Álvarez.

Don Gastón Mora y Varona, y su segunda mujer, doña Ernestina Varona y del Castillo, tuvieron por hijo: al

Doctor Arturo Mora y Varona, Abogado, que casó con doña Zeida del Portal y Monteagudo, hija del Ingeniero Primitivo y de Justina.

NIETO

En la segunda mitad del siglo XVII, procedente de la ciudad de Plasencia, provincia de Cáceres, Extremadura, se estableció esta familia en San Agustín de la Florida, pasando posteriormente a La Habana.

Don Andrés Nieto de Frías y Carvajal, y su mujer doña María Trinidad de Paz y Alarcón, tuvieron por hijo: al

Ayudante Bernardo Nieto de Carvajal y Paz de Alarcón, natural de Plasencia, que casó en la parroquia de San Agustín de la Florida el 23 de noviembre de 1687, con doña María Gertrudis Naranjo de la Cruz y Hernández de la Cruz, natural de esta ciudad, hija de Juan Tomás y de Isabel. Tuvieron por hijos: a Isabel; a María; a Petronila; a Rosa; a Eugenio; a Bernardo; a Antonio, y a Bartolomé Nieto de Carvajal y de la Cruz. Los cuales:

1. — Doña Isabel Nieto de Carvajal y de la Cruz, fue bautizado en la parroquia de San Agustín de la Florida el 28 de noviembre de 1705.

2. — Doña María Nieto de Carvajal y de la Cruz, casó en la parroquia de San Agustín de la Florida el 18 de octubre de 1738, con don Alonso de Medina y Medina, natural de Granada, hijo de Cristóbal y de Ana.

3. — Doña Petronila Nieto de Carvajal y de la Cruz, casó en la parroquia de San Agustín de la Florida el 20 de junio de 1714, con don Juan Bautista Trabuda y Samalloa, natural de la villa de Sornoza, en Vizcaya, hijo de Martín y de María.

4. — Doña Rosa Nieto de Carvajal y de la Cruz, fue bautizada en la parroquia de San Agustín de la Florida el 13 de septiembre de 1697, donde casó el 8 de julio de 1716, con el Sargento Juan Andrés de Escobedo y Cabrera, hijo del Alférez Andrés de Escobedo y Rica, y de Josefa Cabrera y Ximénez.

5. — Don Eugenio Nieto de Carcajal y de la Cruz, fue bautizado en la parroquia de San Agustín de la Florida el 22 de noviembre de 1695.

6. — Don Bernardo Nieto de Carvajal y de la Cruz, fue bautizado en la parroquia de San Agustín de la Florida.

7. — Don Antonio Nieto de Carvajal y de la Cruz, fue bautizado en la parroquia de San Agustín de la Florida.

8. — El Alférez Bartolomé Nieto de Carvajal y de la Cruz, tiene su defunción en la parroquia de San Agustín de la Florida a 24 de enero de 1757, donde casó dos veces: la primera, el 2 de abril de 1731, con doña María de los Dolores Car y Torres, hija de Juan Esteban y de Manuela. Casó por segunda vez, el 4 de febrero de 1715, con doña Agustina Basilia de los Reyes y Solana, hija de don Lucas de los Reyes y Ximénez, y de doña Antonia Solana y Pérez. Con su primera mujer tuvo por hijos: a María; a María Gertrudis; a Francisco de Borja; a Luis; a Francisco Xavier, y a Pedro Nieto y Car. Los cuales:

1. — Doña María Nieto y Car, fue bautizada en la parroquia de San Agustín de la Florida el 13 de julio de 1733, donde se encuentra su defunción a 13 de noviembre de 1762.

2. — Doña María Gertrudis Nieto y Car, bautizada en la parroquia de San Agustín de la Florida el 21 de octubre de 1746, casó dos veces: la primera en la referida parroquia el 3 de febrero de 1751, con don Pedro Agustín de Florencia y Goyas-Regidor, hijo de don Bernardo de Florencia y Rodríguez de Acosta, y de doña Agustina de Goyas-Regidor y Mercado. Casó por segunda vez en La Habana, parroquia de Guadalupe, el 27 de septiembre de 1767, con don Felipe Benito de Arteaga

y Escalona, natural de San Agustín de la Florida, hijo de Juan Benito y de Jerónima.

3. — Don Francisco de Borja Nieto y Car, fue bautizado en la parroquia de San Agustín de la Florida el 10 de junio de 1735.

4. — Don Luis Nieto y Car, fue bautizado en la parroquia de San Agustín de la Florida el 31 de agosto de 1744.

5. — Don Francisco Xavier Nieto y Car, fue bautizado en la parroquia de San Agustín de la Florida, el 9 de junio de 1753.

6. — Don Pedro Nieto y Car, bautizado en la parroquia de San Agustín de la Florida el 13 de agosto de 1757, tiene su defunción en La Habana, parroquia de Jesús María, a 22 de marzo de 1794. Casó con doña Victoria Muñoz, y tuvieron por hija: a

Doña María Agustina Nieto y Muñoz, que fue bautizada en la parroquia de San Agustín de la Florida el 11 de marzo de 1761.

Don Bartolomé Nieto de Carvajal y de la Cruz, y su segunda mujer doña Agustina Basilia de los Reyes y Solana, tuvieron por hijos: a Antonia Manuela; a Manuel; a Sebastián, y a Bernardo Nieto y de los Reyes. Los cuales:

1. — Doña Antonia Manuela Nieto y de los Reyes, natural de San Agustín de la Florida, testó ante Juan Salinas, y su defunción se encuentra en La Habana, parroquia de Guadalupe a 29 de enero de 1762. Casó con don Pedro Márquez.

2. — Don Manuel Nieto y de los Reyes, fue bautizado en la parroquia de San Agustín de la Florida el 7 de enero de 1721.

3. — Don Sebastián Nieto y de los Reyes, fue bautizado en la parroquia de San Agustín de la Florida el 30 de enero de 1725.

4. — Don Bernardo Nieto y de los Reyes, fue bautizado en la parroquia de San Agustín de la Florida el 19 de diciembre de 1715, donde casó el primero de febrero de 1745, con doña Luisa de la Cruz y Ponce de León, hija de José y de Juana. Tuvieron por hijos: a Basilia; a Cecilia; a Luisa; a María; a Simón; a Ceferino; a Lázaro; a Bartolomé, y a Timoteo Tadeo Nieto y de la Cruz. Los cuales:

1. — Doña Basilia Nieto y de la Cruz, fue bautizada en la parroquia de San Agustín de la Florida el 16 de junio de 1747.

2. — Doña Cecilia Nieto y de la Cruz, fue bautizada en la parroquia de San Agustín de la Florida el 14 de abril de 1749.

3. — Doña Luisa Nieto y de la Cruz, fue bautizada en la parroquia de San Agustín de la Florida el 8 de octubre de 1753.

4. — Doña María Nieto y de la Cruz, fue bautizada en la parroquia de San Agustín de la Florida el 30 de diciembre de 1762.

5. — Don Ceferino Nieto y de la Cruz, fue bautizado en la parroquia de San Agustín de la Florida el 23 de julio de 1750.

6. — Don Lázaro Nieto y de la Cruz, fue bautizado en la parroquia de San Agustín de la Florida el 13 de marzo de 1760.

8. — Don Simón Nieto y de la Cruz, pasó a La Habana.

9. — Don Timoteo Tadeo Nieto y de la Cruz, fue bautizado en la parroquia de San Agustín de la Florida el 27 de enero de 1758, y casó dos veces: la primera, con doña Cayetana de Azpeitia; y la segunda, en La Habana, parroquia de Jesús del Monte, el 23 de marzo de 1797, con doña María Vázquez y Rojo, natural de esta ciudad, hija de Antonio y de Bárbara.

OTERO

En la primera mitad del siglo XVIII, procedente de Santander, en Castilla, pasó esta familia a La Habana, estableciéndose posteriormente en la ciudad de Matanzas, donde se arraigó.

Don Fernando de Otero, y su mujer doña Juliana Velarde, tuvieron por hijo: al

Capitán Fernando de Otero y Velarde, natural de Santander, que testó el 24 de julio de 1749 ante José Martínez de Velazco. Su defunción se encuentra en la Catedral de Matanzas a 18 de septiembre de dicho año. Casó con doña Catalina Báez de Fuentes y Pérez-Cordoví, natural de la villa de Guanabacoa, hija de don Francisco Báez de Fuentes y Milián, y de doña Francisca Pérez-Cordoví y Báez de Fuentes, conocida por Francisca de Fuentes. Tuvieron por hijos: a María; a Fernando; a Melchor; a José; a Andrés; a Miguel, y a Esteban de Otero y Báez de Fuentes. Los cuales:

1. — Doña María de Otero y Báez de Fuentes, tiene su defunción en la Catedral de Matanzas a 26 de julio de 1754. Casó con don Lorenzo Carvajal.

2. — Capitán Fernando de Otero y Báez de Fuentes, bautizado en la parroquia de Guamacaro el 11 de agosto de 1721, tiene su defunción en La Habana, parroquia del Espíritu Santo, a 14 de febrero de 1774. Casó en la Catedral de Matanzas el 9 de abril de 1742, con doña Teodora Benítez de Lugo y Avalos, hija de don Francisco Benítez de Lugo, natural de Tenerife, y de doña Manuela Avalos y Díaz. Tuvieron por

hijos: a María Gertrudis, y a José Gonzalo de Otero y Benítez de Lugo. Los cuales:

A. — Doña María Gertrudis de Otero y Benítez de Lugo, natural de Matanzas, testó ante Antonio Zayas, y su defunción se encuentra en la parroquia de Jaruco a 14 de julio de 1804. Casó con don Manuel de Fuentes y González-Landín, natural de Guanabacoa, hijo de don Manuel Báez de Fuentes y Pérez-Cordoví y de doña Francisca González-Landín y Hernández.

B. — Don José Gonzalo de Otero y Benítez de Lugo, natural de Matanzas, tiene su defunción en la referida Catedral a 16 de abril de 1743.

3. — Don Melchor de Otero y Báez de Fuentes, natural de La Habana, casó en la parroquia de Guanabacoa el 2 de junio de 1728, con doña Catalina González-Landín y Hernández, natural de dicha villa, hija de Julián y de Francisca. Tuvieron por hijos: a Josefa, y a Dionisio de Otero y González-Landín. Los cuales:

A. — Doña Josefa de Otero y González-Landín, natural de Guanabacoa, tiene su defunción en la Catedral de Matanzas a 12 de mayo de 1753. Casó con el Sargento Baltasar de los Reyes.

B. — Don Dionisio de Otero y González-Landín, fue bautizado en la parroquia de Guanabacoa a 22 de octubre de 1737.

4. — Capitán José de Otero y Báez de Fuentes, natural de La Habana, testó ante Ignacio Rodríguez, y su defunción se encuentra en esta ciudad, parroquia del Espíritu Santo, a 28 de diciembre de 1776. Casó dos veces: la primera, con doña Tomasa de Fuentes y de la Gama, y la segunda, en la citada parroquia del Espíritu Santo el 11 de noviembre de 1744, con doña Gertrudis de Fuentes y de la Gama, hijas ambas de don Juan Manuel Báez de Fuentes y Pérez-Cordoví, y de doña Juana Gertrudis de la Gama-Navarrete y Olivares-Guillamas. Con su segunda mujer, tuvo por hijos: a Antonia; a María Josefa; a Gertrudis; a María de los Dolores; a Francisca; a María del Socorro; a María del Tránsito; a Juan, y a José de Otero y Fuentes. De los cuales:

A. — Doña María del Tránsito Otero y Fuentes, natural de La Habana, testó el 21 de abril de 1791 ante Joaquín Aparicio, y su defunción se encuentra en la parroquia de Guanabacoa a 4 de mayo de dicho año. Casó con don Juan de Reina.

B. — Don José de Otero y Fuentes, natural de La Habana, falleció soltero, y su defunción se encuentra en esta ciudad, parroquia del Santo Ángel, a 19 de mayo de 1778.

5. — Capitán Andrés de Otero y Báez de Fuentes, natural de Guanabacoa, fue bautizado en La Habana, parroquia del Espíritu Santo, el 19 de septiembre de 1710 (folio 101 vuelto del libro III). Casó con doña

María Gertrudis Carvajal, y tuvieron por hijos: a María Nicolasa; a María Josefa; a Juan Bautista; a Antonio; a Francisco; a Gertrudis, y a Andrés de Otero y Gutiérrez Carvajal. Los cuales:

A. — Doña Gertrudis de Otero y Gutiérrez Carvajal, casó en La Habana, parroquia del Santo Cristo, el 23 de septiembre de 1770, con don José María Rodríguez Morejón y Roxas-Sotolongo, hijo de don Juan Tomás Rodríguez Morejón y Alverja, y de doña Baltasara de Roxas-Sotolongo y Burón.

B. — Don Juan Bautista de Otero y Gutiérrez-Carvajal, fue bautizado en la parroquia del Espíritu Santo el 22 de octubre de 1747.

C. — Doña María Josefa de Otero y Gutiérrez-Carvajal, natural de La Habana, casó en la Catedral de Matanzas el 8 de agosto de 1751, con don José Antonio López de Villavicencio y López de Cuéllar, Regidor, Alférez Mayor de Matanzas, hijo de don Juan López de Villavicencio y Rodríguez, natural de Matanzas, y de doña María López de Cuéllar y Ávila.

D. — Doña María Nicolasa de Otero y Gutiérrez-Carvajal, fue bautizada en la Catedral de Matanzas el 19 de septiembre de 1744, donde casó el 20 de marzo de 1758, con don José Valero Guzmán y Oseguera, natural de La Habana, hijo de don José Valero y Guzmán y Barreto, y de doña Josefa Mariana Oseguera y de la Riva.

E. — Don Antonio de Otero y Gutiérrez-Carvajal, tiene su defunción en la Catedral de Matanzas a 3 de agosto de 1743.

F. — Don Francisco de Otero y Gutiérrez-Carvajal, tiene su defunción en la Catedral de Matanzas a 11 de enero de 1756. Otro del mismo nombre tiene también su defunción en la citada Catedral en octubre de 1761.

G. — Don Andrés de Otero y Gutiérrez-Carvajal, natural de La Habana, casó en esta ciudad, parroquia de Guadalupe, el 11 de abril de 1783, con doña María de la Altagracia Castellanos y Soto, natural de La Habana, hija de Antonio y de Rosa.

6. — Don Miguel de Otero y Báez de Fuentes, del que se tratará en la «Línea Primera».

7. — Don Esteban de Otero y Báez de Fuentes, del que se tratará en la «Línea Segunda».

«LÍNEA PRIMERA»

Don Miguel de Otero y Báez de Fuentes (anteriormente mencionado como hijo del Capitán Fernando de Otero y Velarde y de doña Catalina Báez de Fuentes y Pérez-Cordoví), fue natural de la Hacienda «La

Palma», en la jurisdicción de La Habana. Casó en la Catedral de Matanzas el 16 de junio de 1742 con doña María Gertrudis Pérez-Barnuevo y Solís-Puñales, natural de Jesús del Monte, hija de don Agustín Pérez-Barnuevo y Pérez, y de doña Francisca Solís-Puñales y Morales. Tuvieron por hijos: a Rosalía Petrona; a María Gertrudis; a Ignacio, y a Agustín de Otero y Pérez-Barnuevo. Los cuales:

1. — Doña Rosalía Petrona de Otero y Pérez-Barnuevo, natural de Matanzas, tiene su defunción en la parroquia de la villa de Guanabacoa a 25 de noviembre de 1762. Casó dos veces: la primera, en la Catedral de La Habana el 12 de agosto de 1755, con don Antonio de Fuentes y González-Landín, hijo de don Manuel Báez de Fuentes y Pérez-Cordoví, y de doña Francisca González-Landín y Hernández. Casó por segunda vez, con don Pedro de Orozco y Otero, hijo de Pedro y de Gertrudis.

2. — Doña María Gertrudis de Otero y Pérez-Barnuevo, natural de La Habana, casó en esta ciudad, parroquia de Guadalupe, el 29 de octubre de 1772, con don José Francisco de Fuentes y González-Landín, natural de Guanabacoa, hijo de don Manuel Báez de Fuentes y Pérez-Cordoví, y de doña Francisca González-Landín y Hernández.

3. — Don Ignacio de Otero y Pérez-Barnuevo, casó en la parroquia de San Matías de Río Blanco del Norte en 1796, con doña Josefa Isabel de Orozco y Otero, hija de Pedro y de Gertrudis. Tuvieron por hija: a

Doña Francisca Josefa de Otero y Orozco, que fue bautizada en la parroquia de Macuriges el 19 de marzo de 1799, donde casó en 1822, con don Francisco Abad de Otero y Fuentes, natural de Matanzas, hijo de don Agustín de Otero y Pérez-Barnuevo y de doña Antonia de Fuentes y Benítez de Lugo.

4. — Don Agustín de Otero y Pérez-Barnuevo, fue arrendatario de la Hacienda «Gonzalo», en la jurisdicción de Macuriges. Casó tres veces: la primera, con doña Antonia de Fuentes y Benítez de Lugo, hija de don Miguel Báez de Fuentes y Carvajal, y de doña Ana Juana Benítez de Lugo y Avalos. Casó por segunda vez, con doña María Gertrudis Pérez-Barnuevo. Casó por tercera vez, en la parroquia de Macuriges, en 1797, con doña María Benita Zamora y Cepero, hija de José y de María. Con su primera mujer, tuvo por hijos: a Juana; a María de Regla; a Antonia; a Francisco Antonio; a Gregorio; a José, y a Francisco Abad de Otero y Fuentes. De los cuales:

1. — Doña María de Regla de Otero y Fuentes, casó con don José Olano y Otero, hijo de Francisco y de Josefa.

2. — Doña Antonia de Otero y Fuentes, casó con don Manuel Pérez-Borroto y Noriega, hijo de don Alonso Pérez-Borroto y Pérez-Barnuevo, y de doña Leonor Noriega.

3. — Don Francisco Antonio de Otero y Fuentes, bautizado en la parroquia de Macuriges el 25 de julio de 1794, casó con doña María Antonia de Fuentes y Pérez-Barnuevo, natural de Matanzas, hijo de don Juan José de Fuentes y Avalos, y de doña Rita Pérez-Barnuevo y Solís-Puñales.

4. — Don Gregorio de Otero y Fuentes, bautizado en la parroquia de Macuriges el 13 de julio de 1787, casó con doña María Josefa Olano y Otero, natural de Guamacaro, hija de don José Olano y Otero, y de doña María de Regla Otero y Fuentes.

5. — Don José de Otero y Fuentes, natural de Guanacaje, casó con doña María Olano y Otero, hija de don José Olano y Otero, y de doña María de Regla Otero y Fuentes. Tuvieron por hijo: a

Don Rafael Otero y Olano, bautizado en la parroquia de Macuriges el 10 de abril de 1837, que casó en la parroquia de Hanábana en 1861, con doña María de Regla Zamora y Olano, natural de Alacranes, hija de don Joaquín Zamora y Ortega, y de doña Josefa Olano y Otero.

6. — Don Francisco Abad de Otero y Fuentes, bautizado en la Catedral de Matanzas el 15 de octubre de 1777, casó dos veces: la primera, con doña María Gertrudis Solís-Puñales y Gómez, natural de dicha ciudad, hija de don Dionisio José Solís-Puñales y Pérez-Borroto, natural de Managua, y de doña María Manuela Gómez. Casó por segunda vez en la parroquia de Macuriges en 1822, con doña Francisca Josefa de Otero y Orozco, natural de dicha parroquia, hija de don Ignacio de Otero y Pérez-Barnuevo, y de doña Josefa Isabel Orozco y Otero. Con su primera mujer, tuvo por hijos: a Eustaquia; a Rosa, y a Francisco José Otero y Solís-Puñales. Los cuales:

1. — Doña Eustaquia Otero y Solís-Puñales, casó con don Rafael Orozco y Otero, hijo de Antonio y de Catalina.

2. — Doña Rosa Otero y Solís-Puñales, casó con don Rafael Orozco y Otero, hijo de Antonio y de Catalina.

3. — Don Francisco José Otero y Solís-Puñales, bautizado en la parroquia de Ceiba-Mocha el 29 de agosto de 1799, casó en la de Macuriges en 1825, con doña María Casilda Rodríguez y Pérez-Barnuevo, natural de Ceiba-Mocha, hija de don Juan José Rodríguez y Otero, y de doña Rita Pérez-Barnuevo y Solís-Puñales. Tuvieron por hijo: a

Don Francisco Antonio Otero y Rodríguez, que fue bautizado en la parroquia de Macuriges el 4 de abril de 1826. Casó dos veces: la primera en la referida parroquia en 1854, con doña Catalina María Orozco y Otero, bautizada en la parroquia de Macuriges el 5 de mayo de 1827, hija de don Rafael Orozco y Otero, y de doña Rosa Otero y Solís-Puñales. Casó por segunda vez en la parroquia de Cimarrones en 1858, con doña Catalina María Orozco y Otero, bautizada en la parroquia de Santa Catalina del Roque el 3 de enero de 1840, hija de don Rafael Orozco y Otero, y de doña Eustaquia Otero y Solís-Puñales.

«LINEA SEGUNDA»

Don Esteban de Otero y Báez de Fuentes (anteriormente mencionado como hijo del Capitán Fernando de Otero y Velarde y de doña Catalina Báez de Fuentes y Pérez-Cordoví), bautizado en la Catedral de Matanzas el 7 de febrero de 1707, tiene su defunción en la parroquia de Guanabacoa a 22 de septiembre de 1776, donde casó el 21 de junio de 1732, con doña Josefa Ruiz del Álamo y González, hija del Capitán Diego Ruiz del Álamo y Rodríguez y de doña María de las Nieves González Oropesa. Tuvieron por hijos: a Josefa; a Francisca; a Rosalía; a María Nicolasa; a Francisco José; a Esteban; a Manuel; a Fernando; a José, y a Francisco de Otero y Ruiz del Álamo. Los cuales:

1. — Doña Josefa de Otero y Ruiz del Álamo, fue bautizada en la parroquia de Guanabacoa el 25 de febrero de 1737.

2. — Doña Francisca de Otero y Ruiz del Álamo, fue bautizada en la parroquia de Guanabacoa el 17 de marzo de 1740.

3. — Doña Rosalía de Otero y Ruiz del Álamo, fue bautizada en la parroquia de Guanabacoa el 15 de septiembre de 1742.

4. — Doña María Nicolasa de Otero y Ruiz del Álamo, fue bautizada en la parroquia de Guanabacoa el 27 de septiembre de 1744, donde casó el 12 de agosto de 1772, con don José del Portillo e Isas, natural de La Coruña, Teniente de Infantería de Milicias Blancas, hijo del Ayudante Manuel y de Margarita.

5. — Don Francisco José de Otero y Ruiz del Álamo, fue bautizado en la parroquia de Guanabacoa el 6 de septiembre de 1738.

6. — El Alférez Esteban de Otero y Ruiz del Álamo, tiene su defunción en la parroquia de Guanabacoa a 14 de octubre de 1759.

7. — Don Fernando de Otero y Ruiz del Álamo, tiene su defunción en la parroquia de Guanabacoa a 18 de junio de 1757.

8. — Don José de Otero y Ruiz del Álamo, natural de Guanabacoa, casó en la Catedral de Matanzas el 9 de abril de 1776, con doña Rita González de la Barrera, bautizada en la referida Catedral el 23 de diciembre de 1757. Tuvieron por hija: a

Doña María de los Dolores Romualda Otero y González de la Barrera, que casó en la Catedral de Matanzas el 30 de agosto de 1834, con don Ignacio Teurbe-Tolón y Blandino, natural de La Habana, hijo del Bachiller Ignacio-Teurbe Tolón y Bogado, natural de la ciudad de Moguer, Médico, Administrador del Ramo de Arbitrios de las Milicias de Matanzas, y de doña Gertrudis Blandino y González del Junco.

9. — Don Manuel de Otero y Ruiz del Álamo, natural de Guanabacoa, fue Cadete del II Regimiento de Milicias Blancas de dicha villa,

en cuya parroquia tiene su defunción a 5 de marzo de 1806. Casó en la parroquia de Guanabacoa el 30 de enero de 1775, con doña Bárbara Alfonso de Armas y Sardiña, hija de don Bernardino Alfonso de Armas y Rodríguez y de doña María Sardiña y Hernández Madruga.

10. — Don Francisco de Otero y Ruiz del Álamo, bautizado en la parroquia de Guanabacoa el 2 de octubre de 1758, casó en la Catedral de Matanzas el primero de octubre de 1781, con doña María del Socorro Hernández y Benítez de Lugo, bautizada en la referida Catedral el 20 de mayo de 1759, hija de don Andrés Hernández y Chávez, natural de Guanabacoa, y de doña Gertrudis Manuela Benítez de Lugo y Avalos. Tuvieron por hijos: a María Gertrudis, y a José María Otero y Hernández. Los cuales:

1. — Doña María Gertrudis Otero y Hernández, fue bautizada en la Catedral de Matanzas el 30 de noviembre de 1787, donde casó el 28 de septiembre de 1810, con don Francisco Hernández y Morejón, natural de dicha ciudad, hijo de don Francisco Hernández y Benítez de Lugo, natural de Guamacaro, y de doña Josefa Aniceta Morejón y del Castillo.

2. — Don José María Otero y Hernández, fue bautizado en la Catedral de Matanzas el 12 de septiembre de 1786, donde casó en 1819, con doña Claudia María Hernández y Morejón, natural de dicha ciudad, hija de don Ignacio Hernández y Benítez de Lugo, y de doña María Felipa Morejón y del Castillo. Tuvieron por hijo: a

Don Andrés Felipe Otero y Hernández, que fue bautizado en la Catedral de Matanzas el 5 de febrero de 1825, donde casó el año 1870, con doña María de los Ángeles Beguería y Hernández, natural de San Antonio de Cabezas, hija de don Luis Beguería, natural de Aragón, y de doña María del Carmen Hernández y Ferrero, natural de Matanzas. Tuvieron por hijos: a María de la Concepción; a Luis Andrés, y a José María Otero y Beguería. Los cuales:

1. — Doña María de la Concepción Otero y Beguería, casó con el Licenciado Narciso García-Menocal y García-Menocal, Abogado, Magistrado de la Audiencia de Matanzas, hijo de don Rafael García-Menocal y Rivas, y de doña María del Rosario García-Menocal y Martín.

2. — Don Luis Andrés Otero y Beguería, casó con doña María Morejón y Cuéllar, y tuvieron por hijas: a Margarita, y a María de los Ángeles Otero y Morejón. De los cuales:

Doña María de los Ángeles Otero y Morejón, casó con don Víctor Rufín.

3. — Doctor José María Otero y Beguería, bautizado en la Catedral de Matanzas el 3 de julio de 1872, fue Cirujano Dentista. Casó con doña Anisia Sabina Domínguez y Fumero, natural de dicha ciudad, hija de

José Ignacio y de Juana. Tuvieron por hijos: a Olga y a Rubén Otero y Domínguez. Los cuales:

1. — Doña Olga Otero y Domínguez, casó con don Néstor Carbonell y Rivas, hijo de don Gaspar Carbonell y Rivero, y de doña Mercedes Rivas.

2. — Doctor Rubén Otero y Domínguez, nacido en Matanzas el 9 de junio de 1907, es Médico. Casó con doña Carmen Rodríguez, y tuvieron por hijos: a Isis, y a Rubén Otero y Rodríguez.

Procedente de Betanzos, en Galicia, se estableció en La Habana, a principios del siglo XVIII, otra familia de este apellido, a la cual perteneció:

Don Pedro de Otero, que casó con doña Dominga de Arriba. Tuvieron por hijo: a

Don Domingo de Otero y Arriba, natural de Betanzos, que casó en La Habana, parroquia del Espíritu Santo, el 13 de diciembre de 1705, con doña Teresa Hernández Florencia y Flores, natural de San Agustín de la Florida, hija de Francisco y de María. Tuvieron por hijos: a María de los Santos; a Ambrosia Manuela; a José, y a Francisco Xavier de Otero y Hernández Florencia. Los cuales:

1. — Doña María de los Santos Otero y Hernández Florencia, casó con don Manuel Magallanes.

2. — Doña Ambrosia Manuela de Otero y Hernández Florencia, natural de La Habana, casó en esta ciudad, parroquia del Espíritu Santo, el 20 de enero de 1738, con don José Hernández de la Cruz y Pérez, natural de Tacoronte, hijo de Tomás y de Juana.

3. — Don José de Otero y Hernández Florencia, natural de La Habana, tiene su defunción en esta ciudad, parroquia del Espíritu Santo, a 9 de noviembre de 1774. Casó tres veces: la primera, en La Habana, parroquia del Espíritu Santo, el 28 de agosto de 1727, con doña Tomasa González y Suárez del Castillo, hija de Silvestre y de María. Casó por segunda vez, en la referida parroquia el 21 de diciembre de 1737, con doña Ana Francisca de la Rocha y Domínguez, natural de esta ciudad, hija de Juan Francisco y de Catalina. Casó por tercera vez, con doña Catalina Manresa. Con su segunda mujer tuvo por hijos: a María de Regla; a Esteban, y a José Ricardo Otero y de la Rocha. Los cuales:

A. — Doña María de Regla Otero y de la Rocha, natural de La Habana, testó mancomunadamente con su marido el 25 de marzo de 1799, ante José Noy, y su defunción se encuentra en la parroquia del Potosí a 4 de abril de dicho año. Casó en La Habana, parroquia del Espíritu

Santo, el 13 de marzo de 1758, con don Juan Vicente Cepero, natural de Jerez de la Frontera, hijo de Gabriel y de Andrea Francisca.

B. — Don Esteban Otero y de la Rocha, fue bautizado en la parroquia del Espíritu Santo, el 7 de septiembre de 1744.

C. — Don José Ricardo Otero y de la Rocha, tiene su defunción en la parroquia de la villa de Güines a 23 de diciembre de 1794. Casó con doña María de la Concepción Rodríguez, y tuvieron por hija: a

Doña María del Rosario Otero y Rodríguez, que fue bautizada en la parroquia de San Miguel del Padrón el 22 de mayo de 1772.

4. — Don Francisco Xavier de Otero y Hernández Florencia, natural de La Habana, casó dos veces en esta ciudad, en la parroquia del Espíritu Santo; la primera, el 29 de septiembre de 1749, con doña María Magdalena Galindo, hija de Pedro y de Catalina; y la segunda el 20 de diciembre de 1781, con doña Antonia Gertrudis de la Sierra y Rodríguez, natural de La Habana, hija de Diego y de Josefa. Con su primera mujer tuvo por hijo: a

Don Miguel de Otero y Galindo, natural de La Habana, que casó con doña Rosa María González y Farina, natural de esta ciudad, hija de Carlos y de María Gertrudis. Tuvieron por hijo: a

Don José Cándido Otero y González que fue bautizado en La Habana, parroquia del Santo Cristo, el 19 de diciembre de 1796. Casó en esta ciudad, parroquia de Guadalupe, en el año 1817, con doña María Rosalía Encinoso de Abreu y Magallanes, hija del Licenciado José María Encinoso de Abreu y Almirante, y de doña Ana María Magallanes y Quesada.

Procedente de Cumaná, en Venezuela, se estableció en La Habana, en la primera mitad del siglo XIX, otra familia de este apellido, a la cual perteneció:

Don Juan de Otero, Oficial Mayor de la Real Hacienda, que casó con doña Luisa Antonia Guerra. Tuvieron por hijo: a

Don José Manuel de Otero y Guerra, natural de Cumaná, en Venezuela, que pasó a La Habana, siendo Capitán de Dragones del Regimiento de Fernando VII. Casó con doña María de la Trinidad Urdaneta y Roo, natural de Maracaibo, Venezuela, hija de Francisco y de Juana, y tuvieron por hijos: a María de la Trinidad; a Luisa; a Josefa; a Bárbara; a María de la Concepción; a María del Rosario, y a José Manuel de Otero y Urdaneta. De los cuales:

1. — Doña María de la Trinidad de Otero y Urdaneta, casó con don Ramón Bonifaz.

2. — Doña Josefa de Otero y Urdaneta, natural de Trinidad, casó con don Antonio Armand y Olivera, natural de La Habana.

3. — Doña Bárbara de Otero y Urdaneta, bautizada en la Catedral de La Habana, el 4 de octubre de 1833, casó con don José Morales de los Ríos y Morphy, hijo de don José Morales de los Ríos y Septién, Capitán de Navío de la Real Armada, Caballero de la Orden de Santiago, y de doña Joaquina Morphy.

4. — Doña María de la Concepción Otero y Urdaneta, casó con don Carlos de Lasa y Arozarena, hijo de don Ramón de Lasa y Rivas, y de doña María de Jesús Arozarena y Rivas.

5. — Don José Manuel Otero y Urdaneta, bautizado en la parroquia de Regla, provincia de La Habana, el 27 de octubre de 1842, casó con doña María de la Concepción Galarraga y Mesa, natural de La Habana, hija de don José Antonio de Galarraga y Mendiola, Alcalde ordinario y de la Santa Hermandad, y de doña María Luisa de Mesa y Cachurro. Tuvieron por hijos: a Margarita; a Luisa María; a María Teresa; a Jorge; a Raúl, y a José Manuel Otero y Galarraga. De los cuales:

1. — Doña Luisa María Otero y Galarraga, casó con don Guillermo Merry.

2. — Doña María Teresa Otero y Galarraga, casó con don Francisco Miranda y Córdova, hijo de don José Francisco Miranda y Torres y de doña Teresa de Córdova y Bravo.

3. — Don Raúl Otero y Galarraga, casó con doña Sara Fernández.

4. — Doctor José Manuel Otero y Galarraga, fue Cirujano Dentista. Casó con doña María de la Concepción de Pedro y Pérez-Miró, hija de don José de Pedro y Roig, y de doña Luisa Pérez-Miró. Tuvieron por hijas: a Josefina, y a Graciella Otero y Pedro. Las cuales:

1. — Doña Josefina Otero y Pedro, casó con el doctor Rafael de la Portilla y Lavastida, hijo del doctor Florencio de la Portilla y Guilloma, Médico.

2. — Doña Graciella Otero y Pedro, casó con el doctor Antonio Álvarez y Pedroso, Abogado, hijo del doctor Armando Álvarez y Escobar, Abogado, y de doña Isabel Pedroso y Hernández.

PÉREZ - BARNUEVO

A principios del siglo XVII, aparece radicada esta familia en La Habana, pasando posteriormente a la provincia de Matanzas.

Son sus armas: escudo cuartelado; primero y cuarto de gules, con un castillo de oro; segundo y tercero de azur, con una cruz de Calatrava.

Don Adolfo Pérez de Sevilla Barnuevo, casó en la Catedral de La Habana el 6 de enero de 1617, con doña María Mayor y Tamayo, bautizada en la referida Catedral el 28 de octubre de 1601, que testó ante Cristóbal Valero el 22 de marzo de 1683, y cuya defunción se encuentra en esta ciudad, parroquia del Espíritu Santo, a 24 de marzo de dicho año, hija de don Juan Fernández y de doña Francisca de Tamayo, natural de San Salvador del Bayamo.[1] Tuvieron por hijos: a Ana; a Juana; a María Roballa; a Claudia; a Juan; a Francisco Adrián; a Bernabé; a Luis; a Simón; a Manuel; a Dionisio; a Juan Graciano, y a Alonso Pérez-Barnuevo y Mayor. De los cuales:

1. — Doña Ana Pérez-Barnuevo y Mayor, fue bautizada en la Catedral de La Habana, el 6 de febrero de 1619.

2. — Doña María Roballa Pérez-Barnuevo y Mayor, fue bautizada en la Catedral de La Habana el 15 de diciembre de 1642, donde se encuentra su defunción a 5 de septiembre de 1726. Casó en la referida Catedral el 25 de mayo de 1659, con el Alférez Leonardo de Heredia y Jorba-Calderón, cuya defunción se encuentra en la Catedral de La Habana a 21 de diciembre de 1700, hijo de Roque y de Isabel.

3. — Doña Claudia Pérez-Barnuevo y Mayor, fue bautizada en la Catedral de La Habana el 10 de mayo de 1639, donde casó el 28 de agosto de 1669, con don Juan González del Camino y González, natural del lugar de Buenavista, Tenerife, hijo de Felipe Martín y de Catalina.

4. — Don Manuel Pérez-Barnuevo y Mayor, fue bautizado en la Catedral de La Habana el 14 de enero de 1641.

5. — Don Francisco Adrián Pérez-Barnuevo y Mayor, fue bautizado en la Catedral de La Habana, el 18 de marzo de 1621.

6. — Don Bernabé Pérez-Barnuevo y Mayor, fue bautizado en la Catedral de La Habana el 14 de julio de 1631.

---

1. Doña Francisca de Tamayo, natural de la villa de San Salvador del Bayamo, testó el 16 de marzo de 1652, ante Agustín de Palma, y su defunción se encuentra en la Catedral de La Habana a 20 de agosto de 1652. Casó dos veces: la primera en la parroquia de Bayamo con don Francisco de Toledo, y la segunda vez, con don Juan Fernández, cuya defunción se encuentra en la Catedral de La Habana, a 16 de octubre de 1640.

Doña Francisca de Tamayo, y su primer marido don Francisco de Toledo, tuvieron por hijos: a Francisco y a Juan Pérez; a Catalina, mujer de don Francisco de Tabares; a Inés de Tamayo, y al Capitán Melchor de los Reyes.

Doña Francisca de Tamayo y su segundo marido don Juan Fernández, tuvieron por hijos: a Gaspar de los Reyes, y a María Mayor y Tamayo, que casó con don Alonso Pérez de Sevilla Barnuevo, arriba mencionado.

7. — Don Juan Pérez-Barnuevo y Mayor, fue bautizado en la Catedral de La Habana el 6 de octubre de 1633.

8. — Don Luis Pérez-Barnuevo y Mayor, fue bautizado en la Catedral de La Habana el 12 de marzo de 1636.

9. — Don Simón Pérez-Barnuevo y Mayor, fue bautizado en la Catedral de La Habana el 20 de diciembre de 1628, donde casó el 25 de septiembre de 1656, con doña Ana de Heredia y Jorba-Calderón, hija de Roque y de Isabel. Tuvieron por hijas: a Ana Isabel, y a Agustina Pérez de Heredia. Las cuales:

A. — Doña Ana Isabel Pérez de Heredia, testó el 10 de mayo de 1705, ante Alonso Fernández, y su defunción se encuentra en la Catedral de La Habana, a 18 de mayo de dicho año. Casó con don Baltasar Díaz.

B. — Doña Agustina Pérez de Heredia, testó ante Cristóbal Vianés de Salas el 9 de septiembre de 1746, y su defunción se encuentra en dicho año, en La Habana, parroquia del Espíritu Santo. Casó con don Gaspar Pérez.

10. — Don Juan Graciano Pérez-Barnuevo y Mayor, del que se tratará en la «Línea Primera».

11. — Don Alonso Pérez-Barnuevo y Mayor, del que se tratará en la «Línea Segunda».

12. — Don Dionisio Pérez-Barnuevo y Mayor, bautizado en la Catedral de La Habana el 29 de octubre de 1626, tiene su defunción en la parroquia de la villa de Guanabacoa a 16 de octubre de 1707. Casó con doña Victoria Álvarez, cuya defunción se encuentra en la citada parroquia de Guanabacoa a 13 de abril de 1703, y tuvieron por hija: a

Doña María de la Candelaria Pérez-Barnuevo y Álvarez, que fue bautizada en la Catedral de La Habana el 7 de enero de 1670. Casó con don Gaspar Pérez de los Reyes, y tuvieron por hijo: a

Don José Pérez-Barnuevo, cuya defunción se encuentra en La Habana, parroquia del Espíritu Santo, a 14 de agosto de 1755.

«LÍNEA PRIMERA»

Don Juan Graciano Pérez-Barnuevo y Mayor (anteriormente mencionado como hijo de don Alonso Pérez de Sevilla Barnuevo y de doña María Mayor y Tamayo), fue bautizado en la Catedral de La Habana el 16 de octubre de 1624, donde casó el 3 de noviembre de 1670, con doña Juliana Álvarez Texeda, natural de esta ciudad, hija de Francisco y de Antonia. Tuvieron por hijos: a Juana; a Antonia; a Bárbara; a Isabel Gertrudis; a Ignacio; a Francisco, y a Alejandro Pérez-Barnuevo y Álvarez. Los cuales:

1. — Doña Juana Pérez-Barnuevo y Álvarez, tiene su defunción en La Habana, parroquia de Jesús del Monte, a 12 de octubre de 1741.

2. — Doña Antonia Pérez-Barnuevo y Álvarez, testó el 18 de mayo de 1735 ante Bartolomé Núñez, y su defunción se encuentra en La Habana, parroquia del Santo Cristo, a 22 de julio de dicho año. Casó con don Pedro Lorenzo de Bastos.

3. — Doña Bárbara Pérez-Barnuevo y Álvarez, testó ante Cristóbal Vianés de Salas, y su defunción se encuentra en La Habana, parroquia de Guadalupe, a 17 de enero de 1746. Casó con don Manuel José Fernández-Buiza y Durán, natural de Sanlúcar de Barrameda.

4. — Doña Isabel Gertrudis Pérez-Barnuevo y Álvarez, testó ante Francisco García Brito, y a su defunción se encuentra en La Habana, parroquia de Guadalupe, a 7 de septiembre de 1754. Casó dos veces: la primera, con don Simón Baptista del Castillo, y la segunda en La Habana, parroquia del Espíritu Santo, el 19 de marzo de 1720, con don Pedro de la Mata y Arague, natural de Cádiz, hijo de Gabriel y de María.

5. — Don Ignacio Pérez-Barnuevo y Álvarez, testó ante Francisco García Brito, y su defunción se encuentra en La Habana, parroquia de Guadalupe, a 24 de junio de 1750. Casó en esta ciudad, parroquia del Espíritu Santo, el 26 de febrero de 1724, con doña Baltasara Navarro y Contreras, cuya defunción se encuentra en La Habana, parroquia de Guadalupe, a 31 de mayo de 1750, hija de Francisco y de Jacinta. Tuvieron por hijos: a María Gertrudis; a Juliana; a Feliciana Francisca; a Antonia, y a Ciprián Pérez-Barnuevo y Navarro. Los cuales:

A. — Doña María Gertrudis Pérez-Barnuevo y Navarro, fue bautizada en La Habana, parroquia de Jesús del Monte, el 3 de octubre de 1733.

B. — Doña Juliana Pérez-Barnuevo y Navarro, fue bautizada en La Habana, parroquia del Santo Cristo, el 4 de febrero de 1737.

C. — Doña Feliciana Francisca Pérez-Barnuevo y Navarro, fue bautizada en La Habana, parroquia del Santo Cristo, el 4 de febrero de 1737.

D. — Doña Antonia Pérez-Barnuevo y Navarro, tiene su defunción en La Habana, parroquia de Guadalupe, a 18 de febrero de 1762, donde casó dos veces: la primera, el 2 de diciembre de 1741, con don Vicente José Morales y García, natural de esta ciudad, hijo de Rafael y de María Josefa; y la segunda vez casó el 27 de enero de 1760, con don Juan Bautista Rodríguez y Cuervo, natural de La Habana, hijo de Matías y de Juana.

E. — Don Ciprián Pérez-Barnuevo y Navarro, fue bautizado en La Habana, parroquia del Espíritu Santo, el 8 de octubre de 1738.

5. — Don Alejandro Pérez-Barnuevo y Álvarez, testó el 20 de mayo de 1752, ante Cristóbal Vianés de Salas, y su defunción se encuentra en La Habana, parroquia del Santo Ángel, a 27 de febrero de 1753. Casó con doña Beatriz Pereira y Muñoz, y tuvieron por hijos: a Mariana; a Manuel; a Fray Esteban, y a Juan José Pérez-Barnuevo y Pereira. De los cuales:

Don Juan José Pérez-Barnuevo y Pereira, casó en la Catedral de La Habana, el 31 de diciembre de 1737, con doña Antonia Sotolongo y Ávila-Mendoza, hija de don Juan Solares-Sotolongo y Aguilar, y de doña Leonor de Ávila-Mendoza y Pérez-Borroto. Tuvieron por hija: a

María Ana Pérez-Barnuevo y Sotolongo, que fue bautizada en la parroquia del Espíritu Santo el primero de febrero de 1739.

6. — Don Francisco Pérez-Barnuevo y Álvarez, testó el 16 de noviembre de 1758 ante Juan Ramírez de Soto, y su defunción se encuentra en la parroquia de la villa de Guanabacoa, a 14 de septiembre de 1766. Casó con doña María Antonia González de la Barrera, y tuvieron por hijos: a María Josefa; a Juana Tecla; a Manuela Josefa; a María Teodora; a Melchora Rosalía; a María de la Concepción; a Antonia Josefa, y a José Pérez-Barnuevo y González de la Barrera. De los cuales:

1. — Doña María Josefa Pérez-Barnuevo y González de la Barrera, fue bautizada en Guanabacoa el 16 de noviembre de 1737.

2. — Doña Juana Tecla Pérez-Barnuevo y González de la Barrera, fue bautizada en La Habana, parroquia del Espíritu Santo, el primero de octubre de 1742.

3. — Doña Manuela Josefa Pérez-Barnuevo y González de la Barrera, tiene su defunción en la parroquia de San Antonio de los Baños, a 8 de diciembre de 1805. Casó en La Habana, parroquia del Espíritu Santo, el 16 de enero de 1746, con don Luis José de Urrutia y Arriaga, hijo de don José de Urrutia y Mexía, y de doña Teresa de Arriaga y Rodríguez.

4. — Doña María Teodora Pérez-Barnuevo y González de la Barrera, casó en La Habana, parroquia del Espíritu Santo, el 23 de enero de 1746, con don Plácido Romero y Ortega, natural de Cádiz, hijo de Francisco y de María Ana.

5. — Doña Antonia Josefa Pérez-Barnuevo y González de la Barrera, fue bautizada en La Habana, parroquia del Espíritu Santo, el 17 de abril de 1739, y tiene su defunción en la parroquia de Guanabacoa a primero de junio de 1776, donde casó el 29 de agosto de 1756, con don Ubaldo Sardiña y Reyes, hijo de don Manuel Sardiña y Ximénez y de doña María de los Reyes-Crespo y Córdoba.

6. — Don José Pérez-Barnuevo y González de la Barrera, natural de Guanabacoa, casó en la Catedral de Matanzas el 5 de enero de 1760,

con doña Catalina Hernández Madruga y Roque de Escobar, natural de Guanabacoa, hija de Manuel y de Teresa.

«LINEA SEGUNDA»

Don Alonso Pérez-Barnuevo y Mayor (anteriormente mencionado como hijo de don Alonso Pérez de Sevilla Barnuevo y de doña María Mayor y Tamayo), fue bautizado en la Catedral de La Habana, el 17 de agosto de 1644, donde casó el 14 de mayo de 1674, con doña Catalina Pérez-Cordoví y Báez de Fuentes, hija de don Bartolomé Cordoví y Betancourt, natural de Bayamo, y de doña Catalina Báez de Fuentes, natural de La Habana. Tuvieron por hijos: a Casilda; a María; a Pedro; a Cayetano; a Juan Graciano, y a Agustín Pérez-Barnuevo y Pérez Los cuales:

1. — Doña María Pérez-Barnuevo y Pérez, fue bautizada en la parroquia de la villa de Guanabacoa el 17 de abril de 1786.

2. — Doña Casilda Pérez-Barnuevo y Pérez, bautizada en la parroquia de la villa de Guanabacoa el 11 de mayo de 1682, casó en la Catedral de Matanzas el primero de marzo de 1700, con el Capitán Francisco Pérez-Borroto y Díaz-Pimienta, natural de La Habana, hijo de don Juan Bautista Pérez-Borroto y Recio y de doña Inés Díaz-Pimienta y Pereira.

3. — Don Pedro Pérez-Barnuevo y Pérez, fue bautizado en la parroquia de Guanabacoa el 27 de junio de 1678, donde se encuentra su defunción a 9 de noviembre de 1681.

4. — Don Cayetano Pérez-Barnuevo y Pérez, bautizado en la parroquia de Guanabacoa el 10 de mayo de 1677, tiene su defunción en la Catedral de Matanzas, a 19 de enero de 1746.

5. — Don Juan Graciano Pérez-Barnuevo y Pérez, fue bautizado en la parroquia de la villa de Guanabacoa el 27 de junio de 1678.

6. — Don Agustín Pérez-Barnuevo y Pérez, tiene su defunción en la Catedral de Matanzas a 14 de septiembre de 1765. Casó dos veces: la primera, en La Habana, parroquia del Santo Cristo, el 25 de febrero de 1714, con doña Nicolasa Rodríguez y Martín, hija de José y de Ana; y la segunda vez casó con doña Francisca Solís-Puñales y Morales, natural de Jesús del Monte, hija de don Diego Martín Solís-Puñales, natural del Puerto de Santa María, Huelva, y de doña María Morales y Pérez de Bullones. Con su segunda mujer tuvo por hijos: a Manuela; a María Gertrudis; a Catalina; a José Francisco; a Tomás, y a Agustín Pérez-Barnuevo y Solís-Puñales. Los cuales:

1. — Doña Manuela Pérez-Barnuevo y Solís-Puñales, fue bautizada en La Habana, parroquia de Jesús del Monte, el 28 de mayo de 1727.

2. — Doña María Gertrudis Pérez-Barnuevo y Solís-Puñales, fue bautizada en La Habana, parroquia de Jesús del Monte, el 23 de noviembre de 1724, y casó en la Catedral de Matanzas el 16 de junio de 1742, con don Miguel de Otero y Báez de Fuentes, hijo del Capitán don Fernando de Otero y Velarde, natural de Santander, Regidor del Ayuntamiento de Matanzas, y de Catalina Báez de Fuentes y Pérez Cordoví.

3. — Doña Catalina Pérez-Barnuevo y Solís-Puñales, natural de La Habana, casó tres veces en la Catedral de Matanzas; la primera, el 3 de agosto de 1743, con don Vicente Gómez y Rangel de Chávez, natural de dicha ciudad, hijo de Francisco y de María. La segunda vez casó el 3 de octubre de 1756 con don Tomás Rangel de Chávez y Avalos, hijo de don Tomás Rangel de Chávez y Ávila, y de doña María Gertrudis Avalos y Díaz. Por tercera vez casó el 4 de mayo de 1762, con don Francisco Contreras y Pérez de Bullones, hijo de don Lorenzo José Contreras, natural de la villa de Iniesta, y de doña María Francisca Pérez de Bullones y Vázquez, natural de La Habana.

4. — Don Tomás Pérez-Barnuevo y Solís-Puñales, del que se tratará en la «Rama Primera».

5. — Don José Francisco Pérez-Barnuevo y Solís-Puñales, del que se tratará en la «Rama Segunda».

6. — Don Agustín Pérez-Barnuevo y Solís-Puñales, del que se tratará en la «Rama Tercera».

«RAMA PRIMERA»

Don Tomás Pérez-Barnuevo y Solís-Puñales (anteriormente mencionado como hijo de don Agustín Pérez-Barnuevo y Pérez, y de su segunda mujer doña Francisca Solís-Puñales y Morales), bautizado en La Habana, parroquia del Santo Cristo, el 18 de octubre de 1732, tiene su defunción en la Catedral de Matanzas a 25 de agosto de 1776. Casó dos veces: la primera en la referida Catedral el 20 de agosto de 1759, con doña Casilda Solís-Puñales y Pérez-Borroto, hija de don Esteban Solís-Puñales y Morales, y de doña María Gertrudis Pérez-Borroto y Pérez-Barnuevo. Casó por segunda vez en La Habana, parroquia del Espíritu Santo, el 8 de diciembre de 1766, con doña Manuela Gómez y Pérez-Barnuevo, natural de Matanzas, hija de don Vicente Gómez y Rangel de Chávez, y de doña Catalina Pérez-Barnuevo y Solís-Puñales.

Don Tomás Pérez-Barnuevo y Solís-Puñales, y su segunda mujer doña Manuela Gómez y Pérez-Barnuevo, tuvieron por hijos: a Agustín a Francisco Ignacio; a Tomás, y a Manuel Pérez-Barnuevo y Gómez. Los cuales:

1. — Don Agustín Pérez Barnuevo y Gómez, tiene su defunción en la Catedral de Matanzas a 29 de noviembre de 1769.

2. — Don Francisco Ignacio Pérez-Barnuevo y Gómez, tiene su defunción en la Catedral de Matanzas a 8 de octubre de 1768.

3. — Don Tomás Pérez-Barnuevo y Gómez, tiene su defunción en la Catedral de Matanzas a 22 de septiembre de 1776.

4. — Don Manuel Pérez-Barnuevo y Gómez, natural de Matanzas, casó en la parroquia de Ceiba-Mocha el 27 de mayo de 1798, con doña María de Regla Pérez-Barnuevo y Hernández Madruga, hija de don José Agustín Pérez-Barnuevo y Solís-Puñales, y de doña Rita Josefa Hernández-Madruga y Benítez. Tuvieron por hijos: a María Rita; a María del Rosario; a María Manuela; a José Tomás, y a Manuel Pérez-Barnuevo y Pérez-Barnuevo. Los cuales:

1. — Doña María Rita Pérez-Barnuevo y Pérez-Barnuevo, fue bautizada en la parroquia de Ceiba-Mocha el 2 de abril de 1799.

2. — Doña María del Rosario Pérez-Barnuevo y Pérez-Barnuevo, fue bautizada en la parroquia de Ceiba-Mocha el 28 de febrero de 1800.

3. — Doña María Manuela Pérez-Barnuevo y Pérez-Barnuevo, fue bautizada en la parroquia de Ceiba-Mocha el 24 de octubre de 1801.

4. — Don José Tomás Pérez-Barnuevo y Pérez-Barnuevo, fue bautizado en la parroquia de Ceiba-Mocha el 11 de diciembre de 1802.

5. — Don Manuel Pérez-Barnuevo y Pérez-Barnuevo, fue bautizado en la parroquia de Ceiba-Mocha el 7 de agosto de 1804.

Don Tomás Pérez-Barnuevo y Solís-Puñales, y su primera mujer, doña Casilda Solís-Puñales y Pérez-Borroto, tuvieron por hijos: a Bárbara; a Juana; a Juan Carlos, y a Tomás Pérez-Barnuevo y Solís-Puñales. Los cuales:

1. — Doña Bárbara Pérez-Barnuevo y Solís-Puñales, tiene su defunción en la Catedral de Matanzas a 30 de mayo de 1763.

2. — Doña Juana Pérez-Barnuevo y Solís-Puñales, natural de Matanzas, tiene su defunción en la parroquia de San Matías de Río Blanco del Norte, a 7 de octubre de 1778. Casó con don Blas Solís-Puñales.

3. — Don Juan Carlos Pérez-Barnuevo y Solís-Puñales, tiene su defunción en la Catedral de Matanzas en el mes de octubre de 1763.

4. — Don Tomás Pérez-Barnuevo y Solís-Puñales, casó con doña María Francisca Contreras y Pérez-Barnuevo, hija de don Francisco Contreras y Pérez de Bullones, y de doña Catalina Pérez-Barnuevo y Solís-Puñales. Tuvieron por hija: a

Doña María Catalina Pérez-Barnuevo y Contreras, bautizada en la Catedral de Matanzas el 3 de febrero de 1787, que casó en la parroquia de Ceiba-Mocha el 20 de julio de 1803, con don José Antonio González-Ruiz y Salgado, natural de Jaruco, hijo de don Lorenzo González-Ruiz y Yanes, natural de San Juan de la Rambla, en Tenerife, y de doña María Gertrudis Salgado y Solís-Puñales.

«RAMA SEGUNDA»

Don José Francisco Pérez-Barnuevo y Solís-Puñales (anteriormente mencionado como hijo de don Agustín Pérez-Barnuevo y Pérez y de su segunda mujer, doña Francisca Solís-Puñales y Morales), fue bautizado en La Habana, parroquia del Espíritu Santo, el 22 de octubre de 1737. Casó dos veces en la Catedral de Matanzas; la primera, el 19 de junio de 1758, con doña María Josefa Francisca Solís-Puñales y Pérez-Borroto, y la segunda, el 19 de abril de 1762, con doña Catalina Solís-Puñales y Pérez-Borroto, hijas ambas de don Esteban Solís-Puñales y Morales, y de doña María Gertrudis Pérez-Borroto y Pérez-Barnuevo. Con su segunda mujer tuvo por hijo: a

Don Esteban José Pérez-Barnuevo y Solís-Puñales, cuya defunción se encuentra en la Catedral de Matanzas a 16 de enero de 1764.

Don José Francisco Pérez-Barnuevo y Solís-Puñales, y su primera mujer, doña María Josefa Francisca Solís-Puñales y Pérez-Borroto, tuvieron por hijos: a María de Jesús; a María Antonia; a Josefa; a María de los Dolores; a Rita, y a Juan José Pérez-Barnuevo y Solís-Puñales. Los cuales:

1. — Doña María de Jesús Pérez-Barnuevo y Solís-Puñales, tiene su defunción en la Catedral de Matanzas a 29 de octubre de 1763.

2. — Doña María Antonia Pérez-Barnuevo y Solís-Puñales, tiene su defunción en la Catedral de Matanzas a 18 de octubre de 1768.

3. — Doña Josefa Pérez-Barnuevo y Solís-Puñales, casó con don Bernardino de Aguiar y Velasco, hijo de Marco Antonio y de María Teresa.

4. — Doña Rita Pérez-Barnuevo y Solís-Puñales, natural de Matanzas, casó con Juan José de Fuentes y Benítez de Lugo, natural de Matanzas, hijo de Juan de Fuentes y Hernández Barroso, y de María Francisca Benítez de Lugo y Avalos.

5. — Doña María de los Dolores Pérez-Barnuevo y Solís-Puñales tiene su defunción en la parroquia de Ceiba-Mocha a 9 de febrero de 1808. Casó con don Juan José de Fuentes y Benítez de Lugo, hijo de don Miguel de Fuentes y Carvajal y de doña Juana Benítez de Lugo y Avalos.

6. — Don Juan José Pérez-Barnuevo y Solís-Puñales, tiene su defunción en la Catedral de Matanzas a 21 de mayo de 1769. Casó en la

parroquia de Ceiba-Mocha el 4 de junio de 1800, con doña Josefa Hernández-Madruga y Rodríguez, hija de Salvador y de María. Tuvieron por hijos: a María de Jesús; a Juan Bautista, y a José Antonio Pérez-Barnuevo y Hernández-Madruga. Los cuales:

1. — Doña María de Jesús Pérez-Barnuevo y Hernández-Madruga, fue bautizada en la parroquia de Ceiba-Mocha el 21 de enero de 1803.

2. — Don Juan Bautista Pérez-Barnuevo y Hernández-Madruga, fue bautizado en la parroquia de Ceiba-Mocha el 19 de julio de 1801.

3. — Don José Antonio Pérez-Barnuevo y Hernández-Madruga, fue bautizado en la parroquia de Ceiba-Mocha, el 3 de julio de 1811.

«RAMA TERCERA»

Don Agustín Pérez-Barnuevo y Solís-Puñales (anteriormente mencionado como hijo de don Agustín Pérez-Barnuevo y Pérez, y de su segunda mujer doña Francisca Solís-Puñales y Morales), bautizado en la Catedral de Matanzas el 5 de noviembre de 1743, fue Regidor del Ayuntamiento de dicha ciudad. Casó tres veces: la primera, en la Catedral de Matanzas el 7 de febrero de 1763, con doña Gertrudis Solís-Puñales y Pérez-Borroto, hija de don Esteban Solís-Puñales y Morales y de doña María Gertrudis Pérez-Borroto y Pérez-Barnuevo. La segunda casó con doña María Justina Avalos y Aramburu, hija de Juan y de Josefa; y la tercera vez, casó con doña Juana Gómez y Benítez de Lugo, hija de don Tomás Gómez y Pérez-Barnuevo y de doña Rosalía Benítez de Lugo y Carvajal.

Don Agustín Pérez-Barnuevo y Solís-Puñales, y su tercera mujer, doña Juana Gómez y Benítez de Lugo, tuvieron por hijos: a Rita; a María de la Caridad; a María Dolores, y a José Ramón Pérez-Barnuevo y Gómez. Los cuales:

1. — Doña Rita Pérez-Barnuevo y Gómez, casó en la parroquia de Ceiba-Mocha el 19 de agosto de 1801, con don Juan José Rodríguez y Otero, natural de Macuriges, hijo de Santiago y de Antonia.

2. — Doña María de la Caridad Pérez-Barnuevo y Gómez, natural de Matanzas, casó en la parroquia de Ceiba-Mocha el 2 de abril de 1803, con don Ignacio Pérez-Barnuevo y Hernández-Madruga, hijo de don José Agustín Pérez-Barnuevo y Solís-Puñales, y de doña Rita Josefa Hernández-Madruga y Benítez.

3. — Doña María Dolores Pérez-Barnuevo y Gómez, fue natural de Ceiba-Mocha, donde casó el 5 de mayo de 1809, con don José Manuel Gómez y Benítez de Lugo, hijo de Tomás y de Rosalía.

4. — Don José Ramón Pérez-Barnuevo y Gómez, natural de Managua, casó en la parroquia de Ceiba-Mocha el 20 de noviembre de 1801

con doña María Andrea Pérez-Barnuevo y Hernández-Madruga, natural de Matanzas, hija de don José Agustín Pérez-Barnuevo y Solís-Puñales y de doña Rita Josefa Hernández-Madruga y Benítez de Lugo. Tuvieron por hijos: a Rosa María; a Manuel Rafael, y a José Agustín Pérez-Barnuevo y Pérez-Barnuevo. Los cuales:

1. — Doña Rosa María Pérez-Barnuevo y Pérez-Barnuevo, fue bautizada en la parroquia de Ceiba-Mocha el 3 de abril de 1804.

2. — Don Manuel Rafael Pérez-Barnuevo y Pérez-Barnuevo, fue bautizado en la parroquia de Ceiba-Mocha, el 18 de octubre de 1802.

3. — Don José Agustín Pérez-Barnuevo y Pérez-Barnuevo, tiene su defunción en la parroquia de Ceiba-Mocha a 10 de mayo de 1819.

Don Agustín Pérez-Barnuevo y Solís-Puñales, y su primera mujer doña Gertrudis Solís-Puñales y Pérez-Borroto, tuvieron por hijos: a María de Regla; a José de Jesús; a José Agustín; a José, y a Tomás Pérez-Barnuevo y Solís-Puñales. Los cuales:

1. — Doña María de Regla Pérez-Barnuevo y Solís-Puñales, tiene su defunción en la parroquia de Ceiba-Mocha a 10 de octubre de 1799. Casó con don Antonio Contreras y Pérez-Barnuevo, natural de Matanzas, hijo de don Francisco Contreras y Pérez de Bullones y de doña Catalina Pérez-Barnuevo y Solís-Puñales.

2. — Don José de Jesús Pérez-Barnuevo y Solís-Puñales, tiene su defunción en la Catedral de Matanzas a 27 de abril de 1773.

3. — Don Tomás Pérez-Barnuevo y Solís-Puñales, natural de Matanzas, casó con doña Felipa Josefa Pérez-Borroto y Noriega, hija de don Alonso Pérez-Borroto y Pérez-Barnuevo y de doña Leonor Noriega. Tuvieron por hijos: a José Manuel, y a Tomás Pérez-Barnuevo y Pérez-Borroto. Los cuales:

A. — Don José Manuel Pérez-Barnuevo y Pérez-Borroto, fue bautizado en la parroquia de Ceiba-Mocha el 23 de enero de 1802.

B. — Don Tomás Pérez-Barnuevo y Pérez-Borroto, bautizado en la Catedral de Matanzas el 20 de julio de 1791, casó con doña Bárbara María Rodríguez y Benítez de Lugo, natural de Guamacaro, hija de don Manuel Rodríguez y Otero, y de doña Rosa Benítez de Lugo y Pérez-Barnuevo.

4. — Don José Agustín Pérez-Barnuevo y Solís-Puñales, fue bautizado en la Catedral de Matanzas el 7 de diciembre de 1792. Casó con doña Rita Josefa Hernández-Madruga y Benítez de Lugo, natural de dicha ciudad, hija de don Juan Hernández-Madruga y Roque de Escobar, y de doña María Benítez de Lugo y Pérez-Barnuevo. Tuvieron por hijos: a María Josefa; a María de Regla; a María Andrea; a Ignacio, y a Juan Pérez-Barnuevo y Hernández-Madruga. Los cuales:

A. — Doña María Josefa Pérez-Barnuevo y Hernández-Madruga, tiene su defunción en la parroquia de Ceiba-Mocha a 16 de enero de 1846. Casó con don José Pérez-Barnuevo y Solís-Puñales, hija de don Agustín Pérez-Barnuevo y Solís-Puñales, Regidor del Ayuntamiento de Matanzas, y de doña Gertrudis Solís-Puñales y Pérez-Borroto.

B. — Doña María de Regla Pérez-Barnuevo y Hernández-Madruga, casó en la parroquia de Ceiba-Mocha el 27 de mayo de 1798, con don Manuel Pérez-Barnuevo y Gómez, natural de Matanzas, hijo de don Tomás Pérez-Barnuevo y Solís-Puñales, y de doña Manuela Gómez y Pérez-Barnuevo.

C. — Doña María Andrea Pérez-Barnuevo y Hernández-Madruga, casó en la parroquia de Ceiba-Mocha el 20 de noviembre de 1801, con don Ramón Pérez-Barnuevo y Solís-Puñales, hijo de don Agustín Pérez-Barnuevo y Solís-Puñales, Regidor del Ayuntamiento de Matanzas, y de doña Gertrudis Solís-Puñales y Pérez-Borroto.

D. — Don Ignacio Pérez-Barnuevo y Hernández-Madruga, natural de Matanzas, casó en la parroquia de Ceiba-Mocha, el 2 de abril de 1803, con doña María de la Caridad Pérez-Barnuevo y Solís-Puñales, hija de don Agustín Pérez-Barnuevo y Solís-Puñales, Regidor del Ayuntamiento de Matanzas y de doña Gertrudis Solís-Puñales y Pérez-Borroto.

5. — Don José Pérez-Barnuevo y Solís-Puñales, natural de Managua, casó con doña María Josefa Pérez-Barnuevo y Hernández-Madruga, hija de don José Agustín Pérez-Barnuevo y Solís-Puñales, y de doña Rita Josefa Hernández-Madruga y Benítez de Lugo. Tuvieron por hijos: a María de la Presentación; a María de Jesús; a María Manuela; a María Josefa Tomasa, y a Antonio Pérez-Barnuevo y Pérez-Barnuevo. Los cuales:

1. — Doña María de Jesús Pérez-Barnuevo y Pérez-Barnuevo, fue bautizada en la parroquia de Ceiba-Mocha, el 12 de octubre de 1798, donde casó el 26 de noviembre de 1824, con don Francisco Pérez de Medina y Sigler de Espinosa, natural del Calvario, hijo de don Antonio Pérez de Medina, Regidor del Ayuntamiento de Guanabacoa, y de doña Narcisa Sigler de Espinosa.

2. — Doña María de la Presentación Pérez-Barnuevo y Pérez-Barnuevo, fue bautizada en la parroquia de Ceiba-Mocha el 26 de noviembre de 1799, donde falleció.

3. — Doña María Manuela Pérez-Barnuevo y Pérez-Barnuevo, fue bautizada en la parroquia de Ceiba-Mocha el 6 de octubre de 1810.

4. — Doña María Josefa Tomasa Pérez-Barnuevo y Pérez-Barnuevo, fue bautizada en la parroquia de Ceiba-Mocha el 10 de enero de 1813, donde casó el 26 de agosto de 1843, con don Juan José Manuel Solís-

Puñales y Fuentes, hijo de don José Ramón Solís-Puñales y Gómez, y de doña María de los Dolores Candelaria Fuentes y Pérez-Barnuevo.

5. — Don Antonio Pérez-Barnuevo y Pérez-Barnuevo, fue bautizado en la parroquia de Ceiba-Mocha el 19 de enero de 1801. Casó con doña María de los Dolores Fuentes y Pérez-Barnuevo, hija de don Juan José Fuentes y Benítez de Lugo y de doña María de los Dolores Pérez-Barnuevo y Solís-Puñales.

PÉREZ DE BULLONES

Procedente de la parroquia de Porriño, en la provincia de Pontevedra, se estableció esta familia en La Habana, a fines del siglo XVI.

Don Gonzalo Monte, y su mujer doña María Fernández, tuvieron por hijo: a

Don Juan Pérez de Bullones, natural de la parroquia de Porriño, que fue Alférez de Artillería en el Castillo de la Punta de La Habana. Testó ante Nicolás Guilizasti, y su defunción se encuentra en la Catedral de esta ciudad a 21 de marzo de 1639, donde casó el 22 de julio de 1596, con doña María Prieto y Ramírez, natural de La Habana, cuya defunción se encuentra en la referida Catedral a 23 de agosto de 1614, hija de don (¿?) Prieto y de doña Mencía Ramírez, la cual tiene su defunción en la Catedral de La Habana a 5 de febrero de 1616. Tuvieron por hijos: a María; a Francisca; a Isabel; a Juana; a Ana, y a Diego Pérez de Bullones y Prieto. Los cuales:

1. — Doña María Pérez de Bullones y Prieto, tiene su defunción en la Catedral de La Habana a 29 de noviembre de 1624. Casó con don Diego Fernández, Artillero en el Castillo de la Punta de La Habana.

2. — Doña Francisca Pérez de Bullones y Prieto, fue bautizada en la Catedral de La Habana el 30 de octubre de 1606, donde se encuentra su defunción a 19 de septiembre de 1649.

3. — Doña Juana Pérez de Bullones y Prieto, tiene su defunción en la Catedral de La Habana a 30 de agosto de 1628.

4. — Doña Isabel Pérez de Bullones y Prieto, fue bautizada en la Catedral de La Habana el 12 de marzo de 1612, donde casó el 27 de septiembre de 1627, con don Francisco Marín.

5. — Doña Ana Pérez de Bullones y Prieto, de la que se tratará en la «Línea Primera».

6. — Don Diego Pérez de Bullones y Prieto, del que se tratará en la «Línea Segunda».

«LINEA PRIMERA»

Doña Ana Pérez de Bullones y Prieto (anteriormente mencionada como hija de don Juan Pérez de Bullones y de doña María Prieto y Ramírez), fue bautizada en la Catedral de La Habana el 26 de abril de 1602, donde se encuentra su defunción a 5 de septiembre de 1649. Casó en la referida Catedral el 4 de mayo de 1615, con don Diego Pérez Martínez, natural de Tuy, en Galicia, cuya defunción se encuentra en la Catedral de La Habana a 20 de mayo de 1638. Tuvieron por hijos: a Ana; a María; a Inés; a Francisco; a Diego, y a Antonio Pérez de Bullones. Los cuales:

1. — Doña Ana Pérez de Bullones, casó en la Catedral de La Habana el 11 de agosto de 1640, con don José de Fleites y Bernal, natural de esta ciudad, hijo de don Domingo de Fleites y González, natural de la villa de Guimaraes, en Portugal, y de doña Inés Bernal y García de Santana, natural de La Habana.

2. — Doña María Pérez de Bullones, testó el 11 de diciembre de 1705, ante Miguel Hernández Arturo, y su defunción se encuentra en la Catedral de La Habana a 22 de enero de 1706, donde casó el 25 de agosto de 1658, con don Diego de la Rivera Cepero, hijo de don Francisco Cepero y Rodríguez, y de doña María Rodríguez de Acevedo.

3. — Doña Inés Pérez de Bullones, bautizada en la Catedral de La Habana el 27 de marzo de 1635, testó ante Manuel Redín, y su defunción se encuentra en la referida Catedral a 19 de noviembre de 1722, donde casó el 28 de abril de 1658, con el Alférez Luis Benítez y Sánchez, natural de esta ciudad, hijo de Lucas y de Catalina.

4. — Don Francisco Pérez de Bullones, casó en la Catedral de La Habana el 23 de julio de 1651 con doña Lucía de Leiva, hija del Alférez Antonio Díaz y Maldonado, Cabo de Escuadra, y de doña María González de la Torre y Orellana.

5. — Don Diego Pérez de Bullones, testó ante el Escribano Medrano, y su defunción se encuentra en La Habana, parroquia del Espíritu Santo a 18 de octubre de 1681. Casó en la Catedral de esta ciudad el 11 de abril de 1668, con doña Inés García Castellanos y Bernal, natural de La Habana, hija de Andrés y de Ana. Tuvieron por hijas: a María, y a Teresa Pérez de Bullones y García Castellanos. Las cuales:

A. — Doña María Pérez de Bullones y García Castellanos, casó en la Catedral de La Habana el 4 de enero de 1703, con el Capitán Pedro de Argomedo y Suárez, natural de la ciudad de Sevilla, hijo de Andrés y de María.

B. — Doña Teresa Pérez de Bullones y García Castellanos, casó en La Habana, parroquia del Espíritu Santo, el 20 de marzo de 1705, con don Isidro Valdés y Sánchez, hijo de Pedro y de María.

6. — Don Antonio Pérez de Bullones, bautizado en la Catedral de La Habana el 9 de junio de 1629, fue soldado en la Compañía de Pedro Castellón. Su defunción se encuentra en la referida Catedral a 5 de marzo de 1692, donde casó el 6 de noviembre de 1651, con doña María Díaz y González de la Torre, bautizada en la referida Catedral el 31 de agosto de 1633, hija del Alférez Antonio Díaz y Maldonado, Cabo de Escuadra, y de doña María González de la Torre y Orellana. Tuvieron por hijos: a María Martín; a Agustina; a Diego y a Pedro Antonio Pérez de Bullones y Díaz. Los cuales:

1. — Doña María Martín Pérez de Bullones y Díaz, tiene su defunción en La Habana, parroquia del Santo Cristo, a 14 de noviembre de 1712. Casó en esta ciudad, parroquia del Espíritu Santo, el 21 de julio de 1684, con don Baltasar de los Reyes, natural de la ciudad de La Laguna, Tenerife, hijo de don Juan Hernández Crespo y de doña Catalina de Flores.

2. — Doña Agustina Pérez de Bullones y Díaz, bautizada en la Catedral de La Habana el 22 de octubre de 1652, tiene su defunción en la parroquia de la villa de Guanabacoa a 9 de enero de 1720. Casó con don Cristóbal de la Cruz.

3. — Don Diego Pérez de Bullones y Díaz, fue bautizado en la Catedral de La Habana el 21 de junio de 1654, donde casó el 5 de enero de 1684, con doña Teodora de Matos y Matos, hija de don José de Matos y Matos, natural de Sevilla, Regidor de la villa de Guanabacoa, y de doña Catalina de Matos y Díaz de Valencia, natural de La Habana. Tuvieron por hija: a

Doña María del Monte Pérez de Bullones y Matos, bautizada en la Catedral de La Habana el 5 de diciembre de 1686, que testó el 15 de junio de 1754, ante Nicolás Flores Rubio, y cuya defunción se encuentra en la parroquia de la villa de Guanabacoa a 21 de junio de dicho año. Casó en la Catedral de La Habana el 10 de octubre de 1701, con don Bernardo Antonio Gómez y Montiel, natural de Guanabacoa, Regidor y Alcalde ordinario de dicha villa, hijo de don Jorge Antonio Gómez y Ximénez, Regidor de Guanabacoa, y de doña Bernarda Montiel y Padilla.

4. — Teniente Pedro Antonio Pérez de Bullones y Díaz, casó en La Habana, parroquia del Espíritu Santo, el 26 de agosto de 1690, con doña Feliciana Vázquez y Pérez-Borroto, hija de Pedro y de Clara. Tuvieron por hijos: a Ana María; a Francisca; a Josefa; a María Francisca; a Catalina; a Antonio, y a Pedro Pérez de Bullones y Vázquez. Los cuales:

1. — Doña Ana María Pérez de Bullones y Vázquez, fue bautizada en la parroquia de Santiago de las Vegas el 4 de febrero de 1696.

2. — Doña Francisca Pérez de Bullones y Vázquez, fue bautizada en la parroquia de Santiago de las Vegas el 19 de diciembre de 1697,

donde está su defunción a (¿?) mayo de 1778. Casó dos veces: la primera, en la referida parroquia el 20 de octubre de 1717, con don Juan de Acosta Pimentel, natural de la Orotava, y la segunda en La Habana, parroquia del Espíritu Santo, el 18 de junio de 1736, con don Andrés Matías González, natural de San Juan de la Rambla, Tenerife, hijo de Juan y de María Francisca.

3. — Doña Josefa Pérez de Bullones y Vázquez, fue bautizada en la parroquia de Santiago de las Vegas el 24 de abril de 1609, donde casó el 23 de junio de 1715, con don Damián de los Reyes, natural de la villa de Puerto Príncipe.

4. — Doña María Francisca Pérez de Bullones y Vázquez, natural de La Habana, fue confirmado en la parroquia de Santiago de las Vegas el 22 de noviembre de 1693. Testó ante Tomás Méndez, y su defunción se encuentra en La Habana, parroquia del Santo Cristo, a 19 de enero de 1740. Casó en la parroquia de Santiago de las Vegas el 26 de diciembre de 1707, con don Lorenzo José Contreras, natural de la villa de Iniesta.

5. — Doña Catalina Pérez de Bullones y Vázquez, fue bautizada en la parroquia de Santiago de las Vegas el 13 de diciembre de 1701. Testó en La Habana ante Felipe Álvarez, y su defunción está en Santiago de las Vegas a 25 de febrero de 1790, donde casó el 21 de julio de 1717, con don Miguel Rodríguez de León, natural de Canarias.

6. — Don Antonio Pérez de Bullones y Vázquez, fue bautizado en la parroquia de Santiago de las Vegas el 22 de diciembre de 1704, donde tiene su defunción a 16 de diciembre de 1707.

7. — Don Pedro Pérez de Bullones y Vázquez, bautizado en la parroquia de Santiago de las Vegas el 16 de junio de 1703, tiene su defunción en La Habana, parroquia del Santo Cristo, a 13 de septiembre de 1753.

«LINEA SEGUNDA»

Don Diego Pérez de Bullones y Prieto (anteriormente mencionado como hijo de don Juan Pérez de Bullones y de doña María Prieto y Ramírez), bautizado en la Catedral de La Habana el 28 de mayo de 1600, testó ante Francisco Hidalgo el 23 de septiembre de 1647, otorgando codicilo el siguiente día, encontrándose su defunción en la referida Catedral a 26 de septiembre de dicho año. Casó con doña Ana Ferrer y Guerra, bautizada en la Catedral de La Habana el 13 de abril de 1606, hija de don Francisco Ferrer y Olivera, natural de Bonduez, en Francia, y de doña María Guerra, natural de La Habana.[1] Tuvieron

---

1. Don Diego Ferrer, y su mujer doña Francisca Olivera, naturales de Bondúes, en el Departamento del Norte, Cantón de Lille, en Francia, tuvieron por hijo: a

Don Francisco Ferrer y Olivera, natural de Bondúes, que casó en la Catedral de La Habana, el 29 de noviembre de 1602, con doña María Guerra, natural de esta ciudad. Tuvieron por hijas: a Isabel, y a Ana Ferrer y Guerra. Las cuales:

1.— Doña Isabel Ferrer y Guerra, fue bautizada en la Catedral de La Habana el 25 de enero de 1605.

2.— Doña Ana Ferrer y Guerra, casó con el anteriormente citado don Diego Pérez de Bullones y Prieto.

---

por hijos: a Ana; a Juana; a María; a Francisca; a Ambrosio; a Gregorio, y a Luis Pérez de Bullones y Ferrer. Los cuales:

1.— Doña Ana Pérez de Bullones y Ferrer, fue bautizada en la Catedral de La Habana el 11 de marzo de 1630, donde casó el 12 de abril de 1649, con don Manuel Correa de Aráus, natural de Santa Marina del Rosal, Asturias, hijo de don Manuel Correa de Sotomayor, y de doña Teresa de Aráus y Troncoso.

2.— Doña Juana Pérez de Bullones y Ferrer, bautizada en la Catedral de La Habana el 30 de agosto de 1628, testó ante Francisco Hidalgo el 7 de diciembre de 1750, y su defunción se encuentra en la referida Catedral a 19 de diciembre de dicho año, donde casó el 10 de febrero de 1647, con don Rodrigo de Mora y López, natural de la villa de Moguer, condado de Niebla, hijo de Rodrigo de Cárdenas y de doña Isabel López.

3.— Doña María Pérez de Bullones y Ferrer, bautizada en la Catedral de La Habana el 2 de abril de 1624, dio poder para testar a su marido el 4 de diciembre de 1702, ante Bartolomé Núñez, y su defunción se encuentra en la referida Catedral a 5 de diciembre de dicho año, donde casó el 3 de abril de 1663, con don Manuel González Cordero y Liñán, hijo de don Francisco González Cordero y de doña Clara de Aguilar Liñán.

4.— Don Gregorio Pérez de Bullones y Ferrer, fue bautizado en la Catedral de La Habana el 11 de octubre de 1635.

5.— Don Ambrosio Pérez de Bullones y Ferrer, fue bautizado en la Catedral de La Habana el 11 de diciembre de 1642.

6.— Doña Francisca Pérez de Bullones y Ferrer, fue bautizada en la Catedral de La Habana el 25 de octubre de 1638, donde se encuentra su defunción a 19 de noviembre de 1691. Casó dos veces en la referida Catedral: la primera, el 30 de septiembre de 1653, con don José González del Campo, natural de la ciudad de México, hijo de Sebastián y de María; y la segunda, el 25 de enero de 1665, con don Esteban de

Morales, natural de Málaga,[2] que testó ante Cristóbal Valero, y cuya defunción se encuentra en la Catedral de La Habana a 9 de mayo de 1693, hijo de don Fernando Morales y de doña María de las Nieves.

7. — Don Luis Pérez de Bullones y Ferrer, testó el 23 de agosto de 1711 ante Gaspar Fuentes y su defunción se encuentra en la Catedral de La Habana a 25 de agosto de dicho año, donde casó dos veces: la primera el 10 de septiembre de 1671, con doña María de la Candelaria; y la segunda, el 18 de febrero de 1683, con doña Gregoria Ruiz de la Torre y Luna, hija de Pedro y de María. Con su primera mujer tuvo por hijos: a Ana; al Capitán Dionisio; a Cayetano, y a Diego Pérez de Bullones. Los cuales:

1. — Don Cayetano Pérez de Bullones, fue bautizado en la Catedral de La Habana el 30 de octubre de 1673.

2. — Don Diego Pérez de Bullones, fue bautizado en la Catedral de La Habana el 26 de septiembre de 1675.

PÉREZ DE OLANO

A principios del siglo XVII, aparece radicada esta familia en Santa Marta de Indias, de donde pasaron a mediados del mismo a La Habana.[1]

---

2. Don Esteban de Morales, y su mujer doña Francisca Pérez de Bullones y Ferrer, tuvieron por hijos: a Catalina; a Teresa; a Sebastiana; a María; a Esteban; a Juan, y a José Morales y Pérez de Bullones. De los cuales:

1. — Doña Catalina Morales y Pérez de Bullones, testó el 5 de enero de 1708, ante Bartolomé Núñez, y su defunción se encuentra en la Catedral de La Habana a 15 de enero de dicho año.

2. — Doña Teresa Morales y Pérez de Bullones, casó en la Catedral de La Habana el 3 de junio de 1683, con don Antonio Díaz y Fuentes, natural de la isla de La Palma, hijo de Domingo y de María.

3. — Doña Sebastiana Morales y Pérez de Bullones, bautizada en la Catedral de La Habana el 6 de febrero de 1669, testó el 12 de septiembre de 1747, ante Juan Bautista Salinas, y su defunción se encuentra en la referida Catedral a 6 de agosto de 1749, donde casó el 8 de febrero de 1683, con don Manuel Pérez Bello, natural de la isla de Tenerife, hijo de don Manuel Pérez Corujo, y de doña Isabel Bello y Betancourt.

4. — Doña María Morales y Pérez de Bullones, fue bautizada en la Catedral de La Habana el 6 de agosto de 1667, donde casó el 12 de octubre de 1682, con don Diego Martín Solís-Puñales, natural del Puerto de Santa María, en la provincia de Cádiz, hijo de don Cristóbal de Solís y de doña Juana de Puñales.

5. — Fray Esteban Morales y Pérez de Bullones, bautizado en la Catedral de La Habana el 15 de marzo de 1674, perteneció a la Orden de Predicadores.

6. — Don Juan Morales y Pérez de Bullones, tiene su defunción en la Catedral de La Habana a 21 de septiembre de 1699.

1. Esta familia parece ser oriunda del lugar de Villamar, en el Concejo de Salas, Asturias, según una información de hidalguía hecha por don José

Pablo Pérez de Olano y Hernández-Castellanos el 15 de junio de 1797 en La Habana, ante Jorge Díaz Velázquez, proveída por don Juan Procopio de Bassecourt, Conde de Ricla, Capitán General de la isla de Cuba, incluyendo otra información de igual clase, practicada en el puerto de Cudillero por don Blas de Albuerne, a nombre de su cuñado don Pedro Pérez y Díaz, vecino de La Habana, hecha el 29 de mayo de 1782 ante don Joaquín José de la Fuente Azero, Escribano de Número de Su Majestad en dicho lugar de Cudillero, en la cual se presenta esta genealogía:

Don Juan Pérez de Villamar, vecino del Lugar de Villamar, en el Concejo de Salas, testó el 3 de diciembre de 1667 ante Diego Fernández de las Llamas. Casó con doña Antonia Menéndez, y tuvieron por hijo: a

Don Antonio Pérez de Villamar y Menéndez, empadronado en el Ayuntamiento de la villa de Pravia como Hijodalgo, que casó en la parroquia de Santa María de Piñera el 8 de agosto de 1664, con doña Magdalena Pérez, natural de la parroquia de Linares, en dicho Concejo de Pravia, gozando en el Concejo de Salas del estado de hijosdalgo notorios de sangre. Tuvieron por hijos: a Francisco, y a Juan Pérez de Villamar y Pérez. Los cuales:

1. — Don Francisco Pérez de Villamar y Pérez, bautizado en la parroquia de Santa María de Piñera el 11 de agosto de 1688, casó con doña Ana del Campo, y tuvieron por hijo: a

Don Ángel Antonio Pérez y del Campo, que fue bautizado en la parroquia de Santa María de Piñera el 10 de febrero de 1717.

2. — Don Juan Pérez de Villamar y Pérez, bautizado en la parroquia de Santa María de Piñera el 13 de junio de 1681 y empadronado como hijodalgo, casó con doña Dorotea Álvarez. Tuvieron por hijos: a Catalina; a Pedro; a Blas, y a Nicolás Pérez y Álvarez. De los cuales:

1. — Doña Catalina Pérez y Álvarez, casó con don Blas de Albuerne, vecino del puerto de Cudillero, anteriormente mencionado.

2. — Licenciado Blas Pérez y Álvarez, fue Presbítero.

3. — Don Nicolás Pérez y Álvarez, bautizado en la parroquia de Santa María de Piñera el 14 de diciembre de 1716, casó dos veces: la primera con doña María de Albuerne; y la segunda, en la parroquia de San Pedro de Cudillero el 24 de mayo de 1782, con doña María Díaz y Fernández, hija de Matías y de Francisca. Tuvieron por hijos: a Juan, y a Pedro Pérez y Díaz. De los cuales:

Don Pedro Pérez y Díaz, bautizado en la parroquia de San Pedro de Cudillero, Concejo de Pravia, el 12 de agosto de 1758, pasó a La Habana, donde según la información de referencia, trató y conoció a los hermanos Pérez de Olano y Hernández-Castellanos, como primos suyos.

Don Diego Pérez de Olano, y su mujer doña Leonor Salguero, tuvieron por hijo: a

Don Diego Pérez de Olano y Salguero, natural de Santa Marta de Indias, donde fue Escribano Público y de Cabildo, casó con doña Andrea de los Ángeles Martín Hincapié, natural de Santa Marta, hija de don Antonio Martín, Maestre de Campo, y de doña María de los Ángeles Hincapié. Tuvieron por hijos: a Ana; a Leonor; a Gaspar; a José; a Diego, y a Juan Pérez de Olano y Martín. De los cuales:

1. — Don Diego Pérez de Olano y Martín, fue Escribano Público y de Cabildo en Santa Marta de Indias. En 20 de mayo de 1649, en unión de sus hermanos, hizo información de nobleza ante el Tribunal

del Alcalde de dicha ciudad, don Juan de Torquemada, y por ante el Escribano Luis Montes de Oca.

2. — Don Juan Pérez de Olano y Martín, natural de Santa Marta, pasó a La Habana, donde testó el 30 de septiembre de 1713 ante Francisco Flores Rubio. Casó en la Catedral de esta ciudad el 18 de noviembre de 1651, con doña Elvira Rosa de Villafranca y Riveros, hija de don Diego de la Cruz Villafranca, y de doña Ana Riveros y de la Rocha. Tuvieron por hijos: a Ana María; a Martín, y a Juan Pérez de Olano y Villafranca. De los cuales:

Don Juan Pérez de Olano y Villafranca, bautizado en la Catedral de La Habana el 2 de febrero de 1667, casó en esta ciudad, parroquia del Espíritu Santo, el 11 de mayo de 1699, con doña María Josefa Salazar y Ximénez, hija de don Melchor de Salazar y Páez, y de doña María Ximénez y Abreu. Tuvieron por hijos: a Melchor, y a José Pérez de Olano y Salazar. De los cuales:

Don José Pérez de Olano y Salazar, bautizado en La Habana, parroquia del Espíritu Santo, el 19 de abril de 1702, testó el 3 de diciembre de 1784 ante José Antonio Bosque. Casó en esta ciudad, parroquia de Jesús del Monte, el 8 de julio de 1725, con doña Juana María del Cristo y Guillén, hija de don Manuel del Cristo, y de María de la Encarnación Guillén del Castillo. Tuvieron por hijos: a Isabel; a María; a María Gertrudis; a Francisco, y a José Pérez de Olano y del Cristo. De los cuales:

Don José Pérez de Olano y del Cristo, bautizado en La Habana, parroquia del Espíritu Santo, el 11 de noviembre de 1733, hizo dos informaciones de nobleza, por sí y a nombre de su mujer, en esta ciudad; la primera fue proveída el 15 de junio de 1790, por Domingo Cabello, Gobernador de La Habana, y por ante el Escribano José Rodríguez; y la segunda, fue proveída el 15 de mayo de 1798, por el Conde de Santa Clara y por ante el Escribano Jorge Díaz Velázquez. Casó en La Habana, parroquia del Espíritu Santo, el 6 de marzo de 1761, con doña Francica Hernández Castellanos y Quijano, hija del Alférez Antonio Hernández-Castellanos y Valle-Vergara, y de doña María Gertrudis Quijano y Valdespino. Tuvieron por hijos: a María Estefanía; a Juan, y a José Pablo Pérez de Olano y Hernández-Castellanos. Los cuales:

1. — Doña María Estefanía Pérez de Olano y Hernández-Castellanos, bautizada en La Habana, parroquia de Guadalupe, el 9 de septiembre de 1765, casó en esta ciudad, parroquia del Espíritu Santo, el 12 de septiembre de 1791, con don Agustín Molina y Valdés, natural de la Villa de Puerto Príncipe, hijo de don Francisco Molina y Reinosa, y de doña Estefanía Valdés y Castañeda.

2. — Don Juan Pérez de Olano y Hernández-Castellanos, fue bautizado en La Habana, parroquia del Espíritu Santo, el 21 de agosto de 1769.

3. — Don José Pablo Pérez de Olano y Hernández-Castellanos, bautizado en La Habana, parroquia del Espíritu Santo, el 4 de febrero de 1774, fue Distinguido del Escuadrón de Dragones de América, hizo informarión de hidalguía en La Habana el 15 de junio de 1797, ante Jorge Díaz Velázquez, proveída por el Conde de Ricla, Gobernador general de la isla de Cuba.

PÉREZ DE ORDAZ

A mediados del siglo XVI, aparece esta familia establecida en La Habana.

Don Tomás Martín, Mandador de la fortaleza de La Habana, casó con doña Inés de Ordaz, la que testó ante Francisco García, y cuya defunción se encuentra en la Catedral de La Habana, a 29 de septiembre de 1624. Tuvieron por hijas: a Magdalena; a Ana Blanca, y a María de Ordaz. De las cuales:

1. — Doña Ana Blanca de Ordaz, testó ante Francisco Hidalgo el 3 de agosto de 1635, cuyo testamento se encuentra en el Archivo General de Protocolos de La Habana, al folio 530 del tomo correspondiente. Su defunción se encuentra en la Catedral de esta ciudad, a 2 de agosto de 1645. Casó con don Baltasar Pérez Guanche, y tuvieron por hijos: a Dorotea; a Inés; a Ana; a Catalina; a Francisco; a Diego, y a Baltasar Pérez de Ordaz. De los cuales:

A. — Doña Dorotea Pérez de Ordaz, fue bautizada en la Catedral de La Habana el 10 de octubre de 1594.

B. — Doña Inés Pérez de Ordaz, fue bautizada en la Catedral de La Habana el 19 de noviembre de 1596.

C. — Doña Ana Pérez de Ordaz, fue bautizada en la Catedral de La Habana el 28 de septiembre de 1599, siendo su madrina su tía doña Magdalena de Ordaz.

D. — Doña Catalina Pérez de Ordaz, conocida por Catalina González, testó el 24 de agosto de 1668, y su defunción se encuentra en la Catedral de La Habana a primero de octubre de dicho año, donde casó el 27 de febrero de 1656, con don Antonio de Herrera, natural de Lisboa, Alcaide de la Cárcel de La Habana, hijo de Pedro Ferrera y de María Deza.

E. — Don Diego Pérez de Ordaz, natural de La Habana, pasó a España, según declara su madre en su testamento.

F. — Don Baltasar Pérez de Ordaz, fue bautizado en la Catedral de La Habana el 7 de enero de 1591, donde casó dos veces: la primera, el 10 de octubre de 1616, con doña Bartola de Morales; y la segunda, el 28 de mayo de 1654, con doña Ana Hernández, hija de don Gaspar de Belén y de doña Margarita Hernández.

2. — Doña María de Ordaz, testó ante Miguel Quiñones, y su defunción se encuentra en la Catedral de La Habana a 25 de noviembre de 1657, donde casó dos veces: la primera, el 17 de septiembre de 1612, con don Juan Pérez de Castro, natural de la isla de Tenerife, cuya defunción se encuentra en la referida Catedral a 27 de junio de 1630. Casó por segunda vez, el 28 de octubre de 1630, con don Manuel Alemán, del que no tuvo sucesión. Con su primer marido, tuvo por hijos: a Francisco, y a Agustín Pérez de Castro; y a Juan, y a Melchor Pérez de Ordaz. De los cuales.

1. — Don Francisco Pérez de Castro, fue bautizado en la Catedral de La Habana el 27 de octubre de 1628, donde casó el 9 de mayo de 1661, con doña Ana Francisca Rodríguez, natural de San Agustín de la Florida, hija de Antonio y de María Francisca, y viuda de Jerónimo Cabrera.

2. — Don Agustín Pérez de Castro, fue bautizado en la Catedral de La Habana el 20 de noviembre de 1624.

3. — Don Melchor Pérez de Ordaz, bautizado en la Catedral de La Habana el primero de diciembre de 1622, casó con doña Juana de Acevedo, la que testó el 6 de septiembre de 1713, ante Antonio Fernández de Velazco, y cuya defunción se encuentra en esta ciudad, parroquia del Santo Cristo, a 3 de noviembre de dicho año, hija de don Andrés Luis de la Cruz y de doña Francisca de Acevedo.[1] Tuvieron por hijos: a Micaela; a Miguel, y a Juan Pérez de Ordaz y de la Cruz, y a Melchor Valerio Pérez de la Cruz Ordaz. Los cuales:

1. — Doña Micaela Pérez de Ordaz y de la Cruz, fue bautizada en la Catedral de La Habana el 8 de enero de 1657.

2. — Don Miguel Pérez de Ordaz y de la Cruz, testó ante Manuel Redín, y su defunción se encuentra en esta ciudad, parroquia del Santo Cristo, a 29 de abril de 1718. Casó dos veces: la primera, el 15 de marzo de 1682, en el partido de Consolación (folio 66, libro de Monte, Cat. Habana) con doña Manuela de Cabrera. Casó por segunda vez, con doña Luisa de Tapia, de la que tuvo a Bonifacio Pérez de Ordaz y Tapia.

3. — Don Juan Pérez de Ordaz y de la Cruz, del que se tratará en la «Línea Primera».

4. — Don Melchor Valerio Pérez de la Cruz Ordaz, del que se tratará en la «Línea Segunda».

---

1. Don Andrés Luis de la Cruz y doña Francisca de Acevedo, casaron en la Catedral de La Habana, el 9 de marzo de 1626.

«LINEA PRIMERA»

Don Juan Pérez de Ordaz y de la Cruz (anteriormente mencionado como hijo de don Melchor Pérez de Ordaz, y de doña Juana de Acevedo), fue bautizado en la Catedral de La Habana el 3 de diciembre de 1654, donde casó el 10 de noviembre de 1691, con doña Tomasa de Vilches y Báez, natural de esta ciudad, hija de Gregorio y de Juana. Tuvieron por hijos: a Juana Margarita; a Eusebia; a María; a Antonia Felicia; a Gregoria; a Lorenzo; a Francisco Xavier, y a Guillermo Pérez de Ordaz y Vilches. Los cuales:

1. — Doña Juana Margarita Pérez de Ordaz y Vilches, casó en La Habana, parroquia del Santo Cristo, el 11 de diciembre de 1727, con don Antonio Caminos-Garabigos y Nabega, natural de Santoña, en Santander, hijo de Antonio y de María.

2. — Doña Eusebia Pérez de Ordaz y Vilches, casó en La Habana, parroquia del Santo Cristo, el 28 de noviembre de 1722, con don José Eduardo de Soto y Gómez, natural de esta ciudad, hijo de José y de Eusebia.

3. — Doña María Pérez de Ordaz y Vilches, casó dos veces en La Habana; la primera, en la parroquia del Santo Cristo, el 23 de mayo de 1736, con don Pedro Melgar y Amador, natural del Puerto de Santa María, Cádiz, hijo de Francisco y de Leonor. Casó por segunda vez en la parroquia del Espíritu Santo el 23 de septiembre de 1748, con don José Sánchez y Blanco, natural de Granada, hijo de José y de Isabel.

4. — Doña Antonia Felicia Pérez de Ordaz y Vilches, tiene su defunción en La Habana, parroquia del Santo Ángel, a 29 de septiembre de 1763. Casó en esta ciudad, parroquia del Santo Cristo, el 6 de abril de 1739, con don Juan Felipe Valdés Cepero.

5. — Doña Gregoria Pérez de Ordaz y Vilches, bautizada en el hato «San Andrés», el 5 de junio de 1698 (folio 69, libro de Monte, Cat. Habana). Casó en La Habana, parroquia del Santo Cristo, el 23 de febrero de 1716, con don Jacinto Álvarez.

6. — Don Lorenzo Pérez de Ordaz y Vilches, fue bautizado en La Habana, parroquia del Santo Cristo, el 8 de septiembre de 1705.

7. — Don Francisco Xavier Pérez de Ordaz y Vilches, fue bautizado en La Habana, parroquia del Santo Cristo, el 8 de diciembre de 1713.

8. — Don Guillermo Pérez de Ordaz y Vilches, testó ante Pedro Guerrero el 10 de diciembre de 1762, y su defunción se encuentra en la parroquia de la villa de Guanabacoa a 17 de abril de 1763. Casó dos veces: la primera, en La Habana, parroquia del Espíritu Santo el 30 de marzo de 1737, con doña María Fernández y Carmenates, hija de Baltasar y de Josefa. Casó por segunda vez, con doña Inés Gertrudis Quiñones. Tuvo por hijo natural: a

Don Pedro Nolasco Pérez de Ordaz, que fue natural de la villa de Sancti-Spíritus, donde residió.

«LINEA SEGUNDA»

Don Melchor Valerio Pérez de la Cruz Ordaz (anteriormente mencionado como hijo de don Melchor Pérez de Ordaz y de doña Juana de Acevedo), casó en la Catedral de La Habana el 3 de febrero de 1686, con doña Isabel López de Aragón y Ortiz, hijo de don Bartolomé López de Aragón y de la Vega, y de doña Úrsula Ortiz y Collazos, naturales de esta ciudad. Tuvieron por hijos: a José Patricio, y a Bartolomé Pérez de la Cruz Ordaz y López de Aragón. Los cuales:

1. — Don José Patricio Pérez de la Cruz Ordaz y López de Aragón, casó en La Habana, parroquia del Santo Ángel, el 4 de febrero de 1722, con doña Catalina Pérez y Díaz, hija de Pablo y de Escolástica.

2. — Don Bartolomé Pérez de la Cruz Ordaz y López de Aragón, testó ante Manuel Ramírez el 30 de noviembre de 1782, y su defunción se encuentra en La Habana, parroquia de Guadalupe, a 30 de julio de 1784. Casó en la Catedral de esta ciudad el 9 de abril de 1722, con doña Leonor de la Puente y Xaime, natural de La Habana, hija de don Pedro de la Puente y Escobar, natural de la Manzanilla, Huelva, y de doña Francisca Xaime Contreras de los Ríos, natural de La Habana. Tuvieron por hijos: a María de la Candelaria; a María Catalina; a Josefa Micaela; a María de Regla; a Sebastiana; a Francisca; a José Gabriel; a Andrés; a Miguel; a José Antonio, y a Bartolomé Pérez de la Cruz Ordaz y de la Puente. De los cuales:

1. — Doña María de Regla Pérez de la Cruz Ordaz y de la Puente, fue bautizada en La Habana, parroquia de Guadalupe, el 6 de febrero de 1748, donde tiene su defunción a 20 de julio de 1755.

2. — Doña Josefa Micaela Pérez de la Cruz Ordaz y de la Puente, bautizada en La Habana, parroquia de Jesús del Monte, el 22 de mayo de 1731, casó dos veces en esta ciudad: la primera, en la parroquia del Santo Cristo, el 30 de octubre de 1760 con don José Flores de Urías y García, natural de la villa de Cebrián, Asturias, hijo de Diego y de María. Y la segunda vez, casó en la parroquia del Espíritu Santo, el 20 de junio de 1770, con don Pedro Baeza y Sonau, natural de la villa de Membribe, Toledo, hijo de Juan y de Agustina.

3. — Doña María Catalina Pérez de la Cruz Ordaz y de la Puente, casó en La Habana, parroquia del Espíritu Santo, el primero de mayo de 1752, con don Patricio del Puerto, natural de esta ciudad.

4. — Doña María Sebastiana Pérez de la Cruz Ordaz y de la Puente, tiene su defunción en la parroquia del Guatao, a 21 de abril de 1783. Casó con don José de la Torre, cuya defunción se encuentra igualmente en el Guatao a 24 de abril de 1783, y tuvieron por hijos: a María del

Rosario; a Manuela; a Antonio; a Basilio, y a José Ramón de la Torre y Pérez de Ordaz.

5. — Don Francisco José Pérez de la Cruz Ordaz y de la Puente, fue bautizado en La Habana, parroquia de Guadalupe, el 27 de noviembre de 1746.

6. — Don José Antonio Pérez de la Cruz Ordaz y de la Puente, del que se tratará en la «Rama Primera».

7. — Don José Gabriel Pérez de la Cruz Ordaz y de la Puente, del que se tratará en la «Rama Segunda».

8. — Don Miguel Pérez de la Cruz Ordaz y de la Puente, del que se tratará en la «Rama Tercera».

9. — Don Andrés José Pérez de la Cruz Ordaz y de la Puente, del que se tratará en la «Rama Cuarta».

10. — Don Bartolomé Pérez de la Cruz Ordaz y de la Puente, del que se tratará en la «Rama Quinta».

«RAMA PRIMERA»

Don José Antonio Pérez de la Cruz Ordaz y de la Puente (anteriormente mencionado como hijo de don Bartolomé Pérez de la Cruz Ordaz y López de Aragón y de doña Leonor de la Puente y Xaime), casó en La Habana, parroquia de Jesús del Monte, el 18 de octubre de 1756, con doña María de la Concepción García del Corral y Quiñones, hija de Juan y de María del Rosario. Tuvieron por hijos: a María de los Dolores: a Petrona; a Manuel; a José María, y a José Mariano Pérez de Ordaz y García del Corral. Los cuales:

1. — Doña María de los Dolores Pérez de Ordaz y García del Corral, natural de La Habana, tiene su defunción en la parroquia de Ceiba del Agua a 6 de marzo de 1807. Casó con don Juan de Roxas.

2. — Doña Petrona Pérez de Ordaz y García del Corral, natural del partido de Consolación, casó en la parroquia del Guatao el 23 de abril de 1781, con don José de la Puente y Domínguez, natural de Consolación, hijo de José y de Antonia.

3. — Don Manuel Pérez de Ordaz y García del Corral, natural de Pinar del Río, tiene su defunción en la parroquia de Ceiba del Agua a 10 de junio de 1803. Casó con doña María de Jesús del Castillo.

4. — Don José María Pérez de Ordaz y García del Corral, natural del partido de San Basilio de Cacaragícara, tiene su defunción en la parroquia de Ceiba del Agua a 25 de noviembre de 1803.

5. — Don José Mariano Pérez de Ordaz y García del Corral, natural del partido de San Basilio de Cacaragícara, casó dos veces en la parroquia de Ceiba del Agua: la primera, el 27 de mayo de 1803, con doña María de la Candelaria Fernández y Meléndez, natural del Guatao, hija de Cristóbal y de Rafaela. Casó por segunda vez, el 22 de diciembre de 1816, con doña Antonia Abad de la Concepción Piñero y Piñero, natural de Ceiba del Agua, hija de José y de María Dolores. Con su primera mujer tuvo por hijo: a José Eustaquio Pérez de Ordaz y Fernández. Y con su segunda mujer, tuvo por hijas: a Candelaria, y a Valentina Pérez de Ordaz y Piñero. Los cuales:

1. — Don José Eustaquio Pérez de Ordaz y Fernández, natural de Ceiba del Agua, tiene su defunción en la parroquia de Vereda Nueva a 3 de enero de 1819.

2. — Doña Candelaria Pérez de Ordaz y Piñero, casó en la parroquia de Vereda Nueva el 6 de marzo de 1849, con don José Ramón Boza y Piñero, hijo de José Manuel y de María Tomasa.

3. — Doña Valentina Pérez de Ordaz y Piñero, casó en la parroquia de Vereda Nueva, el primero de enero de 1842, con don José Nazario de Castro y Castillo, natural de Ceiba del Agua, hijo de Francisco y de María Eusebia.

«RAMA SEGUNDA»

Don José María Pérez de la Cruz Ordaz y de la Puente (anteriormente mencionado como hijo de don Bartolomé Pérez de la Cruz Ordaz y López de Aragón, y de doña Leonor de la Puente y Xaime), fue natural del partido de las Pozas de San Basilio de Cacaragícara. Testó ante José María del Castillo, y su defunción se encuentra en la parroquia de Vereda Nueva a 15 de septiembre de 1814. Casó en la parroquia del Guatao, en febrero de 1776, con doña Inés Díaz y Rosales, natural de El Cano, y tuvieron por hijos: a María Cornelia; a María de la Concepción; a María Isabel; a Antonio; a Francisco; a Andrés; a José de Jesús; a José Rafael; a Manuel, y a Nicolás Pérez de Ordaz y Díaz. De los cuales:

1. — Doña María de la Concepción Pérez de Ordaz y Díaz, falleció en San Antonio de los Baños.

2. — Doña María Cornelia Pérez de Ordaz y Díaz, natural del Guatao, tiene su defunción en la parroquia de Guanajay a 18 de julio de 1840. Casó en la parroquia de San Antonio de los Baños el 28 de julio de 1804, con don Bernardo González y Rodríguez, natural de Managua, hijo de Higinio y de Manuela.

3. — Don Andrés Pérez de Ordaz y Díaz, fue bautizado en La Habana, parroquia de Guadalupe, el 13 de febrero de 1781.

4. — Don José de Jesús Pérez de Ordaz y Díaz, natural del Guatao, casó en la parroquia de Vereda Nueva el 21 de marzo de 1810, con doña Josefa Machín y Castro, natural de Santiago de las Vegas, hija de Francisco y de Antonia. Tuvieron por hija: a

Doña Juana Dolores Pérez de Ordaz y Machín, que casó en la parroquia de Vereda Nueva el 21 de abril de 1851, con don Homobono Rodríguez y García de Oramas, hijo de Nicolás y de María.

5. — Don Rafael Pérez de Ordaz y Díaz, fue natural de San Antonio de los Baños, donde testó el 26 de junio de 1824, ante Mateo Leal. Su defunción se encuentra en la parroquia de Vereda Nueva a 30 de agosto de 1824, donde casó el 8 de julio de 1817, con doña Ana María González e Izquierdo, natural de Consolación, hija de José Ignacio y de Sebastiana.

6. — Don Manuel José Pérez de Ordaz y Díaz, natural del partido del Guayabal, casó en la parroquia de Vereda Nueva el 8 de abril de 1827, con doña Josefa María Martín y Pérez, natural de La Habana, hija de Juan y de María Teresa.

7. — Don Nicolás Pérez de Ordaz y Díaz, natural de Guanajay, tiene su defunción en la parroquia de Vereda Nueva a 22 de octubre de 1820. Casó con doña Teresa Machín, y tuvieron por hija: a

Doña María de la Concepción Pérez de Ordaz y Machín, que casó en la parroquia de Vereda Nueva el 30 de junio de 1831, con don José Benito Antela y Machín, natural de San Antonio de los Baños, hijo de José Ramón y de Francisca.

«RAMA TERCERA»

Don Miguel Pérez de la Cruz Ordaz y de la Puente (anteriormente mencionado como hijo de don Bartolomé Pérez de la Cruz Ordaz y López de Aragón, y de doña Leonor de la Puente y Jaime), casó con doña María de las Angustias Hernández y Santiago, cuya defunción se encuentra en la parroquia de Vereda Nueva a 2 de enero de 1814. Tuvieron por hijos: a María Josefa; a Juan José; a Juan Ramón; a Mariano José; a Lorenzo; a Tiburcio, y a José María Pérez de Ordaz y Hernández de Santiago. Los cuales:

1. — Doña María Josefa Pérez de Ordaz y Hernández de Santiago, bautizada en la parroquia del Guatao en junio de 1755, tiene su defunción en la de Vereda Nueva a 13 de diciembre de 1813. Casó dos veces en la parroquia de San Antonio de los Baños; la primera, el 31 de julio de 1793, con don Pablo Ruiz del Álamo y Ávila, natural de la isla de Tenerife, hijo de Pedro y de Josefa Francisca. Casó por segunda vez, el 6 de agosto de 1796, con don Luis Antonio Hernández de Acosta y Velasco, natural del Guatao, hijo de Francisco y de María Petrona.

2. — Don Juan José Pérez de Ordaz y Hernández de Santiago fue bautizado en la parroquia del Guatao el 22 de julio de 1777.

3. — Don Juan Ramón Pérez de Ordaz y Hernández de Santiago, casó en la parroquia de San Antonio de los Baños, el 9 de diciembre de 1803, con doña María de los Dolores Sánchez y Pláceres, hija de Antonio y de María.

4. — Don Mariano José Pérez de Ordaz y Hernández de Santiago, bautizado en la parroquia del Guatao el 17 de enero de 1774, tiene su defunción en la de Ceiba del Agua a 25 de noviembre de 1802. Casó en la parroquia de San Antonio de los Baños el 7 de diciembre de 1796, con doña Gertrudis Álvarez Guerrero y Ramos, natural de Santa María del Rosario, hija de Juan y de Luisa Josefa. Tuvieron por hija: a

Doña María Eulalia Pérez de Ordaz y Álvarez Guerrero, natural del Guayabal, que casó en la parroquia de Corralillo el 11 de agosto de 1815, con don Antonio de la Torre y Rodríguez, natural de Santa Cruz de Tenerife, hijo de Cristóbal y de María.

5. — Don José María Pérez de Ordaz y Hernández de Santiago, natural del Guatao, tiene su defunción en la parroquia de San Antonio de los Baños, a 27 de noviembre de 1808. Casó con doña María de la Luz Martínez y Rivero, natural de Pinar del Río, hija de Juan y de Rosalía. Tuvieron por hijos: a María del Carmen; a José María, y a Antonio Pérez de Ordaz y Martínez. De los cuales:

Don Antonio Pérez de Ordaz y Martínez, fue bautizado en la parroquia de Vereda Nueva el 20 de mayo de 1808. Casó doña María de Magdalena Rivero y González, natural de la Purísima Concepción de la Chorrera, hija de Juan Ignacio y de Antonia.

6. — Don Lorenzo Pérez de Ordaz y Hernández de Santiago, natural del Guatao, casó dos veces: la primera, con doña Micaela Díaz; y la segunda, en la parroquia de Vereda Nueva el 24 de julio de 1809, con doña María de Regla Medina y Cardentey, natural de Guanajay, hija de Blas y de Dolores.

7. — Don Tiburcio Pérez de Ordaz y Hernández de Santiago, natural de Guatao, casó en la parroquia de Vereda Nueva el 15 de noviembre de 1810, con doña María del Rosario Mantilla y González, natural del Guatao, hija de Francisco y de Agustina. Tuvieron por hijos: a Catalina Josefa, y a Francisco José Pérez de Ordaz y Mantilla. Los cuales:

1. — Doña Catalina Josefa Pérez de Ordaz y Mantilla, natural del Guayabal, casó en la parroquia de Vereda Nueva, el 15 de diciembre de 1828, con don José Vicente Martín y Pino, natural de San Antonio de los Baños, hijo de Juan y de Teresa.

2. — Don Francisco José Pérez de Ordaz y Mantilla, natural de Vereda Nueva, casó en dicha parroquia el 25 de febrero de 1845, con doña María Susana Víctores y Sandoval, hija de Luis y de Francisca.

«*RAMA CUARTA*»

Don Andrés José Pérez de Ordaz y de la Puente (anteriormente mencionado como hijo de don Bartolomé Pérez de la Cruz Ordaz y López de Aragón, y de doña Leonor de la Puente y Xaime), casó con doña María de la Concepción Rodríguez, y tuvieron por hijos: a María de los Dolores; a María de Regla; a María Josefa, y a José Francisco Pérez de Ordaz y Rodríguez. Los cuales:

1. — Doña María de los Dolores Pérez de Ordaz y Rodríguez, natural del partido de Jesús María, casó en la parroquia de Ceiba del Agua el 15 de febrero de 1804, con don José María Machado y del Castillo, natural de Consolación, hijo de Manuel y de Bernarda.

2. — Doña María de Regla Pérez de Ordaz y Rodríguez, natural de Guanajay, casó en la parroquia de Ceiba del Agua el 6 de junio de 1806, con don Antonio Feo y González, natural de Fuenteventura, en Canarias, hijo de Juan Antonio y de María Josefa.

3. — Doña María Josefa Pérez de Ordaz y Rodríguez, natural del Guatao, casó en la parroquia de Ceiba del Agua el 27 de enero de 1813, con don Andrés Rodríguez y Rodríguez, natural de La Habana, hijo de José y de María de la Candelaria.

4. — Don José Francisco Pérez de Ordaz y Rodríguez, bautizado en la parroquia del Guatao, el 8 de febrero de 1776, casó en la de Ceiba del Agua el 6 de marzo de 1815, con doña María Ramona González y Roxas, natural de dicho lugar, hija de José Nicolás y de María de los Dolores.

«*RAMA QUINTA*»

Don Bartolomé Pérez de la Cruz Ordaz y de la Puente (anteriormente mencionado como hijo de don Bartolomé Pérez de la Cruz Ordaz y López de Aragón y de doña Leonor de la Puente y Xaime), fue bautizado en la Catedral de La Habana en mayo de 1726 (folio 149, libro noveno segundo). Testó ante Mateo Leal, y su defunción se encuentra en la parroquia de San Antonio de los Baños a 14 de octubre de 1797. Casó en La Habana, parroquia de Jesús del Monte, el 5 de agosto de 1756, con doña María del Monte González de Funes y Almirante, natural de esta ciudad, hija de don Bernardino José González de Funes y Lindoso, y de doña María de la Encarnación Almirante y Salgado (conocida ésta por María de Chaves Espinosa de los Monteros). Tuvieron por hijos: a Juliana; a María de Jesús; a María Petrona; a María Francisca; a Manuela; a José María, y a Pedro Antonio Pérez de la Cruz Ordaz y González de Funes. De los cuales:

1. — Doña Mariana Pérez de la Cruz Ordaz y González de Funes, natural del Guatao, tiene su defunción en la parroquia de San Antonio

de los Baños a 25 de mayo de 1794. Casó con don Vicente Ruiz del Álamo y Fiallo, natural de la villa de Guanabacoa, hijo de Juan y de Isidora.

2. — Doña Juliana Pérez de la Cruz Ordaz y González de Funes, bautizada en la parroquia del Guatao el 21 de marzo de 1777, casó en la de San Antonio de los Baños, el 4 de septiembre de 1797 con don José Rodríguez Jorva y Magdalena, natural de la isla de la Gomera, hijo de Juan y de María Josefa.

3. — Doña María de Jesús Pérez de la Cruz Ordaz y González de Funes, casó en la parroquia de Vereda Nueva el 6 de agosto de 1806, con don Pedro Ramón Martín y Tapia, hijo de Gaspar y de María Feliciana.

4. — Doña María Petrona Pérez de la Cruz Ordaz y González de Funes, fue bautizada en la parroquia del Guatao el 2 de mayo de 1765.

5. — Doña María Francisca Pérez de la Cruz Ordaz y González de Funes, fue bautizada en la parroquia del Guatao el 7 de marzo de 1773.

6. — Doña Manuela Pérez de la Cruz Ordaz y González de Funes, natural de La Habana, tiene su defunción en la parroquia del Guatao a 24 de noviembre de 1784, donde casó el 18 de septiembre de 1782, con don Juan Antonio Suárez y Ramos, natural de La Laguna, en la isla de Tenerife, hijo de don Juan Suárez de los Santos, y de doña María Josefa del Cristo Ramos.[2]

---

2. Don Juan Suárez de los Santos y su mujer doña María Josefa del Cristo Ramos, tuvieron por hijo: a

Don Juan Antonio Suárez y Ramos, natural de La Laguna, Tenerife, que casó dos veces: la primera, con doña Manuela Pérez de la Cruz Ordaz y González de Funes, anteriormente mencionada; y la segunda, en la parroquia de Marianao el 21 de mayo de 1801, con doña María Suárez y Pérez, natural de los Quemados, de Marianao, hija de José y de Josefa María. Con su primera mujer, tuvo por hijas: a Rosalía, y a María Gertrudis Suárez y Pérez de Ordaz. Las cuales:

1. — Doña Rosalía Suárez y Pérez de Ordaz, nació el 4 de septiembre de 1783, y fue bautizada en la parroquia de Guanajay el 14 de septiembre de dicho año.

2. — Doña María Gertrudis Suárez y Pérez de la Cruz Ordaz, nacida el 24 de noviembre de 1784, fue bautizada en la parroquia de Guanajay el 6 de diciembre de dicho año. Su defunción se encuentra en La Habana, parroquia del Santo Ángel, a primeros de julio de 1809, donde casó el 29 de noviembre de 1802, con don Agustín de Gea y Beseira, Teniente de la Primera Compañía de Infantería Ligera de Cataluña, natural de La Habana, hijo de don Vicente de Gea y Garabito, natural de Barcelona, Teniente de las Compañías Ligeras de Infantería de Montaña, y de doña Petrona Beseira y Clance, natural de La Habana.

POLO

Durante la segunda mitad del siglo XVIII, se estableció esta familia en La Habana, procedente del lugar de San Cristóbal de la Cuesta, en el hoy ayuntamiento de ese nombre, partido judicial provincia y diócesis de Salamanca.

Son sus armas: una banda de azur sobre campo de oro y sobre ella, tres estrellas también de oro, llevando dos leones rampantes de gules, uno arriba y otro abajo.

Don Francisco Polo, natural de San Cristóbal de la Cuesta, casó con doña Francisca de Tapia que lo fue de la villa de Astudillo, en el hoy municipio y partido judicial de esa denominación, provincia y diócesis de Palencia, procreando: a

Don Francisco Polo y Tapia, natural de San Cristóbal de la Cuesta, que a su vez casó con doña Manuela García-Escudero y Romo, natural del lugar de Moriscos, en el hoy ayuntamiento de dicho nombre, partido judicial provincia y diócesis de Salamanca, hija de Antonio y de Antonia, de igual naturaleza. Fueron los padres: de

Don Francisco Polo y García-Escudero, que bautizado en la parroquia de San Cristóbal de la Cuesta el 6 de octubre de 1753, pasó a La Habana, donde casó en la parroquia del Espíritu Santo el 12 de octubre de 1796, con doña María Josefa Rocío de la Barrera y Álvarez, a su vez bautizada en esta ciudad, parroquia del Santo Calvario, el 7 de marzo de 1773, hija de don José Antonio Rocío de la Barrera, natural de la villa de Almonte, en el hoy partido judicial de La Palma, provincia de Huelva y diócesis de Sevilla, y de doña Águeda Álvarez, natural de La Habana. Procrearon: a María del Socorro; a María Isabel; a María de la Encarnación; a María de las Nieves; Francisca de Paula; a María del Carmen, y a Francisco de la Cruz Polo y Rocío de la Barrera. Los cuales:

1. — Doña María del Socorro Polo y Rocío de la Barrera, fue bautizada en La Habana, parroquia del Espíritu Santo, el 7 de octubre de 1797.

2. — Doña María Isabel Polo y Rocío de la Barrera, bautizada en La Habana, parroquia del Espíritu Santo el 30 de octubre de 1798, casó en esta ciudad, parroquia del Santo Cristo, el 6 de abril de 1815, con don Mariano de Abaytua y Moineñe, natural de la villa de Portugalete, en el actual ayuntamiento de ese nombre, partido judicial de Valmaseda, provincia de Vizcaya y diócesis de Vitoria, hijo de Ignacio y de Ana María.

3. — Doña María de la Encarnación Polo y Rocío de la Barrera, fue bautizada en La Habana, parroquia del Espíritu Santo, el 27 de marzo de 1800.

4. — Doña María de las Nieves Polo y Rocío de la Barrera, fue bautizada en la parroquia habanera del Espíritu Santo, el 8 de agosto de 1801.

5. — Doña Francisca de Paula Polo y Rocío de la Barrera, bautizada en La Habana, parroquia del Espíritu Santo el 4 de abril de 1803, casó en esta ciudad, parroquia del Santo Cristo, el 9 de marzo de 1822, con don Juan Antonio Martínez y Martínez, bautizado en la parroquia de Nuestra Señora de la Piedad de la villa de Minglanilla, ayuntamiento de ese nombre, partido judicial de Motilla del Palancar, provincia y diócesis de Cuenca, el 27 de febrero de 1795, Caballero de la Orden de Alcántara en 1840,[1] hijo de don Silverio Antonio Martínez y Clemente, y de doña Antonia Martínez y Carrión, ambos nacidos en dicha villa de Minglanilla, respectivamente, los años de 1756 y 1754, donde casaron en la referida parroquia de Nuestra Señora de la Piedad, el 6 de febrero de 1786.

6. — Doña María del Carmen Polo y Rocío de la Barrera, fue natural de La Habana, donde a presencia del capellán del Regimiento de Infantería de España, casó en la parroquia del Santo Cristo el 30 de julio de 1838, con don Joaquín de Aguado y García de Soycoli, natural de la ciudad de Murcia, en el hoy ayuntamiento, partido judicial, provincia y diócesis de esa denominación, que a la sazón era Capitán del referido Regimiento de Infantería de España, hijo de don Mariano de la Concepción de Aguado y Martínez Melgarejo, López de Ayala y Otazo, bautizado en la Catedral de Murcia el 10 de diciembre de 1759, I Conde de Campohermoso en 1797, y de doña María Joaquina García de Lisón y Soycoli y Victoria, a su vez bautizada en la parroquia de Cartagena de Levante el 12 de junio de 1780, ambos casados en dicha ciudad de Murcia, parroquia de Santa Eulalia, el 24 de mayo de 1803.

7. — Don Francisco de la Cruz Polo y Rocío de la Barrera, bautizado en la Catedral de La Habana el 4 de mayo de 1805, nacido el día anterior, casó en esta ciudad, parroquia del Santo Cristo, el 6 de febrero de 1826, con doña Antonia de Jesús Escalante y González de Acevedo, bautizada a su vez en la Catedral habanera el 24 de enero de 1809, nacida el 14 de ese mes, hija de don Antonio Escalante y Blanco, natural de Tenerife, en las Canarias, y de doña María Lutgarda González de Acevedo y Hernández, natural de La Habana. Fueron los padres: de Francisco Valentín; de Joaquín Gabino; de Julio; de Casimiro Isi-

---

1. Fueron los padres: de
Don Francisco Martínez y Polo, bautizado en La Habana, parroquia del Espíritu Santo el 5 de enero de 1839, que sentó plaza de aspirante en el Colegio Naval-Militar de España el 20 de junio de 1852 (asiento 5.842, páginas 437 y 438, tomo VI «Real Compañía de Guardias-Marinas y Colegio Naval; catálogo de pruebas», por don Dalmiro de la Valgoma y el Barón de Finestrat).

dro; de María de los Dolores; de María Josefa; de Luis Marcelino, y de Antonio Félix Polo y Escalante. Los cuales:

1. — Don Joaquín Gabino Polo y Escalante, bautizado en La Habana, parroquia del Santo Calvario el 26 de febrero de 1835, casó en esta ciudad, parroquia de Guadalupe, el 28 de octubre de 1855, con doña María Narcisa de Loreto Cuvillier y Mathews, bautizada en la Catedral habanera el 28 de mayo de 1834, cuyos padres fueron Eugéne Cuvillier y Belik, natural de la ciudad de Nueva Orleans, en la Luisiana, y de Margaret Mathews y Matehry, natural de la isla de New Providence, una de las Bahamas. Tuvieron por hijos: a Eugenio; a Gerardo; a Óscar Aurelio; a Gonzalo, y a Fermín Polo y Cuvillier, todos naturales de La Habana y respectivamente bautizados en esta ciudad, parroquia de Guadalupe, el 19 de febrero de 1860, el 25 de febrero de 1861, el primero de enero de 1864, el 10 de noviembre de 1865, y el 5 de junio de 1867.

2. — Don Julio Polo y Escalante, fue bautizado en La Habana, parroquia de Jesús del Monte, el 11 de mayo de 1841, casando en esta ciudad, parroquia de Monserrate, el 28 de septiembre de 1873, con doña María Julia de Villate y Montes, a su vez bautizada en la parroquia habanera del Santo Ángel el 20 de mayo de 1852, hija del bachiller Gaspar de Villate y Oseguera, escribano público de La Habana y Secretario del Monarca, cuya defunción se encuentra en la parroquia de Monserrate a 15 de agosto de 1873, y de doña Tomasa Montes y Acosta. Fueron padres: de Julia; de Andrés; de Aurelia; de Herminia, y de Natalia Polo y Villate. Los cuales:

A. — Doña Julia Polo y Villate, fue bautizada en La Habana, parroquia de Monserrate, el 4 de octubre de 1874.

B. — Don Andrés Polo y Villate, fue bautizado en la parroquia habanera de Monserrate el 23 de agosto de 1876.

C. — Doña Aurelia Polo y Villate, bautizada en La Habana, parroquia de Monserrate, el 12 de mayo de 1878, tuvo sucesión de su matrimonio con el doctor Isidro V. Chiner y Hernández, natural de Sancti Spíritus, abogado, hijo de Isidro y de Rafaela.

D. — Doña Herminia Polo y Villate, fue bautizada en la parroquia habanera de Monserrate, el 25 de julio de 1880.

E. — Doña Natalia Polo y Villate, fue también bautizada en la referida parroquia de Monserrate el 17 de septiembre de 1882.

3. — Don Casimiro Isidro Polo y Escalante, fue bautizado en La Habana, parroquia de Jesús del Monte, el 9 de junio de 1842.

4. — Doña María de los Dolores Polo y Escalante, bautizada en La Habana, parroquia de Jesús del Monte, el 19 de julio de 1843, falleció el 25 de mayo de 1903. Casó en la parroquia habanera de Guadalupe el 10 de febrero de 1886, con don Eduardo Juan Bassave y Rodríguez, bautizado en esta ciudad, parroquia de Guadalupe, el 16 de diciembre

de 1855, fallecido el primero de septiembre de 1907, I Marqués de San Eduardo por Real Decreto de fecha 21 de octubre de 1872 y Real Despacho extendido el 3 de diciembre del mismo año, Gran Cruz de la Real y Distinguida Orden de Carlos III desde el 20 de diciembre de 1871 y Gran Cruz de la Orden de Isabel la Católica desde el 30 de enero del mismo año,[2] hijo de don Eduardo Bassave y Alburquerque, y de doña María de las Mercedes Rodríguez y Torres (véase la página 72, tomo III, de la presente obra).

5. — Doña María Josefa Polo y Escalante, fue bautizada en La Habana, parroquia de Jesús del Monte, el 14 de febrero de 1844.

6. — Don Luis Marcelino Polo y Escalante, fue bautizado en la parroquia habanera de Jesús del Monte, el 10 de julio de 1846.

7. — Don Antonio Félix Polo y Escalante, fue bautizado en La Habana, parroquia de Jesús del Monte, el 10 de mayo de 1849.

8. — Don Francisco Valentín Polo y Escalante, hijo primogénito, bautizado en La Habana, parroquia del Santo Cristo, el 31 de diciembre de 1826, casó en esta ciudad, parroquia de Guadalupe, el 28 de octubre de 1855, con doña María Catalina Díaz y Albertini, bautizada en la parroquia habanera de Jesús del Monte el 21 de junio de 1832, hija de don Rafael Díaz y Serrano, y de doña Josefa Albertini y Valdés. Fueron los padres: de Francisco; de Rafael; de Adolfo, y de Juan Bautista Polo y Díaz-Albertini. Los cuales:

1. — El doctor Francisco Polo y Díaz-Albertini, bautizado en La Habana, parroquia de Guadalupe el 18 de julio de 1856, médico-cirujano, casó dos veces: la primera con doña María Gertrudis Cabrera y Lasarte, y la segunda en la referida parroquia de Guadalupe el 18 de noviembre de 1888, con doña Rosalía Aguirre y Armand, hija de don José Antonio de Aguirre y Constanza, natural de Santander, y de doña María de las Mercedes Armand y Oliver. De ese segundo matrimonio fue procreado:

Don José Antonio Polo y Aguirre, bautizado en La Habana, parroquia de Jesús del Monte, el 2 de febrero de 1890, que casó en la parro-

---

2. Doña María de los Dolores Polo y Escalante, de su matrimonio con el I Marqués de San Eduardo, tuvo descendencia, sucediendo en esa dignidad su nieta:

Doña Francisca Bassave y Ferrer, Polo y Aznar, fallecida el 5 de julio de 1953, que fue II Marquesa de San Eduardo por Real Carta dada el 20 de enero de 1908, poseyendo la medalla de oro de la Cruz Roja española. Casó con don Eugenio López de Saa y Atocha, nacido el 15 de noviembre de 1875 y fallecido en Santiago de Compostela el 11 de septiembre de 1957, y los que tuvieron por hijo: a

Don Eduardo López de Saa y Bassave-Polo, que es el actual III Marqués de San Eduardo por orden sucesoria dada el 30 de enero de 1954, y carta expedida el 23 de abril del mismo año, residente en Madrid y viudo de doña María de Soto y García (véase páginas 473 y 474 *Dignidades Nobiliarias en Cuba*, por Rafael Nieto y Cortadellas).

quia de San Francisco de Paula (provincia habanera), el 8 de enero de 1938, con doña Armanda Fernández y Fernández-Trevejo.

2. — Don Rafael Polo y Díaz-Albertini, fue educador, y su defunción se encuentra en La Habana, parroquia de Guadalupe a 11 de julio de 1907. Casó en esta ciudad, parroquia de Monserrate, el 9 de diciembre de 1885, velándose en la parroquia de Jesús del Monte el 31 de enero de 1889, con doña Francisca María Ramos, natural de Trinidad, de la que tuvo por hija: a

Doña María de los Ángeles Polo y Ramos, que fue bautizada en La Habana, parroquia de Jesús del Monte, el 25 de noviembre de 1890.

3. — Don Adolfo Polo y Díaz-Albertini, fue bautizado en la parroquia habanera de Jesús del Monte el 25 de febrero de 1859.

4. — Don Juan Bautista Polo y Díaz Albertini, bautizado en La Habana, parroquia de Jesús del Monte, el 23 de septiembre de 1860, casó en esta ciudad, parroquia de Guadalupe, el 25 de octubre de 1887, con doña Filomena del Carmen Fernández Arango, natural de La Habana, de la que tuvo por hijos: a Catalina; a María del Amparo; a Adolfo; a Juan Francisco, y a María Teresa Polo y Fernández Arango. De los cuales:

1. — Doña Catalina Polo y Fernández Arango, casó con don Carlos Rodríguez Alonso.

2. — Doña María del Amparo Polo y Fernández Arango, tuvo sucesión de su matrimonio con don Gonzalo Jorrín y Varona, bautizado en La Habana, parroquia del Santo Cristo el 2 de abril de 1880, aquí fallecido el 27 de julio de 1917, hijo de don Gonzalo Jorrín y Moliner, y de doña Catalina Varona y González del Valle. (Véase la página 192, tomo I de esta obra.)

3. — Don Juan Francisco Polo y Fernández Arango, bautizado en La Habana, parroquia de Jesús del Monte, el 2 de febrero de 1890, casó con doña Otilia de Castro.

4. — Doña María Teresa Polo y Fernández Arango, casó con don Antonio Soto y Castellanos.[3]

---

3. Doña María Teresa Polo y Fernández Arango y don Antonio Soto y Castellanos, tienen por hijos: a Antonio; a Orlando; a Margarita; a María Teresa, y a Osvaldo Soto y Polo. Los cuales:

1. — El doctor Antonio Soto y Polo, que es abogado, está casado con doña Margarita Bonachea y Grave de Peralta, de la que tiene sucesión, hija del doctor Óscar Bonachea y Valdés, Abogado, y de doña María de la Caridad Grave de Peralta.

2. El doctor Orlando Soto y Polo, también Abogado, está casado, teniendo sucesión, con doña Graciella Gómez y Diago, hija del doctor Miguel Mariano Gómez y Arias, Abogado, ya fallecido, que fuera Presidente de la República de Cuba y Alcalde Municipal de La Habana, y de doña Serafina Diago y Cárdenas.

3. — Doña Margarita Soto y Polo, está casada con el doctor Miguel Abril y Olivera, Abogado, del que tiene descendencia, hijo del doctor Manuel Abril y Ochoa, Abogado, y de doña Herminia Olivera.

4. — Doña María Teresa Soto y Polo, está casada con el doctor Justo Corripio y Manzanares, del que tiene sucesión.

5. — El doctor Osvaldo Soto y Polo, está casado con doña Bertila Areces y Anguiano, de la que tiene descendencia, hija de don Rigoberto Areces y González y de doña María de las Mercedes Anguiano.

QUINTANA

Procedente del lugar de Pamanes en Santander, se estableció esta familia en La Habana en la primera mitad del siglo XVIII.

Pedro de Quintana Roja y Francisca de la Vega fueron padres de:

Toribio de Quintana y de la Vega, natural de Penagos, en Santander, y nacido en ese lugar en 1639. Este señor casó con doña Ana de Quintanilla y del Castillo, natural de Pamanes, hija de Juan y María. Tuvieron por hijo a: José de Quintana y Cajigoso.

José de Quintana y Cajigoso, nació en Pamanes en 1689 y casó con doña María Fernández de Gandarillas, nacida en Pamanes en 1694, e hija de Jerónimo Fernández y Juliana Fernández de Gandarillas. Fueron padres de: Lorenzo de Quintana y Fernández de Gandarillas.

Lorenzo de Quintana y Fernández de Gandarillas, nació en Pamanes en 1722. Pasó a La Habana donde casó con doña Manuela de Coimbra y Hernández, nacida en Trinidad en 1729, hija de Antonio de Coimbra y Rodríguez Garavito, natural de La Habana, Capitán y Síndico Procurador General de Trinidad, y de Hilaria Hernández y Ponce, nacida en Trinidad en 1707. Fueron padres de: Lázaro y Antonio Quintana y Coimbra. Los cuales:

1. — Lázaro de Quintana y Coimbra, natural de La Habana, el cual ingresó en la Real Compañía de Guardias Marinas en 1776. Este señor quedó reseñado en la obra «Real Compañía de Guardias Marinas y Colegio Naval» por Dalmiro de la Válgoma, con el número 2035 en el tomo 3 de dicha obra.

2. — Antonio de Quintana y Coimbra, natural de La Habana, el cual casó con María Rosario del Castillo. Tuvieron por hijo a: Lorenzo Quintana y del Castillo.

Lorenzo Quintana y del Castillo casó con doña Mariana de Zayas y Pedroso el 4 de noviembre de 1799 en la parroquia del Santo Cristo del Buen Viaje de la ciudad de La Habana, hija de Antonio de Zayas-Bazán y Zayas-Bazán, y de María Micaela Pedroso y Garro. Esta señora Mariana de Zayas y Pedroso tiene su defunción en la parroquia del Santo Cristo del Buen Viaje a 2 de febrero de 1845. Fueron padres de: Rafael Quintana y Zayas.

Rafael Quintana y Zayas que casó en el Espíritu Santo el 15 de diciembre de 1828 con María Micaela Pedroso y Herrera, natural de La Habana, hija de Francisco Pedroso y Barreto, y de María Ana Herrera y Pedroso. Esta señora María Micaela Pedroso y Herrera tiene su defunción en la parroquia del Santo Cristo a 20 de septiembre de 1869. Este matrimonio tuvo por hija a: María Ana Quintana y Pedroso.

María Ana Quintana y Pedroso casó en la parroquia de Artemisa el 15 de septiembre de 1873, con don Antonio Alés y Escobar, natural de Campillos, provincia de Málaga, Comandante de Infantería y hermano del I Marqués de Alta-Gracia.

RAINERI

A mediados del siglo XIX, procedente de Italia, se estableció esta familia en La Habana.

Antonio Raineri y Alexandrini, natural de Bolonia, que pasó primero a Novara, en Milán, y después a La Habana como profesor de música, se hizo súbdito español por cédula de 20 de diciembre de 1859, expedida por don Antonio Serrano y Domínguez, Capitán General y Gobernador de la isla de Cuba. Casó con Teresa Sorentino y Migliorucci, natural de Trieste, y tuvieron por hijos: a Matilde; a Antonia; a Julia; a Luisa; a Marcos; a Daniel; a Ángel; a Francisco, y a Eugenio Raineri y Sorentino. Los cuales:

1.— Doña Matilde Raineri y Sorentino, natural de Novara, casó con don Luis Vidal, Militar español.

2.— Doña Antonia Raineri y Sorentino, natural de Novara, casó dos veces: la primera, con don Manuel Vidal; y la segunda, con don Gumersindo de las Cuevas.

3.— Doña Julia Raineri y Sorentino, natural de Novara, casó con don Carlos Zafrané.

4.— Doña Luisa Raineri y Sorentino, natural de La Habana, casó con don Manuel Baloyra y Gómez, natural de España.

5.— Don Marcos Raineri y Sorentino, natural de Novara, en su matrimonio procreó: a Teresa; a Julia; a Isabel, y a Antonio Raineri.

6. — Don Daniel Raineri y Sorentino, natural de Novara, casó con doña María Luisa Zamora, y tuvieron por hijos: a Luisa; a Alicia; a Emelina, y a Antonio Raineri y Zamora.

7. — Don Ángel Raineri y Sorentino, natural de Novara, casó con doña María Luisa Oliver, y tuvieron por hijos: a María Teresa; a Ana María; a María Antonia; a Mercedes; a Miguel Ángel; a Carlos, y a Rafael Raineri y Oliver.

8. — Doctor Francisco Raineri y Sorentino, natural de La Habana, fue médico y Caballero de la Orden de la Corona de Italia. Casó el 16 de enero de 1878, con doña María Micaela Pérez de Abreu y Rodríguez, hija de don Andrés Pérez de Abreu y Rodríguez, Regidor, Alcalde ordinario, Subdelegado de Marina, y de doña Micaela Rodríguez y Salgado. Tuvieron por hijos: a Margarita; a Raúl, y a Francisco Raineri y Pérez de Abreu. De los cuales:

Doña Margarita Raineri y Pérez de Abreu, casó con el Doctor Justo García y Vélez, natural de Santiago de Cuba, Comandante del Ejército Libertador de Cuba, Secretario de Estado de la República de Cuba y su Ministro Plenipotenciario en España, hijo de don Calixto García Iñíguez, natural de Holguín, Mayor General del Ejército Libertador de Cuba, y de doña Isabel Vélez y Cabrera.

9. — Don Eugenio Raineri y Sorentino, natural de Novara, fue Arquitecto y Catedrático de la Universidad de La Habana. Casó con doña Mercedes Piedra y Rodríguez, y tuvieron por hijos: a Laura; a Eugenio, y a Virgilio Raineri y Piedra. De los cuales:

1. — Don Eugenio Raineri y Piedra, fue Arquitecto e Ingeniero Civil. Casó con doña Rosa Cadaval y de la Torre, hija de don Francisco Cadaval y Díaz-Berrio, y de doña María Milagros de la Torre y Morales. Tuvieron por hijas: a Rosa; a Margarita, y a Eugenia Raineri y Cadaval.

2. — Don Virgilio Raineri y Piedra, fue Arquitecto e Ingeniero Civil. Casó con doña Ana Celia Andreu y de los Reyes Gavilán, hija del Licenciado Rafael Andreu y Martínez, Abogado, y de doña Ana Luisa de los Reyes Gavilán y Baró. Tuvieron por hijos: a Lidia; a Celia, y a Virgilio Raineri y Andreu Reyes Gavilán.

RODRÍGUEZ - RUBIO

En la segunda mitad del siglo XVIII, procedente de la villa de Rota, en Cádiz, se estableció esta familia en La Habana.

Son sus armas: escudo partido en pal; el primero, en campo de oro, cuatro palos o bastones de gules; bordura roja con ocho aspas de oro. Segundo cuartel, de oro, con un árbol verde, y sobre su tronco, un escudete de oro cargado con cinco paneles de sinople.

Comienza esta genealogía con:

Don Juan Rodríguez-Rubio, natural de la villa de Rota, que casó con doña Elvira García, y tuvieron por hijo: a

Don Antonio Rodríguez-Rubio y García, natural de Rota, que fue Jurado y Regidor del Ayuntamiento de dicha villa. Casó con doña Isabel de Corbalán, hija de don Cristóbal Bernal Bejarano y Gutiérrez, y de doña Leonor Márquez. Tuvieron por hijo: a

Don Juan Rodríguez-Rubio, natural de Rota, que casó con doña Catalina Henestrosa, conocida por Ana Bernal, hija de don Juan Ruiz de Henestrosa y Bernal y de doña Tránsita Gutiérrez y Becerril. Tuvieron por hijo: a

Don Juan Rodríguez-Rubio y Bernal, natural de Rota, que casó con doña Catalina Bernal Bejarano y Sánchez, hija de Francisco y de Juana. Tuvieron por hijo: a

Don Juan Rodríguez-Rubio y Bernal Bejarano, que fue bautizado en la parroquia de la villa de Rota, el 25 de septiembre de 1687 donde casó el 21 de octubre de 1711, con doña Isabel Granados y Segundo, hija de don Juan Esteban Granados y Molina, y de doña Catalina Segundo y Ruiz Delgado. Tuvieron por hijos: a Catalina; a Manuel; a Francisco, y a Bartolomé Rodríguez-Rubio y Granados. De los cuales:

1.— Don Manuel Rodríguez-Rubio y Granados, natural de Rota, casó dos veces: la primera, con doña Antonia Pérez Rivero y Machado, hija de don Antonio Pérez Rivero y Sosa, Contador del Real Tribunal de Cuentas, y de doña Ana Martín Machado y del Pino. Casó por segunda vez en la parroquia de la villa de Guanabacoa, el 31 de julio de 1775, con doña Bárbara Josefa Micolasa Guerrero y Fernández, hija de Francisco y de María Felipa.

2.— Don Francisco Rodríguez-Rubio y Granados, natural de Rota, fue Capitán de Granaderos, Tesorero de Bulas y Alcalde ordinario. Casó en La Habana, parroquia del Santo Cristo, con doña Teresa Figueredo y Tamayo y tuvieron por hijo: a

Don Antonio Rodríguez-Rubio y Figueredo, que casó con doña María de la Luz von Blumester y Hernández, hija del Doctor Otto von Blumester y Neye, natural de Hamburgo, Médico de Marina, y de doña Luz Hernández Hevia, natural de Guanajay. Tuvieron por hijo: a

Don Antonio Rodríguez-Rubio y von Blumester, que casó con doña Juliana Guerrero y González, natural de la villa de Guanabacoa. Tuvieron por hijas: a María de la Luz, y a Teresa Rodríguez-Rubio y Guerrero. Las cuales:

A. — Doña María de la Luz Rodríguez-Rubio y Guerrero, casó con don Calixto Padró y Fernández del Cueto.

B. — Doña Teresa Rodríguez-Rubio y Guerrero, natural de Guanabacoa, casó dos veces: la primera, en la parroquia del Santo Cristo en La Habana, con el Licenciado Manuel de Jesús Ecay y Ecay; y la segunda vez, en la misma parroquia del Santo Cristo, con don Adolfo López y Cruz, natural de Regla.

3. — Don Bartolomé Rodríguez-Rubio y Granados, bautizado en la villa de Rota el primero de junio de 1736, fue Hermano Mayor y Ministro Honorario de la venerable Orden de San Francisco. Casó en La Habana, parroquia de Guadalupe, el 30 de noviembre de 1771, con doña Teresa Gertrudis Rodríguez Figueredo y Gómez de Sandoval, natural de esta ciudad, hija de don José Rodríguez Figueredo y Rodríguez Capote, natural de Santiago de las Vegas, y de doña Antonia Josefa Gómez de Sandoval, natural de La Habana. Tuvieron por hijo: a

Don Pedro Vidal Rodríguez-Rubio y Rodríguez Figueredo, bautizado en la parroquia de la villa de Guanabacoa el 15 de mayo de 1786. Casó con doña María Ignacia Valdés Rodríguez, y tuvieron por hijo: al

Licenciado Rafael Rodríguez-Rubio y Valdés-Rodríguez, que fue Abogado, Regidor, Teniente Alcalde y Síndico del Ayuntamiento de Cárdenas, Asesor de Marina de dicho distrito, Ayudante del Real Cuerpo de Marina, y Capitán interino del puerto de Cárdenas. Casó con doña María Josefa Alegre y López de Villavicencio, natural de Guamacaro, hija del Doctor José Rafael Alegre y Coronel, y de doña María Loreto López de Villavicencio y López de Villavicencio. Tuvieron por hijos: a Josefa; a Clara; a María; a Rafael; a José Manuel, y a Ignacio Rodríguez Alegre. Los cuales:

1. — Doña Josefa Rodríguez Alegre, casó con don Felipe Sáinz y Sevilla.

2. — Doña Clara Rodríguez Alegre, casó con Arístides Doumouchel, Ingeniero francés.

3. — Doña María Rodríguez Alegre, casó con don Joaquín Miranda y Agramonte, hijo de don Federico Miranda y Céspedes, y de doña Francisca Javiera Agramonte y Montijo.

4. — Don Rafael Rodríguez Alegre, falleció soltero.

5. — Don José Manuel Rodríguez Alegre, pereció soltero en el incendio de la ferretería de Isasi.

6. — Doctor Ignacio Rodríguez Alegre, fue Abogado y Agregado Honorario de la Legación de Cuba en Francia, Comendador de la Orden del Santo Sepulcro, y Gran Cruz de la de San Lázaro. Obtuvo certificación de armas e hidalguía el 20 de marzo de 1925, expedida por don

Félix de Rújula y Martín Crespo, Cronista y Rey de Armas de Su Majestad. Casó con doña Esperanza de la Torre y Morales, hija de don Francisco Morales y Perovani, y de doña Susana Morales y Jouve. Tuvieron por hijas: a Esperanza, y a Elvira Rodríguez Alegre y de la Torre. De las cuales:

Doña Esperanza Rodríguez Alegre y de la Torre, casó en La Habana, parroquia de la Caridad, el 2 de mayo de 1940, con don Luis Soria y Méndez, hijo de don Luis Soria y Soto, y de doña Elvira Méndez y Camprubí.

ROMEU

A mediados del siglo XVIII, aparece radicada esta familia en Sitges, en Cataluña, estableciéndose en La Habana en la segunda mitad del siglo XIX. Obtuvieron el título de Conde de Sagunto.

Son sus armas: escudo dividido o escarcelado; primero y cuarto de plata, con águila negra explayada y volante; segundo y tercer cuartel, en campo rojo tres estacas de oro encadenadas y entrelazadas.

Don Jaime Romeu, natural de la villa de Sitges, casó con doña Eulalia Matas y Andolfo, y tuvieron por hijo: a

Don José Romeu y Matas, sobre el cual el Consejo Real y Supremo de Su Majestad, en sesión celebrada por la Cámara de Castilla el 13 de septiembre de 1800, informó al Rey: «Era de parecer se le concediese a este señor, que siendo natural de la villa de Sitges, en Cataluña, y domiciliado en la de Murviedro, privilegio de hidalguía para sí, sus hijos y descendientes.» Cuya resolución favorable de Su Majestad fue publicada el 11 de octubre de dicho año. Fue reconocido como Hijodalgo en Valencia el 26 de enero de 1801, y en Murviedro, el 6 de febrero de dicho año. Obtuvo certificación de armas e Hidalguía el 24 de octubre de 1800, expedida por don Juan Félix de Rújula, Rey de Armas y Cronista de Su Majestad. Casó con doña Francisca Parras y Casasús, hija de Agustín y de Francisca. Tuvieron por hijo: a

Don José Romeu y Parras, bautizado en la villa de Murviedro, Sagunto, en la parroquia de Santa María, el 27 de enero de 1778, fue Comandante en Jefe del Reino de Valencia. Por sus gloriosos hechos durante la Guerra de Independencia española, fue declarado Héroe Nacional, durante la cual fue hecho prisionero y condenado a muerte en Valencia por el Mariscal Souchet, y al subir al cadalso exclamó: «Patíbulo ignominioso, hoy va Romeu a honrarte con su sangre.» Para perpetuar su gloriosa memoria se le erigió un monumento en la plaza de la Glorieta de Sagunto. Casó con doña María Correa y Navarro, natural de San Roque, en Cádiz, tuvieron por hijos: a Ana; a Matilde, y a José María Romeu y Correa. Los cuales:

1. — Doña Ana Romeu y Correa, natural de Sagunto, casó con don Joaquín Valcárcel y Rico, natural de Ronda, Marqués de Pejas, Caballero de la Real Maestranza de Granada.

2. — Doña Matilde Romeu y Correa, casó con don Antonio Corbalán Barquero.

3. — Don José María Romeu y Correa, bautizado en la villa de Murviedro, Sagunto, parroquia de Santa María, el 15 de mayo de 1804, fue Guardia de Corps, Director Superior de Hacienda y Gentilhombre de Cámara de Su Majestad. Casó en la parroquia de Villatobas, arzobispado de Toledo, velándose en Madrid, parroquia de San Martín, el 18 de agosto de 1834, con doña Casimira Crespo y Barril, natural de Madrid, hija de Ginés y de Juliana. Tuvieron por hijos: a Carmen; a María; a Luis, y a José Romeu y Crespo. De los cuales:

1. — Doña María Romeu y Crespo, casó con el Teniente Coronel Rafael Vázquez de la Cuadra, natural de Valladolid, Abogado.

2. — Don Luis Romeu y Crespo, fue Teniente Coronel de Infantería. Casó con doña Joaquina Saavedra, natural de Hinojosos, en Cuenca, y tuvieron por hijos: a Carmen; a Joaquina; a Luis; a José Antonio, y a Joaquín Romeu y Saavedra. De los cuales:

A. — Doña Joaquina Romeu y Saavedra, casó con el Doctor Enrique Salvá, natural de Valencia, Médico y Diputado Provincial.

B. — Licenciado José Antonio Romeu y Saavedra, fue Abogado.

C. — Licenciado Joaquín Romeu y Saavedra, fue Abogado.

3. — Don José Romeu y Crespo, bautizado en la ciudad de Palencia, parroquia de San Lázaro, el 20 de agosto de 1844, fue Coronel de Milicias de Caballería y Caballero de la Orden de San Hermenegildo. Por Real Despacho de 11 de mayo de 1888, se le concedió el título de Conde de Sagunto.[1] Obtuvo certificación de armas e hidalguía el 6 de agosto de 1912, expedida por don Félix de Rújula, Cronista y Rey de Armas de Su Majestad. Casó en la parroquia de la villa de Guanabacoa el 5 de abril de 1874, con doña María de la Caridad Morales y Morales,

---

1. El Decreto de concesión de este título, dice así:

«S.M. la Reina (q.D.g.), Regente del Reino, en nombre de su Augusto Hijo, ha tenido a bien expedir el siguiente Decreto:

Deseando perpetuar la memoria del valor y heroicos hechos de don José Romeu y Parras, que sacrificó su vida y hacienda en defensa de la Independencia de la Patria, de acuerdo con el parecer del Consejo de Ministros; en nombre de mi Augusto Hijo el Rey Don Alfonso XIII y como Reina Regente del Reino: Vengo en hacer merced de título del Reino con la denominación de Conde de Sagunto para sí, sus hijos y sucesores legítimos, a don José Romeu y Crespo, nieto de aquel héroe, hijo de la inmortal Sagunto. Dado en Palacio a 11 de mayo de 1888 —María Cristina—. El Ministro de Gracia y Justicia, Manuel Alonso Martínez.»

hija de don Manuel Morales y Flores, Subteniente del Regimiento de Caballería de Milicias de la plaza de La Habana (de la Casa de los Marqueses de Real Proclamación) y de doña Luisa Morales y Armenteros. Tuvieron por hijo: a

Don José María Romeu y Morales, natural de La Habana, II Conde de Sagunto por Real Carta de Sucesión de 9 de octubre de 1917, que casó en La Habana, parroquia del Ángel, el 26 de octubre de 1907, con doña Esperanza Valdés-Faulí y Varela, hija de don Alfredo Valdés-Faulí y Chappotin, y de doña Elena Varela y Fernández-Mederos. Tuvieron por hija: a

Doña Esperanza Romeu y Valdés-Faulí que casó con don Óscar Galis-Menéndez, Comandante del Ejército Nacional de la República de Cuba, Cruz y Placa del Mérito Militar.

RÚA, DE LA

Procedente de la villa de Santa María de Beluso, Arzobispado de Santiago, en Galicia, se estableció esta familia en La Habana, durante la segunda mitad del siglo XVIII.

Don José de la Rúa casó con doña María Esteves y tuvieron por hijo: a

Don Joaquín de la Rúa y Esteves, bautizado en la parroquia de Santa María de Beluso, Arzobispado de Santiago, el 21 de agosto de 1746, siendo el primero que pasó a la isla de Cuba. Casó en La Habana, parroquia del Santo Cristo, el 29 de agosto de 1778 (L. 5, F. 777 v., N. 562) con doña María Ildefonsa Martínez y Costayo, bautizada en la parroquia de San Rosendo de Pinar del Río, el 27 de enero de 1760, hija de don Pedro Martínez, natural del lugar de Audanca, Burgos, y de doña Beatriz Costayo, natural de Güane, Pinar del Río. Tuvieron por hijo: a

Don Claudio José de la Rúa y Martínez, bautizado en la parroquia del Santo Cristo, en La Habana, el 10 de noviembre de 1783 (L. 12, F. 101, N. 396), ingresó en la Universidad de La Habana donde consta su expediente núm. 12.166 antiguo. Hizo información de legitimidad, limpieza de sangre, vida y costumbres, el 11 de marzo de 1801, la cual fue proveída por el Doctor en Teología Fray Juan González de Oseguera, con el objeto de estudiar Sagrados Cánones. Casó con doña María Josefa Díaz y Bacallado, natural de La Habana, hija de Pedro y de Jerónima. Tuvieron por hijos: a Francisco y a Joaquín de la Rúa y Díaz. Los cuales:

1.— Don Francisco de la Rúa y Díaz, bautizado en la Catedral de La Habana el 6 de enero de 1806, casó en la parroquia de Puerto de la

Güaira en 1836, con doña Merced Hernández y Álvarez, bautizada en la parroquia de Ceiba del Agua, provincia de La Habana, el 28 de diciembre de 1817 (L. 3, F. 92 v., N. 138), hija de don Francisco Hernández y Pereyra, natural de los Quemados, y de doña Dolores Álvarez y León, natural de El Cano, provincia de La Habana.

2. — Don Joaquín de la Rúa y Díaz fue bautizado en la paroquia del Santo Cristo de La Habana el 22 de julio de 1804 (L. 17, F. 60 v., N. 162), ingresó en la Real Universidad de La Habana donde consta su expediente núm. 12.164 antiguo. Hizo información de legitimidad, limpieza de sangre, y vida y costumbres el 10 de abril de 1822, y se graduó de Bachiller en Artes el 13 de abril de 1822, de Cirujano Latino el 24 de diciembre de 1824, de Bachiller en Medicina el 16 de agosto de 1826, y de Licenciado en Medicina el 11 de enero de 1834. Casó dos veces: la primera, en la parroquia del Santo Cristo de La Habana, el 17 de junio de 1823 (L. 7, F. 139, N. 417), con doña María del Carmen Vidal y del Pino, bautizada en La Habana, parroquia del Espíritu Santo, el 24 de abril de 1801 (L. 21, F. 40 v., N. 95) y cuya defunción se encuentra en la parroquia de Monserrate, La Habana, el 21 de abril de 1848 (L. 1, F. 222, N. 2.143), siendo hija de don Manuel Vidal y Boix, natural de Vic, Cataluña, y de doña María Ildefonsa del Pino y Blanco, natural de La Habana. Casó por segunda vez en la parroquia de Monserrate, La Habana, en 1849, con doña Josefa Antonia Rivas y Valdés, bautizada en la Catedral de La Habana, el 27 de marzo de 1813 (L. 22, F. 178 v., N. 360), cuya defunción se encuentra en dicha parroquia de Monserrate a 29 de agosto de 1853, siendo hija de don Nicolás Rivas y López-Barroso, natural de La Habana, Licenciado en Derecho, Abogado de las Reales Audiencias de México y Santo Domingo, y de doña María Nepomucena Valdés, natural de La Habana.

Don Joaquín de la Rúa y Díaz y su primera mujer doña María del Carmen Vidal y del Pino tuvieron por hijos, entre otros, a: Juana Ildefonsa y Joaquín de la Rúa y Vidal. Los cuales:

A. — Doña Juana Ildefonsa de la Rúa y Vidal, bautizada en la Catedral de La Habana, el 26 de noviembre de 1846 (L. 52, F. 50 v., N. 165) y cuya defunción se encuentra en la parroquia de Monserrate, en La Habana, a 9 de julio de 1877 (L. 21, F. 31, N. 177), casó en la Catedral de La Habana el 16 de septiembre de 1869 (L. 12, F. 195 v., N. 570), con don José Francisco de Miranda y Torres, bautizado en la Catedral de Matanzas el 2 de abril de 1839 (L. 20, F. 32, N. 135), que tiene su defunción en la parroquia de Monserrate, en La Habana, a 29 de febrero de 1888 (L. 28, F. 467, N. 1.460), siendo hijo de don Bernardino de Miranda y Sánchez, natural de Santa Cruz de Tenerife, y de doña Gumersinda de Torres y Domínguez, natural de Matanzas.

B. — Don Joaquín de la Rúa y Vidal, bautizado en la Catedral de La Habana el 9 de julio de 1825 (L. 25, F. 166, N. 466), ingresó en la Real Universidad de La Habana, donde consta su expediente número 12.165 antiguo. Hizo información de legitimidad, limpieza de sangre, y buena vida y costumbres por medio de su padre, el 26 de octubre de 1840 ante el Síndico Procurador General Antonio Pío Carrión.

RUIZ

A fines del siglo XVII, procedente de San Juan de la Rambla, isla de Tenerife, se estableció en Guanabacoa una familia Ruiz a la cual perteneció el siguiente:

Don Diego Ruiz del Álamo, que casó en San Juan de la Rambla, parroquia de San Juan Bautista, el 2 de mayo de 1639, con doña Ana Francisca. Tuvieron por hijos: a Pedro y Diego Ruiz del Álamo. Los cuales:

1. — Don Pedro Ruiz del Álamo, del que se tratará en la «Línea Primera».

2. — Don Diego Ruiz del Álamo, del que se tratará en la «Línea Segunda».

«LÍNEA PRIMERA»

Don Pedro Ruiz del Álamo, mencionado anteriormente como hijo de don Diego Ruiz del Álamo y de doña Ana Francisca, fue bautizado en San Juan de la Rambla el 11 de julio de 1660, y falleció en Guanabacoa el 12 de enero de 1706, donde casó el 11 de diciembre de 1689, con doña María Felipa de Viera, natural de Tacoronte, en Tenerife, hija de don Diego de Viera, y de doña María Felipa. Tuvieron por hijos a: María Concepción, Juan, José Antonio, Agustín, Pedro, Domingo, Marcos, Andrés, Pablo, Bernardo, Manuel y Miguel Ruiz del Álamo y Viera. Los cuales:

1. — María de la Concepción Ruiz del Álamo y Viera casó con don Julián Abreu. Tuvieron por hijo: a

Don Agustín Abreu y Ruiz del Álamo, Alcalde Provincial de la Santa Hermandad, natural de Guanabacoa, el cual casó en la parroquia de Nuestra Señora de la Asunción de Guanabacoa, el 26 de enero de 1765, con doña María Rosa Rafaela Ruiz del Álamo y Roque de Escobar, hija de don Bernardo Ruiz del Álamo y Viera, y doña Lorenza Antonia Roque de Escobar y Sardiña. (Libro 3 de matrimonios, folio 22 vuelto, número 1.) Tuvieron por hija: a

Rita Abreu y Ruiz del Álamo, que casó en la parroquia de Nuestra Señora de la Asunción de Guanabacoa, el 23 de octubre de 1783, con don Ignacio Ruiz del Álamo y Soto, natural de Guanabacoa, hijo de don Manuel Ruiz del Álamo y Roque de Escobar y de doña Águeda Soto y Reyes. (Libro 3 de matrimonios, folio 204, número 1.)

2. — Domingo Ruiz del Álamo y Viera, casó en Guanabacoa, el 7 de febrero de 1729, con doña Francisca Rodríguez Marinero y Suárez, hija de Francisco y de Francisca.

3. — Marcos Ruiz del Álamo y Viera, bautizado en Guanabacoa el 16 de octubre de 1690, tiene su defunción en la Catedral de Matanzas a 11 de octubre de 1764. Casó con doña Ana Roque de Escobar y Sardiña, natural de Guanabacoa, hija de don Antonio Roque de Escobar y Fernández, natural de la isla de La Palma, y de doña María Francisca Sardiña y Ximénez. Tuvieron por hijos: a María, María Jacinta, Rafaela, Manuel y Bernardo Ruiz del Álamo y Roque de Escobar. De los cuales:

Doña Rafaela Ruiz del Álamo y Roque de Escobar, casó en la Catedral de Matanzas, el 20 de junio de 1758, con don Manuel Sotolongo y Cepero, natural de Güines, hijo del Teniente Juan Sotolongo y Carrillo, natural de La Habana, y de doña Antonia Cepero y Ravelo.

4. — Andrés Ruiz del Álamo y Viera, testó el 7 de agosto de 1741 ante Nicolás Flores Rubio, y su defunción se encuentra en la parroquia de la villa de Guanabacoa a 28 de dicho mes y año, donde casó el 16 de agosto de 1728 con doña María Concepción Roque de Escobar y Sardiña, hija de Antonio Roque de Escobar y Fernández, natural de la isla de La Palma, y de doña María Francisca Sardiña y Ximénez. Tuvieron por hijos a: María Rita, Juan José, Antonio, Rafael, Francisco y José Ruiz del Álamo y Roque de Escobar.

5. — Pablo Ruiz del Álamo y Viera, casó en Guanabacoa el 12 de mayo de 1730, con doña María Josefa Rodríguez Casanova y Milián, hija de Mateo y de María. Tuvieron por hijo: a

Pedro Ruiz del Álamo y Rodríguez Casanova, que casó con doña Lorenza Ruiz del Álamo y Roque de Escobar, hija de Bernardo Ruiz del Álamo y Viera, y de doña Lorenza Antonia Roque de Escobar y Sardiña.

6. — Bernardo Ruiz del Álamo y Viera, tiene su defunción en Guanabacoa a 16 de diciembre de 1778, donde casó el 28 de julio de 1728, con doña Lorenza Antonia Roque de Escobar y Sardiña, hija de Antonio Roque de Escobar y Fernández, natural de la isla de La Palma, y de doña María Francisca Sardiña y Ximénez. Tuvieron por hijos: a Bárbara Rita, Lorenza, Pedro Antonio, Pedro Pantaleón y María Rosa Rafaela Ruiz del Álamo y Roque de Escobar. De los cuales:

A. — Bárbara Rita Ruiz del Álamo y Roque de Escobar casó en Guanabacoa el 1 de noviembre de 1775 con don Andrés Lima y Rodríguez, natural de Macuriges, hijo de Andrés y de María Antonia.

B. — Lorenza Ruiz del Álamo y Roque de Escobar, casó con don Pedro Ruiz del Álamo y Rodríguez Casanova, hijo de don Pablo Ruiz del Álamo y Viera, y de doña María Josefa Rodríguez Casanova y Milián.

C. — María Rosa Rafaela Ruiz del Álamo y Roque de Escobar, natural de Guanabacoa, casó en la parroquia de Guanabacoa el 26 de enero de 1765 con don Agustín Abreu y Ruiz del Álmo, Alcalde de la Santa Hermandad, hijo de don Julián Abreu y de doña María de la Concepción Ruiz del Álamo y Viera.

7. — Manuel Ruiz del Álamo y Viera, bautizado en Guanabacoa el 17 de junio de 1692, testó ante Nicolás Flores Rubio, y su defunción se encuentra en la parroquia de dicha villa a 15 de marzo de 1755 (libro 2, folio 255). Casó con doña Beatriz Roque de Escobar y Sardiña, hija de don Antonio Roque de Escobar y Fernández, natural de la isla de La Palma, y de doña María Francisca Sardiña y Ximénez. Tuvieron por hijos: a Josefa, Francisca, Manuel, Rafael, Braulio, Fernando, Pedro Antonio y Basilio Ruiz del Álamo y Roque de Escobar. De los cuales:

A. — Don Fernando Ruiz del Álamo y Roque de Escobar, tiene su defunción en Guanabacoa a 22 de diciembre de 1780. Casó con doña María de la Concepción Chávez.

B. — Pedro Antonio Ruiz del Álamo y Roque de Escobar, fue bautizado en Guanabacoa el 11 de septiembre de 1742, donde casó el 14 de julio de 1766, con doña Antonia Díaz y Ramos, natural de San Juan de la Rambla, Tenerife, hija de Juan y de Juana Rita.

C. — Manuel Ruiz del Álamo y Roque de Escobar, natural de Guanabacoa, casó en la parroquia de Guanabacoa el 6 de septiembre de 1762, con doña Águeda Soto y Reyes, hija de Juan y María. (Libro 3, folio 1, número 3.) Fueron los padres de:

Don José Ignacio Ruiz del Álamo y Soto, bautizado en la parroquia de la villa de Guanabacoa el 13 de diciembre de 1765 (libro 10, folio 101 vuelto, número 3), el cual casó en la parroquia de Guanabacoa el 23 de octubre de 1783 con doña María Rita de la Luz Abreu y Ruiz del Álamo, natural de Guanabacoa, hija de don Agustín Abreu y Ruiz del Álamo, y de doña María Rosa Rafaela Ruiz del Álamo y Roque de Escobar. (Libro 3 de matrimonios, folio 204, número 1.) Tuvieron por hijo: a

Don Francisco José de la Bendición de Dios Ruiz del Álamo y Abreu, natural de San Matías del Río Blanco del Norte, y allí bautizado el 4 de febrero de 1797. (Libro 4, folio 27 vuelto, número 114.) Era también conocido como don Francisco Ruiz y Abreu, habiendo sido ordenado sacerdote por el Obispo de La Habana Juan José Díaz de Espada y Landa, el 27 de septiembre de 1829. (Expediente de Órdenes número 8, legajo 26.) Fue un famoso filósofo en su época.

8. — Don Miguel Ruiz del Álamo y Viera, bautizado en Guanabacoa el 2 de octubre de 1710, fue Regidor del Ayuntamiento de dicha villa. Casó con doña Teresa Pérez-Barroso y González de la Joya, hija de don Juan Pérez-Barroso y Pérez, y de doña María González de la Joya y González. Tuvieron por hija: a

Doña Juana Teresa Ruiz del Álamo y Pérez-Barroso, que fue bautizada en Guanabacoa el 6 de diciembre de 1760, donde casó el 29 de enero de 1789, con don Santiago Renté y Torres, natural de Mataró, Cataluña, hijo de Salvador y Teresa.

«LINEA SEGUNDA»

Don Diego Ruiz del Álamo, mencionado anteriormente como hijo de don Diego Ruiz del Álamo y de doña Francisca, fue bautizado en San Juan de la Rambla, parroquia de San Juan Bautista, el 10 de noviembre de 1643, donde casó el 13 de enero de 1670, con doña Juana Rodríguez. Tuvieron por hijo al:

Capitán Diego Ruiz del Álamo y Rodríguez, natural de San Juan de la Rambla, el cual casó en la villa de Guanabacoa el 30 de noviembre de 1711, con doña María de las Nieves González Oropesa, natural de la villa de la Orotava, en Tenerife, hija de José y de Concepción. El Capitán Diego Ruiz del Álamo y Rodríguez testó el 19 de octubre de 1747, y su defunción se encuentra en la parroquia de Guanabacoa a 31 de marzo de 1752. Tuvieron por hijos: a María, María Gertrudis, María Concepción, Josefa, María Rafaela, Leonarda, Juan Agustín, Antonio, Diego Ruiz del Álamo y González Oropesa. De los cuales:

1. — Doña Josefa Ruiz del Álamo y González Oropesa casó en Guanabacoa el 21 de junio de 1732, con don Esteban de Otero y Báez de Fuentes, natural de Matanzas, hijo del Capitán Fernando de Otero y Velarde, natural de Santander, y de doña Catalina Báez de Fuentes y Pérez-Cordoví, natural de Guanabacoa.

2. — Doña María Rafaela Ruiz del Álamo y González Oropesa, tiene su defunción en San Miguel del Padrón a 12 de febrero de 1765. Casó con don Manuel Álvarez.

3. — Doña Leonarda Ruiz del Álamo y González Oropesa, testó el 29 de enero de 1780 ante Fernando Baquero, y su defunción se encuentra en San Miguel del Padrón a primeros de febrero de dicho año. Casó en Guanabacoa el 3 de septiembre de 1743, con el Capitán Bernardo Díaz y González, hijo de Ignacio y de Antonia.

4. — Capitán Diego Ruiz del Álamo y González Oropesa, bautizado en Guanabacoa el 9 de junio de 1719, casó con doña Francisca Xaviera González, y tuvieron por hijos: a Francisca Josefa, María de las Nieves, y Pedro Ruiz y González. De los cuales:

Don Pedro Ruiz y González, bautizado en Guanabacoa el 8 de julio de 1760, casó dos veces en la Catedral de Matanzas: la primera, el 24 de septiembre de 1787, con doña Ignacia López y Martín, hija de Antonio y de Rosa; y la segunda, el 27 de julio de 1796, con doña María Manuela Benítez de Lugo y Martín, hija de don Cayetano Benítez de Lugo y Avalos, y de doña María Dolores Martín y Soriano. Con su segunda mujer tuvo por hijo: a

Don José Bonifacio Ruiz y Benítez de Lugo, bautizado en la Catedral de Matanzas el 22 de junio de 1797, que casó en la parroquia de Ceiba-Mocha el 5 de mayo de 1828, con doña Ana Josefa de Acuña y Villalonga, hija de Pedro y de Isabel. Tuvieron por hijo: a

Don Manuel Francisco Ruiz y Acuña, bautizado en la parroquia de Guamacaro, Cárdenas, el 4 de febrero de 1833, que casó en la parroquia de Ceja de Pablo, en Matanzas, el 2 de julio de 1873, con doña María Mercedes Rodríguez Bichot y Benítez, natural de San Juan de los Remedios, hija de Francisco y Josefa. Tuvieron por hijo: a

Don Manuel Ruiz y Rodríguez Bichot, bautizado en la parroquia de Ceja de Pablo el 19 de diciembre de 1874, fue Arzobispo de La Habana e ilustre prelado cubano. Falleció en enero de 1940.

A principios del siglo XVIII, procedente de Sevilla, se estableció en La Habana otra familia Ruiz a la cual perteneció:

Don Juan Antonio Ruiz de Espinosa y Gálvez, hijo de Pedro y de Ana, fue bautizado en Sevilla, parroquia de San Vicente, el 2 de enero de 1658. Casó con doña Ángela María Ramírez, bautizada en la parroquial mayor de Sevilla, el 20 de agosto de 1656, hija de don Francisco Rodríguez y doña María Ramírez. Tuvieron por hijo: a

Don Félix Francisco Ruiz de Espinosa y Ramírez, bautizado en Sevilla, parroquia de San Martín, el 3 de octubre de 1683, que pasó a La Habana, donde fue procurador general los años 1734, 1735, 1738 y 1739; alcalde ordinario en 1740 y Tesorero de la Real Compañía de Tabacos. Casó en la Catedral de La Habana el 27 de mayo de 1708, con doña Micaela Espellosa y Bucareli, hija del Alférez Jerónimo de Espellosa y Tamayo, y de doña Justa Bucareli y Padilla. Tuvieron por hija: a

Doña Mónica Josefa Ruiz y Espellosa, bautizada en la Catedral de La Habana, el 17 de mayo de 1724, que hizo información de nobleza, la cual fue proveída el 23 de marzo de 1772 por el Capitán General y Gobernador de la isla de Cuba, y por ante Ignacio de Ayala, Escribano Público de La Habana. Casó en la Catedral de La Habana el 15 de agosto de 1747, con don Francisco Xavier Palacios y Gutiérrez, natural de la ciudad de Ayamonte, en el Arzobispado de Sevilla, Mayordomo de Fábrica de la referida Catedral de La Habana, hijo de don José Palacios y Domínguez y de doña Juana Josefa Gutiérrez y de la Rosa.

También a principios del siglo XVIII, procedente de la ciudad de Toledo, se estableció en La Habana otra familia Ruiz.

Don Cristóbal Ruiz Huidobro y su mujer doña Ana González, naturales de Toledo, tuvieron por hijo: a

Don Jacinto Ruiz Huidobro y González, natural de Toledo, que casó con doña Manuela Pedregal. Tuvieron por hijo: a

Don Jacinto Ruiz y Pedregal, bautizado en la ciudad de Toledo, parroquia de San Nicolás, el 14 de septiembre de 1663, que casó en la Catedral de La Habana el 10 de julio de 1707, con doña María Herrera y Díaz de Valencia, hija de Bernabé y de Andrea. Tuvieron por hijo: a

Don Blas Manuel Ruiz y Herrera, bautizado en la Catedral de La Habana el 9 de febrero de 1719, que fue Comisario de Compra del Ministerio de Marina de esta plaza. Hizo información de nobleza en unión con su mujer el 18 de enero de 1748, ante Pedro Ponce y Carrasco, Provisor y Vicario General de La Habana, y por ante Francisco de Saavedra, Escribano Público; según consta en un testimonio otorgado el 21 de agosto de 1772, por Francisco de Vargas Machuca, Escribano de la Curia Eclesiástica de esta ciudad. Casó en La Habana, parroquia del Santo Ángel, el 29 de junio de 1736, con doña Rosa María Romero y Uriza, hija de don Manuel Alonso Romero, y de doña María Teresa de Uriza. Tuvieron por hijos a: María Teresa, Felipe José, Jacinto y Blas José Ruiz y Romero. De los cuales:

1. — María Teresa Ruiz y Romero casó en la Catedral de La Habana el 15 de agosto de 1779, con don Mauricio de Zúñiga y Sanz Muñoz, natural de La Coruña, Coronel de Infantería y Sargento Mayor del Regimiento de Infantería de la plaza de La Habana, Caballero de la Orden de Carlos III, hijo de don José de Zúñiga e Iglesias, Capitán del Regimiento de Infantería de Lisboa, y de doña Nicolasa Sanz Muñoz y Clemente.

2. — Don Blas José Ruiz y Romero, bautizado en la Catedral de La Habana el 11 de noviembre de 1743, fue Agregado al Ministerio de Marina de esta plaza. Hizo información de nobleza ante el Licenciado Miguel Esteban Melgar, Abogado de los Reales Consejos y Alcalde ordinario de la ciudad de Toledo. Obtuvo testimonio el 27 de enero de 1773, otorgado por don Lucas Floresto, escribano de la referida ciudad de Toledo.

A fines del siglo XVII, procedente de Sevilla, se estableció otra familia de apellido Ruiz en la villa de Guanabacoa, provincia de La Habana. Don Diego Ruiz y doña Juana de la Vega fueron padres de:

Don Diego Luis Ruiz y de la Vega, natural de Sevilla, el cual casó en la parroquia de Guanabacoa el 18 de marzo de 1692 con doña Rufina de Cárdenas y Estrada, hija de Julián y de Feliciana. Tuvieron por hijos a: Feliciana, Manuel, Diego y Julio Ruiz y Cárdenas. Los cuales:

1. — Feliciana Ruiz y Cárdenas casó en Guanabacoa el 3 de enero de 1728 con don Juan José Cordero y Martín, natural de Canarias, hijo de José y de Luisa.

2. — Don Manuel Ruiz y Cárdenas fue bautizado en Guanabacoa el 13 de septiembre de 1693.

3. — Don Diego Ruiz y Cárdenas fue bautizado en Guanabacoa y aparece asentado en el libro 2, folio 119.

4. — Don Julio Ruiz y Cárdenas casó en Guanabacoa el 26 de julio de 1729 con doña Tomasa de León Cabrera.

SAAVEDRA

Procedente de la ciudad de San Agustín de la Florida y oriunda de Mairena, en la provincia de Sevilla, se estableció esta familia en La Habana durante la segunda mitad del siglo XVIII.

Don Tomás González de Saavedra y su mujer doña Agustina de Espinosa, vecinos de Mairena, en Sevilla, fueron los padres de:

Don Rafael González de Saavedra y Espinosa, bautizado en la parroquia de Mairena y que pasó a San Agustín de la Florida, donde casó con María Luisa González y Montes de Oca, bautizada en San Agustín de la Florida el 14 de octubre de 1762. Fueron los padres de: Juan, Ruperto, y Tomás de Saavedra y González. De los cuales:

1. — Licenciado Ruperto de Saavedra y González, bautizado en la parroquia de San Agustín de la Florida el 8 de abril de 1790, pasó a La Habana, donde se licenció en derecho canónico en la Universidad de La Habana.

2. — Don Tomás de Saavedra y González, natural de San Agustín de la Florida, pasó a La Habana, donde casó en la parroquia de Jesús María el 29 de diciembre de 1806, con doña María del Rosario López y García, natural de La Habana, hija de Juan López y González, y de María del Triunfo García. (Libro 1, folio 268 v., partida 841.) Doña María del Rosario López y García había sido bautizada en la Catedral de La Habana el 20 de octubre de 1782. (Libro 15, folio 57 v., partida 269.)

Don Tomás de Saavedra y González y su mujer doña María del Rosario López y García tuvieron por hijos a: José Quintín y Fernando de Saavedra y López. Los cuales:

A. — Don José Quintín de Saavedra y López, bautizado en La Habana, parroquia de Jesús María, el 17 de noviembre de 1809 (libro 4, folio 124 v., partida 962), se recibió de Bachiller y luego de Licenciado en Artes en la Universidad de La Habana.

B. — Don Fernando de Saavedra y López, bautizado en La Habana, parroquia de Jesús María, el 8 de junio de 1811 (libro 4, folio 164 v., partida 1.206), se licenció como Abogado en la Universidad de La Habana.

SACO

A mediados del siglo XVIII se estableció esta familia en Santiago de Cuba, procedente de Monforte de Lemus, en el reino de Galicia.

Don Juan Saco Quiroga y Pérez, natural de Monforte de Lemus, en Galicia, el cual se estableció en Santiago de Cuba, donde casó el 27 de mayo de 1735 con doña María Teresa Blanco de Anaya e Izquierdo, natural de Santiago de Cuba, hija de Francisco Blanco de Anaya, y de Manuela Izquierdo y Vázquez Valdés de Coronado. Tuvieron por hijos a:

1. — María Josefa Saco y Anaya, natural de Santiago de Cuba, la cual casó con don Manuel Cisneros y Ramos, hijo del Alférez Alonso Cisneros y Corredera, y de doña Isabel María Ramos y Gutiérrez. La boda se celebró en la Catedral de Santiago de Cuba el 14 de agosto de 1786. (Ver tomo I, página 117 de esta obra.)

2. — Don José Rafael Saco y Anaya, natural de Santiago de Cuba, Abogado. Pasó a la ciudad de Bayamo donde casó con doña María Antonia López y Cisneros, la cual tiene su defunción en Bayamo el 25 de noviembre de 1806. Tuvieron tres hijos:

A. — Juan Nepomuceno Saco y López.

B. — Catalina Saco y López.

C. — José Antonio Saco y López, nacido en Bayamo el 7 de mayo de 1797 y fallecido en Barcelona el 26 de septiembre de 1879. Fue un famoso escritor e intelectual cubano, autor de la obra «Historia de la Esclavitud» y de numerosos artículos contra el anexionismo. Casó en primeras nupcias con su prima Juana de Mata Cisneros y Saco el 16 de octubre de 1816. No tuvo sucesión de este matrimonio y casó por segunda vez, estando aún viva su primera esposa, el 19 de julio de 1856, en la ciudad de Londres, con doña María de los Dolores Frías y Jacott, viuda de don Narciso López y Oriola, y hermana del Conde de Pozos Dulces. Fueron sus hijos:

A. — María Cristina Saco y Frías, conocida como «Mariquita».

B. — José Aurelio Saco y Frías.

SARDIÑA

Este apellido ya apareció en el tomo 5, y aquí lo ampliamos. (Ver tomo 5, página 274.)

Don Miguel Sardiña y Pérez Barnuevo, casó con doña María Francisca Sardiña y Sotolongo, hija del Teniente Pedro Sardiña y Reyes, y de doña María Margarita Sotolongo y Cepero, y tuvieron por hijos a:

1. — Doña María Sardiña y Sardiña.

2. — Doña María de la Concepción Sardiña y Sardiña.

3. — Doña María de la Soledad Sardiña y Sardiña.

4. — Doña María del Rosario Sardiña y Sardiña.

5. — Doña María Eugenia Sardiña y Sardiña.

6. — Doña Clara Josefa Sardiña y Sardiña.

7. — Don Vicente Sardiña y Sardiña, del que se tratará en la «Rama A».

8. — Don Simón Sardiña y Sardiña, del que se tratará en la «Rama B».

9. — Don José María Sardiña y Sardiña, del que tratará en la «Rama C».

10. — Don Ramón Sardiña y Sardiña, del que se tratará en la «Rama D».

11. — Don Manuel de Jesús Sardiña y Sardiña, del que se tratará en la «Rama E».

«RAMA A»

Don Vicente Sardiña y Sardiña (anteriormente mencionado como hijo de don Miguel Sardiña y Pérez Barnuevo, y de doña María Francisca Sardiña y Sotolongo), bautizado en la parroquia de Cárdenas el 12 de noviembre de 1791, casó con doña María Francisca Cepero y Urra, hija de don Tomás Cepero y Fernández, y de doña Josefa de Urra y de la Torre. Tuvieron por hijos: a María de los Ángeles; a José Alejo; a José Guillén, y a Fermín Sardiña y Cepero. Los cuales:

1. — Doña María de los Ángeles Sardiña y Cepero, bautizada en la parroquia de Ceiba-Mocha el 7 de junio de 1815, casó en la parroquia de Guamutas el 18 de julio de 1836, con don Manuel García y Sardiña, hijo de don Juan Quirino García y Hernández, y de doña María de la Concepción Sardiña y Sardiña.

2. — Doña Martina Sardiña y Cepero, bautizada en Ceiba-Mocha el 9 de febrero de 1817, tiene su defunción en la parroquia de Jagüey Grande a 21 de agosto de 1882. Casó con don Ramón Sardiña y Cepero, hijo de don Ramón Sardiña y Sardiña, y de doña Manuela Cepero y Urra.

3. — Don José Alejo Sardiña y Cepero, bautizado en la parroquia de Guamutas el 20 de agosto de 1821, casó con doña Lutgarda de Sosa y Cepero, natural de Santa María del Rosario, hija de don Miguel de Sosa y Acosta, y de doña Ignacia Cepero y Urra.

4. — Don José Julián Sardiña y Cepero, bautizado en la parroquia de Palmillas el 5 de abril de 1823, casó con doña María Inés Sardiña y Cepero, hija de don Ramón Sardiña y Sardiña y de doña Manuela Cepero y Urra. Tuvieron por hijos: a María de Guadalupe; a Petrona; a Leocadia; a Salustiano, y a Fermín Sardiña y Sardiña. Los cuales:

A. — Doña María de Guadalupe Sardiña y Sardiña, bautizada en la parroquia de Nueva Bermeja el 26 de diciembre de 1846, casó en la parroquia de Jagüey Grande el 17 de julio de 1861, con don Anacleto Sardiña y Cepero, natural de Cimarrones, hijo de don Vicente Sardiña y Sardiña, y de doña Margarita Cepero y Urra.

B. — Doña Petrona Sardiña y Sardiña, bautizada en la parroquia del Roque el 20 de octubre de 1849, casó con don Agripino Sardiña y Cepero, hijo de don Vicente Sardiña y Sardiña y de doña Margarita Cepero y Urra.

C. — Don Leocadio Sardiña y Sardiña, natural de Jagüey Grande, casó con doña Felipa Cepero y Sardiña, natural de Jagüey Grande, hija de don Antonio Cepero y Rodríguez, y de doña Vicenta Sardiña y Cepero.

D. — Don Salustiano Sardiña y Sardiña, bautizado en la parroquia de la villa de Colón el 7 de julio de 1848, casó con doña Anacleta Sardiña y Sardiña, natural de Guamutas, hija de don Fermín Sardiña y Cepero, y de doña Bruna Sardiña y Sardiña.

E. — Don Fermín Sardiña y Sardiña, casó con doña María de la Concepción Cepero y Sardiña, hija de don Antonio Cepero y Rodríguez, y de doña Vicenta Sardiña y Cepero. Tuvieron por hijo: a

Don Víctor Sardiña y Cepero, natural de Jagüey Grande que casó con doña Vicenta Cepero y Gómez, hija de don Agustín Cepero y Sardiña, y de doña María de los Ángeles Gómez y Sardiña.

5. — Don Fermín Sardiña y Cepero, bautizado en la parroquia de Guamutas el primero de agosto de 1825, casó con doña Bruna Sardiña y Sardiña, hija de don Francisco Sardiña y Álvarez, y de doña María de la Soledad Sardiña y Sardiña. Tuvieron por hijos: a Francisca; a Anacleta; a Porfirio, y a Juan Francisco Sardiña y Sardiña. Los cuales:

1. — Doña Francisca Sardiña y Sardiña, bautizada en la parroquia de Jagüey Grande el 4 de noviembre de 1867, casó con don Juan Evangelista Sardiña y Zamora, natural del Calabazar de La Habana, hija de don Facundo Sardiña y Sardiña, y de doña Flora Zamora y Bravo.

2. — Doñ Anacleta Sardiña y Sardiña, bautizada en la parroquia de Guamutas el 8 de mayo de 1845, casó con don Salustiano Sardiña y Sardiña, natural de la villa de Colón, hijo de don José Julián Sardina y Cepero, y de doña María Inés Sardiña y Cepero.

3. — Don Porfirio Sardiña y Sardiña, bautizado en la parroquia de Palmillas el 6 de noviembre de 1852, casó con doña Estefanía Sardiña y Sardiña, natural del Roque, hija de Brígido Sardiña y Cepero y de doña Petrona Sardiña y Sardiña.

4. — Don Juan Francisco Sardiña y Sardiña, natural de La Habana, casó con doña Felicia María Gómez y Armas, natural de Palmillas, hija de don José Abraham Gómez y Sardiña, y de doña Susana de Armas y Sardiña. Tuvieron por hijo: al

Doctor Sergio Sardiña y Gómez, que nació en el Manguito, el 13 de octubre de 1906.

«RAMA B»

Don Simón Sardiña y Sardiña (anteriormente mencionado como hijo de don Miguel Sardiña y Pérez Barnuevo y de doña María Francisca Sardiña y Sotolongo), bautizado en la parroquia de Ceiba-Mocha, el 5 de noviembre de 1798, tiene su defunción en la parroquia de la villa de Colón, a 23 de noviembre de 1845. Casó con doña Margarita Daniel y Prieto, natural de Alquízar, hija de Antonio y de Petrona. Tuvieron por hijos: a Gregoria; a Diega Martina; a María Francisca; a Epifanía; a Mateo; a José Emeterio; a Celedonio; a Simón, y a Andrés Sardiña y Daniel. Los cuales:

1. — Doña Gregoria Sardiña y Daniel, bautizada en la parroquia de la Nueva Bermeja el 28 de diciembre de 1837, casó con don José Sardiña y Bacallao, natural de Guamutas, hija de don José María Sardiña y Sotolongo y de doña Catalina Bacallao y Muñoz.

2. — Doña Diega Martina Sardiña y Daniel, bautizada en la parroquia de Guamutas el 22 de noviembre de 1842, casó con don Félix José Sardiña y Sardiña, hijo de don Blas Sardiña y Contreras, y de doña María del Rosario Sardiña y Sardiña.

3. — Doña María Francisca Sardiña y Daniel, bautizada en la parroquia de la Nueva Bermeja el 12 de mayo de 1844, casó con don Valentín Sardiña y Sardiña, natural de Guamutas, hijo de don Enrique Sardiña y Hernández, y de doña María Juliana Sardiña y Sardiña.

4. — Doña Epifanía Sardiña y Daniel, bautizada en la parroquia del Roque el 15 de mayo de 1841, casó dos veces: la primera, con don José de Jesús Sardiña y Cepero; y la segunda, con don José Beatriz Sardiña y Cepero, hijos ambos de don Ramón Sardiña y Sardiña y de doña Manuela Cepero y Urra.

5. — Don Mateo Sardiña y Daniel, bautizado en la parroquia de Guamutas el 5 de octubre de 1833, tiene su defunción en la parroquia de la Hanabana a 27 de agosto de 1872, donde casó el 26 de julio de 1866, con doña María Josefa Daniel y Fresneda, natural de Guamutas, hija de don Ramón Daniel y Prieto, y de doña María Fresneda y García.

6. — Don José Emeterio Sardiña y Daniel, bautizado en la parroquia de Guamutas el 24 de marzo de 1845, casó con doña María Crescencia de Armas y Sardiña, natural del Roque, hija de don Lorenzo de Armas y Sardiña y de doña Ana Josefa Sardiña y Cepero.

7. — Don Celedonio Sardiña y Daniel, casó con doña María Crescencia de Armas y Sardiña, natural del Roque, hija de don Lorenzo de Armas y Sardiña y de doña Ana Josefa de Armas y Cepero. Tuvieron por hijo: a

Don Eufemio Sardiña y Armas, que fue bautizado en la parroquia de Jagüey Grande el 11 de noviembre de 1887. Casó con doña Irene Sardiña y Gómez, hija de don Francisco Sardiña y Armas y de doña Paulina Gómez y García.

8. — Don Simón Sardiña y Daniel, bautizado en la parroquia de la Nueva Bermeja el 28 de enero de 1839, tiene su defunción en la parroquia de Jagüey Grande a 20 de febrero de 1865. Casó con doña Juana María García y Sardiña, natural de la Nueva Bermeja, hija de don Juan Quirino García y Sardiña y de doña María Nicanora Sardiña y Cepero. Tuvieron por hijos: a Fidencia, y a Jesús Sardiña y García. Los cuales:

A. — Doña Fidencia Sardiña y García bautizada en la parroquia del Roque el 8 de diciembre de 1866, casó con don Clemente Sardiña y Armas, hijo de don Andrés Sardiña y Daniel, y de doña Filomena del Rosario de Armas y Sardiña.

B. — Don Jesús Sardiña y García, bautizado en la parroquia de la villa de Colón el 25 de abril de 1860, casó con doña Irene Sardiña y Sardiña, natural de Jagüey Grande, hija de don Agripino Sardiña y Cepero, y de doña Petrona Sardiña y Sardiña.

9. — Don Andrés Sardiña y Daniel, bautizado en la parroquia del Roque el 2 de diciembre de 1828, casó con doña Filomena del Rosario

de Armas y Sardiña, natural de Guamutas, hija de don Lorenzo de Armas y Sardiña, y de doña Ana Josefa Sardiña y Cepero. Tuvieron por hijos: a Andrés; a Clemente, y a Francisco Sardiña y Armas. Los cuales:

1. — Doña Andrea Sardiña y Armas, bautizada en la parroquia de Jagüey Grande el 20 de febrero de 1865, casó con don Jacobo Sardiña y Sardiña, natural de Jagüey Grande, hijo de don José Sardiña y Bacallao, y de doña Joaquina Sardiña y Sardiña.

2. — Don Clemente Sardiña y Armas, bautizado en la parroquia de Jagüey Grande el 16 de enero de 1864, casó con doña Fidencia Sardiña y García, natural del Roque, hija de don Simón Sardiña y Daniel, y de doña Juana María García y Sardiña.

3. — Don Francisco Sardiña y Armas, bautizado en la parroquia de Jagüey Grande el 31 de octubre de 1861, casó con doña Paulina Gómez y Sardiña, natural de la villa de Colón, hija de don Martín Gómez y Cepero, y de doña María Nicanora Sardiña y Cepero. Tuvieron por hija: a

Doña Irene Sardiña y Gómez, natural de Palmillas, que casó con don Eufemio Sardiña y Armas, natural de Jagüey Grande, hijo de don Celedonio Sardiña y Daniel, y de doña María Crescencia de Armas y Sardiña.

«RAMA C»

Don José María Sardiña y Sardiña (anteriormente mencionado como hijo de don Miguel Sardiña y Pérez Barnuevo, y de doña María Francisca Sardiña y Sotolongo), bautizado en la Catedral de Matanzas el 20 de julio de 1797, casó con doña Estefanía Sardiña y Álvarez, hija de don Rafael Sardiña y Abreu, y de doña Paula María del Rosario Álvarez y Sardiña. Tuvieron por hijos: a Juana; a María de la O; a Marta; a Flora; a Jorge María; a Petrona; a María de Jesús; a José Rita, y a Pablo Sardiña y Sardiña. De los cuales:

1. — Doña Marta Sardiña y Sardiña, casó con don Juan Rodríguez.

2. — Doña Flora Sardiña y Sardiña, casó con don José Muñiz.

3. — Doña Jorge María Sardiña y Sardiña, casó con don José Rafael Sardiña y Cepero, natural de Madruga, hijo de don Manuel de Jesús Sardiña y Sardiña, y de doña María del Rosario Cepero y Cepero.

4. — Doña Petrona Sardiña y Sardiña, bautizada en la parroquia de Guamutas el 5 de agosto de 1828, casó con don Brígido Sardiña y Cepero, hijo de don Manuel de Jesés Sardiña y Sardiña, y de doña María del Rosario Cepero y Cepero.

5. — Doña María de Jesús Sardiña y Sardiña, natural de Guamutas, casó con don José Rafael Sardiña y Cepero, viudo de su hermana doña Jorge María Sardiña y Sardiña.

6. — Don José Rita Sardiña y Sardiña, bautizado en la parroquia de Guamutas el 31 de julio de 1830, casó dos veces: la primera, con doña María de las Mercedes Sardiña y Sardiña, hija de don Francisco Sardiña y Álvarez y de doña María de la Soledad Sardiña y Sardiña. Casó por segunda vez, con doña Leonor Betancourt.

Don José Rita Sardiña y Sardiña, y su primera mujer doña María de las Mercedes Sardiña y Sardiña, tuvieron por hija: a María de las Mercedes Sardiña y Sardiña.

Don José Rita Sardiña y Sardiña, y su segunda mujer doña Leonor Betancourt, tuvieron por hijos: a Estefanía; a Catalina; a Fermina; a Cristina; a Flora; a Leonor María; a Ángela; a María de la Caridad; a Juan; a José Miguel, y a Domingo Sardiña y Betancourt. De los cuales:

A. — Doña Flora Sardiña y Betancourt, casó con don Ramón Santamarina.

B. — Doña Leonor María Sardiña y Betancourt, casó con don Juan Fernández.

C. — Doña Ángela Sardiña y Betancourt, casó con don Vicente García.

D. — Doña María de la Caridad Sardiña y Betancourt, casó con don Sinforiano Barreda.

E. — Don Domingo Sardiña y Betancourt, casó con doña María Fresneda.

7. — Don Pablo Sardiña y Sardiña, bautizado en la parroquia de Guamutas el 29 de febrero de 1832, casó con doña Liberia Sardiña y Cepero, hija de don Manuel de Jesús Sardiña y Sardiña y de doña María del Rosario Cepero y Cepero. Tuvieron por hijos: a Rosa; a Petrona; a María de la Concepción; a Isabel; a María; a Andrés; a José María, y a Ramón Sardiña y Sardiña. De los cuales:

1. — Doña María de la Concepción Sardiña y Sardiña, casó con don Desiderio Acevedo.

2. — Doña Isabel Sardiña y Sardiña, casó con don Juan Francisco Bernal.

3. — Doña María Sardiña y Sardiña, casó con don Vidal del Junco.

4. — Don José María Sardiña y Sardiña, casó con doña María de la Caridad Fresneda, y tuvieron por hijos: a Angelina; a Elvira; a María Isabel; a Rosa; a Pablo, y a José Ramón Sardiña y Fresneda.

5. — Doctor Ramón Sardiña y Sardiña, natural del Roque, fue Médico. Casó con doña Tomasa de Velasco y Borges, natural de Palmillas, hija de don Regino de Velasco y Gutiérrez, y de doña María de los Ángeles Borges y Hernández. Tuvieron por hijas: a Rosa María, y a María de los Ángeles Sardiña y Velasco. De las cuales:

Doña María de los Ángeles Sardiña y Velasco, nació en Manguito, el 29 de agosto de 1904.

«RAMA D»

Don Ramón Sardiña y Sardiña (anteriormente mencionado como hijo de don Miguel Sardiña y Pérez Barnuevo, y de doña María Francisca Sardiña y Sotolongo), bautizado en la Catedral de Matanzas el 30 de junio de 1794, casó con doña Manuela Cepero y Urra, natural de Pipián, hija de don Tomás Cepero y Fernández, y de doña Josefa de Urra y de la Torre. Tuvieron por hijos: a María Nicanora; a Joaquina; a Ana Josefa; a Josefa Ana; a Juana María; a María Inés; a María Ignacia; a Vicenta; a José Beatriz; a Felipe; a José de Jesús, y a Ramón Sardiña y Cepero. Los cuales:

1. — Doña María Nicanora Sardiña y Cepero, natural de Guamutas, casó dos veces: la primera, con don Juan Quirino García y Hernández; y la segunda, con don Martín Gómez y Cepero, hijo de Lorenzo y Rafaela.

2. — Doña Joaquina Sardiña y Cepero, natural de Ceiba-Mocha, casó con don Francisco Sardiña y Sardiña, natural de Guamutas, hijo de don Enrique Sardiña y Hernández, y de doña María Juliana Sardiña y Álvarez.

3. — Doña Ana Josefa Sardiña y Cepero, tiene su defunción en la parroquia de Jagüey Grande, a 7 de septiembre de 1868. Casó con don Juan Francisco Sardiña y Sardiña, hijo de don Enrique Sardiña y Hernández, y de doña María Juliana Sardiña y Álvarez.

4. — Doña Ana Josefa Sardiña y Cepero, casó con don Lorenzo de Armas y Sardiña, hijo de don Juan de Armas y Hernández Labrador, y de doña María del Rosario Sardiña y Sardiña.

5. — Doña Juana María Sardiña y Cepero, casó con don Rafael Gómez y Cepero, natural de Ceiba-Mocha, hijo de Lorenzo y de Rafaela.

6. — Doña María Inés Sardiña y Cepero, bautizada en la parroquia de Guamutas el 10 de febrero de 1825, casó con don José Julián Sardiña y Cepero, hijo de don Vicente Sardiña y Sardiña y de doña María Francisca Cepero y Urra.

7. — Doña María Ignacia Sardiña y Cepero, bautizada en la parroquia de Guamutas el 11 de marzo de 1833, casó con don Marcos Sar-

diña y Cepero, hijo de don Vicente Sardiña y Sardiña, de doña Margarita Cepero y Urra.

8. — Doña Vicenta Sardiña y Cepero, casó con don Antonio Cepero y Rodríguez, hijo de Rafael y de María de la Concepción.

9. — Don José Beatriz Sardiña y Cepero, casó con doña Epifanía Sardiña y Daniel, natural del Roque, hija de don Simón Sardiña y Sardiña y de doña Margarita Daniel y Prieto. Tuvieron por hijos: a

Don Proto Jacinto Sardiña y Sardiña, que fue bautizado en la parroquia de San Roque, el 4 de noviembre de 1858. Casó con doña Eufemia Gómez y Sardiña, hija de don Rafael Gómez y Cepero, y de doña Juana María Sardiña y Cepero.

10. — Don Felipe Sardiña y Cepero, casó con doña Josefa Daniel y tuvieron por hijo: a

Don Esteban Sardiña y Daniel, que fue bautizado en la parroquia de Jagüey Grande el 15 de febrero de 1893. Casó con doña Manuela García y Ortega, hija de don Hipólito García y Sardiña y de doña María Rosa Ortega y Suárez.

11. — Don José de Jesús Sardiña y Cepero, bautizado en la parroquia de Cimarrones el 16 de agosto de 1834, casó con doña Epifanía Sardiña y Daniel, natural del Roque, hija de don Simón Sardiña y Sardiña y de doña Margarita Daniel y Prieto. Tuvieron por hija: a

Doña Cecilia Sardiña y Sardiña, que fue bautizada en la parroquia de Jagüey Grande el 10 de diciembre de 1868. Casó con don Víctor Sardiña y Sánchez, hijo de don Ramón Sardiña y Cepero, y de doña Josefa Sánchez y Suárez.

12. — Don Ramón Sardiña y Cepero, bautizado en la parroquia de Ceiba-Mocha el 7 de febrero de 1837, casó tres veces: la primera, con doña Martina Sardiña y Cepero; la segunda, con doña María de los Ángeles Sardiña y Cepero, hijas ambas de don Vicente Sardiña y Sardiña, y de doña María Francisca Cepero y Urra. Casó por tercera vez, con doña Josefa Sánchez y Suárez, natural de España.

Don Ramón Sardiña y Cepero, y su primera mujer doña Martina Sardiña y Cepero, tuvieron por hija: a

Doña Josefa de la Caridad Sardiña y Sardiña, que fue bautizada en la parroquia de la villa de Colón el 12 de enero de 1855.

Don Ramón Sardiña y Cepero, y su tercera mujer, doña Josefa Sánchez y Suárez, tuvieron por hijo: a

Don Víctor Sardiña y Sánchez, que fue bautizado en la parroquia de Jagüey Grande el 6 de abril de 1866. Casó con doña Cecilia Sardiña y Sardiña, hija de don José de Jesús Sardiña y Cepero, y de doña Epifanía Sardiña y Daniel. Tuvieron por hijo: al

Doctor Juan Ramón Sardiña y Sardiña, que nació en Aguada de Pasajeros el 13 de marzo de 1908.

«RAMA E»

Don Manuel de Jesús Sardiña y Sardiña (anteriormente mencionado como hijo de don Miguel Sardiña y Pérez Barnuevo y de doña María Francisca Sardiña y Sotolongo), bautizado en la Catedral de Matanzas el 7 de diciembre de 1795, casó dos veces: la primera, con doña María del Rosario Cepero y Cepero, natural de Pipián, hija de don José Cepero y Ruiz, y de doña Rosalía Cepero y Fernández. Casó por segunda vez, con doña María Lorenza Hernández Piloto y Cepero, hija de don Rafael Hernández Piloto y Guzmán y de doña Rita Cepero y García.

Don Manuel de Jesús Sardiña y Sardiña, y su primera mujer, doña María del Rosario Cepero y Cepero, tuvieron por hijos: a María Gabina; a Liborio; a Ceferino; a Brígido, y a José Rafael Sardiña y Cepero. Los cuales:

1. — Doña María Gabina Sardiña y Cepero, bautizada en Guamutas el 9 de abril de 1836, casó con don José Marcial Sardiña y Sardiña, hijo de don Miguel Sardiña y Álvarez, y Eugenia Sardiña y Sardiña.

2. — Doña Liboria Sardiña y Cepero, bautizada en la parroquia de Guamutas el 10 de agosto de 1831, casó con don Pablo Sardiña y Sardiña, hijo de don José María Sardiña y Sardiña, y de doña Estefanía Sardiña y Álvarez.

3. — Don Ceferino Sardiña y Cepero, bautizado en la parroquia de Palmillas el 10 de septiembre de 1825, casó con doña María Josefa Sardiña y Bacallao, natural de Guamutas, hija de don José María Sardiña y Sotolongo, y de doña Catalina Bacallao y Méndez.

4. — Don Brígido Sardiña y Cepero, bautizado en la parroquia de Guamutas el 20 de octubre de 1827, casó con doña Petrona Sardiña y Sardiña, hija de don José María Sardiña y Sardiña, y de doña Estefanía Sardiña y Álvarez. Tuvieron por hijos: a Carmen; a Mariana; a Ramona; a María Estefanía; a Tomasa; a Tomás; a Antonio; a Francisco Rafael, y Sixto Sardiña y Sardiña. De los cuales:

A. — Doña Ramona Sardiña y Sardiña, casó con don Francisco Daniel.

B. — Doña María Estefanía Sardiña y Sardiña, bautizada en la parroquia del Roque el 24 de septiembre de 1861, casó con don Porfirio Sardiña y Sardiña, natural de Palmillas, hijo de don Fermín Sardiña y Cepero y de doña Bruna Sardiña y Cepero.

C. — Doña Tomasa Sardiña y Sardiña, bautizada en la parroquia del Roque el 8 de febrero de 1863, casó con don Felicito Sardiña y Sardiña, natural de Sabanilla del Encomendador, hijo de don Antonio Joaquín Sardiña y Roque de Escobar, y de doña María de Regla Sardiña y Álvarez.

D. — Don Antonio Sardiña y Sardiña casó con doña Filomena Fresneda.

E. — Don Francisco Rafael Sardiña y Sardiña, bautizado en la parroquia del Roque el 8 de diciembre de 1856, casó con doña Margarita Sardiña y Castro, hija de don Ciriaco Sardiña y Sardiña, y de doña Manuela de Castro y Álvarez.

F. — Don Sixto Sardiña y Sardiña, bautizado en la parroquia del Roque el 20 de mayo de 1861, casó con doña María Sardiña y Alfonso, hija de don Luis Sardiña y Castro y de doña María Alfonso y Rodríguez.

5. — Don José Rafael Sardiña y Cepero, bautizado en la parroquia de Madruga el 29 de octubre de 1817, casó dos veces: la primera, con doña Jorge María Sardiña y Sardiña, hija de don José María Sardiña y Sardiña, y de doña Estefanía Sardiña y Álvarez. Casó por segunda vez, con doña María de Jesús Sardiña y Sardiña, hermana de su primera mujer, doña Jorge María Sardiña y Sardiña.

Don José Rafael Sardiña y Cepero, y su primera mujer doña Jorge María Sardiña y Sardiña, tuvieron por hija: a

Doña Arcadia María del Rosario Sardiña y Sardiña, que casó con don Cesáreo Sardiña y Sardiña, hijo de don Antonio Joaquín Sardiña y Roque de Esvobar, y de doña María de Regla Sardiña y Álvarez.

Don José Rafael Sardiña y Cepero, y su segunda mujer doña María de Jesús Sardiña y Sardiña, tuvieron por hijos: a Domingo y a José María Sardiña y Sardiña. Los cuales:

1. — Don Domingo Sardiña y Sardiña, casó dos veces: la primera, con doña Rosa Lima; y la segunda, con doña Ángela Cortavilate.

Don Domingo Sardiña y Sardiña, y su segunda mujer doña Ángela Cortavilate, tuvieron por hijos: a María, y a Óscar Sardiña y Cortavilate.

2. — Don José María Sardiña y Sardiña, bautizado en la parroquia de la villa de Guanabacoa el 27 de diciembre de 1845, casó con doña Rafaela de Castro y Sardiña, hija de don Gabriel de Castro y Álvarez, y de doña Petrona Sardiña y Sardiña. Tuvieron por hijos: a Cecilia; a Nestor; a Isaac, y a Gonzalo Sardiña y Castro. Los cuales:

1. — Doña Cecilia Sardiña y Castro, casó con don Manuel Morejón.

2. — Don Néstor Sardiña y Castro, casó con doña Luisa Morales, y tuvieron por hijos: a Rosa; a Luisa, y a Néstor Sardiña y Morales.

3. — Don Isaac Sardiña y Castro casó con doña Fredesvinda Parados, y tuvieron por hijos: a Margarita; a Carmen; a Olga, y a Isaac Sardiña y Parados.

4. — Don Gonzalo Sardiña y Castro, casó con doña Aurelia de la Vega, y tuvieron por hijos: a Gregoria; a Amalia María; a José, y a Gonzalo Sardiña y de la Vega.

SCOTT - JENCKES

A principios del siglo XIX, procedente de Rhode Island, Estados Unidos de Norteamérica, se estableció esta familia en la isla de Cuba.

Son sus armas: tercio del jefe de sable dentado con ocho puntas. Campo de plata con tres cabezas de jabalíes 2 y 1. Por cimera, león rampante mirando hacia la izquierda y una cabeza de jabalí entre las garras delanteras. Sobre el león, la leyenda: «Audax at cautus», y rodeando la base del escudo: «Modo Dominus Adsit».

Don Juan Scott-Jenckes, nacido en Smith-Field, Rhode Island, Estados Unidos de Norteamérica, casó en Providence, Rhode Island, el año 1790, con doña Sarah Updike y Crowford. (Para la genealogía del apellido Updike, véase la obra «The Opdycke-Opdycke-Opdycke-Updike American descendents of the Wessel and Holland families. By Charles Wilson Opdyke. Weed, Parsons et Co. Albany, N. Y. IX. 30 cartas genealógicas. 499 páginas. 1889.) El 16 de marzo de 1807, el Capitán General Marqués de Someruelos, le concedió licencia, una vez naturalizado en debida forma, para que permaneciera en el partido del Aguacate en diez caballerías de tierra que compró a don José García de Barros, para el fomento de un cafetal, prohibiéndosele mezclarse en el comercio público o privadamente. El Cafetal se llamó «San Cirilo». Dicho matrimonio tuvo por hijo: a

Don Guillermo Scott-Jenckes y Updike, nacido en Providence, Rhode Island, el 12 de marzo de 1794, que fue Hacendado, dueño de los ingenios «Concepción» en San Miguel de los Baños, y «Victoria», en la Cumbre. Casó en la Iglesia Parroquial de Matanzas dos veces: la primera, el 28 de junio de 1821, con doña Petrona Josefa de Ximeno y Estévez, nacida en Matanzas el 19 de mayo de 1805, y fallecida en dicha ciudad el 30 de mayo de 1835. Tuvieron por hijos: a Juana Serafina; a José Matías; a Guillermo Torcuato; a Serafina Eulogia; a María de los Dolores, y a Carlota María. Los cuales:

1. — Doña Juana Serafina Scott-Jenckes y Ximeno, nacida en Matanzas en 1824, y fallecida en esa ciudad en 1887, casó en Matanzas

en 1842, con el doctor Ambrosio de la Concepción Sauto y Noda, nacido en Guanajay, Pinar del Río, en 1806, y fallecido en 1880, el cual fue Abogado, Gentilhombre de Cámara de Su Majestad doña Isabel II, Regidor y Teniente Alcalde de Matanzas, y Comendador de las órdenes de Carlos III, e Isabel la Católica. Este matrimonio no tuvo sucesión.

2. — Don José Matías Scott-Jenckes y Ximeno, nacido en Matanzas en 1825, y fallecido en dicha ciudad en 1881, fue Abogado y Alcalde de su ciudad natal en 1864. Falleció soltero.

3. — Don Guillermo Torcuato Scott-Jenckes y Ximeno, nacido en Matanzas en 1827, falleció en dicha ciudad en 1855, donde casó, en 1853, con doña Isabel Vicente. No tuvieron sucesión.

4. — Doña Serafina Elogia Scott-Jenckes y Ximeno, nació en Matanzas el año 1830, y falleció en la ciudad de La Habana en 1921. Casó en su ciudad natal en 1852, con el excelentísimo señor don Rafael Rodríguez Torices y García Barrio, Senador del Reino, Alcalde de La Habana, Caballero Gran Cruz de las Órdenes de Carlos III e Isabel la Católica.

5. — Doña María de los Dolores Scott-Jenckes y Ximeno, nació en Matanzas en 1833; casó en esa ciudad en 1853, con don Félix Pujadas, y falleció en su ciudad natal, parroquia de Versalles, en 1865.

6. — Doña Carlota María Scott-Jenckes y Ximeno, nació en Matanzas en 1835, y falleció en La Habana en 1890. Casó en Matanzas con don Juan Antonio de la Torriente y de la Cruz Van der Putter, Regidor del Ayuntamiento de La Habana, Hacendado, Placa del Mérito Militar, y Comendador de la Orden de Carlos III.

Don Guillermo Scott-Jenckes y Updike, casó por segunda vez, el 3 de diciembre de 1836, con doña María Victoria de los Ángeles de Ximeno y Estévez, Uzaola y López Montáñez, hermana de su primera mujer, la cual nació en Matanzas el 23 de diciembre de 1814, y falleció en Saratoga, Estados Unidos de Norteamérica, el 8 de agosto de 1856. Este matrimonio tuvo por hijos: a María de la Concepción; a María Victoria; a Antonio; a Josefa Eustaquia; a María Encarnación, y a Guillermo Scott-Jenckes y Ximeno. Los cuales:

1. — Doña María de la Concepción Scott-Jenckes y Ximeno, nacida en Matanzas en 1838, falleció en La Habana en 1912. Casó en Matanzas con el doctor Vicente Luis Ferrer y González, Abogado, Gran Cruz de las Órdenes de Carlos III e Isabel la Católica, y Gran Cruz de Beneficencia y Blanca del Mérito Militar.

2. — Doña María Victoria Scott-Jenckes y Ximeno, nació en Matanzas en 1839, y falleció en dicha ciudad en 1918. Casó dos veces: la primera, en su ciudad natal el año 1876, con don Juan Domé y García, Comendador de las Órdenes de Carlos III e Isabel la Católica; y la segunda vez, casó en 1891, con don Gabriel Lazo y Gutiérrez.

3. — Don Antonio Scott-Jenckes y Ximeno, nació en Matanzas en 1842, y falleció soltero en la propia ciudad, en 1881.

4. — Doña Josefa Eustaquia Scott-Jenckes y Ximeno, nació en Matanzas en 1844; casó en dicha ciudad con don Santiago de la Huerta y Roque de Escobar, Abogado y Alcalde de Matanzas, y falleció también en Matanzas en 1867.

5. — Doña María Encarnación Scott-Jenckes y Ximeno, nació en Matanzas en 1848; casó en la misma ciudad en 1869, con don Demetrio López y Aldazábal, Abogado, Alcalde de Matanzas, Comendador de la Orden de Isabel la Católica, y Presidente de la Audiencia de Santa Clara, y falleció en La Habana en 1904.

Don Guillermo Scott-Jenckes y Updyke, falleció en Matanzas el 19 de enero de 1867. Él, sus padres, sus dos mujeres y todos los miembros de la familia Scott-Jenckes fallecidos en Matanzas, están enterrados en el panteón de la familia en el Cementerio de San Carlos de Matanzas.

SOLANA

Esta familia aparece ya radicada en San Agustín de la Florida en la primera mitad del siglo XVII, pasando a La Habana en la segunda mitad del siglo siguiente.

El Ayudante Alférez Alonso Solana, casó en la parroquia de San Agustín de la Florida, el 26 de abril de 1644, con doña María Antonia Franscisca Pérez Arica, y tuvieron por hijos: a María; a Beatriz; a Antonia; a Antonio; a Alonso; a Diego; a Manuel, y a Juan Solana y Pérez. Los cuales:

1. — Doña María Solana y Pérez, natural de San Agustín de la Florida, casó dos veces en dicha parroquia: la primera el 4 de junio de 1668, con don Domingo de Interiondo y Jonlus de Arteaga, natural de Azcoitia, Guipúzcoa, hijo de Sebastián y de Ana. Casó por segunda vez el 27 de mayo de 1675, con don Juan Martín y Quintero, natural de Triana, hijo de don Alonso Martín y Galán y de doña Inés Quintero.

2. — Doña Beatriz Solana y Pérez, natural de San Agustín de la Florida, testó el 22 de marzo de 1699, ante Antonio Sánchez, y su defunción se encuentra en la Catedral de La Habana a 26 de marzo de dicho año. Casó con don Francisco Romero.

3. — Doña Antonia Solana y Pérez, tiene su defunción en la parroquia de San Agustín de la Florida a 2 de mayo de 1727, donde casó el 7 de junio de 1679 (celebrado de nuevo este matrimonio por orden

superior en 6 de agosto de 1683), con don Lucas de los Reyes y Ximénez, hijo de don Juan de los Reyes y Rica y de doña Ana Ximénez.[1]

4. — Don Antonio Solana y Pérez, natural de San Agustín de la Florida, testó el 6 de mayo de 1699 ante Antonio Sánchez, y su defunción se encuentra en la Catedral de La Habana a 13 de mayo de dicho año, donde casó el 19 de marzo de 1692, con doña Andrea Barrera Caraballo. Tuvieron por hijos: a Damiana; a Gertrudis, y a Lucas Solana y Barrera. Dejaron además por hijo a un póstumo, cuyo nombre se desconoce.

---

1. Don Gaspar de los Reyes, casó en la parroquia de San Agustín de la Florida el 21 de enero de 1621, con doña María Rica, y tuvieron por hijos: a Josefa; a Bartolomé, y a Juan de los Reyes y Rica. Los cuales:

1. — Doña Josefa de los Reyes y Rica, casó con don Juan de Arritola.

2. — Don Bartolomé de los Reyes y Rica, fue bautizado en la parroquia de San Agustín de la Florida el 7 de agosto de 1727.

3. — Don Juan de los Reyes y Rica, casó con doña Ana Ximénez, y tuvieron por hijos: a María; a Ana; a Antonia; a Dorotea; y a Lucas de los Reyes y Ximénez. Los cuales:

1. — Doña María de los Reyes y Ximénez, casó en la parroquia de San Agustín de la Florida el 6 de abril de 1679, con el Ayudante Manuel Solana y Pérez, hijo del Ayudante Alonso y de María Antonia Jacinta.

2. — Doña Ana de los Reyes y Ximénez, casó en la parroquia de San Agustín de la Florida el 4 de mayo de 1679, con el Ayudante Diego Solana y Pérez, hijo del Ayudante Alonso y de María Antonia Jacinta.

3. — Doña Antonia de los Reyes y Ximénez, casó en la parroquia de San Agustín de la Florida el 20 de abril de 1699, con don Mateo García y Meléndez, hijo de Mateo y de María.

4. — Doña Dorotea de los Reyes y Ximénez, casó en la parroquia de San Agustín de la Florida el 29 de mayo de 1692, con el Alférez Juan Solana y Pérez, hijo del Ayudante Alonso y de María Antonia Jacinta.

5. — Don Lucas de los Reyes y Ximénez, casó el 7 de junio de 1679 (celebrado de nuevo este matrimonio por orden superior, el 6 de agosto de 1683), con doña Antonia Solana y Pérez, hija del Ayudante Alonso y de María Antonia Jacinta. Tuvieron por hijos: a María Francisca; a Agustina Basilia; a Rosa; a Ana; a Josefa, y a Lucas de los Reyes y Solana. Los cuales:

1. — Doña María Francisca de los Reyes y Solana, casó en la parroquia de San Agustín de la Florida el 29 de agosto de 1709 con don Antonio de Arritola y de los Reyes, hijo de don Juan de Arritola y de doña Josefa de los Reyes y Rica.

2. — Doña Agustina Basilia de los Reyes y Solana, casó en la parroquia de San Agustín de la Florida el 4 de febrero de 1715, con don Bartolomé Nieto de Carvajal y de la Cruz, natural de dicha plaza, hijo del Capitán Bernardo Nieto de Carvajal y Paz de Alarcón, y de doña María Gertrudis de la Cruz y Hernández.

3. — Doña Rosa de los Reyes y Solana, casó en la parroquia de San Agustín de la Florida el 23 de febredo de 1723, con don José Sánchez, natural de Málaga, hijo de Juan y de María Manuela.

4. — Doña Ana de los Reyes y Solana, tiene su defunción en la parroquia de San Agustín de la Florida, a 24 de abril de 1727, donde casó dos veces: la

primera, con don Francisco José Car; y la segunda, 10 de septiembre de 1725, con don Juan Moyano de Salas, natural de Bujalance, hijo de don Alonso de Salas, y de doña María Antonia Moyano.

5. — Doña Josefa de los Reyes y Solana, casó en la parroquia de San Agustín de la Florida el 15 de febrero de 1706, con don Felipe de Escobedo y Cabrera, hijo del Alférez Andrés de Escobedo y Ríos, y de Josefa Cabrera y Ximénez.

6. — Don Lucas de los Reyes y Solana, fue bautizado en la parroquia de San Agustín de la Florida, el 6 de diciembre de 1700.

---

5. — Comandante Antonio Solana y Pérez, casó dos veces en la parroquia de San Agustín de la Florida; la primera, el 4 de julio de 1674, con doña Catalina Hernández, y la segunda vez, el 26 de abril de (¿?) (libro segundo, folio 4, partida 2) con doña Antonia Jacinto y González. De su primer matrimonio tuvo por hijo a:

Don Alonso Solana y Hernández, que tiene su defunción en la parroquia de San Agustín de la Florida a 16 de diciembre de 1744, donde casó dos veces: la primera, el 15 de agosto de 1708, con doña Juana Cabrera; y la segunda, el 26 de junio de 1720, con doña María Escalona y Álvarez de Sotomayor, hija del Sargento Bartolomé, y de Lucía. Con su segunda mujer, tuvo por hijas: a Manuela; a Ana, y a Petrona Solana y Escalona. Las cuales:

A. — Doña Manuela Solana y Escalona, casó en la parroquia de San Agustín de la Florida el 10 de febrero de 1738, con don José Agustín de Fuentes y Suárez, natural de Orotava, hijo de don Agustín Guillermo de Fuentes y Herrera, y de doña María de los Remedios Suárez y García.

B. — Doña Ana Solana y Escalona, casó dos veces en la parroquia de San Agustín de la Florida: la primera, el 5 de abril de 1745, con don Tomás de las Nieves y Romero, natural de la ciudad de Santiago de Cuba, hijo de Juan y de Ignacia. Casó por segunda vez, el 2 de abril de 1755, con don Francisco de Miranda y Tovar, natural de San Agustín de la Florida, hijo de Antonio y de Antonia.

C. — Doña Petrona Solana y Escalona, casó con don Antonio del Olmo, y su defunción se encuentra en La Habana, parroquia del Espíritu Santo, a 30 de octubre de 1779.

6. — Ayudante Diego Solana y Pérez, casó en la parroquia de San Agustín de la Florida el 4 de mayo de 1679 (celebrado nuevamente este matrimonio por orden superior, el 30 de julio de 1683), con doña Ana de los Reyes y Ximénez, hija de don Juan de los Reyes y Rica, y de doña Ana Ximénez. Tuvieron por hijos: a Catalina; a Ana; a Antonia; a Francisca; a María, y a Laureano Solana y de los Reyes. Los cuales:

A. — Doña Catalina Solana y de los Reyes, casó en la parroquia de San Agustín de la Florida el 2 de septiembre de 1709 con el Alférez José Pérez y Cabrera, hijo del Alférez Bartolomé y de Eufemia.

B. — Doña Ana Solana y de los Reyes, casó cuatro veces; tres de ellas, en la parroquia de San Agustín de la Florida. La primera, el 23 de junio de 1705, con el Cabo de Escuadra Manuel de Salas, natural de dicha plaza; la segunda, el 26 de noviembre de 1710, con don Juan Fernández de la Paz, natural del puerto de Santa María, en Cádiz, hijo de Cristóbal y de María. Casó por tercera vez, con don Antonio de los Reyes; y por cuarta vez, el 9 de febrero de 1733, con don Francisco Barba, natural de Sanlúcar de Barrameda.

C. — Doña Antonia Solana y de los Reyes, casó en la parroquia de San Agustín de la Florida el 22 de febrero de 1705, con don Jacobo Santiago y Briel, natural de Las Palmas de Gran Canaria.

D. — Doña Francisca Solana y de los Reyes, tiene su defunción en la parroquia de San Agustín de la Florida a 13 de julio de 1752, donde casó dos veces: la primera, el 18 de agosto de 1717, con don Juan de Escalona y Hernández de la Cruz, hijo de Tomás y de María; y la segunda, con don Francisco de Castro.

E. — Doña María Solana y de los Reyes, casó dos veces en la parroquia de San Agustín de la Florida; la primera, el 3 de septiembre de 1699, con don Salvador de la Cruz y González, hijo de Diego y de María; y la segunda, el 20 de octubre de 1706 con el Capitán Sebastián Lorenzo de Cabrera.

F. — Don Laureano Solana de los Reyes, Alférez de Caballería de la plaza de San Agustín de la Florida, tiene su defunción en dicha parroquia a 14 de enero de 1755, donde casó el 13 de agosto de 1727, con doña Antonia Monzón y Pérez, hija de Patricio y de Manuela. Tuvieron por hijas: a Sebastiana; a María Isabel; a Francisca, y a Paula Solana y Monzón. Las cuales:

A. — Doña Sebastiana Solana y Monzón, casó dos veces en la parroquia de San Agustín de la Florida; la primera el 31 de julio de 1743, con don Ildefonso Díaz y Marrero, hijo de Juan y de Dionisia. Casó por segunda vez, el 4 de noviembre de 1745, con don Francisco Gómez y Quevedo, hijo de Santiago y de María

B. — Doña María Isabel Solana y Monzón, fue bautizada en la parroquia de San Agustín de la Florida, el 17 de septiembre de 1744.

C. — Doña Francisca Solana y Monzón, casó en la parroquia de San Agustín de la Florida el 7 de junio de 1751, con don Francisco Espinosa y de los Reyes, hijo de Diego y de Josefa.

D. — Doña Paula Solana y Monzón, casó en la parroquia de San Agustín de la Florida el 18 de diciembre de 1755, con don Juan Tomás de Biedma y Gálvez, natural de la villa de Grimal, en Jaén, hijo de Juan y de María.

7. — Ayudante Manuel Solana Pérez, tiene su defunción en la parroquia de San Agustín de la Florida a 23 de abril de 1727, donde casó

el 16 de abril de 1679 (matrimonio celebrado de nuevo por orden superior el 6 de agosto de 1683), con doña María de los Reyes y Ximénez, hija de don Juan de los Reyes y Rica, y de doña Ana Ximénez. Tuvieron por hijos: a María; a Francisca; a Pedro; a Alonso; a Manuel, y a Antonio Solana y de los Reyes. Los cuales:

A. — Doña María Solana y de los Reyes, tiene su defunción en la parroquia de San Agustín de la Florida, a primero de mayo de 1727, donde casó el 24 de mayo de 1713, con don Juan Enríquez de Camargo y Cubas, natural de la ciudad de Guanajuato en Celaya, Nueva España.

B. — Doña Francisca Solana y de los Reyes, tiene su defunción en la parroquia de San Agustín de la Florida a 24 de abril de 1727, donde casó el 29 de julio de 1720, con don Patricio Rodríguez y Escalona.

C. — Don Pedro Solana y de los Reyes, casó en la parroquia de San Agustín de la Florida el 13 de marzo de 1726, con doña Juana Martín.

D. — Don Alonso Solana y de los Reyes, casó en la parroquia de San Agustín de la Florida el 19 de septiembre de 1726, con doña Josefa Sanjurjo y Monzón, hija del Alférez Pedro y de Francisca.

E. — Don Manuel Solana y de los Reyes, casó en la parroquia de San Agustín de la Florida el 28 de febrero de 1726, con doña María Magdalena Báez y Peñalosa, hija de José y de Ana.

F. — Alférez Antonio Solana y de los Reyes, casó dos veces: la primera, con doña María Josefa de Torres; y la segunda, en la parroquia de San Agustín de la Florida, el 18 de abril de 1729, con doña Alfonsa Sanjurjo y Monzón, hija del Alférez Pedro y de Francisca. Con su primera mujer tuvo por hijos: a Josefa; a María de los Ángeles; a Juana, y a Gregorio Solana y Torres. De los cuales:

A. — Doña Josefa Solana y Torres, casó en la parroquia de San Agustín de la Florida el 30 de noviembre de 1744, con don Antonio Fernández y Castro, hijo de Manuel y de Casilda.

B. — Doña María de los Ángeles Solana y Torres, casó con don Diego de Florencia y Salas, hijo de don Juan Francisco Florencia y Uriza, y de doña María Salas.

C. — Doña Juana Solana y Torres, casó en la parroquia de San Agustín de la Florida el 26 de marzo de 1729, con don Dionisio de los Ríos Enríquez y Rodríguez de Acosta, hijo de don Tomás de los Ríos Enríquez y de la Vera, y de doña Juana Rodríguez de Acosta y Argüelles.

8. — Alférez Juan Solana y Pérez, fue Escribano Público y de Gobierno en el presidio de San Agustín de la Florida, en cuya parroquia tiene su defunción a 24 de diciembre de 1727. Casó en la referida parro-

quia de San Agustín de la Florida, el 9 de mayo de 1692, con doña Dorotea de los Reyes y Ximénez. Tuvieron por hijos: a Antonia; a Francisca; a Juan José, y a Felipe Solana y de los Reyes. Los cuales:

1. — Doña Antonia Solana y de los Reyes, fue bautizada en la parroquia de San Agustín de la Florida el 10 de mayo de 1701.

2. — Doña Francisca Solana y de los Reyes, fue bautizada en la parroquia de San Agustín de la Florida el 12 de octubre de 1696, donde casó el 7 de junio de 1717, con el Alférez Juan Cordero y Flores, hijo de don Juan Cordero-Macías y Ruiz de Maldonado, y de doña Ana Flores Amador.

3. — Presbítero Juan José Solana y de los Reyes, fue Cura Párroco de San Agustín de la Florida y luego Capellán por Su Majestad de la Real Casa-Cuna de La Habana. Su defunción se encuentra en la Catedral de La Habana a 19 de enero de 1774.

4. — Don Felipe Solana y de los Reyes, fue natural de San Agustín de la Florida, en cuya parroquia casó el 5 de abril de 1736, con doña Jerónima Serrano y Sánchez, hija de Domingo y de Lorenza. Tuvieron por hijos: a Ramona, y a Dionisio Solana y Serrano. Los cuales:

1. — Doña Ramona Solana y Serrano, casó en La Habana, parroquia del Espíritu Santo, el 3 de agosto de 1772, con don Santiago Fernández y Urrutia, natural de San Agustín de la Florida, hijo de Pedro y de Josefa.

2. — Don Dionisio Solana y Serrano, natural de San Agustín de la Florida, pasó a La Habana, donde casó en la parroquia del Espíritu Santo, el 29 de marzo de 1777, con doña María de la Concepción Álvarez y Peña, natural de San Agustín de la Florida, hija de Juan y de María Gertrudis.

SOLÍS - PUÑALES

Procedente del Puerto de Santa María, en la provincia de Huelva, pasó esta familia a La Habana a fines del siglo XVII, extendiéndose luego por dicha provincia y las de Pinar del Río y Matanzas.

Don Cristóbal de Solís, y su mujer doña Juana Puñales, tuvieron por hijo: a

Don Diego Martín Solís-Puñales, que fue natural del Puerto de Santa María, y cuya defunción se encuentra en La Habana, parroquia del Espíritu Santo, a 2 de junio de 1729. Casó en la Catedral de esta ciudad, el 12 de octubre de 1682, con doña María Morales y Pérez de

Bullones, natural de La Habana, hija de don Esteban de Morales, natural de Málaga, y de doña Francisca Pérez de Bullones y Ferrer, natural de La Habana. Tuvieron por hijos: a Gertrudis; a Francisca; a Josefa; a Bernarda; a Tomasa; a Manuela; a Juana María; a Diego de la Candelaria; a Juan; a dos Sebastianes; a Esteban; a Diego; a Tomás; a Francisco, y a Blas Solís-Puñales y Morales. Los cuales:

1. — Doña Gertrudis Solís-Puñales y Morales, tiene su defunción en la Catedral de La Habana a 14 de julio de 1719.

2. — Doña Josefa Solís-Puñales y Morales, bautizada en la Catedral de La Habana el 13 de diciembre de 1683, casó dos veces: la primera con don Francisco Martín y Trujillo, natural de Conil, en Cádiz; y la segunda, en la parroquia de los Quemados de Marianao, el 4 de abril de 1736, con don Baltasar González y Pérez de Ojitos, hijo de Luis y de Teodora.

3. — Doña Bernarda Solís-Puñales y Morales, bautizada en la Catedral de La Habana el 19 de enero de 1688, casó con don Mateo Martín, natural del Puerto de Los Llanos en la isla de La Palma.

4. — Doña Francisca Solís-Puñales y Morales, bautizada en La Habana, parroquia de Jesús del Monte, el 5 de marzo de 1706, tiene su defunción en la Catedral de Matanzas a 25 de septiembre de 1754. Fue recibida como Hermana de la Orden Tercera de San Francisco, el 21 de agosto de 1735. Casó con don Agustín Pérez-Barnuevo y Pérez, hijo de don Alonso Pérez-Barnuevo y Mayor, y de doña Catalina Pérez-Cordoví y Báez de Fuentes.

5. — Doña Juana María Solís-Puñales y Morales, fue bautizada en La Habana, parroquia de Jesús del Monte, el 23 de marzo de 1713.

6. — Doña Tomasa Solís-Puñales y Morales, bautizada en la Catedral de La Habana el 23 de julio de 1698, fue recibida como Hermana de la Orden Tercera de San Francisco en 1756, profesando el primero de agosto de 1758. Su defunción se encuentra en la parroquia de El Cano, a 20 de agosto de 1762. Casó en La Habana, parroquia de Jesús del Monte, el 20 de febrero de 1715, con don Pedro Rodríguez y Landín, natural de La Habana, hijo de Salvador y de María Tomasa.

7. — Doña Manuela Solís-Puñales y Morales, fue bautizada en La Habana, parroquia de Jesús del Monte, el 10 de enero de 1695, donde casó el 6 de abril de 1709, con don Luis Pérez-Cupido y León, natural de Tenerife, hijo de Gaspar y de Ana.

8. — Don Diego de la Candelaria Solís-Puñales y Morales, fue bautizado en la Catedral de La Habana el 12 de febrero de 1690.

9. — Don Juan Solís-Puñales y Morales fue bautizado en La Habana, parroquia de Jesús del Monte, el 11 de marzo de 1700.

10. — Don Sebastián Solís-Puñales y Morales, fue bautizado en la Catedral de La Habana, el 23 de enero de 1696, donde tiene su defunción a 26 de agosto de 1698.

11. — Don Sebastián Solís-Puñales y Morales, tiene su defunción en La Habana, parroquia del Santo Cristo, a 2 de agosto de 1720.

12. — Don Esteban Solís-Puñales y Morales, del que se tratará en la «Línea Primera».

13. — Don Diego Solís-Puñales y Morales, del que se tratará en la «Línea Segunda».

14. — Don Tomás Solís-Puñales y Morales, del que se tratará en la «Línea Tercera».

15. — Don Francisco Solís-Puñales y Morales, del que se tratará en la «Línea Cuarta».

16. — Don Blas Solís-Puñales y Morales, del que se tratará en la «Línea Quinta».

«LINEA PRIMERA»

Don Esteban Solís-Puñales y Morales (anteriormente mencionado como hijo de don Diego Martín Solís-Puñales y de doña María Morales y Pérez de Bullones), bautizado en La Habana, parroquia del Santo Cristo, el 22 de diciembre de 1711, testó ante Juan Núñez, y su defunción se encuentra en la parroquia de San Matías de Río Blanco del Norte, a 23 de enero de 1787. Casó con doña María Gertrudis Pérez-Borroto y Pérez-Barnuevo, natural de La Habana, que testó ante el Presbítero Juan de Salas, y su defunción se encuentra en la parroquia de San Matías de Río Blanco del Norte, a 22 de diciembre de 1782, hija del Capitán Francisco Pérez-Borroto y Díaz-Pimienta, y de doña Casilda Pérez-Barnuevo y Pérez. Tuvieron por hijos: a Antonia; a María de la Asunción; a María Nicolasa; a Catalina; a María; a Gertrudis; a Isabel; a Rita; a María Micaela; a Casilda; a María Josefa Francisca; a Petrona; a Andrés José; a Graciano, y a Dionisio José Solís-Puñales y Pérez-Borroto. Los cuales:

1. — Doña Antonia Solís-Puñales y Pérez-Borroto, natural de La Habana, tiene su defunción en la parroquia de Managua a 31 de mayo de 1788, donde casó dos veces: la primera el 21 de diciembre de 1754, con don Blas Salgado y Blanco, natural de la villa de Guanabacoa, hijo de don Juan Salgado y Vizcaíno, y de doña María de la Concepción Franco. Casó por segunda vez, el 25 de noviembre de 1771, con don Pedro Rodríguez-Barroso y Ávila, natural de San Juan de la Rambla, hijo de Pedro y de María Francisca.

2. — Doña María de la Asunción Solís-Puñales y Pérez-Borroto, natural de Matanzas, testó ante José de la Cruz y Velasco el 19 de octubre de 1843, y su defunción se encuentra en la parroquia de Jaruco a 4 de marzo de 1848. Casó en la parroquia de San Matías de Río Blanco del Norte, el 2 de septiembre de 1784, con don Antonio Rodríguez y Acosta, natural de San Miguel del Padrón, hijo de José y de Nicolasa.

3. — Doña María Nicolasa Solís-Puñales y Pérez-Borroto, fue bautizada en La Habana, parroquia del Espíritu Santo, el 11 de diciembre de 1738.

4. — Doña Catalina Solís-Puñales y Pérez-Borroto, fue bautizada en La Habana, parroquia del Espíritu Santo, el 30 de noviembre de 1739. Casó en la Catedral de Matanzas el 19 de diciembre de 1762, con don José Francisco Pérez-Barnuevo y Solís-Puñales, natural de La Habana, hijo de don Agustín Pérez-Barnuevo y Pérez, y de doña Francisca Solís-Puñales y Morales.

5. — Doña María Solís-Puñales y Pérez-Borroto, natural de San Julián de los Güines, casó en la parroquia de Santa María del Rosario el 17 de agosto de 1765, con don Nicolás Pérez-Ruiz y Pérez-Alverto, natural de Canarias, hijo de don Lorenzo Pérez-Ruiz y de doña Basilia Pérez-Alverto.

6. — Doña Gertrudis Solís-Puñales y Pérez-Borroto, tiene su defunción en la parroquia de Ceiba-Mocha, a 2 de octubre de 1808. Casó en la Catedral de Matanzas el 7 de febrero de 1763, con don Agustín Pérez-Barnuevo y Solís-Puñales, Regidor del Ayuntamiento de Nueva Florida de Ceiba-Mocha, hijo de don Agustín Pérez-Barnuevo y Pérez, y de doña Francisca Solís-Puñales y Morales.

7. — Doña Rita Solís-Puñales y Pérez-Borroto, bautizada en la parroquia de Managua el 19 de junio de 1751, tiene su defunción en la parroquia de Santa María del Rosario, a 16 de noviembre de 1779. Casó con don José Ruiz.

8. — Doña María Micaela Solís-Puñales y Pérez-Borroto, natural de San Julián de los Güines, testó el 12 de julio de 1824, ante José de la Cruz y Velasco, y su defunción consta en la parroquia de Jaruco a 26 de julio de 1824. Casó dos veces: la primera, en la parroquia de Santa María del Rosario el 8 de enero de 1768, con don Alonso Domínguez y Cabrales, natural de Valle Hermoso, La Gomera, Regidor del Ayuntamiento de Jaruco, cuya defunción se encuentra en la parroquia de Jaruco, a 17 de julio de 1791. Casó por segunda vez, en la parroquia de San Juan de Jaruco el 24 de diciembre de 1792, con don Juan Antonio Rodríguez y Hernández, natural de La Gomera, hijo del Capitán Luis y de Ángela.

9. — Doña Casilda Solís-Puñales y Pérez-Borroto, casó en la Catedral de Matanzas el 20 de agosto de 1759, con don Tomás Pérez-Barnuevo y Solís-Puñales, hijo de don Agustín Pérez-Barnuevo y Pérez, y de doña Francisca Solís-Puñales y Morales.

10. — Doña María Josefa Francisca Solís-Puñales y Pérez-Borroto, bautizada en La Habana, parroquia del Espíritu Santo, el 4 de marzo de 1842, tiene su defunción en la Catedral de Matanzas a primero de abril de 1777, donde casó el 19 de junio de 1758, con don José Francisco Pérez-Barnuevo y Solís-Puñales, hijo de don Agustín Pérez-Barnuevo y Pérez, y de doña Francisca Solís-Puñales y Morales.

11. — Doña Petrona Solís-Puñales y Pérez-Borroto, fue bautizada en La Habana, parroquia del Espíritu Santo, el 5 de febrero de 1744.

12. — Don Graciano Solís-Puñales y Pérez-Borroto, fue bautizado en La Habana, parroquia del Espíritu Santo, el 8 de noviembre de 1737.

13. — Don Andrés José Solís-Puñales y Pérez-Borroto, bautizado en La Habana, parroquia del Espíritu Santo el 8 de febrero de 1748, tiene su defunción en la parroquia de Managua, a 20 de junio de 1754.

14. — Don Dionisio José Solís-Puñales y Pérez-Borroto, bautizado en la parroqiua de Managua el 17 de diciembre de 1756, casó con doña María Manuela Gómez. Tuvieron por hijos: a María Gertrudis; a Rita; a Ana María; a José Ramón, y a Esteban Solís-Puñales y Gómez. Los cuales:

1. — Doña María Gertrudis Solís-Puñales y Gómez, casó con don Francisco Otero y Fuentes, natural de Matanzas, hijo de don Agustín Otero y Pérez-Barnuevo y de doña Antonia de Fuentes y Benítez de Lugo.

2. — Doña Rita Solís-Puñales y Gómez, tiene su defunción en la Catedral de Matanzas en julio de 1781.

3. — Doña Ana María Solís-Puñales y Gómez, casó en la Catedral de Matanzas en el año 1817, con don José Gener y Buigas, natural de la villa de Calella, en Cataluña, Socio de Mérito de la Sección de Industria y Comercio de la Diputación Patriótica de Matanzas, hijo de Tomás y de Rosa.

4. — Don José Ramón Solís-Puñales y Gómez, bautizado en la parroquia de Managua el 11 de septiembre de 1787, tiene su defunción en la parroquia de Ceiba-Mocha a 11 de junio de 1818, donde casó el 3 de abril de 1814, con doña María de los Dolores Fuentes y Pérez-Barnuevo, natural de dicha parroquia, hija de don Juan José de Fuentes y Benítez de Lugo, natural de Matanzas, y de doña María de los Dolores Pérez-Barnuevo y Solís-Puñales. Tuvieron por hijo: a

Don Juan José Solís-Puñales y Fuentes, bautizado en la Catedral de Matanzas el 26 de junio de 1816, que casó en la parroquia de Ceiba-Mocha el 26 de agosto de 1843, con doña María Tomasa Pérez-Barnuevo y Pérez-Barnuevo, hija de don José Pérez-Barnuevo y Solís-Puñales, y de doña Josefa Pérez-Barnuevo y Hernández-Madruga.

5. — Don Esteban Solís-Puñales y Gómez, tiene su defunción en la parroquia de Ceiba-Mocha a 21 de junio de 1845. Casó con doña María Belén del Castillo y Alfonso; y en segundas nupcias, con doña María Álvarez y Madruga. Con su primera mujer, tuvo por hijos: a María Salomé; a María de Belén; a José Alejo, y a José Dionisio Solís-Puñales y del Castillo. Los cuales:

1. — Doña María Salomé Solís-Puñales y del Castillo, tiene su defunción en la parroquia de Ceiba-Mocha a 31 de octubre de 1813.

2. — Doña María de Belén Solís-Puñales y del Castillo, casó en la Catedral de Matanzas el 27 de febrero de 1836, con don Ramón Saladrigas y Ferreras, natural de Santa María de Capelladas, Cataluña, hijo de don Jaime Saladrigas y Talavera, natural de Mataró, Alcalde Constitucional de Capelladas, y de doña María Rosa Ferreras.

3. — Don José Alejo Solís-Puñales y del Castillo, fue natural de Ceiba-Mocha, en cuya parroquia casó el 9 de junio de 1837, con doña Ana Luisa Larrieu y de la Cruz, hija de Pedro y de Teresa.

4. — Don José Dionisio Solís-Puñales y del Castillo, tiene su defunción en la parroquia de Ceiba-Mocha a 20 de abril de 1851, donde casó el 16 de julio de 1849, con doña Ana María Rodríguez-Morejón y del Junco, hija de Ramón y de María de la Encarnación.

«LINEA SEGUNDA»

El Teniente Diego Solís-Puñales y Morales (anteriormente mencionado como hijo de don Diego Martín Solís-Puñales y de doña María Morales y Pérez de Bullones), fue bautizado en La Habana, parroquia de Jesús del Monte, el 16 de febrero de 1702. Testó el 12 de noviembre de 1776 ante Nicolás Frías, y su defunción se encuentra en esta ciudad, parroquia de Guadalupe, a 22 de marzo de 1788. Casó con doña Isidora González de Soto, y tuvieron por hijos: a María Ignacia; a María, y a José Solís-Puñales y González de Soto. De los cuales:

1. — Doña María Solís-Puñales y González de Soto, fue bautizada en La Habana, parroquia de Jesús del Monte, el 11 de junio de 1728.

2. — Don José Solís-Puñales y González de Soto, fue bautizado en La Habana, parroquia de Jesús del Monte, el 27 de mayo de 1727.

«LINEA TERCERA»

Don Tomás Solís-Puñales y Morales (anteriormente mencionado como hijo de don Diego Martín Solís-Puñales y de doña María Morales y Pérez de Bullones), bautizado en la Catedral de La Habana, el 29 de diciembre de 1725, pasó a España, donde casó con doña Catalina Flores. Tuvieron por hijo: al

Teniente Diego Solís-Puñales y Flores, natural del Puerto de Santa María, que falleció en el partido de Consolación en 1753. Estuvo en posesión de las Haciendas «San Francisco de Viñales» y «Los Cayos de San Felipe». Casó en La Habana, parroquia del Espíritu Santo, el 26 de diciembre de 1734, con doña Úrsula Rosalía del Castillo y Bello, natural de esta ciudad, hija de Cayetano y de Juana Ceferina. Tuvieron por hijos: a Rita; a María del Carmen; a José Silvestre, y a Miguel Solís-Puñales y del Castillo. Los cuales:

1. — Doña Rita Solís-Puñales y del Castillo, ingresó como Hermana de la Orden Tercera de San Francisco, el 16 de julio de 1758, en la que profesó el 9 de septiembre de 1759. Casó con don Juan Rivero.

2. — Doña María del Carmen Solís-Puñales y del Castillo, casó en La Habana, parroquia del Espíritu Santo, el 2 de junio de 1766, con don Manuel González de la Párraga y de la Guardia, natural del Realejos de Abajo, en Tenerife, hijo de Domingo y de Josefa.

3. — Don José Silvestre Solís-Puñales y del Castillo, fue bautizado en la provincia de La Habana, parroquia del Potosí, el 26 de junio de 1769.

4. — Don Miguel Solís-Puñales y del Castillo, natural del Curato de Los Pinos, casó en la parroquia de Bejucal, el 2 de agosto de 1777, con doña Gertrudis Pérez de Abreu y Ximénez, natural de dicha ciudad, hija de don Francisco Hilario Pérez de Abreu y López, natural de Santiago de las Vegas, y de doña María de la Candelaria Ximénez. Tuvieron por hijos: a María de la Candelaria; a Juana Bautista; a Catalina; a Inés; a Eusebio; a Juan; a Miguel, y a Juan Bautista Solís-Puñales y Pérez de Abreu. Los cuales:

1. — Doña María de la Candelaria Solís-Puñales y Pérez de Abreu, fue bautizada en la parroquia de Bejucal el primero de agosto de 1778, donde casó el 5 de diciembre de 1793, con don Juan de Figueroa y Bodo, natural de Turín, en Cerdeña, hijo de Juan Antonio y de Teresa.

2. — Doña Juana Bautista Solís-Puñales y Pérez de Abreu, fue bautizada en la parroquia de Bejucal el 18 de enero de 1780.

3. — Doña Catalina Solís-Puñales y Pérez de Abreu, fue bautizada en la parroquia de Bejucal el 8 de abril de 1787, donde casó el 10 de septiembre de 1810, con don Juan Bautista García y Castro, natural de Santiago de las Vegas, hijo de Antonio y de Agustina.

4. — Doña Inés Solís-Puñales y Pérez de Abreu, fue bautizada en la parroquia de Bejucal el 12 de febrero de 1784.

5. — Don Juan Solís-Puñales y Pérez de Abreu, fue bautizado en la parroquia de Bejucal el 14 de abril de 1781.

6. — Don Juan Miguel Solís-Puñales y Pérez de Abreu, tiene su defunción en la parroquia de Bejucal a 5 de abril de 1781.

7. — Don Juan Bautista Solís-Puñales y Pérez de Abreu, fue bautizado en la parroquia de Bejucal el 21 de noviembre de 1790.

8. — Don Eusebio Solís-Puñales y Pérez de Abreu, bautizado en la parroquia de Bejucal el 29 de agosto de 1782, casó en la parroquia de Quivicán, el 10 de febrero de 1812, con doña Justa Josefa de Irigoyen y Martínez, natural de dicho lugar, hija de José y de Tomasa.

«LINEA CUARTA»

Don Francisco Solís-Puñales y Morales (anteriormente mencionado como hijo de don Diego Martín Solís-Puñales y de doña María Morales y Pérez de Bullones), bautizado en la Catedral de La Habana el 29 de marzo de 1692, tiene su defunción en esta ciudad, parroquia del Espíritu Santo, al folio 232 del libro tercero de enterramientos. Casó en la referida parroquia el 5 de agosto de 1719, con doña María Rodríguez y Martín, hija de José y de Ana. Tuvieron por hijos: a María; a María Josefa; a José, y a Francisco Solís-Puñales y Rodríguez. Los cuales:

1. — Doña María Solís-Puñales y Rodríguez, fue bautizada en la parroquia de Jesús del Monte, el 18 de enero de 1720.

2. — Doña María Josefa Solís-Puñales y Rodríguez, tiene su defunción en la Catedral de Matanzas a 22 de enero de 1763.

3. — Don José Solís-Puñales y Rodríguez, testó el 29 de julio de 1744, ante Bartolomé Núñez, y su defunción se encuentra en La Habana, parroquia del Santo Cristo, a primero de agosto de dicho año. Casó en esta ciudad, parroquia del Espíritu Santo, en mayo de 1744, con doña Francisca Alfonso.

4. — Don Francisco Solís-Puñales y Rodríguez tiene su defunción en La Habana, parroquia de Jesús María, a 3 de julio de 1791. Casó en esta ciudad, parroquia del Espíritu Santo, el 8 de febrero de 1745, con doña Sebastiana de Arriaga y Pérez-Corona, hija de don Tomás de Arriaga y Rodríguez, y de doña Rosario Pérez-Corona y Álvarez de Noda. Tuvieron por hijos: a Ana Josefa; a María de los Ángeles; a dos Marías; a José Pablo; a Juana de Dios; a José Apolinario; a Francisco, y a José Vicente Solís-Puñales y Arriaga. Los cuales:

1. — Doña Ana Josefa Solís-Puñales y Arriaga, fue bautizada en La Habana, parroquia de Guadalupe, el 3 de mayo de 1757.

2. — Doña María de los Ángeles Solís-Puñales y Arriga, fue bautizada en La Habana, parroquia de Guadalupe, el 9 de agosto de 1758, donde tiene su defunción a 20 de julio de 1759.

3. — Doña María Solís-Puñales y Arriaga, fue natural de Bejucal, donde casó el 14 de junio de 1764, con don Salvador Rodríguez y Delgado, natural de La Laguna, Tenerife, hijo de Salvador y de Francisca.

4. — Doña María Solís-Puñales y Arriaga, tiene su defunción en La Habana, parroquia de Guadalupe, a 5 de septiembre de 1794. Casó en la parroquia de Bejucal el 7 de diciembre de 1763, con don Antonio Contreras y Ximénez, natural de Cartagena de Levante, hijo de Blas y de Isabel.

5. — Don José Pablo Solís-Puñales y Arriaga, fue bautizado en La Habana, parroquia de Guadalupe, el 31 de enero de 1756.

6. — Doña Juana de Dios Solís-Puñales y Arriaga, fue bautizada en La Habana, parroquia de Guadalupe, el 4 de marzo de 1760.

7. — Don José Apolinario Solís-Puñales y Arriaga, fue bautizado en La Habana, parroquia de Guadalupe, el 29 de julio de 1754.

8. — Don José Vicente Solís-Puñales y Arriaga, bautizado en La Habana, parroquia del Espíritu Santo, el 7 de abril de 1746, tiene su defunción en esta ciudad, parroquia de Guadalupe, a 14 de julio de 1794.

9. — Don Francisco Solís-Puñales y Arriaga, casó en la parroquia de Santiago de las Vegas, el primero de agosto de 1799, con doña María Morales y Díaz, hija de Félix y de Rafaela. Tuvieron por hijas: a María de la Encarnación, y a María de Regla Solís-Puñales y Morales. Las cuales:

1. — Doña María Encarnación Solís-Puñales y Morales, natural de la Salud, casó en la parroquia de Bejucal el 12 de agosto de 1833, con don Bonifacio Pérez y Alpízar, natural de San Antonio Abad, hijo de Miguel y de Juana.

2. — Doña María de Regla Solís-Puñales y Morales, natural de Quivicán, casó en la parroquia de Bejucal el 5 de junio de 1818, con don Francisco González Palomo y Delgado, natural de dicha ciudad, hijo de Jerónimo y de Ana.

«LINEA QUINTA»

El Capitán Blas Solís-Puñales y Morales (anteriormente mencionado como hijo de don Diego Martín Solís-Puñales y de doña María Morales y Pérez de Bullones), bautizado en La Habana, parroquia de Jesús del Monte el 4 de diciembre de 1707, casó en la parroquia del Potosí en 1739 (folio 23 del libro primero, partida 129 «B»), con doña Antonia Josefa Hernández Borges, natural de San Miguel del Padrón. Tuvieron por hijos: a Rosalía; a Ana María; a María Ignacia; a Bárbara; a Rita; a Dionisia; a Rafael; a José Pablo; a José Eugenio; a José Nicolás, y a Blas Solís-Puñales y Hernández Borges. De los cuales:

1. — Doña Rosalía Solís-Puñales y Hernández Borges, testó el 3 de mayo de 1814, ante Miguel Méndez, y su fallecimiento está en La Habana, parroquia de Guadalupe, a 2 de julio de dicho año. Casó dos veces: la primera, con don Juan José Hernández; y la segunda vez, en La Habana, parroquia de Jesús del Monte, el 24 de febrero de 1758, con don José Bello de Ledesma y Delgado, natural de Güimar, Tenerife, hijo de Juan y de Catalina.

2. — Doña Ana María Solís-Puñales y Hernández Borges, fue bautizada en La Habana, parroquia de Guadalupe el 23 de marzo de 1751.

3. — Doña María Ignacia Solís-Puñales y Hernández Borges, casó en La Habana, parroquia de Guadalupe, el 26 de julio de 1754, con don

José Miguel de la Cruz Rodríguez y Gómez, natural de esta ciudad, hijo de José Luis y de Flora.

4. — Doña Bárbara Solís-Puñales y Hernández Borges, tiene su defunción en La Habana, parroquia de Guadalupe, a 13 de mayo de 1761, donde casó el 18 de julio de 1756, con el Teniente Esteban Francisco Fiallo y Díaz, natural de esta ciudad, hijo de José y de María de la Candelaria.

5. — Doña Rita Solís-Puñales y Hernández Borges, fue recibida como Hermana en la Orden Tercera de San Francisco el 18 de agosto de 1767. Testó ante Felipe Álvarez, y falleció el 26 de abril de 1805. Casó dos veces: la primera, con don José Rodríguez de la Torre; y la segunda, en la parroquia de San Miguel del Padrón, el 17 de abril de 1793, con don Domingo Paut y Ximénez, hijo de Mauricio y de Rosalía.

6. — Doña Dionisia Solís-Puñales y Hernández Borges, fue bautizada en La Habana, parroquia de Guadalupe, el 16 de abril de 1753.

7. — Don José Pablo Solís-Puñales y Hernández Borges, tiene su defunción en la parroquia de los Quemados de Marianao, a 15 de diciembre de 1762.

8. — Don Rafael Solís-Puñales y Hernández Borges, fue bautizado en la parroquia de la villa de Guanabacoa, el 19 de septiembre de 1747.

9. — Don José Nicolás Solís-Puñales y Hernández Borges, fue bautizado en La Habana, parroquia de Guadalupe, el 12 de septiembre de 1748. Testó el 31 de octubre de 1820, ante Antonio Hidalgo, Teniente de Partido en Bahía-Honda, falleciendo el 19 de junio de 1821. De su matrimonio, tuvo por hijos: a Antonia Josefa; a María de Jesús; a José Pantaleón, y a Manuel Solís-Puñales.

10. — Don José Eugenio Solís-Puñales y Hernández Borges, natural de La Habana, casó en la parroquia de El Cano, el 29 de octubre de 1772, con doña María de los Dolores Fuentes y Acevedo, hija de don Julián José de Fuentes y Dueñas, y de doña Petronila de Acevedo y Carmona, naturales de La Habana. Tuvieron por hijos: a Lázaro; a José Julián; a Faustino; a Pantaleón, y a Manuel Solís-Puñales y Fuentes. Los cuales:

1. — Don Lázaro Solís-Puñales y Fuentes, tiene su defunción en la parroquia de El Cano, a 26 de diciembre de 1774.

2. — Don José Julián Solís-Puñales y Fuentes, tiene su defunción en la parroquia de El Cano, a 8 de agosto de 1777.

3. — Don Faustino Solís-Puñales y Fuentes, tiene su defunción en la parroquia de El Cano a 26 de diciembre de 1783.

4. — Don Pantaleón Solís-Puñales y Fuentes, natural de El Cano, casó con doña María Monserrate Téllez y Lantigua, natural de Bahía-Honda, donde se encuentra su defunción a 12 de noviembre de 1825, hija de José y de Josefa. Tuvieron por hija: a

Doña María Francisca Solís-Puñales y Téllez, que fue bautizada en la parroquia de Bahía-Honda el 10 de octubre de 1827.

5. — Don Manuel Solís-Puñales y Fuentes, natural de El Cano, tiene su defunción en la parroquia de Bahía-Honda a 27 de enero de 1851. Casó con doña Ana Josefa Téllez y Lantigua, natural de dicha parroquia, hija de José y de Josefa. Tuvieron por hijos: a María; a Rita; a Antonia; a Andrés; a Joaquín, y a Manuel Solís-Puñales y Téllez. Los cuales:

1. — Doña María Solís-Puñales y Téllez, natural de Bahía-Honda, tiene su defunción en dicha parroquia a 24 de septiembre de 1846, donde casó el 31 de diciembre de 1845, con don Juan Bautista del Castillo y Arocha, natural de Guanajay, hijo de Pedro y de María Leonor.

2. — Doña Rita Solís-Puñales y Téllez, natural de Bahía-Honda, casó con don Serafín del Castillo y Arocha, hijo de Pedro y de María Leonor.

3. — Doña Antonia Solís-Puñales y Téllez, natural de Bahía-Honda, casó el 9 de diciembre de 1845, con don José García y Hernández, natural de Guanajay, hijo de Santiago y de María de los Dolores.

4. — Don Andrés Solís-Puñales y Téllez, fue bautizado en la parroquia de Bahía-Honda el 6 de diciembre de 1824.

5. — Don Joaquín Solís-Puñales y Téllez, fue bautizado en la parroquia de Bahía-Honda el 26 de agosto de 1833.

6. — Don Manuel Solís-Puñales y Téllez, fue bautizado en la parroquia de Bahía-Honda el 10 de septiembre de 1822, donde casó el 27 de marzo de 1845, con doña María de los Santos Castillo y Arocha, natural de Cayajabos, hija de Pedro y de María Leonor. Tuvieron por hijos: a Leandro; a José Lorenzo, y a Manuel Solís-Puñales y del Castillo. Los cuales:

1. — Don Leandro Solís-Puñales y del Castillo, casó con doña Luisa Méndez y Salazar, y tuvieron por hija: a

Doña Isabel Solís-Puñales y Méndez, que casó en la parroquia de La Palma en 1900, con don Antonio Solís-Puñales y Martín de León, hijo de don Manuel Solís-Puñales y del Castillo, y de doña Tomasa Martín de León y García.

2. — Don José Lorenzo Solís-Puñales y del Castillo, bautizado en la parroquia de Bahía-Honda el 30 de diciembre de 1846, casó en la

de las Pozas (San Basilio de Cacaragícara), en 1871, con doña María de Jesús del Castillo y Solís-Puñales, hijas de don Serafín del Castillo y Arocha, y de doña Rita Solís-Puñales y Téllez.

3. — Don Manuel Solís-Puñales y del Castillo, bautizado en la parroquia de Bahía-Honda el 25 de mayo de 1851, casó en la parroquia de las Pozas (San Basilio de Cacaragícara), el 25 de mayo de 1870 (asentada en 1874), con doña Tomasa Martín de León y García, natural de San Diego de Núñez, hija de don Diego Martín de León y Mendoza, natural de Canarias, y de doña María de la Encarnación García y Peña. Tuvieron por hijo: a

Don Antonio Solís-Puñales y Martín de León, que casó en la parroquia de La Palma, en el año 1900, con doña Isabel Solís-Puñales y Méndez, hija de don Leandro Solís-Puñales y del Castillo, y de doña Luisa Méndez y Salazar.

TRELLES

A fines del siglo XVII, aparece radicada esta familia en Talaven, Consejo de Navia, en el Principado de Asturias, de donde pasaron a San Esteban de Noalla, Santiago de Compostela, Reino de Galicia, estableciéndose en la isla de Cuba, en la provincia de Matanzas, en la segunda mitad del siglo XVIII.

Comienza esta genealogía con don José Trelles Villamil, que casó con doña María de la Torrera, naturales de Talaven. Tuvieron por hijo: a

Don José Antonio Trelles y de la Torrera, que nació en Talaven el 15 de febrero de 1713, y fue bautizado en la parroquia de Santa María de Cartavia, Asturias. Pasó a Galicia y casó en la feligresía de San Esteban de Noalla, el 26 de septiembre de 1746, con doña Francisca Antonia Radio y Míguez, hija de Martín y de María Josefa. Tuvieron por hijo: a

Don Jorge Antonio Trelles y Radio, nacido en la feligresía de San Esteban de Noalla el 23 de abril de 1749, que pasó a la isla de Cuba y se estableció en la ciudad de Matanzas, donde fue Síndico Procurador General, Alcalde ordinario y Regidor Fiel Ejecutor de su Ayuntamiento. Falleció en Matanzas el 10 de agosto de 1829, en cuya Catedral casó dos veces: la primera, el 22 de enero de 1774, con doña Rosalía Fuentes y Avalos, hija de don Diego de Fuentes y Hernández Barroso y de doña María Juana de Avalos y Díaz, naturales de Matanzas. Casó por segunda vez, el 7 de marzo de 1808, con doña Josefa Aramburu y Otero, hija de don Martín Antonio de Aramburu, Teniente Alcalde Mayor Principal de La Habana, y de doña María de Otero.

Don Jorge Antonio Trelles y Radio y su segunda mujer doña Josefa Aramburu y Otero, tuvieron por hija: a

Doña Isabel María Trelles y Aramburu, que fue bautizada en la Catedral de Matanzas el 21 de julio de 1810, donde casó el 24 de septiembre de 1826, con don Antonio Fernández de Castro y Álvarez de Barba, natural de La Habana, Capitán agregado al Regimiento de Milicias de dicha plaza, hijo de don José Fernández de Castro y Fernández, Capitán de Milicias disciplinadas de La Habana, y de doña María de la Concepción Álvarez de Barba y León-Echalas, naturales de Santo Domingo.

Don Jorge Antonio Trelles y Radio, y su primera mujer doña María Rosalía Fuentes y Avalos, tuvieron por hijos: a Josefa Lucía; a Josefa de Jesús; a Gabriel; a Juan José; a José Ignacio, y a José Manuel Trelles y Fuentes. De los cuales:

1. — Doña Josefa de Jesús Trelles y Fuentes, falleció en Matanzas el 19 de octubre de 1845, en cuya Catedral casó dos veces: la primera, el 17 de octubre de 1791, con don José Ignacio Alfonso y Dulzaides, hijo del Capitán Francisco Xavier y de María de Jesús. Casó por segunda vez, el 7 de enero de 1806, con don Manuel Ruiz de Ceballos y García de Oramas, hijo de Diego y de Francisca.

2. — Don Juan José Trelles y Fuentes, falleció en Matanzas el 27 de agosto de 1830, donde casó el 15 de febrero de 1809, con doña María del Rosario Avalos y Aramburu, natural de Macuriges, y tuvieron por hijos: a María Josefa; a María Epifanía; a Julián, y a Juan Francisco Trelles y Avalos. De los cuales:

A. — Doña María Epifanía Trelles y Avalos, casó en Matanzas el 6 de enero de 1838, con don Ramón González y Navarro, natural de la ciudad de Ceuta.

B. — Don Juan Francisco Trelles y Avalos, casó en Matanzas el 5 de marzo de 1836, con doña María del Rosario de Castro y Avalos, hija de Manuel y de Francisca.

3. — Don José Ignacio Trelles y Fuentes, fue Regidor Fiel Ejecutor del Ayuntamiento de Matanzas, donde falleció el 9 de julio de 1850. Casó en dicha ciudad el 1 de diciembre de 1815, con doña Nicolasa Cabrera y Báez, natural de New Orleans, y tuvieron por hijos: a Josefa; a María Felipa; a Justa; a José Ignacio; a Juan José; a José Cirilo, y a Manuel Trelles y Cabrera. De los cuales:

Doña Justa Trelles y Cabrera, casó en Matanzas, el 3 de junio de 1836, con don José Ramón Caraballo y Alfonso de Armas, hijo de Antonio y de María Rita.

4. — Don José Manuel Trelles y Fuentes, fue Alcalde de la Santa Hermandad de Matanzas, donde casó dos veces: la primera el 17 de

julio de 1813, con doña María de la Candelaria Navia y García; y la segunda, el 27 de agosto de 1837, con doña Rosa Josefa Plaza y Monteagudo, natural de Santa Clara, hija de Eugenio y de María Josefa.

Don José Manuel Trelles y Fuentes, y su primera mujer doña María de la Candelaria Navia y García, tuvieron por hijos: a Paula; a Gregoria; a Claudia; a José Gonzalo; a Domingo; a José María; a José Miguel; a Pedro; a Serapio, y a José Manuel Trelles y Navia. De los cuales:

1. — Doña Paula Trelles y Navia, casó en Matanzas el 2 de octubre de 1837, con don Sixto Avalos y Navia.

2. — Doña Gregoria Trelles y Navia, casó en Matanzas el 24 de junio de 1846, con don Leopoldo de Zarragoitia y Varona, natural de Bayamo.

3. — Doña Claudia Trelles y Navia, casó en Matanzas el 28 de abril de 1845, con don Mariano Elcid y Valderramas.

4. — Don José Manuel Trelles y Navia, del que se tratará en la «Línea Primera».

Don José Manuel Trelles y Fuentes, y su segunda mujer doña Rosa Josefa Plaza y Monteagudo, tuvieron por hijos: a Rita y a Manuel Trelles y Plaza. Los cuales:

1. — Doña Rita Trelles y Plaza, casó en Matanzas el 31 de marzo de 1860, con don Genaro Gregorio Iturralde y García de Roa, natural de Alacranes.

2. — Don Manuel Trelles y Plaza, del que se tratará en la «Línea Segunda».

«LÍNEA PRIMERA»

Don José Manuel Trelles y Navia (anteriormente mencionado como hijo de don José Manuel Trelles y Fuentes, y de doña María Candelaria Navia y García), casó en Matanzas el 6 de octubre de 1849, con doña María Santoyo y Dávalos, natural de San Agustín de la Nueva Florida (Ceiba-Mocha), y tuvieron por hijos: a María Concepción; a Matilde; a María de la Luz; a Rosa; a Amelia; a Mariano; a Narciso; a Federico Manuel, y a Nicanor Trelles y Santoyo. De los cuales: el

Licenciado Nicanor Trelles y Santoyo, fue Abogado, Juez de Primera Instancia de Matanzas. Casó con doña Elodia Gómez Montes, y tuvieron por hijos: a Esther, y a Nicanor Trelles y Gómez Montes. Los cuales:

1. — Doña Esther Trelles y Gómez Montes, casó con don Arturo Tijera.

2. — Don Nicanor Trelles y Gómez Montes, fue Médico. Casó dos veces: la primera, en La Habana, el 29 de noviembre de 1917 con doña Honorina Fuentes y Aldazábal; y la segunda, en Matanzas el 18 de mayo de 1923, con doña Rebeca Quirós y Andux.

Don Nicanor Trelles y Gómez Montes, y su primera mujer doña Honorina Fuentes y Aldazábal, tuvieron por hijos: a Celia; a Gonzalo, y a Julio Trelles y Fuentes.

Don Nicanor Trelles y Gómez Montes, y su segunda mujer doña Rebeca Quirós y Andux, tuvieron por hijo: a Armando Trelles y Quirós.

«LINEA SEGUNDA»

Don Manuel Trelles y Plaza (mencionado anteriormente como hijo de don José Manuel Trelles y Fuentes, y de doña Rosa Josefa Plaza y Monteagudo), fue Concejal del Ayuntamiento de Matanzas y Director de su Liceo. Casó en la Catedral de dicha ciudad el 10 de febrero de 1858, con doña Rita Govín y Domínguez, hija de don José de la Cruz Govín y Pinto, y de doña Luciana Domínguez y Alfonso de Armas. Tuvieron por hijos: a Rosa; a Rita Amalia; a Manuel; a José Jacinto; a Raúl; a Jorge, y a Carlos Trelles y Govín. Los cuales:

1. — Doña Rosa Trelles y Govín, casó en Matanzas el 14 de marzo de 1884, con don Álvaro Lavastida y Heredia, natural de la República de Santo Domingo, Abogado y escritor distinguido.

2. — Doña Rita Amalia Trelles y Govín, casó en Matanzas el 22 de diciembre de 1881, con don Juan Francisco Hernández y del Junco, hijo de don Antonio Saturnino Hernández y Otero, y de doña Antonia Rodríguez del Junco y Rodríguez Morejón.

3. — Don Manuel Trelles y Govín, casó en Matanzas el año 1889, con doña María Teresa Cabrera y Pérez, y tuvieron por hijos a Rita María; a María Teresa; a Rosa; a Lila Matilde; a Berta; a Girogio Oscar, y a Manuel Trelles y Cabrera. De los cuales:

Don Manuel Trelles y Cabrera, casó dos veces: la primera con doña Antonia Suárez y Suárez; y la segunda, con doña Evangelina Marcet y Palomino.

Don Manuel Trelles y Cabrera y su primera mujer doña Antonia Suárez y Suárez, tuvieron por hija: a Siomara Yolanda Trelles y Suárez.

Don Manuel Trelles y Cabrera, y su segunda mujer doña Evangelina Marcet y Palomino, tuvieron por hijo: a Manuel Enrique Trelles y Marcet.

4. — Don José Jacinto Trelles y Govín, casó en Matanzas el 9 de agosto de 1886, con doña María del Pilar Enríquez y Odero, y tuvieron

por hijos: a Rita Amalia; a María del Pilar; a María Teresa; a Clara Celia; a Manuel Francisco; a José Jacinto, y a Carlos Alberto Trelles y Enríquez. De los cuales:

A. — Doña María Teresa Trelles y Enríquez, casó en La Habana el 30 de enero de 1919, con don Manuel Francisco Lavandeira y Zaldo, Abogado, hijo de don Francisco Lavandeira y Ros, y de doña María Manuela Zaldo y Beurmann.

B. — Doña Clara Celia Trelles y Enríquez, casó en Matanzas el 16 de agosto de 1920, con don Carlos Manuel Trelles y Boissier, Abogado, hijo de don Carlos Trelles y Govín, y de doña María Josefa Boissier y Díaz.

5. — Don Raúl Trelles y Govín, es Abogado y Magistrado del Tribunal Supremo de la República de Cuba. Casó dos veces: la primera en Matanzas el 25 de noviembre de 1893 con doña Emilia del Portillo y Lamar, hija de don Francisco del Portillo y Martín y de doña Eulalia Lamar y Truc. Casó por segunda vez, el 24 de julio de 1924, en La Habana, con doña Luz Marina González y Toledo, natural de Matanzas.

Don Raúl Trelles y Govín, y su primera mujer doña Emilia del Portillo y Lamar, tuvieron por hijos: a Georgina; a María Dolores; a Rita; a Francisco Manuel; a Emilio, y a Raúl Trelles y del Portillo. De los cuales:

A. — Doña Rita Trelles y del Portillo, casó en La Habana el 1 de julio de 1911, con don Antonio Ruiz de León, natural de Santa Clara.

B. — Don Raúl Trelles y del Portillo, es Abogado. Casó en La Habana el 8 de agosto de 1925, con doña Mercedes del Portillo y Marcano, hija de don Alonso del Portillo y del Junco, y de doña Mercedes Cristina Marcano y Ayala. Tuvieron por hija a Emilia de las Mercedes Trelles y del Portillo.

6. — Doctor Jorge Trelles y Govín, fue Médico. Casó en Matanzas el 25 de junio de 1896, con doña Luciana Luz Tosca y Govín, hija de don Basilio Tosca y de doña Amalia Govín y Domínguez. Tuvieron por hijos: a Ana; a Celia; a Rita Amalia, y a Jorge Trelles y Tosca. De los cuales:

A. — Doña Celia Trelles y Tosca, casó en Matanzas el 14 de diciembre de 1919, con don Alfonso Menéndez y García.

B. — Doña Rita Amalia Trelles y Tosca, casó en Matanzas el 22 de diciembre de 1923, con Harry Piedra y Tió.

C. — Doctor Jorge Trelles y Tosca, es Médico. Casó en Matanzas el 15 de mayo de 1921, con doña Pura Riera y Serra, y tuvieron por hijas: a Pura; a Ana Celia, y a Luciano Trelles y Riera.

7. — Don Carlos Trelles y Govín, es Bibliotecario de la Cámara de Representantes de la República de Cuba. Casó en Matanzas el 28 de enero de 1896, con doña María Josefa Boissier y Díaz y tuvieron por hijos: a Carlos Manuel; a Máximo Luis, y a Ricardo Trelles y Boissier. Los cuales:

1. — Doctor Carlos Manuel Trelles y Boissier, es Abogado. Casó en Matanzas el 16 de agosto de 1920, con doña Clara Celia Trelles y Enríquez, hija de don José Jacinto Trelles y Govín, y de doña María del Pilar Enríquez y Odero. Tuvieron por hija: a Clara Teresa Trelles y Trelles.

2. — Don Máximo Luis Trelles y Boissier, casó en Matanzas el 9 de agosto de 1925, con doña María de las Mercedes Plazaola y Mahy, hija del Licenciado Adolfo Plazaola y Cotilla, Abogado, Presidente de la Sala de lo Civil de la Audiencia de La Habana, y de doña Isabel Mahy y Ximeno. Tuvieron por hijos: a Elena, a Luis Adolfo, y a Jorge Trelles y Plazaola.

3. — Doctor Ricardo Trelles y Boissier, es Abogado, Juez Municipal de Gibara. Casó dos veces: la primera, en Matanzas el 11 de abril de 1920, con doña Enriqueta Salomón y Bretwtz, y la segunda, con doña María Aurelia Sartorio.

Don Ricardo Trelles y Boissier, y su primera mujer doña Enriqueta Salomón y Bretwtz, tuvieron por hijos: a Josefa; a Esther, y a Ricardo Trelles y Salomón.

Don Ricardo Trelles y Boissier, y su segunda mujer doña María Aurelia Sartorio, tuvieron por hijos: a María; a Carlos Manuel, y a Alejandro Trelles y Sartorio.

URRA

A mediados del siglo XVII, procedente del Señorío de Vizcaya, se estableció esta familia en la villa de Santa María de Puerto Príncipe, en la isla de Cuba.

El Alférez Francisco de Urra y Avellaneda, natural de Vizcaya, fue reputado como hombre noble en el referido Señorío. Casó en la Catedral de Puerto Príncipe. Tuvieron por hijos: a Francisco y Diego de Urra y Alarcón. Los cuales:

1. — Francisco de Urra y Alarcón, testó el 6 de agosto de 1732. Siendo viudo fue ordenado presbítero. Había casado en la Catedral de Puerto Príncipe el 25 de noviembre de 1675 con doña Gerónima Montiel, natural de la villa de Bayamo, hija de don Luis de Vargas-Machuca y de doña Catalina Montiel.

2. — Don Diego de Urra y Alarcón, natural de Puerto Príncipe, fue Alférez de la Real Armada de Barlovento y Alguacil Mayor de la Santa Cruzada. Siendo viudo casó en la Catedral de Puerto Príncipe el 31 de mayo de 1699, con doña María Juana Borges y de la Rosa, hija del Alférez Blas Borges de Acevedo y Moreno, y de doña Lorenza de la Rosa y Peláez. Tuvieron por hijos: a María Soledad, María Josefa, Candelaria, Jacinto, Diego, Francisco y Lorenzo de Urra y Borges. De los cuales:

A. — María Josefa de Urra y Borges, casó en La Habana, parroquia del Santo Ángel, el 29 de septiembre de 1720, con don Jacinto Rodríguez-Morejón y Salcedo, Capitán de Compañía de Milicias, hijo de don Pedro Nicéforo Rodríguez-Morejón y de la Rosa, Capitán de Milicias, y de doña Jacinta Salcedo y Silva.

B. — María Candelaria de Urra y Borges, casó en La Habana, parroquia del Santo Ángel, el 16 de noviembre de 1723, con don Andrés Carrillo de Albornoz y Munive, hijo de don José Carrillo de Albornoz y Rangel, y de doña María Munive y Ruiz-Guillén.

C. — Francisco de Urra y Borges, tiene su defunción en la Catedral de La Habana a 21 de julio de 1786. Casó con doña Bernarda Martínez.

D. — Capitán Lorenzo de Urra y Borges, bautizado en la parroquia del Partido de Santa Cruz el 26 de agosto de 1716, testó el 14 de noviembre de 1755, ante Francisco Xavier Rodríguez. Su defunción se encuentra en la parroquia del Cano a 9 de noviembre de 1762. Casó en la villa de Guanajay, parroquia de San Hilarión, el 2 de diciembre de 1730, con doña María Josefa Fernández de Zaldívar y Ximénez, natural de La Habana, hija de don Tomás Fernández de Zaldívar y Trimiño, y de doña Rosa Ximénez y Borroto. Tuvieron por hijos: a María Leonor, María Gertrudis, María Isabel, María Rafaela, Ana Josefa, Esteban, Antonio Bernabé, Juan Bautista, Lorenzo, y Diego de Urra y Zaldívar. De los cuales:

1. — María Gertrudis de Urra y Zaldívar, casó en La Habana, parroquia del Santo Ángel, el 29 de febrero de 1756, con el Subteniente Francisco José Martínez y Vargas-Machuca, hijo de Gregorio y de María.

2. — María Isabel de Urra y Zaldívar, nacida en el partido de Consolación, testó y otorgó codicilo ante el Escribano Cayetano Pontón, el 27 de marzo y el 27 de mayo de 1829. Su defunción se encuentra en La Habana, parroquia del Pilar, a 5 de agosto de 1829. Casó con el Capitán Domingo Duarte.

3. — María Rafaela de Urra y Zaldívar, casó con don Francisco Armenteros Guzmán y González de la Torre, hijo del Capitán Juan Lorenzo Armenteros Guzmán y González-Carvajal, y de doña Juana González de la Torre y Sánchez.

4. — Ana Josefa de Urra y Zaldívar, casó con don Matías Duarte y Cepero, Capitán de una de las Compañías de San Ildefonso de Guane, Subdelegado de la Real Hacienda y Diputado de la Real Factoría de Tabacos de la isla de Cuba, hijo del Capitán Antonio Duarte y Gómez-Pita, Alcalde de la Santa Hermandad, y de doña Antonia Cepero y Sotolongo.

5. — María Leonor de Urra y Zaldívar casó en La Habana, parroquia del Espíritu Santo el 29 de febrero de 1756, con don Santiago Pita de Figueroa y Armenteros, hijo de Blas Pita y Figueroa y Recio-Borroto, y de Micaela Armenteros Guzmán y González de Carvajal.

6. — Antonio Bernabé Urra y Zaldívar, casó con doña María de la Leche Arango y Rangel, hija de don Manuel Enrique Arango y Meyreles, Alcalde de la Santa Hermandad, y de doña María Rangel y Rodríguez.

7. — Juan Bautista de Urra y Zaldívar, fue Capitán de Milicias de la plaza de La Habana. Casó con María Josefa Díaz D'Ávila. Tuvieron por hijos: a Sebastián y José Calixto de Urra y Díaz D'Ávila. Los cuales:

A. — Don Sebastián de Urra y Díaz D'Ávila, falleció soltero en La Habana, y su defunción se encuentra en la parroquia de Guadalupe, a 18 de marzo de 1828.

B. — José Calixto de Urra y Díaz D'Ávila, bautizado en la Catedral de La Habana el 21 de octubre de 1772, fue Presbítero. Testó el 6 de julio de 1824 ante Ramón Rodríguez, Escribano Real, y falleció el 28 de julio de 1824, según consta en la parroquia de Guadalupe.

8. — Lorenzo de Urra y Zaldívar, casó con doña María Consolación Abreu. Tuvieron por hijo: a

Lorenzo de Urra y Abreu, que tiene su defunción en La Habana, parroquia del Santo Cristo, a 10 de febrero de 1792.

Don Lorenzo de Urra y Zaldívar y doña María Concepción Azcuy y Ampuero, tuvieron por hija: a

María de la Consolación de Urra y Azcuy, la cual casó en la parroquia del Santo Cristo el 19 de abril de 1775 con don José Mariano Ayala y Cepero.

9. — Diego de Urra y Zaldívar, tiene su defunción en la Catedral de La Habana a 5 de febrero de 1794. Casó con doña Tomasa María Alfonseca y Rivera, hija de Manuel José de Alfonseca y Sánchez, y de Bárbara de Rivera y Posadas, naturales de La Habana. Tuvieron por hijos: a Bárbara, Ignacio, Manuel, Juan Gonzalo y Juan Dimas José de Urra y Alfonseca.

Don Vasco Porcallo de Figueroa, natural de Extremadura, conquistador y poblador de la isla de Cuba, tuvo entre muchos otros hijos a:

Teresa de Sotomayor y de la Cerda, la cual casó con don Esteban de Lagos, hijo de García de Lagos y de Francisca Pérez. Fueron padres de:

Lorenzo Lasso de la Vega, natural de Bayamo, casado con doña María de Consuegra, hija de don Diego López de Consuegra y de X. Sánchez Rubiales. Este Lorenzo Lasso de la Vega pasó a Puerto Príncipe y tuvo por hija a:

Beatriz Lasso de la Vega y Consuegra, la cual casó con don Simón Pérez de Cifuentes, hijo de Juan Rodríguez de Cifuentes, y de Beatriz Pérez. Fue su hija la que sigue:

María Lasso de la Vega, natural de Puerto Príncipe, la cual casó con don Juan Alberto Alarcón, natural de Vizcaya. Fueron padres de:

Beatriz Alarcón y Lasso de la Vega, la cual casó con don Francisco de Urra y Avellaneda, natural de Vizcaya, Notario Público. Doña Beatriz Alarcón y Lasso de la Vega tiene su defunción a 12 de agosto de 1689. (Libro 1, folio 25.)

Fueron sus hijos los siguientes:

Francisco, Diego, Lorenzo y María Antonia de Urra y Alarcón.

VIAMONTE Y NAVARRA

A mediados del siglo XVII, aparece ya radicada esta familia en La Habana.

El Alférez Francisco Viamonte y Navarra, casó con doña Margarita de Tapia y D'Ávila, y tuvieron por hijos: a María, y a Martín Viamonte y Navarra y Tapia. Los cuales:

1. — Doña María Viamonte y Navarra y Tapia, tiene su defunción en la Catedral de La Habana a 17 de septiembre de 1718.

2. — Don Martín Viamonte y Navarra y Tapia, fue Alguacil Mayor de la Santa Cruzada, Alcalde de la Santa Hermandad en 1679, y Procurador General en 1695 en La Habana. Testó el 12 de marzo de 1705 ante Miguel Hernández Arturo, y su defunción se encuentra en la Catedral de La Habana a 8 de marzo de 1706, donde casó el 4 de junio de 1674, con doña Antonia Recio Borroto y Olivares, hija del Licenciado Antón Recio Borroto, y de doña Faustina Olivares de las Alas Arrieta. Tuvieron por hijos: a María; a Josefa; a Francisco, y a Nicolás Viamonte y Navarra y Recio Borroto. Los cuales:

1. — Doña María Viamonte y Navarra y Recio Borroto, casó en la Catedral de La Habana el 18 de diciembre de 1691, con el Alférez Alberto Miguel Bécquer y Ávila, natural de Sevilla, hijo de don Francisco Bécquer y Bécquer, Caballero de la Orden de Calatrava, y de doña Isabel de Ávila y Mendoza.

2. — Doña Josefa Viamonte y Navarra y Recio Borroto, bautizada en la Catedral de La Habana el 6 de abril de 1681, testó el 6 de enero de 1770 ante Juan Salinas, y su defunción se encuentra en la referida Catedral a 27 de julio de dicho año. Casó dos veces en esta ciudad: la

primera, en la parroquia del Santo Ángel, el 6 de noviembre de 1701, con don Antonio Sánchez Pacheco, hijo del Teniente Luis y de Ana. Casó por segunda vez, en la Catedral, el 3 de octubre de 1717, con don Manuel Gutiérrez Tinoco, hijo de don Mateo Gutiérrez y de doña Catalina Tinoco Morales y Orgao Plaza.

3. — Teniente Francisco Viamonte y Navarra y Recio Borroto, fue Comandante del Castillo de Santa Dorotea de la Chorrera. Su defunción se encuentra en la Catedral de La Habana a 7 de noviembre de 1739. Casó en esta ciudad, parroquia del Santo Ángel, el 18 de abril de 1699, con doña María Jacinta de Torres y Ureña, hija del Sargento Gabriel y de Lucía. Tuvieron por hijos: a Ana; a Antonia; a Juana; a Luisa, y a Martín Viamonte y Navarra y Torres. De los cuales:

A. — Doña Luisa Viamonte y Navarra y Torres, tiene su defunción en la Catedral de La Habana a 19 de octubre de 1736. Casó en esta ciudad, parroquia del Santo Ángel, el 16 de octubre de 1721, con el Capitán Pedro de Oquendo y Salcedo, hijo de don Pedro Recio de Oquendo, Quinto poseedor del Mayorazgo de su Casa, Alguacil Mayor de La Habana, y de doña Juana Jacinto Salcedo.

B. — Don Martín Viamonte y Navarra y Torres, casó en La Habana, parroquia de Guadalupe, el 27 de agosto de 1742, con doña María del Carmen Carmona y González, hija del Teniente Marcelo y de María Josefa. Tuvieron por hija: a

Doña Rosalía Viamonte y Navarra y Carmona, que tiene su defunción en la Catedral de La Habana a 26 de noviembre de 1794. Casó con don José de la Cruz Reyes.

4. — Teniente Nicolás Viamonte y Navarra y Recio Borroto, testó el 15 de noviembre de 1735 ante Tomás Núñez, y su defunción se encuentra en la Catedral de La Habana a 10 de octubre de 1738. Fue Alcalde de la Santa Hermandad en 1707, y casó dos veces en esta ciudad: la primera, en la parroquia del Santo Cristo, el 3 de mayo de 1697, con doña Nicolasa Franco y Carmona, hija de don Juan Francisco Franco y Pacheco, Regidor de este Ayuntamiento, y de doña Micaela Carmona de Albornoz y Rodríguez de Valdivieso. Casó por segunda vez, el 8 de noviembre de 1706, en la parroquia del Espíritu Santo, con doña Petronila de Balmaceda y Prado-Carvajal, hija del Teniente Luis de Balmaceda y Recio y de doña Margarita de Prado-Carvajal y Uriza.

Don Nicolás Viamonte Navarra y Recio-Borroto, y su segunda mujer, doña Petronila de Balmaceda y Prado-Carvajal, tuvieron por hijos: a María Manuela; a Ana María; a Antonio; a Pedro; a Joaquín José, y a Francisco Viamonte y Navarra y Balmaceda. De los cuales:

1. — Doña María Manuela Viamonte y Navarra y Balmaceda, casó en la Catedral de La Habana el 4 de febrero de 1739, con don Antonio Crespo y Egirabancas, natural de la villa de Alcántara, Obispado de Coria, Ayudante Mayor de la plaza de La Habana, hijo del Capitán Matías y de Teresa.

2. — Doña Ana María Viamonte y Navarra y Balmaceda, casó dos veces en la Catedral de La Habana; la primera, el 25 de febrero de 1725, con don Diego de Molina y Ortiz de Matienzo, hijo del Capitán Diego de Molina y Machado, y de doña Tomasa Ortiz de Matienzo y Calvo de la Puerta. Casó por segunda vez el 5 de diciembre de 1731, con don Miguel Sotolongo y Pérez de las Alas, Regidor perpétuo y Alcalde de la Santa Hermandad, hijo de don Baltasar Sotolongo y Velázquez del Castillo, Regidor perpétuo, y Alcalde ordinario, y de doña Lorenza Jacinta Pérez de las Alas y Orozco.

3. — Don Pedro Viamonte y Navarra y Balmaceda, casó en La Habana, parroquia del Santo Cristo, el 20 de julio de 1729, con doña Manuela Teresa Cepero y Ruiz, hija del Capitán Bernardo Cepero y Pérez Bullones, y de doña María Josefa Ruiz y Pastrana.

4. — Don Joaquín José Viamonte y Navarra y Balmaceda, casó en La Habana, parroquia del Espíritu Santo, el 3 de septiembre de 1729, con doña Teresa de Jesús de Roxas-Sotolongo y Rubio de Villarreal, hija de don José Gabriel de Roxas-Sotolongo y Garaondo, Depositario General y Regidor de este Ayuntamiento, y de doña Isabel Rubio de Villarreal y Ximénez.

5. — Don Francisco Viamonte y Navarra y Balmaceda, casó en La Habana, parroquia del Espíritu Santo, el 13 de septiembre de 1740, con doña Manuela Díaz y Manresa, hija de Matías y de Gertrudis.

Don Nicolás Viamonte y Navarra y Recio Borroto, y su primera mujer doña Nicolasa Franco y Carmona, tuvieron por hijos: a Micaela; a Sebastián, y a José Viamonte y Navarra y Franco. De los cuales.

1. — Doña Micaela Viamonte y Navarra y Franco, tiene su defunción en la Catedral de La Habana a 27 de agosto de 1756. Casó dos veces en esta ciudad, en la parroquia del Santo Cristo; la primera, el 27 de abril de 1714, con don José Gómez y Pita de Figueroa, hijo de Salvador y de María. Casó por segunda vez, el 18 de febrero de 1724, con don Cristóbal Gallegos y Ortiz, natural de la villa de Valverde, Extremadura, Capitán de Granaderos, hijo de Juan y de Catalina.

2. — Don José Viamonte y Navarra y Franco, casó en La Habana, parroquia del Santo Cristo, el 29 de diciembre de 1717, con doña María Magdalena Sotolongo y Pérez de Lara, hija de don Pedro Sotolongo y Calvo de la Puerta, y de doña María Magdalena Pérez de Lara. Tuvieron por hijos: a Ana; a Antonia, y a Miguel Viamonte y Navarra y Sotolongo. Los cuales:

1. — Doña Ana Viamonte y Navarra y Sotolongo, testó el 26 de agosto de 1762 ante Juan Salinas, y su defunción se encuentra en la Catedral de La Habana a 27 de agosto de 1762. Casó en esta ciudad, parroquia del Santo Cristo, el 27 de noviembre de 1746, con don Antonio de Oquendo y Viamonte y Navarra, hijo del Capitán Pedro de Oquendo y Salcedo, y de doña Luisa Viamonte y Navarra y Torres.

2. — Doña Antonia Viamonte y Navarra y Sotolongo, casó en la Catedral de La Habana el 16 de junio de 1756, con el Teniente José Soto-

longo y Viamonte y Navarra, hijo de don Miguel Sotolongo y Pérez de las Alas, Regidor perpétuo, Alcalde de la Santa Hermandad, y de doña Ana María Viamonte y Navarra y Balmaceda.

3. — Don Miguel Viamonte y Navarra y Sotolongo, nacido el 14 de marzo de 1720, casó en la Catedral de La Habana, el 4 de marzo de 1736, con doña Petrona de Aguilar y Pérez, hija de Pedro y de Ángela. Tuvieron por hijo: a

Don Nicolás Viamonte y Navarra y Aguilar, que casó en la Catedral de La Habana (libro 6, folio 77 vuelto), con doña María Pérez.

El Alférez Nicolás Suárez de Viamonte y Navarra, casó en la Catedral de La Habana el 19 de junio de 1633, con doña María Villacobas.

En algunos documentos aparece que también fue miembro de esta familia:

Don Juan Bitrián de Viamonte y Navarra, natural de Navarra, Almirante de Galeones, Caballero de la Orden de Calatrava, que gobernó la isla de Cuba desde el 7 de octubre de 1630, hasta el 23 de octubre de 1634.

VILLAVERDE

A principios del siglo XVIII y procedente de Galicia se estableció esta familia en San Agustín de la Florida, pasando posteriormente a La Habana. El Sargento Andrés de Villaverde, natural de Galicia, casó con doña Luisa de León y Florencia, hija de Juan José de León y de Ana María Florencia. El Sargento Andrés de Villaverde, primero de esta familia en establecerse en San Agustín de la Florida, y su mujer doña Luisa de León y Florencia, tuvieron por hijo a:

Don Juan Villaverde y León, nacido en San Agustín de la Florida, y bautizado en la parroquia de San Agustín el 8 de julio de 1733. (Libro 4, folio 137, número 4.) Casó este señor con doña María Antonia Izquierdo y Frómesta, nacida en San Agustín de la Florida el 13 de febrero de 1739, y bautizada el 21 de febrero de 1739 (libro 5, folio 19, número 3), hija del Teniente José Izquierdo y Avilés, y de doña Rita Frómesta y Argüelles. Tuvieron por hijo: a

Don Lucas Villaverde e Izquierdo, nacido en La Habana el 18 de octubre de 1782 y bautizado en la parroquia de Guadalupe el 21 de octubre de 1782 (libro 5, folio 177, número 768), fue Licenciado en Medicina. Casó en la parroquia de Jesús del Monte el 31 de octubre de 1803 (libro 3, folio 130, número 461) con doña María Dolores de la Paz y Tagle, nacida en La Habana, el 15 de noviembre de 1782 y bautizada en la Catedral el 3 de diciembre de 1782 (libro 14, folio 6, número 25), hija de José Paz y de doña Antonia Tagle. Tuvieron por hijos a: Juan Francisco, Cirilo, José Antonio y Lázaro de Villaverde y de La Paz. Los cuales:

1. — Juan Francisco Villaverde y de La Paz, nacido en La Habana, el 8 de septiembre de 1811 y bautizado en la parroquia de Guadalupe el 16 de septiembre de 1811 (libro 13, folio 184, número 550), fue Licenciado en Derecho Civil.

2. — Cirilo Villaverde y de La Paz, nacido en San Diego de Núñez el 28 de octubre de 1812 y bautizado en la parroquia del Carmen de Bahía Honda el 5 de diciembre de 1812 (libro 1, folio 64, número 126), fue Licenciado en Derecho Civil. Fue un famoso escritor y novelista, autor de la primera novela de costumbres cubanas «Cecilia Valdés o La Loma del Ángel». Entre sus obras también se encuentran «El Penitente» y «Excursión a Vuelta Abajo». Fue distinguido revolucionario y patriota cubano, habiendo fallecido en el exilio en New York el 24 de diciembre de 1894. Casó en la parroquia de St. John de Philadelphia con doña Emilia Casanova y Rodríguez Feo, nacida en Cárdenas el 18 de enero de 1832, hija de don Inocencio Casanova y Fagundo, y de doña Petrona Rodríguez-Feo y Añorga. Tuvieron por hijos: a Narciso, Emilia y Enrique Villaverde y Casanova. Los cuales:

A. — Narciso Villaverde y Casanova nació el 8 de septiembre de 1858 en La Habana y fue bautizado en la Catedral. Casó en la finca «San Joaquín» el 7 de febrero de 1887, con su prima doña Dolores Casanova y Roque de Escobar, nacida el 29 de noviembre de 1868, hija de don Manuel Casanova y Rodríguez-Feo, y de doña Josefa Roque de Escobar e Inda.

Tuvieron por hijos: a Carmen, Carlos, Cirilo, Casilda, Camila y Cándido Villaverde y Casanova. Los cuales:

a. — Carmen Villaverde y Casanova, nacida en New York el 15 de agosto de 1889, casó el 7 de febrero de 1925 con don Francisco Rodríguez Patón, natural de Galicia. Casó en segundas nupcias el 26 de agosto de 1935 con don Eleodoro Ribera.

b. — Carlos Villaverde y Casanova, nacido en New York el 15 de junio de 1894, casó el 16 de marzo de 1916, con doña Dolores Aróstegui y Gassos. Tuvieron por hijos: a Olga y Carlos Villaverde y Aróstegui.

c. — Cirilo Villaverde y Casanova, nacido el 9 de julio de 1898 en New York, casó en Georgia el 24 de noviembre de 1918 con doña Mercedes Sarriera y Curry, hija de Álvaro y Lydia. Cirilo Villaverde y Casanova falleció el 31 de octubre de 1932, habiendo tenido de su matrimonio los siguientes hijos: Graciela, Margarita, Dorotea, Cirilo y Juan Villaverde y Sarriera.

d. — Casilda Villaverde y Casanova, nacida en New York el 8 de abril de 1899, falleció soltera.

e. — Camila Villaverde y Casanova, nacida el 6 de noviembre de 1900, casó el 19 de mayo de 1940 en La Habana con don Benjamín Herrera y Herrera, hijo de Alfredo Herrera y Núñez, y de doña Mercedes Herrera y Espada.

f. — Cándido Villaverde y Casanova, nacido en New York el 2 de febrero de 1903 casó en La Habana el 19 de septiembre de 1931 con doña Hortensia Herrera y Herrera, hija de Alfredo Herrera Núñez y de doña Mercedes Herrera y Espada.[1]

g. — Clara Villaverde y Casanova, nacida en New York el 20 de octubre de 1904, casó en La Habana el 15 de marzo de 1935 con don Carlos Herrera y Herrera, hijo de Alfredo Herrera y Núñez, y de doña Mercedes Herrera y Espada.

B. — Doña Emilia Villaverde y Casanova, anteriormente mencionada como hija de Cirilo Villaverde y de La Paz, y de doña Emilia Casanova y Rodríguez-Feo, nació en New York el 30 de junio de 1861 y fue bautizada el 4 de noviembre de 1861. Falleció en la infancia.

C. — Don Enrique Villaverde y Casanova, anteriormente mencionado como hijo de don Cirilo Villaverde y de La Paz, y de doña Emilia Casanova y Rodríguez, nació en New York, el 31 de agosto de 1867 y fue bautizado el 26 de octubre de dicho año en la iglesia de San Enteban.

3. — José Antonio Villaverde y de La Paz, anteriormente mencionado como hijo de don Lucas Villaverde e Izquierdo, y de doña María Dolores de La Paz y Tagle, fue bautizado en la parroquia de San Basilio el Magno de Cacarajícara el 27 de mayo de 1816. Casó con doña María Inés Delgado y Calvo de la Puerta. Fue hijo de este matrimonio el siguiente:

Antonio Villaverde y Delgado, natural de Matanzas, casado con doña María Ana Kerlegand y de la Teja, hija de don Evaristo Kerlegand y Begon, y de doña Teresa de la Teja y Ceballos. Tuvieron por hijo: a

Antonio Villaverde y Kerlegand, bautizado en La Habana, parroquia de Monserrate, el 10 de mayo de 1875. (Libro 14, folio 222, núm. 450.)

4. — Lázaro José Villaverde y de La Paz (anteriormente mencionado como hijo de don Lucas Villaverde e Izquierdo, y de doña María Dolores de La Paz y Tagle, fue bautizado en la parroquia de San Basilio el Magno de Cacarajícara, el 27 de octubre de 1820. (Libro 2, folio 472, número 223.)

XIQUÉS

A fines del siglo XVIII, procedente de Canet de Mar, en la provincia de Barcelona, se estableció esta familia en La Habana.

---

1. Fueron los padres de don Enrique Villaverde y Herrera.

Don José Xiqués casó con doña Josefa Godoma y tuvieron por hijo: a

Don Lorenzo Xiqués y Godoma, natural de Canet de Mar, que testó en La Habana ante Juan Entralgo el 26 de abril de 1839, y su defunción se encuentra en la Catedral de esta ciudad a 18 de septiembre de 1842. Casó con doña Gertrudis Romagosa y Arbornes-Casanova, natural de la ciudad de Reus, hija de Francisco y de María Magdalena. Tuvieron por hijos a: Manuela, María de las Mercedes, María Dolores, Gertrudis, Josefa, Juan, Francisco, Lorenzo, Ramón, Manuel, Felipe, y José Pablo Xiqués y Romagosa. De los cuales:

1. — Don Felipe Xiqués y Romagosa fue bautizado en la Catedral de La Habana el 5 de octubre de 1799, donde casó el 1 de diciembre de 1826, con doña María Carlota Entralgo y Chenard, hija de don Manuel Antonio Entralgo y Díez de Argüelles, y de doña Bárbara Chenard y Galisteo. Tuvieron por hijos: a María, Carolina, Gertrudis, María de las Mercedes, Ángela, Lorenzo, José, Cayetano, Felipe y Manuel Xiqués y Entralgo. De los cuales:

Don Manuel Xiqués y Entralgo, bautizado en la Catedral de La Habana el 3 de febrero de 1830, obtuvo certificación de armas e hidalguía el 13 de febrero de 1867, expedida por don Juan José Vilar, Cronista y Rey de Armas de Su Majestad. Casó con doña Dionisia de Rivas y Waldor, y tuvieron por hijos: a María de las Mercedes, Carolina, Rita María, Amelia, y Manuel Xiqués y Rivas.

2. — Don José Pablo Xiqués y Rogamosa, fue bautizado en la Catedral de La Habana, el 23 de enero de 1814, donde casó el 7 de noviembre de 1836, con doña Bárbara Entralgo y Chenard, hija de don Manuel Antonio Entralgo y Díaz de Argüelles, y de doña Bárbara Chenard y Galisteo. Tuvieron por hijos: a María Regla, y Felipe Xiqués y Entralgo. Los cuales:

A. — Doña María Regla Xiqués y Entralgo, bautizada en la Catedral de La Habana, el 13 de febrero de 1846, tiene su defunción en esta ciudad, parroquia de Jesús María, a 25 de diciembre de 1916. Casó en La Habana, parroquia de Guadalupe, el 11 de febrero de 1866, con don Agustín Bolívar y Sierra, hijo de don Agustín Bolívar y Amescaray de Armas, natural de Bilbao, y de doña Isabel Sierra y Hernández, natural de la ciudad de Campeche, en México.

B. — Don Felipe Xiqués y Entralgo, bautizado en la Catedral de La Habana el 5 de enero de 1841, casó en la parroquia del Cerro, en el mes de enero de 1863, con doña Regina Sánchez y Rodríguez, natural de Cienfuegos, hija del Licenciado Antonio Sánchez y Quesada, natural de la villa de Puerto Príncipe, Auditor Honorario de Guerra, y de doña Águeda Rodríguez y Miranda.

ZENEA

A fines del siglo XVII, procedente de Sevilla, se estableció esta familia en La Habana.

Don Francisco Zenea y de la Calle, natural de Sevilla, fue Contador de Real Hacienda de la ciudad de Maracaibo, donde falleció el 19 de diciembre de 1711. Casó con doña Josefa de Mendoza y Ávila, natural de Sevilla, y tuvieron por hijo: al

Alférez Bernardo Francisco Zenea y Mendoza, natural de Sevilla, que pasó a La Habana, donde fue Administrador de Rentas Reales desde el 15 de septiembre de 1713, hasta el 11 de octubre de 1719. Testó el 12 de junio de 1747 ante Cristóbal Leal, y su defunción se encuentra en esta ciudad, parroquia del Espíritu Santo, a 20 de junio de dicho año, donde casó el 9 de enero de 1692, con doña Francisca Polonia González-Vázquez y González de Silva, hija de don Juan González Vázquez y Pérez, y de doña Clara González de Silva. Tuvieron por hijos a: María Gertrudis, Clara, Antonio, Nicolás, José Francisco, y Bernardo Zenea y González Vázquez. De los cuales:

1. — Doña Clara Zenea y González Vázquez casó con el Capitán Manuel Sarmiento y Rendón.

2. — Teniente Nicolás Zenea y González Vázquez, fue bautizado en la Catedral de La Habana el 26 de marzo de 1695.

3. — Don José Francisco Zenea y González Vázquez, bautizado en La Habana, parroquia del Espíritu Santo, el 16 de noviembre de 1711, fue Alférez de Fragata de la Real Armada. Testó el 7 de diciembre de 1774 ante Cristóbal Leal, y su defunción se encuentra en esta ciudad, parroquia del Santo Cristo, a 18 de diciembre de dicho año. Casó en La Habana, parroquia del Espíritu Santo, el 12 de agosto de 1729, con doña María del Rosario Josefa de Salazar y Alegre, hija de don Diego de Salazar y Ximénez, y de doña Lucía Alegre y García. Tuvieron por hijos: a María Josefa, Isabel, María Gertrudis, María de Jesús, Antonio, José María, Francisco, Manuel José, y Carlos José Zenea y Salazar. De los cuales:

A. — Doña María Josefa Zenea y Salazar, testó ante José Lorenzo Rodríguez, y su defunción se encuentra en La Habana, parroquia del Espíritu Santo, a 25 de marzo de 1795.

B. — Doña Isabel Zenea y Salazar, testó el 21 de mayo de 1816 ante Felipe Álvarez, y su defunción se encuentra en La Habana, parroquia de Guadalupe, a 12 de septiembre de 1820. Casó en esta ciudad, parroquia del Espíritu Santo, el 4 de marzo de 1763, con don Ignacio Duarte y Castro-Palomino, hijo del Capitán Nicolás Duarte y Gómez-Pita, y de doña María de los Ángeles de Castro-Palomino y Franco.

C. — Doña María Gertrudis Zenea y Salazar, testó el 18 de noviembre de 1823 ante José Rodríguez, y su defunción se encuentra en La Habana, parroquia de Guadalupe, a 3 de julio de 1825. Casó con don Francisco Zenea.

D. — Doña María de Jesús Zenea y Salazar, bautizada en La Habana, parroquia del Espíritu Santo, el 24 de abril de 1758, testó el 15 de junio de 1829 ante Juan de Mena, protocolizándose dicho testamento en el Archivo de Pedro Vidal Rodríguez. Su defunción se encuentra en esta ciudad, parroquia de Guadalupe, a 9 de septiembre de 1833. Casó en La Habana, parroquia del Espíritu Santo, el 14 de agosto de 1782, con don Francisco José de Elozúa y Melo, Ministro Honorario de Indias, Tesorero de las Reales Cajas de la villa de Puerto Príncipe, hijo de don Bernardo José de Elozúa Abarrategui y Díaz, Oficial Mayor de la Tesorería de Ejército, Ministro Interino Interventor de la Real Factoría de Tabacos, y Secretario del Gobierno y Capitanía General de la isla de Cuba, Secretario de la Comandancia General de Marina, y Guarda-Almacén General de las fortificaciones de la plaza de La Habana, y de doña Francisca Juliana de Melo y Menéndez Márquez.

E. — Don Francisco Zenea y Salazar, testó el 7 de noviembre de 1785 ante Marcos Ramírez, y su defunción se encuentra en La Habana, parroquia de Guadalupe, a 15 de noviembre de dicho año. Casó en esta ciudad, parroquia del Espíritu Santo, el 5 de julio de 1767, con doña María de los Dolores de Oseguera y Lares, hija de don Francisco de Oseguera y Riva, y de doña María de la Candelaria Lares y de la Fuente.

F. — Don Manuel José Zenea y Salazar, testó el 27 de agosto de 1791 ante José Quiñones, y su defunción se encuentra en La Habana, parroquia de Guadalupe, a 21 de diciembre de 1795. Casó en la Catedral de La Habana, el 7 de agosto de 1767, con doña Inés de Soto y Añuez, hija de Francisco y de María Ambrosia.

G. — Don Carlos José Zenea y Salazar, casó en la Catedral de La Habana el 8 de junio de 1792, con doña María Josefa Gertrudis de Valdespino y Díaz, hija de don Luis de Valdespino y Burón, y de doña Tomasa María Díaz y Rodríguez. Tuvieron por hijos: a María Coleta, María de Jesús, y Vicente Zenea y Valdespino. Los cuales:

a. — Doña María Coleta Zenea y Valdespino, tiene su defunción en La Habana, parroquia de Guadalupe, a 11 de agosto de 1835, donde casó el 26 de noviembre de 1818, con don Francisco Cabello y Duarte, hijo de don Francisco Cabello y Roborato, Teniente del Regimiento de Cuba, y de doña María de los Ángeles Duarte y Zenea.

b. — Doña María de Jesús Zenea y Valdespino, casó en la parroquia de la villa de Guanabacoa el 29 de enero de 1827, con don Francisco José Morera y Rodríguez, hijo de Pablo José y de María Ignacia.

c. — Don Vicente Zenea y Valdespino, natural de la villa de Guanabacoa, casó en La Habana, parroquia del Espíritu Santo, el 28 de julio de 1821, con doña María Josefa Núñez de Villavicencio y Orta, natural de Guanabacoa, hija de don José Bernardo Núñez de Villavicencio y Espinosa, y de doña María Josefa Orta y García.

4. — Don Bernardo Zenea y González Vázquez, fue bautizado en La Habana, parroquia del Espíritu Santo, el 14 de junio de 1700, donde tiene su defunción a 2 de enero de 1751. Casó en la Catedral de esta ciudad el 9 de julio de 1718, con doña Jacinta Ruiz-Tagle y González, hija de don Domingo Ruiz-Tagle y de la Sierra, y de doña María González y Reyes. Tuvieron por hijos: a Isabel, Josefa, Juana de Dios, Pedro, Ignacio y Manuel Zenea y Ruiz-Tagle. Los cuales:

A. — Doña Isabel Zenea y Ruiz-Tagle, tiene su defunción en La Habana, parroquia del Espíritu Santo, el 27 de octubre de 1791.

B. — Doña Josefa Zenea y Ruiz-Tagle, tiene su defunción en La Habana, parroquia de Guadalupe, a 16 de febrero de 1835.

C. — Doña Juana de Dios Zenea y Ruiz-Tagle, tiene su defunción en La Habana, parroquia del Espíritu Santo, a 17 de octubre de 1774. Casó en esta ciudad, parroquia del Santo Ángel, el 30 de marzo de 1764, con don José Anastasio García-Menocal y Maroto, hijo de don Francisco Ignacio García-Menocal y González Arango, y de doña María Gertrudis Maroto y Carrillo de Albornoz.

D. — Don Pedro Zenea y Ruiz-Tagle, bautizado en La Habana, parroquia del Espíritu Santo, el 29 de octubre de 1731, fue Presbítero. Testó el 2 de julio de 1788 ante Ignacio Rodríguez y su defunción se encuentra en la parroquia del Espíritu Santo a 3 de noviembre de 1801. Fue enterrado en el convento de San Francisco. (Libro 10, folio 221, número 128.)

E. — Don Ignacio Zenea y Ruiz-Tagle, testó el 13 de mayo de 1801 ante Jorge Díaz Velázquez, y su defunción se encuentra en La Habana, parroquia del Espíritu Santo, a 7 de junio de 1801. Casó con doña Ana Josefa Fernández de Zaldívar y Avalos, hija del Licenciado Cristóbal y de Bernarda.

F. — Don Manuel Zenea y Ruiz-Tagle, casó dos veces en La Habana: la primera, en la parroquia del Espíritu Santo, el 13 de abril de 1746, con doña Josefa Pérez Alegre, hija de Bernardo y de María Josefa. Casó por segunda vez, en la parroquia del Santo Ángel, el 22 de junio de 1766, con doña María Rodríguez-Escudero y González, hija de Juan y de Josefa.

Don Manuel Zenea y Ruiz-Tagle y su primera mujer doña Josefa Pérez Alegre, tuvieron por hijos: a Antonio Felipe, Manuel y Ubaldo José Zenea y Pérez Alegre. Los cuales:

1. — Licenciado Antonio Felipe Zenea y Pérez Alegre, fue Abogado de la Real Audiencia de México. Testó el 24 de junio de 1790 ante Gabriel Ramírez, y su defunción se encuentra en La Habana, parroquia del Espíritu Santo, a 1 de julio de 1790, donde casó tres veces: la primera el 20 de marzo de 1774, con doña María Isabel Álvarez y Fernández, hija de Benito y de Gabriela. Casó por segunda vez, en el mes de marzo de 1778, con doña Beatriz Pérez Rodríguez y Pérez Alegre, hija de Diego José y de Micaela. Casó por tercera vez, el 6 de junio de 1787, con doña María de la Concepción de Palma y Balmaceda, hija de don Gabriel Ignacio de Palma y Odoardo, y de doña Inés de Balmaceda y Prado-Marocho.

Don Antonio Felipe Zenea y Pérez Alegre y su primera mujer doña María Isabel Álvarez y Fernández, tuvieron por hija: a

María de los Dolores Zenea y Álvarez, que tiene su defunción en La Habana, parroquia del Santo Cristo, a 23 de enero de 1859. Casó en esta ciudad, parroquia de Jesús María, el 29 de mayo de 1801, con don Desiderio Rodríguez-Morejón y Xenés, hijo de don Juan Tomás Rodríguez-Morejón y González Alverja, y de doña Bárbara Josefa de Xenés y León. Don Antonio Felipe Zenea y Pérez Alegre y su segunda mujer doña Beatriz Pérez Rodríguez y Pérez Alegre, tuvieron por hijos: a Teresa de Jesús, y Manuel Zenea y Pérez Rodríguez. Los cuales:

A. — Doña Teresa de Jesús Zenea y Pérez Rodríguez casó en la Catedral de La Habana el 25 de marzo de 1809, con don José Rodríguez-Morejón y Otero, hijo de don José María Rodríguez-Morejón y Roxas-Sotolongo, y de doña Gertrudis María Otero y Gutiérrez.

B. — Don Manuel Zenea y Pérez Rodríguez, tiene su defunción en La Habana, parroquia del Santo Cristo, a 6 de octubre de 1831. Casó en esta ciudad, parroquia del Espíritu Santo, el 20 de diciembre de 1800, con doña María Andrea Rodríguez-Morejón y Otero, hija de don José María Rodríguez-Morejón y Roxas-Sotolongo, y de doña Gertrudis María Otero y Gutiérrez. Tuvieron por hija: a Beatriz Zenea y Morejón.

Doña Beatriz Zenea y Morejón casó en La Habana, parroquia del Santo Ángel, el 22 de marzo de 1847, con don Gaspar Mateo de Acosta y Rondón, Capitán de Milicias de esta plaza, hijo de Gaspar y de Estefanía.

Don Antonio Felipe Zenea y Pérez Alegre, y su tercera mujer doña María de la Concepción de Palma y Balmaceda, tuvieron por hijos: a María de los Dolores y José María Zenea y Palma.

2. — Don Manuel Zenea y Pérez Alegre, del que se tratará en la «Línea Primera».

3. — Don Ubaldo José Zenea y Pérez Alegre nació el 27 de septiembre de 1752 y fue bautizado en la parroquia del Espíritu Santo, el 1 de octubre de 1752. (Libro, 7, folio 106 vuelto, núm. 1.015.) Casó con doña

María de Velasco, Bastos, de los Reyes y Pérez-Barnuevo en la parroquia de Guadalupe a 26 de abril de 1772. (Libro 3, folio 25 vuelto, núm. 72.) La defunción de esta señora se encuentra en la parroquia del Santo Ángel, a 20 de diciembre de 1802. (Libro 4, folio 99, núm. 588.)

Don Manuel Zenea y Ruiz-Tagle y su segunda mujer doña María Rodríguez-Escudero y González, tuvieron por hijos: a Cecilia, María Laureana, y José Rafael Zenea y Rodríguez-Escudero. Los cuales:

1. — Doña Cecilia Zenea y Rodríguez-Escudero, casó en La Habana, parroquia de Jesús del Monte, el 28 de mayo de 1798, con don José Rafael de Castro-Palomino y Murguía, Capitán de Infantería del Regimiento de México, hijo de don José María de Castro-Palomino y del Puerto, Capitán de Milicias de esta plaza, y de doña Rosalía Murguía y Zaldívar.

2. — Doña María Laureana Zenea y Rodríguez-Escudero casó en La Habana, parroquia de Guadalupe, el 1 de abril de 1805 con don José Elías Roustán de Estrada y Márquez del Toro, hijo de don Pedro Roustán de Estrada y Latti, y de doña Jerónima Márquez del Toro y de la Vega.

3. — Don José Rafael Zenea y Rodríguez-Escudero del que se tratará en la «Línea Segunda».

«LÍNEA PRIMERA»

Licenciado Manuel Zenea y Pérez Alegre, anteriormente mencionado como hijo de don Manuel Zenea y Ruiz-Tagle y de su primera mujer Josefa Pérez Alegre, fue Abogado de la Real Audiencia de México. Su defunción se encuentra en La Habana, parroquia del Espíritu Santo, a 11 de junio de 1811, donde casó el 3 de mayo de 1795, con doña María del Pilar González y Díaz, hija de José y de Francisca. Tuvieron por hijos: a Francisca, Manuel, y José Bernardo Zenea y González. Los cuales:

1. — Doña Francisca Zenea y González, testó el 21 de abril de 1846 ante Eugenio Pontón, y su defunción se encuentra en La Habana, parroquia del Espíritu Santo a 30 de abril de 1846. Casó con don Ignacio Valdés.

2. — Don Manuel Zenea y González, tiene su defunción en La Habana, parroquia del Espíritu Santo, a 12 de marzo de 1823. Casó en esta ciudad, parroquia del Santo Cristo, el 2 de junio de 1807, con doña María Josefa Morales y del Junco, hija de don Juan de Jesús Morales y Vargas, y de doña María de los Dolores Rodríguez del Junco y Aguilar. Tuvieron por hijos: a Micaela y Ramón José Zenea y Morales. De los cuales:

Doña Micaela Zenea y Morales tiene su defunción en La Habana, parroquia del Espíritu Santo, a 11 de enero de 1847.

3. — Don José Bernardo Zenea y González, tiene su defunción en La Habana, parroquia de Guadalupe, a 13 de octubre de 1830, donde casó el 29 de diciembre de 1824, con doña María Ana Caro y González de Peralta, hija de Juan y de Bernarda. Tuvieron por hijos: a Justa Rufina, Federico y Bernardo Zenea y Caro. Los cuales:

A. — Doña Justa Rufina Zenea y Caro casó en la Catedral de La Habana el 12 de agosto de 1854, con don Ramón José Zenea y Morales, hijo de don Manuel Zenea y González, y de doña María Josefa Morales y del Junco.

B. — Don Federico Zenea y Caro, casó en la parroquia de la villa de Guanabacoa el 21 de junio de 1852, con doña Blasa Oliver y Alfonso, hija de Francisco Xavier y de Dolores.

C. — Don Bernardo Zenea y Caro, tiene su defunción en La Habana, parroquia de Guadalupe, a 25 de febrero de 1858. Casó con doña María de las Mercedes Fernández Arango y tuvieron por hijos: a Matilde, Federico y Manuel Zenea y Fernández. De los cuales:

a. — Doña Matilde Zenea y Fernández casó con don Ricardo Villate y Arrondo, natural de Puerta de la Güira, en la provincia de Pinar del Río, hijo de Ambrosio y de Juana.

b. — Doctor Manuel Zenea y Fernández, casó en La Habana, parroquia de Guadalupe, el 28 de marzo de 1882, con doña Asunción de la Vega y Aguirre, natural de San Antonio de los Baños, hija del Licenciado Miguel y de Ana. Tuvieron por hijos: a Mercedes, Ana, Matilde, Bernardo, Federico y Manuel Zenea y de la Vega. De los cuales:

I. — Doña Mercedes Zenea y de la Vega casó con don Antonio Pardo.

II. — Doña Ana Zenea y de la Vega casó con don Jacinto Derizan.

III. — Doña Matilde Zenea y de la Vega casó con don Rafael Valdés Acosta.

IV. — Don Federico Zenea y de la Vega nació en La Habana el 11 de agosto de 1888.

V. — Don Manuel Zenea y de la Vega casó con doña Carlota Ceja, y tuvieron por hijos: a Asunción y Piedad Zenea y Ceja.

«LÍNEA SEGUNDA»

Don José Rafael Zenea y Rodríguez Escudero, anteriormente mencionado como hijo de don Manuel Zenea y Ruiz-Tagle y de su segunda mujer doña María Rodríguez Escudero y González, fue Cadete del Regimiento de México. Obtuvo certificación de nobleza expedida por el

Ayuntamiento de La Habana el 21 de agosto de 1795. Casó en esta ciudad, parroquia del Espíritu Santo, el 13 de agosto de 1796, con doña María Justa de la Luz y Sánchez Silvera, hija de don Pedro José de la Luz y Meyreles, Comandante de Infantería de esta plaza, y de doña María del Carmen Sánchez Silvera y de la Peña. Tuvieron por hijos: a Rafael y Evaristo Zenea y de la Luz. Los cuales:

1. — Don Rafael Zenea y de la Luz fue Subteniente del Batallón de Infantería de León en Bayamo. Casó en la Catedral de Santiago de Cuba el 25 de abril de 1829 con doña Celestina Fornaris y Fontayne, natural de Bayamo, hija del Licenciado don José Fornaris y Luque, natural de Bayamo, Abogado, Director de la Sección de Literatura del Liceo y del Ateneo de su ciudad natal, Asesor y Subdelegado de Marina, Regidor del Ayuntamiento de la villa de Bayamo, y de doña María Concepción Fontayne. Tuvieron por hijos: a Clotilde y Juan Clemente Zenea y Fornaris. Los cuales:

A. — Don Juan Clemente Zenea y Fornaris. Fue bautizado en Bayamo el 29 de marzo de 1832. Su partida de bautismo se encuentra en el folio 18, Libro Único Castrense del Regimiento de la Corona núm. 8 de Infantería, de cuya partida existe copia certificada al folio 2 del expediente 39, legajo 122, de la sección «Dispensas de Amonestaciones» en el Arzobispado de La Habana. Fue un famoso educador, periodista, poeta y revolucionario cubano. Casó en la parroquia habanera del Salvador del Mundo, en el Cerro, el 10 de enero de 1857 con doña María Luisa Rita Josefa Más y Ximénez, natural de Matanzas, hija de don José Más y Álvarez Quirós, natural del Ferrol, y de doña Micaela Ximénez y Rodríguez, natural de Matanzas. Tuvieron por hija: a María de la Piedad Zenea y Más. Don Juan Clemente Zenea y Fornaris fue fusilado por las autoridades españolas en los fosos de la fortaleza de La Cabaña el 25 de agosto de 1871.

Doña Piedad Zenea y Más, única hija de Juan Clemente Zenea y Fornaris, y su mujer María Luisa Rita Josefa Más y Ximénez, casó con don Emilio Bobadilla, natural de Cárdenas, periodista cubano que usaba el pseudónimo «Fray Candil» y Cónsul de la República de Cuba en Biarritz.

B. — Doña Clotilde Zenea y Fornaris casó con don Salustiano Bertot y Miniet, natural de Bayamo. Tuvieron por hijos: a Carmen, María y Salustiano Bertot y Zenea. Los cuales:

a. — Carmen de la Caridad Bertot y Zenea fue natural de Bayamo. Casó con don Antonio López del Castillo y Colás, hijo de don Santiago López del Castillo y Hechavarría, y de María de la Concepción Colás y Fernández de Granda.

b. — María de la Caridad Bertot y Zenea casó con don Herminio Lorié y Villalón.

c. — Salustiano Bertot y Zenea casó con doña Isabel Odio.

2. — Licenciado Evaristo Zenea y de la Luz, fue Abogado, Catedrático de Filosofía, distinguido escritor y Comendador de la Orden de Isabel la Católica. Hizo información de nobleza a nombre de su mujer el 29 de marzo de 1832 en el Ayuntamiento de La Habana. Casó en esta ciudad, parroquia del Santo Ángel, el 14 de octubre de 1825, con doña Jerónima Solloso y de la Luz, hija del Licenciado Juan Bautista Solloso y Muñoz, Abogado de la Real Audiencia de México, y de doña Clara de la Luz y Sánchez Silvera. Tuvieron por hijos: a Carolina, Amalia, Jerónima, Sofía, Guillermo y Ricardo Zenea y Solloso. De los cuales:

A. — Doña Sofía Zenea y Solloso, casó en La Habana, parroquia del Espíritu Santo, el 12 de febrero de 1870 con don Francisco de Orúe e Isla, hijo de don Gaspar Mariano de Orúe y de las Casas, y de doña María de las Nieves de Isla y Orúe.

B. — Don Ricardo Zenea y Solloso, casó en La Habana, parroquia del Espíritu Santo, el 12 de mayo de 1859, con doña María de los Dolores Belsinces y Gálvez, hija de Joaquín y de Josefa.

INDICES

Indice Alfabético del Tomo Octavo

Apellidos	Páginas	Apellidos	Páginas
ABEILLE	1	GONZALEZ DE RIVERA	157
AGUIRRE	2	GORDON	159
ALMIRANTE	5	GOUDIE	160
ALVAREZ	11	GRANADOS	162
ALVAREZ DE LA CAMPA	14	GUERRERO	166
ANAYA	15	GUILLEN DEL CASTILLO	170
ANDRADE	19	GUITERAS	173
ARIAS	20	HERNANDEZ DE ALBA	177
ARMERO	20	HERRERA	181
AVALOS	21	HOLGUIN	185
BALAGUER	23	HURTADO DE MENDOZA	186
BARNET	26	IBARRA	192
BASARRATE	31	IGLESIAS	193
BENITEZ	36	IRABIEN	195
BERNAL	37	LABORDE	196
BERNAL LOPEZ DE LUSA	38	LAREDO	198
BERRIEL	40	LOPEZ ABREU	201
BESEIRA	41	LOPEZ DE ALDAZABAL	202
BORGES	42	LOPEZ DE GAMARRA	205
BRAVO	46	LOPEZ DE HERRERA	207
BRAVO DE ACUÑA	53	LOZA	209
BUCARELLI	54	MARQUEZ-STERLING	213
BURON	55	MARRON DE SANTI-ESTEBAN	216
CABRERA	57	MARTINEZ DE VALDIVIELSO	217
CACHURRO	61	MAZON	219
CANTON	63	MEDIANO DE VALDOSERA	223
CASCALES	66	MORA	225
CORONADO	67	NIETO	227
CORTADELLAS	69	OTERO	230
DIAZ DE LEON	71	PEREZ-BARNUEVO	239
DIAZ DE VILLEGAS	73	PEREZ DE BULLONES	251
DU-BREUIL	82	PEREZ DE OLANO	256
ENCINOSO DE ABREU	84	PEREZ DE ORDAZ	259
ENTRALGO	86	POLO	269
ESPELLOSA	87	QUINTANA	274
ESTRADA	88	RAINERI	275
FERNANDEZ DE ALARCON	89	RODRIGUEZ-RUBIO	276
FIGUEREDO	90	ROMEU	279
FONT	94	RUA, DE LA	281
FRANCO	96	RUIZ	283
FUENTES	98	SAAVEDRA	289
GALAINENA	116	SACO	290
GALARZA	119	SARDIÑA	291
GALDOS	120	SCOTT-JENCKES	301
GAMA, DE LA	124	SOLANA	303
GARCIA	126	SOLIS-PUÑALES	308
GARCIA-CHICANO	129	TRELLES	319
GARMENDIA	132	URRA	324
GEA	135	VIAMONTE Y NAVARRA	327
GENER	137	VILLAVERDE	330
GÖBEL	139	XIQUES	332
GOMEZ DE MOLINA	142	ZENEA	334
GONZALEZ DE ALFONSECA	148		
GONZALEZ DE LA CAMPA	149		
GONZALEZ-LLORENTE	151		

Indice Alfabético de Familia Comprendidas en los Tomos I al VII

Apellidos	Tomo	Pág.	Apellidos	Tomo	Pág.
Abreu	1	175	Averhoff	7	37
Abstengo	3	3	Ayala	2	52
Acacio	1	2	Ayans de Ureta	3	259
Acosta	7	1	Ayestarán	2	72
Adán	3	1	Ayllón	1	31
Adot	5	192	Azcárate	2	73
Agramonte	1	1	Baca Rengifo	7	43
Agramonte	4	391	Bacardí	7	41
Agüero	5	1	Bachiller	3	62
Aguiar	7	4	Baldasano	4	62
Águila	6	1	Balzán	7	44
Aguilera	1	21	Baró	1	32
Aguirre de Tejada	1	81	Barraqué	2	77
Ajuria	1	25	Barreda	5	38
Alacán	2	1	Barrero	4	64
Alarcón Ocaña	2	3	Barreto	3	65
Albear	5	27	Barroso	2	389
Aldama	1	29	Barroso	7	45
Alegre	4	43	Bassave	3	69
Alés	3	6	Batet	4	64
Alfonso	3	8	Batista	3	74
Allo	5	31	Bayona	1	35
Almagro	2	6	Bea	7	47
Alonso	2	9	Beato	2	79
Aloy	5	228	Beitía	3	82
Álvarez Calderón	3	17	Belt	7	49
Álvarez de Abreu	5	63	Benítez	3	88
Álvarez Lebrún	5	32	Benítez de Lugo	7	50
Álvarez Pedroso	3	155	Bermúdez	4	66
Ambulodi	4	43	Bernal	6	11
Angulo	3	20	Berrio y Guzmán	6	14
Antonio	6	14	Berroa	1	36
Apezteguía	3	30	Betancourt	4	69
Arancibia	6	2	Betancourt	7	57
Aranda	2	10	Beurmann	1	392
Arango	2	11	Bolívar	2	127
Arango	6	5	Bonilla	4	102
Argüelles	4	148	Borges	3	93
Argüelles Diez	5	36	Borrell	1	38
Ariosa	7	10	Borrero	5	49
Armas	2	35	Boza	3	96
Armenteros	3	32	Bramosio	1	190
Armiñán	7	13	Bringas	4	103
Armona	5	33	Broch	1	41
Aróstegui	4	46	Brunet	1	40
Arredondo	3	184	Bruñón de Vertiz	2	81
Arredondo	4	54	Bruzón	7	66
Arrieta	4	113	Caballero	5	49
Arriola	2	52	Cabrera	5	63
Arteaga	2	42	Cadaval	2	82
Ascanio	7	17	Cagigal	4	293
Auñón	7	28	Calderón	3	19

Apellidos	Tomo	Pág.	Apellidos	Tomo	Pág.
Calderón	5	67	Dolz del Castellar	4	148
Calona	5	354	Domínguez	2	100
Calvo de Arroyo	5	42	Dominicis	4	170
Calvo de la Puerta	4	104	Doria	7	139
Cámara	1	43	Dorticós	7	140
Cánovas del Castillo	3	343	Du Bouchet	3	147
Cantera	3	105	Du Quesne	4	171
Cárdenas	1	45	Duany	4	150
Cárdenas	5	253	Duarte	6	98
Caro	6	17	Ducos	4	310
Carreño	5	70	Duque de Estrada	4	154
Carrerá	6	20	Echarte	2	123
Carricarte	2	84	Echeverría	6	117
Carrillo de Albornóz	1	94	Eligio de la Puente	5	87
Casas	1	105	Elozúa	4	179
Castañeda	4	186	Embil	6	274
Castaños	1	106	Engelhard	2	142
Castellanos	6	24	Enríquez	1	249
Castellón	6	36	Escobar	3	152
Castellví	7	70	Escobedo	7	144
Castilla	1	106	Espada	7	150
Castillo	6	42	Espeliús	1	138
Castro	2	87	Espinosa de Contreras	5	92
Castro Palomino	7	81	Esteva	3	155
Castro y Rivera	2	126	Fernández Cueto	1	31
Casuso	7	103	Fernández de Castro	2	126
Ceballos Escalera	4	299	Fernández de Cavada	2	139
Cepero	6	66	Fernández de Córdoba	1	304
Cervellón	1	320	Fernández de Velasco	6	130
Céspedes	3	108	Fernández del Pino	6	122
Céspedes	4	134	Fernández Pacheco	6	119
Chacón	3	128	Fernández Poveda	5	100
Chappotín	2	94	Fernández Trevejo	6	123
Chaumont	5	220	Ferral de Tamayo	6	306
Chávez	3	217	Ferrán	2	141
Chávez	6	93	Ferrer	4	183
Chenard	6	94	Fesser	1	132
Chirinos	4	126	Fierro	1	323
Cisneros	1	115	Figueroa	5	106
Claussó	1	44	Finlay	5	189
Coca	5	71	Flores	1	232
Colás	2	90	Flores de Apodaca	1	140
Conill	2	93	Fonseca	4	143
Coppinger	7	108	Fonts	1	141
Cordero	7	113	Forcade	5	113
Corral	6	87	Fowler	2	143
Correoso Catalán	5	74	Foxá	7	146
Cossío	7	124	Franca	1	144
Covarrubias	6	91	Franiel	4	128
Cowley	7	126	Frenchi Alfaro	3	156
Crespo	1	277	Freyre de Andrade	3	169
Criloche	1	279	Frías	2	145
Cruz Prieto	2	65	Fuertes	2	185
Cuesta	3	124	Galarraga	7	165
Cueva	5	79	Gamba	7	163
Des Chapelles	2	98	Gamboa	4	198
Desvernine	7	131	García	4	200
Diago	1	132	García Barrera	3	173
Díaz	5	84	García de Lavín	2	146
Díaz Albertini	7	134	García de Osuña	7	168
Díaz Pimienta	4	131	García Menocal	1	148

Apellidos	Tomo	Pág.	Apellidos	Tomo	Pág.
García Tuñón	2	153	Jorrín	1	190
Garro	5	115	Junco	7	219
Gastelumendi	5	121	Justiniani	3	238
Gastón	2	154	Jústiz	2	227
Gatica	5	122	Kessel	2	240
Gaviria	5	125	Kindelán	1	193
Giquel	7	171	Kohly	3	244
Goicoechea	3	178	LaMadrid	3	171
Goicuría	7	174	LaMar	2	242
Gola	2	160	Lanz	6	174
Gómez	6	144	Lara	4	209
Gómez	7	180	Lasa	3	248
Gómez de Avellaneda	2	46	Lemaur	1	364
Gómez de Lara	4	113	Lemaur	3	253
Gómez Mena	4	205	León	3	255
González	1	169	Leos Echalas	5	138
González Abreu	1	171	Leyba	7	241
González Carvajal	3	181	Lima	3	269
González Carvajal	5	102	Limonta	6	176
González de Estéfani	4	453	Lisundia	3	272
González de la Torre	2	161	Loinaz	6	181
González de la Vega	1	314	Lombard	5	264
González de Mendoza	1	176	Lombillo	3	274
González del Valle	5	126	Longa	2	251
González Estéfani	1	175	López de Avilés	3	33
González Osorio	5	68	López de Cangas	3	195
González Regüeiferos	7	177	López de Ganuza	5	160
Govantes	2	181	López de Ochoa	1	300
Govin	2	185	López de Ramos	1	197
Goyri	6	152	López de Villavicencio	3	325
Grau	4	315	López Silvero	4	210
Gregorio	3	259	Loret de Mola	1	199
Guardia	1	184	Luz	2	252
Güell	2	192	Machado	7	242
Guerra	6	153	Maciá	1	204
Guevara	1	1	Mádan	5	164
Guilizasti	4	207	Mallén	2	258
Guiral	3	188	Mancebo	6	189
Gumá	7	183	Mantilla	4	223
Guridi	3	22	Manuel de Villena	6	195
Hano y Vega	5	130	Manzaneda	6	199
Hechavarría	3	193	Manzano	1	206
Heredia	5	136	Marín	4	136
Hernández	3	214	Maroto	5	171
Hernández	3	60	Márquez del Toro	5	255
Hernández	5	228	Martín	1	265
Hernández Miyares	3	221	Martínez	3	95
Herrera	2	194	Martínez	4	229
Herrera y Moya	7	187	Martínez de Campos	3	276
Hevia	5	150	Martínez de Pinillos	3	280
Hidalgo	1	150	Martínez Fortún	7	247
Hidalgo-Gato	7	192	Masvidal	3	3
Hierrezuelo	6	171	Matienzo	1	208
Hoces	2	219	Mazorra	1	312
Horruitiner	7	206	Mendiola	2	263
Horstmann	1	187	Menéndez de Avilés	2	266
Ibáñez	3	225	Menéndez Márquez	2	266
Isla	5	198	Merlin	1	347
Iznaga	3	226	Meyreles	3	283
Jacot	1	189	Mieses	5	143
Jáuregui	2	222	Milanés	2	274

Apellidos	Tomo	Pág.
Millán de Bohorques	4	282
Miranda	2	276
Miranda	3	288
Miyares	4	233
Molinar	4	238
Molins	1	357
Montagú	3	236
Montalvo	3	289
Montaña	5	172
Monte	2	295
Montes	5	173
Monteverde	4	240
Montoro	1	210
Montoulieu	5	175
Montoya	5	176
Morales	1	212
Morejón	7	256
Morell de Santa Cruz	5	177
Moreno Xirón	3	194
Mozo de la Torre	5	179
Mozo de la Torre	7	290
Munive	5	181
Muñoz	6	200
Muñoz de Roxas	2	306
Muñoz de Velasco	4	296
Murguía	6	202
Mustelier	4	242
Nadal	1	166
Navarrete	5	182
Navarro	4	248
Navarro de Balboa	5	191
Navarro Soto	7	369
Nieto	1	241
Noguera	6	205
Noriega	7	293
Núñez de Villavicencio	3	324
Núñez del Castillo	4	249
O'Farrill	3	334
O'Gaban	3	209
O'Naghten	1	248
O'Reilly	3	349
Ochoa de Orbea	6	208
Odoardo	5	193
Orta	5	195
Ortega	5	253
Ortiz de Matienzo	4	257
Ortiz de Zarate	5	196
Orue	5	197
Osorio de Pedroso	1	251
Ovando	6	210
Pacheco	5	253
Palacián	5	205
Palacios Saldurtún	6	212
Palma	6	220
Párraga	6	226
Parreño	3	354
Paterson	2	226
Pedroso	2	308
Pelayo	1	375
Peñalver	4	258
Pera	6	231
Perdomo	5	206
Pérez Borroto	4	274
Pérez de Abreu	5	211
Pérez de Alderete	6	233
Pérez de Castañeda	7	297
Pérez de la Riva	7	301
Pérez de las Alas	4	114
Pérez de Urría	5	222
Pérez de Vargas	5	223
Pérez Najarro	6	239
Pérez Píquero	1	89
Pérez Ulloque	1	1
Pertierra	5	225
Pezuela	4	291
Pichardo	1	253
Piedra Hita	5	226
Pineyro	1	133
Pintó	5	227
Pita de Figueroa	6	244
Pla	1	264
Poey	5	229
Ponce de León	1	265
Ponce de León	6	251
Porcallo de Figueroa	4	303
Portela	7	302
Portillo	6	254
Porto	5	232
Portuondo	1	288
Pouble	4	308
Poveda	5	105
Prado Carvajal	5	234
Presenti	4	317
Primo de Rivera	4	337
Pulido	1	304
Quesada	6	258
Ramírez	5	236
Ramírez de Arellano	7	313
Ramírez Soto	7	319
Ramos	6	286
Ramos Izquierdo	5	237
Recio	3	358
Ramírez de Estenoz	4	319
Rendón	5	240
Rey	4	340
Reyes Gavilán	7	326
Río Noguerido	3	252
Rionda	4	327
Risel	4	329
Rivas	5	242
Rivero	1	305
Robiou	6	288
Roca	5	246
Rodríguez	1	31
Rodríguez	2	335
Rodríguez	5	247
Rodríguez Acosta	5	250
Rodríguez Capote	2	137
Rodríguez de Biedma	5	252
Rodríguez del Toro	3	356
Rodríguez Vigario	5	252
Romay	6	290

Apellidos	Tomo	Pág.	Apellidos	Tomo	Pág.
Romero	1	308	Tolón	2	378
Romeu	5	333	Torre	5	348
Roustán de Estrada	5	255	Torres Ayala	1	369
Roxas	1	315	Torriente	1	372
Ruiz de Apodaca	7	339	Tous de Monsalve	1	107
Ruiz de Pastrana	4	139	Tovar	4	155
Ruiz Guillén	5	257	Trimiño	4	346
Ruiz Tagle	5	258	Troncoso	1	44
Saavedra	4	225	Truffin	5	221
Saint Maxent	4	333	Ugarte	2	381
Saladrigas	2	338	Urbizú	6	336
Salgado	7	346	Uriza	5	173
Samá	5	259	Urrutia	7	371
San Martín	4	330	Usatorres	5	368
Sánchez	2	28	Ustariz	6	338
Sánchez	5	261	Vaillant	5	382
Sánchez de Bustamante	7	364	Valcárcel	2	385
Sánchez de Carmona	6	295	Valdés	5	371
Sánchez de Fuente	7	366	Valdés Fauli	6	175
Sánchez Griñán	3	384	Valdespino	5	378
Sánchez Pereira	2	341	Valiente	5	388
Sandoval	2	358	Valle	2	388
Santa Cruz	1	318	Van de Walle	7	396
Santiago Aguirre	5	265	Varona	4	348
Santos Guzmán	2	360	Vázquez Valdés de Coronado	7	402
Saravia	5	267	Velasco	6	340
Sardiña	5	268	Velázquez de Cuéllar	1	382
Sarmiento de Valladares	1	249	Velázquez del Castillo	4	199
Scull	1	366	Velluti	3	320
Sedano	2	361	Veloso	5	394
Segrera	6	304	Verdeja	5	276
Seidel	5	277	Vergara	2	277
Sequeira	6	366	Videau	6	302
Serrano	2	102	Villa Urrutia	3	401
Silva	1	323	Villalón	4	384
Silva	2	366	Villanueva	1	31
Socarrás	6	305	Vinent	3	403
Soler	6	332	Wall	1	134
Solloso	5	280	Weber	2	194
Sorzano	2	369	Xénes	4	392
Sotolongo	5	281	Ximeno	4	397
Sousa	3	43	Yarini	1	282
Sterling	2	379	Zalba	3	245
Suárez de Argudín	4	336	Zaldívar	6	350
Suárez de Gamboa	4	198	Zaldo	1	388
Suárez de Toledo	4	198	Zambrana	7	406
Suárez del Villar	4	339	Zartucha	1	269
Sucre	2	372	Zayas	4	401
Tagle	2	376	Zayas Zamudio	3	204
Tamayo	3	388	Zéndegui	2	394
Tarafa	3	31	Zequeira	6	366
Tejera	4	343	Zuásnavar	5	396
Terry	3	397	Zuazo	6	382
Tirry	3	400	Zulueta	4	448
Toca	6	335	Zúñiga	6	388

www.ingramcontent.com/pod-product-compliance
Lightning Source LLC
Chambersburg PA
CBHW080345300426
44110CB00019B/2504